行龙 著

走向田野与社会

修订版

生活·讀書·新知 三联书店

图书在版编目（CIP）数据

走向田野与社会 / 行龙著. —修订本—北京：
生活 · 读书 · 新知三联书店，2015.10
ISBN 978 – 7 – 108 – 05326 – 8

Ⅰ. ①走…　Ⅱ. ①行…　Ⅲ. ①地方史 – 山西省 – 近代 – 文集
Ⅳ. ① K292.5-53

中国版本图书馆 CIP 数据核字（2015）第 106857 号

责任编辑　曾　诚
装帧设计　蔡立国
责任印制　徐　方
出版发行　生活 · 讀書 · 新知 三联书店
（北京市东城区美术馆东街 22 号 100010）
网　　址　www.sdxjpc.com
经　　销　新华书店
印　　刷　北京隆昌伟业印刷有限公司
制　　作　北京金舵手世纪图文设计有限公司
版　　次　2015 年 10 月北京第 1 版
2015 年 10 月北京第 1 次印刷
开　　本　635 毫米 × 965 毫米　1/16　印张 35
字　　数　439 千字
印　　数　0,001–3,000 册
定　　价　69.00 元
（印装查询：01064002715；邮购查询：01084010542）

目录

三 集体化时代

四 绅商与地方社会

五 发现历史

修订版序

2007年岁末由三联书店出版的《走向田野与社会》，我在“自序”中，检讨了自己二十余年来从社会史到区域社会史研究的学术历程。此次商议重印本书，我觉得应该对原版进行必要的增删，三联书店不仅欣然同意，而且提出需要一点序跋之类的文字给予说明，这让我多少有点犯难。

按照一般的做法，“跋”是需要放在书尾的，内容无非也是对正文内容或写作过程的说明，我不想把这类文字放在书尾，倒是想把它放在正文的前面，目的是便于读者翻检了然；再写一点“序”之类的文字，实在也没有什么必要，因为原来的“自序”中已经把该说的都说过了，姑且称之为“修订版序”，不知然否？

2007年版《走向田野与社会》分“理论反思”、“水利社会”、“集体化时代”、“绅商与地方社会”、“发现历史”五部分，共收入文章23篇。此次修订保留了原版五部分的标题，增加6篇而删去3篇，有增有删，共辑出26篇。

增加的6篇文章依次是：“中国社会史研究向何处去”、“中国社会史研究的追求与实践”、“克服‘碎片化’回归总体史”、“山西何以失去曾经的重要地位”、“‘水利社会史’探源——兼论以水为中心的山西社会”、“从社会史角度研究集体化时代的中国农村社会”。删去的3篇是：“开展中国人口、资源、环境史研究”、“经济史与社会史”、“明清以来山西水资源匮乏及水案初步研究”。需要说明的是，删去的3篇文章均成文于2004年之前，而增加的6篇都是在2007年版之后写成的。如此看来，此次再版收入的26篇，全部为近十年来的“新作”。

社会史研究被誉为近三十年来中国史学园地的一朵奇葩，她在众多学者的呵护培育下不断成长，我为能够见证她的成长而感到高兴，也为能够勉力培育她而感到欣慰。读者不难发现，新增的6篇文章大多为近年来社会史研究领域中的热点问题，我也对此提出了自己的看法，或讨论，或倡议，对错与否，读者尽可批评。

“回首走过的学术历程，是从社会史到区域社会史、走向田野与社会的一路行迹。今后，我的脚步依然会坚定地走向田野与社会，把自己真正融入不断前行的社会洪流中去。”愿继续以本书“自序”里的这句话自勉。

行　龙

2014年12月1日于山西大学鉴知楼

自序　从社会史到区域社会史

开篇这个自序，我想对自己的学术经历进行一个检讨。

1982年秋天，我考取乔志强先生的研究生，开始了中国近代社会史的学习和研究。时光荏苒，岁月如梭，不经意间，在中国社会史的学术道路上已经行走了二十余年，这一路上，有业师的谆谆教诲，也有一个人的踽踽独行。

我们这一代人赶上了好时代，高考制度的恢复点燃了青春的梦想，能够进入大学读书那是多么令人高兴的事。当时那种如饥似渴的学习风气，图书馆里的油墨书香，自习室里那宽大而长长的旧式堂桌，老管理员下班前催促还书的声音，宁静的小花园里晨读的身影，都是大学时代留给我最难忘的记忆了。

我们这一代历史系出身的大学生又赶上了中国社会史恢复和发展的时代，我自身的学术成长轨迹，其实在一定程度、一个侧面反映了二十多年来中国社会史发展的路程，山西大学中国社会史研究中心的学术探索也离不开中国社会史发展的大背景。回首来看，二十多年来，我的学术探索经历了社会史、区域社会史、人口资源环境史、集体化时代社会研究这么几个阶段（或曰研究方向）。简而言之，就是从社会史到区域社会史。

20世纪80年代，思想界、学术界普遍弥漫着浓烈的反思、求新、自由的潮流，当时史学界也面临着所谓的“史学危机”，那就是如何突破以阶级斗争和革命叙事为框架的政治史史学范式，建立中国历史研究的新范式。此时“把历史的内容还给历史”、开展中国社会史研究成为史学界求新求变的最强音。在社会史研究风起云涌的潮流下，乔志强先生身体力行，积十年之心力，主编出版了《中国近代社会史》（人民出版社1992年）一书，被誉为中国社会史研究“迈出由理论探讨走向实际操作的第一步”。本书系统地论述了我们对中国社会史研究基本理论问题的思考，在中国社会史学界产生了广泛的影响，并成为许多高等院校社会史专业研究生的必读书目。正是在中国社会史研究复兴的潮流下，在先生对中国近代社会史研究理论体系的探索逐渐成熟的过程中，我开始步入中国近代社会史研究领域。1985年在乔先生的指导下，我完成了《近代山西人口问题》的硕士论文，并于1988年获得国家社会科学研究基金“中国近代人口问题”的资助，1992年出版《人口问题与近代社会》（人民出版社）一书。在先生主编的《中国近代社会史》一书中，我还承担了有关人口、婚姻、家庭等章节的撰写。那时我的人口研究、我们的社会史研究还是整体性、宏观性的，这也是开展中国近代社会史研究最初的特征。

20世纪90年代，中国社会史研究发生了区域社会史的转向，区域社会研究成为社会史研究的一大亮点，方兴未艾。在开展区域社会史研究中，我们较早注意到区域社会史研究理论的探索，以更好地指导具体研究。记得是在1994年西安召开的社会史年会上，乔先生和我联名撰写的《地域社会史研究理论与方法刍议》在会议上引起反响，后来该文又在《史学理论》全文发表。其实，《中国近代社会史》出版以后，随着中国社会史研究的纵深发展，随着区域社会史研究如火如荼地展开，我们对中国社会史研究的基本理论也开始了一个重新审视、继续深化的过程，中国社会史—近代社会史—区域社会史三个层面的问题成为我们思考的重点。1998年先生主编、我忝列副主编的《近代华北农村社会变迁》（人民出版社）一书，即是我们对《中国近代社会史》理论体系的区域性实践，又是进一步针对学术界不同意见，对原有的理论框架进行反思和修正的结果。令人抱憾的是，此书付梓出版，先生生前却未能一睹，笔端至此，能不怅然！应该说，近些年来，我在区域社会史研究的理论、方法、内容等方面做了一些工作，那既是对乔志强先生有关社会史、区域社会史研究理论的继承和延续，也是在不断深化的学术实践中新的体悟。

1995年，我有幸考取中国人民大学清史研究所博士生，师从戴逸、李文海先生从事社会史的学习与研究。从学的环境变了，但研究的旨趣却未另起炉灶，毕业论文《试论中国近代的人口城市化（1840—1937年）》，虽以中国近代城市化为关照对象，但其实还是以人口问题入手，这对我来说，在研究领域上是对以前人口问题的延续和深化，在地理空间上关注城市以及城市与乡村社会的互动，一定程度上又突破了乡村地域空间的局限，开阔了学术视野，拓展了研究领域。开展城市化研究一方面发挥了自己较有基础的人口史研究，进一步深化了我对中国近代人口问题的认识。另一方面，这同样也是一个新挑战，因为我的经历主要还是来自于乡村社会。我深深地感到，研究中国近代社会史，城市史是一个重要领域，在研究城市的过程中，才能感觉到乡村的意义，反之，只有将二者有机地结合，才能更好地理解近代社会。在人大三年的苦读是我学术经历中难忘的岁月。

90年代末，我开始指导硕士研究生。从那时起，以山西为中心开展区域社会史研究逐渐成为我和同学们的共识，历届学生的选题即以山西区域社会史研究为中心，注重第一手资料的搜集和整理，强调文献资料与田野调查的结合，注重田野调查的现场感。这样几年要求下来，学生的论文虽不能说篇篇是精品，但从总体而言体现了较高水平，逐渐形成了我们的特色，体现了我们的学术取向。2002年出版的《近代山西社会研究——走向田野与社会》(中国社会科学出版社)一书，即反映了我们继《近代华北农村社会变迁》以后如何开展山西区域社会史的思考与探索。拙著出版后得到了社会史学界一些同仁的肯定，促使我更加明确了开展区域社会史研究的学术取向，加强了开展近代山西区域社会史的信心，坚定了走向田野与社会的步伐。

明清以来，山西区域社会有几个问题值得我们注意，其中人口、资源、环境与社会发展问题比较突出。我们知道，明清以降，随着山西人口的急剧膨胀，影响农业生产力发展的基本要素的比例发生重大变化，人口、资源、环境三者之间的关系由良性互动劣化为恶性循环，并引起了系列社会问题，为此，2001年我曾撰文呼吁从社会史角度开展人口、资源、环境的研究(《开展中国人口资源环境史研究》，见《山西大学学报》2001年第6期，以此为主题曾在2004年中国史学界第七次代表大会上发言)。从人口、资源、环境的角度开展山西区域社会史研究，既有别于人口研究中单纯的数量变迁，也不同于单纯的环境变迁研究。将人与自然，社会发展与环境变迁联系起来，改变“两张皮”的研究状况应该说是我们的初衷。具体的研究是围绕“以水为中心”相继展开的。山西水资源、土地资源相对匮乏，尤其是水资源的匮乏长期影响着人们的生产、生活，困扰着区域社会的发展。我们还注意到明清以来山西生态环境变迁，森林面积不断减少，水土流失严重。正是由于人口、资源、环境三者关系的失衡，使山西社会的诸多方面都发生了巨大变化。在开展人口、资源、环境研究的实践过程中，“以水为中心”的山西区域社会史研究成为我们的一大亮点，有关生产用水的“水案”研究、民生用水研究、灾荒研究等均在学界产生了良好反响。

在“以水为中心”开展人口、资源、环境与社会研究的同时，晋商与地方社会、三晋文化与民俗研究、山西抗日根据地社会研究等几个研究方向，也逐渐由分散而集中，由模糊而清晰，成为我们新的学术生长点。晋商研究是山西区域社会乃至中国经济史研究的热点问题，但晋商研究多“就商言商”，我们则从社会史角度研究晋商，一方面通过长期的田野调查发掘和使用大批的史料，另一方面对晋商的家庭、婚姻状况、中小商人的生存状况、商业文化与习俗、商人与地方事务等进行研究，开辟了新的领域。祁太秧歌、竹枝词等是三晋民间文化的化石，更是社会史研究的宝库。以祁太秧歌而言，它是山西晋中地区农村艺人自演自乐的一种散发着乡土气息的民间小戏，汇集小曲、杂说、歌舞、戏曲等艺术形式于一身，包含婚姻家庭、商妇际遇、社会习俗等丰富内容，对社会史研究而言，有新资料、新领域、新方法的多重意义。抗日根据地在山西乃至全国近现代历史发展过程中有着独特的地位，有关山西抗日根据地的史料很丰富，但抗日根据地研究多为“侵略”、“抗战”、“革命”话语，政治动员、社会状况、社会变迁等领域的研究比较薄弱，从社会史角度入手，既可补传统研究“干扁”之不足，又能从新角度重新理解入侵、革命。这些利用新发现收集到的新资料写成的论文在本书中都有一定反映。

在田野调查和搜集资料的过程中，另外一类重要的档案资料进入了我们的视野，这就是1949年以后村级档案资料，这批资料的发现又催生了新的研究方向。不过，对这批资料的意义和价值我们也有一个认识转变过程。最初我们在田野工作中寻觅明清时期的碑刻、文书、口述资料时，有面对残卷断碑的惋惜，有踏破铁鞋终有收获的喜悦，而对1949年后的资料却有些相见不相识，未给予关注或关注不多。近年来国内外学者对这一时期的出色研究激发了我们的思路，而社会史打破传统历史分期界线“长时段”的研究也给了我们很多启示。1949年以后的历史是近代中国社会发展持续连贯的历史过程，新中国许多制度、政策其实在根据地时期已经体系完善或略显雏形，只不过在新形势下有了进一步发展和完善，若以人民公社为中心，上溯下延，从根据地时期的互助组到1978年联产承包责任制，这是一个特殊的历史时期，我们称之为“集体化时代”。由此而论，村级档案资料与明清时期的资料相比不仅有着同样的价值，而且是前后相承。从更长的时段更广的视野来看，这批档案资料的学术价值不言而喻。

山西在集体化时代一直是全国的典型，从抗日战争时期李顺达的第一个互助组到“农业学大寨”，区域性的事物发展成为全国范围的一般模式，这本身就值得研究。我们目前对于资料的搜集和整理带有抢救性质，在我看来，资料搜集是目前最重要、最迫切、最基础的工作，当然并非说研究工作不重要。现在本中心搜集到的集体化时代的基层生产大队、生产小队、供销社、水利机构等等档案资料已多达上千万件以上。前往山西大学中国社会史研究中心参观的国内外学者，对我们的资料搜集工作都给予了相当肯定，并对今后资料整理、开展研究提出了有益意见，这促使我们下一步继续加强资料的搜集和整理的同时，切实开展相关研究。本书所收几篇有关村级单位的田野调查报告都是近几年来带领学生一起尝试的成果。

近些年来，在带领学生开展山西区域社会史研究的过程中，我特别强调“走向田野与社会”。应该说，这一口号的提出也是我们在具体的研究实践中得来的。当然走向田野与社会，是学科互涉与渗透的结果，是社会史研究受到人类学影响后的学术潮流，可视为社会史研究中的人类学取向。不过，我强调的走向田野与社会，首先是以历史学为本位的，在区域社会史研究中提倡走向田野与社会，其中蕴涵的一个重要想法就是进一步扩大史学研究的资料范围。那么，什么可以成为区域社会史研究的史料？我的回答是，什么都可以成为区域社会史研究的史料，关键在于我们能对这些资料提出什么问题。“上穷碧落下黄泉，动手动脚找东西”，搜集资料是史学研究最基础的工作。能否描述真实的历史，客观地解释历史，实现创新性的研究都取决于我们是否全面详尽地占有史料。我们在开展山西区域社会史四个方面的研究中，首要一点是都有不同数量新史料的发现，这些一手资料绝大多数是在田野工作中发现的。较为突出的是水利方面的碑刻、渠册等资料，纠正了学界一般认为北方地区水利文献较少的观点，有助于我们从水利角度认识北方乡村社会；灾荒研究方面，也搜集到了大量民间碑刻，有助于灾荒史研究的深化；大量晋中秧歌剧本的搜集，展现了晋中社会丰富的面向，让我们看到了秧歌里多彩的世界；长子剃头匠的口述资料填补了这一独特的底边社会阶层研究的空白；1949 年以后大量的村级档案资料，更是带有抢救和保护性质，为深入开展现代山西区域社会史研究奠定了史料基础。

走向田野与社会能够使研究者获得历史的现场感。走向田野与社会，并非将图书馆里的正史、地方志束之高阁，不闻不问了。而是为了更好地读懂一些文献，只不过是从史书中文字间的田野漫步，移步到乡野小路，文献研读和田野考察的相互结合，非常有助于理解文献。研究历史就要理解历史，陈寅恪先生曾言“同情的了解”，即要求对研究对象有设身处地的观照。区域社会史研究面临更多的是“地方性知识”，更需要在一定的历史时空中理解地方的历史和意义，要有历史的现场感。由于地理空间感模糊、地方性知识隔膜等限制，世易时移，我们在构建历史场景时显得十分困难。走向田野，深入乡土，身临其境，在特定的环境中，文献知识中有关历史场景的信息被激活，作为研究者，我们也仿佛回到了过去，感受到具体研究的历史氛围，在叙述历史、解释历史时才可能接近历史的真实。走向田野与社会，可以说是史料、研究内容、理论方法三位一体，相互依赖，相互包含，紧密关联。在我的具体研究中，有时先确定研究内容，然后在田野中有意识地收集资料；有时是无预设地搜集资料，在田野搜集资料的过程中启发了思路，然后确定研究内容；有时仅仅是身临其境的现场感，就激发了新的灵感与问题意识；有时甚至就是三者的结合。

开展区域社会史研究并不是画地为牢，关起门来，这不符合现代学术发展潮流。我常常对学生讲，要在雁门关、娘子关内做学问，也不要在雁门关、娘子关内做学问。当今的社会史研究日新月异，国内外学术交流活跃，多学科交叉渗透，区域社会史研究成果迭出，这都要求我们必须要有谦虚学习的精神、开放的心态、兼容并包的胸怀。有位曾来本中心访问的学人为我们留下这样的希望“立足山西乡土资源，放眼世界学术潮流”，对此，我深表赞许并颇有体悟。我会不断地利用一切机会，邀请国内外有关专家前来访问指导，我也会身体力行地带他们走向田野。从我们学术团队内部来讲，这些年来，我指导了一批博士、硕士研究生，可以说是教学相长。学生在遥远的乡村发现资料，给我打来电话，听到他们声音，能体味到其间经历的曲折与辛苦，我深受感动，心情常不能平静；学术讨论会上有时是唇枪舌剑的激烈交锋，有时是和风细雨式的师生交流与对话，不时摩擦出思想的火花，闪现出创新的灵光，学生的吃苦精神感染了我，他们的创新意识启发了我。从外界来讲，为了充分学习与交流，这些年来，一方面我尽可能地为学生积极创造条件，让他们参加国内的各类会议，通过参会，让他们站立在学术前沿，感受学术气氛，锤炼学术精神。一方面，针对我们研究中的一些困惑、问题，我们有意识地组织召开了一些会议，邀请国内外知名专家学者参会，虚心地学习他们的研究理论、方法、视角，真诚地听取他们对于开展山西区域社会史有益的意见和建议。在送出去、请进来的学术交流中，我们从中受益匪浅，真正成为学术上和精神上的宝贵财富。

草色遥看近却无，打点自己这些年来的学术历程，翻检电脑中储存的论文，回首走过的学术历程，是从社会史到区域社会史、走向田野与社会的一路行迹。今后，我的脚步依然会坚定地走向田野与社会，把自己真正融入不断前行的社会洪流中去。

最后仍然需要说明的是，这本集子的整理出版得到了许多同学和朋友的帮助。几位在读的博士生出力多多，谈话式的课堂讲解讨论氛围，大家平常在一起经常性的辩难，师生一起在乡间做田野工作的体味，都对各篇文章的立论与成稿大有促进，其中几篇涉及乡村的田野调查报告初稿也由同学提供，胡英泽同志对书稿的编排校对付出更多。教学相长收益良多，心存感谢也是实情。十几年前出版第一本专著时就曾给予我很多帮助的三联书店潘振平先生极力支持本书出版，对此也表示朋友般的谢意。

一　理论反思

中国社会史研究向何处去

改革开放三十年来，中国历史学的研究取得了长足的进展，其中社会史的异军突起尤为引人瞩目，说社会史是新时期中国史学最富活力和最具创新意义的领域大概不会为过。有关三十年来社会史研究的回顾及成果介绍的文字已有很多，反思以往，面对未来，成为目前学界讨论的热点，而已有成就和存在的问题就是我们走向未来的起点。本文试从目前中国社会史研究中存在的一些问题为切入点，也来谈谈步入“而立之年”的中国社会史研究的未来走向。

几年前，赵世瑜教授曾在《河北学刊》(2005年第1期)发表了一篇名为《社会史研究向何处去》的专题论文，通过检讨社会史研究复兴以来所存在的一些问题，试图对其未来的发展走向提出可能的路径。现在我把这个题目借用过来，并增加了“中国”二字，意在强调中国社会史研究所存在的问题，进而对今后的研究取向也提出一些自己的思考；就西方社会史研究的相关问题而言，毕竟是一个更大的题目了，在此不再多加展开论述。

一 “碎化”或“碎片化”

无论从西文中转译过来的“碎化”与“碎片化”确切与否，“碎”字在汉语中最一般的理解就是破碎、粉碎，另一个意思是琐碎、细碎。碎片则是散乱一片，“一地鸡毛”。笔者接受社会史研究应当碎化的做法，就是要把研究对象咬碎嚼烂，烂熟于心，化然于胸，然后付诸笔端。而“碎片化”则是研究者需要力戒和摒弃的，这是因为只有碎片一地，却没有那个“有似绳索贯穿钱物”（陈旭麓语）的东西，只能是碎片越来越多，景象越来越乱。反之，如果有了那个“有似绳索贯穿钱物”的东西把一地的“碎片”再串通提起，这样的“碎片化”倒也不是不可以接受的。其实，说社会史研究“碎化”或“碎片化”，主要还是批评其研究对象和选题的琐碎罢了。

社会史研究中出现“碎化”的现象，其实与其学科的特性密切相关，一定程度上也可以说是研究过程中自然而然的现象。我们知道，社会史首先是建立在对传统史学的反思、批判的基础上。西方传统史学以实证为重，注重叙述事件而缺少推理分析；注重抄录史实而不做概括归纳；注重研究个人而忽视集团；注重上层人物而忽视下层民众，有人将此概括为“事件的历史”。在中国，梁启超在倡导新史学的同时猛烈批判旧史学“知有朝廷而不知有国家”；“知有个人而不知有群体”；“知有陈述而不知有今务”；“知有事实而不知有理想”，那就是一种“帝王将相”的历史。社会史研究在批判传统史学的基础上异军突起，又在批判传统史学的基础上树立起旗帜，这个旗帜的核心就是代表着新史学发展趋势的“总体史”。勒高夫在谈到伏尔泰等“新史学的祖先”时明确指出：“这里所要求的历史不仅是政治史、军事史和外交史，而且还是经济史、人口史、技术史和习俗史；不仅是君王和大人物的历史，而且还是所有人的历史；这是结构的历史，而不仅仅是事件的历史；这是有演进的、变革的运动着的历史，不是停滞的、描述性的历史；是有分析的、有说明的历史，而不再是纯叙述性的历史；总之是一种总体的历史。”〔1〕

---

〔1〕〔法〕雅克·勒高夫等主编，姚蒙译：《新史学》，上海译文出版社 1989 年，第 19 页。

1980年代中国社会史研究的复兴，除了拨乱反正、解放思想的时代背景外，史学界本身的自省也是一个重要的动力。人们越来越意识到，一个时期以来，史学研究被浓厚的政治意识所笼罩，以政治史尤其是阶级斗争为主导的史学，不仅不能反映历史的全部和真实，而且使研究越来越苍白干瘪，在一片“史学危机”的呼声中，“把历史的内容还给历史”（恩格斯语）成为复兴社会史研究的最强音。复兴最初的中国社会史，无论“专史说”还是“通史说”，都在强调一种全面的历史或总体的历史。于是乎，人口、婚姻、家庭、宗族、城市、农村、衣食住行、婚丧嫁娶、节庆习俗、教育赡养、自然灾害、会党土匪、宗教信仰等等均被纳入社会史研究的视野。柳暗花明又一村，具有新史学色彩的社会史研究大大地超越了传统史学的研究领域，一时间给人眼花缭乱目不暇接之感。正是在这样一种复兴初期扩展领域和“占领地盘”的过程中，1990年代初期，即有学者批评中国社会史研究的“碎化”，好像社会史学科也是一个杂物筐，什么东西也可以往里面装。

应该说，社会史研究过程中出现的“碎化”现象，实际上就是在“总体史”的旗帜下自然产生的一种学术现象，西方社会史研究亦复如此。最近，笔者刚看过一本《碎片化的历史学》，即是对年鉴派史学进行评介的书。[1]问题是，研究者如何在自然的“碎化”过程中自觉地避免“碎片化”，依我之见，还是要回到总体史的路子上来，正确地理解和把握总体史。只有如此，才可能使社会史研究真正摆脱“碎片化”的境地。

在我看来，社会史意义上的总体史并不简单的就是要追求研究对象上的五花八门、包罗万象甚至是越多样化越好、越琐细化越好，也不是单个社会要素连续相加重叠的混合体，而是

---

〔1〕〔法〕弗朗索瓦·多斯著，马胜利译：《碎片化的历史学——从〈年鉴〉到“新史学”》，北京大学出版社2008年。

一种多种结构要素相互联系和作用的多层次的统一体。布罗代尔特别强调，“所谓总体，指的是一个统一体”。[1]他所倡导并实践的结构、局势、事件“三时段”历史，首先就是一种互相联系和互相作用的总体史。马克·布洛赫说：“无论什么性质的社会，一切事物都是互相制约、互相联系的，政治、经济的结构与信仰及思想最基本、最微妙的反映都概莫能外。”[2]社会史的选题应该没有大小之分，再小的选题也可以是社会史的选题，关键是要“以小见大”，在总体史的眼光下寻找事物的互相联系和作用。同样，只有在认识论和方法论的基础上把握总体性，“保持总体化的眼光”，再小的区域也可以作出社会史意义上的总体史。勒华拉杜里的《蒙塔尤》一书，其研究对象虽只是中世纪法国南部一个拥有数百人的小村庄，但它却试图把构成和表现13—14世纪蒙塔尤社区生活的各种参数一一揭示出来，“明确表示了新史学的总体研究愿望”。我想进一步强调的是，社会史意义上的总体史与唯物辩证法中整体的观点、普遍联系的观点也是息息相通的。

避免“碎片化”的办法就是从总体的观点进行多学科的交融。彼得·伯克有言：“各个学科的结合是对碎片化的补救”，“揭示地域、社会群体与各个学科之间的关联，是与碎片化进行战斗的一种方式”。[3]不同学科之间的对话与交流本来就是社会史研究的重要特征，年鉴学派自创始一直到如今第四代学者八十年的发展过程，就是一个多学科不断交流和融合的过程。即使当今西方流行的微观

---

〔1〕〔法〕费尔南·布罗代尔，杨起译：《资本主义的动力》，生活·读书·新知三联书店1997年，第2页。

〔2〕〔法〕马克·布洛赫，张和声、程郁译：《历史学家的技艺：为历史学辩护》，上海社会科学院出版社1992年，第180页。

〔3〕〔英〕玛丽亚·露西娅·帕拉蕾丝－伯克编，彭刚译：《新史学：自白与对话》，北京大学出版社2006年，第178—179页。

社会史，也有许多优秀的能够体现总体史的著作。“由于教科书是通论性质的，你并不必须对每一个小问题都进行研究，而一部好的微观史却同时需要具备细节、证据和总体史的雄心。”“倘若一部微观史写得好的话，它应该是一部有着自身深厚内蕴的研究，但同时也会揭示出与在它之外的其他进程的事件的关联。”[1]

这就是说，只要我们“保持总体化的眼光”，进行多学科的交流对话，勇于和善于在具体研究中运用整体的、普遍联系的唯物史观，再小的研究题目、再小的区域研究也不会被人讥讽为“碎片化”。可惜的是，我们仍有一些研究者并没有把总体史的眼光贯穿到自己具体的研究实践中。对此，早在 1950 年，布罗代尔在法兰西学院的就职演讲中就引用年鉴派创始人费弗尔的话大声疾呼：“最好不过的是，每一位学者在从事他自己的正规专业、忙于开垦他自己的花园时，也应该努力注意邻人的工作。但是，往往由于院墙太高而被挡住了视线。倘若这些不同团体之间的智力交流更频繁一些，那么将会有多么丰富的关于方法和关于事实解释的珍贵建议，会有怎样的文化成果，会在直觉上迈出怎样的一步！”[2]应该说，“碎化”或“碎片化”本身并不可怕，可怕的是碎而不通，碎而不精。目前中国社会史研究中已经出现了多学科交叉的良好势头，也有一些较为成功的著述出现，但未来的路程仍然十分漫长。

二　关于“进村找庙，进庙找碑”

1990 年代以后，中国社会史研究出现了从整体社会史到区域

---

〔1〕〔英〕玛丽亚·露西娅·帕拉蕾丝－伯克编，彭刚译：《新史学：自白与对话》，第 76 页。

〔2〕〔法〕费尔南·布罗代尔，刘北成、周立红译：《论历史》，北京大学出版社 2008 年，第 20 页。

社会史的学术转向，也就是从社会史学科性质、概念、范畴及宏观的、一般的“大而化之”的讨论层面向更为深入的、以特定区域为取向的研究模式转换。这是中国社会史复兴以来近十年时间后出现的又一个新的潮流，也即是人们所熟知的区域社会史研究。

可以说，区域社会史研究的兴盛固然受到了“中国中心观”、“区位市场体系”、“国家与社会”等西方史学思潮的影响，但社会学、人类学的田野调查理论和方法为其提供了更直接的学术资源。1980年代后期，陈春声、郑振满、刘志伟等“华南学派”同行即与海外人类学机构和专家合作，开展华南区域社会史的研究，并与香港科技大学、北京师范大学、山西大学等单位联合举办多期“历史人类学研讨班”，中山大学的“历史人类学研究中心”随即挂牌成立，历史人类学在社会史界乃至整个人文社会科学界受到了极大关注。依笔者粗浅的理解，“华南学派”的历史人类学，其研究特色主要是在历史学为本位的基础上，充分借鉴吸收人类学的理论方法，从“历史与田野”的视角进行区域社会史研究。或者说，他们注重共时性结构和历时性过程的结合，在把握历史脉络的基础上，从“过去如何造成现在”、“过去的建构如何诠释现在”的问题意识为出发点，以宗族、绅士、族群认同、械斗等为切入点，研究华南地区作为特定的地域社会在历史的长河中是如何逐步纳入国家的过程及其复杂的生成关系。

正是基于这样的问题意识，他们的研究对象大都选择在基层与乡村，凸显了自下而上的社会史路径，所以对村庄及庙宇的田野考察成为一道亮丽的风景。师兄杨念群教授曾将此形象地描述为“进村找庙，进庙找碑”。在我看来，这样的描述一方面表达了“华南学派”进行区域历史研究的特色，另一方面又似乎在提醒我们不能只是一头钻进村庙而不顾外面的世界，此外，它还试图表明了把历史与田野结合起来对推动整个中国史研究的可行性和重要性。其实，杨念群教授后来倡导和讨论的“感觉主义”及“在地化”研究，以及笔者近年来提出的“走向田野与社会”治史理念，也都有着这样的学术蕴含。显而易见的是，走进历史“现场”，寻找过去的遗迹，充分地将文字史料在田野中激活，已经成为区域社会史研究者建构大历史进程中特定地域社会变革所不可或缺的重要工作。

正如我们不必为“什么是社会史”争论不休、悬而不决一样，我们也不必为历史人类学争什么学科地位。重要的是，社会史研究要“优先与人类学对话”，充分吸收人类学的理论与方法，以历史学为本位开展广泛而深入的田野调查工作，应当是值得充分肯定和需要长期坚持的方向。可以说，人类学家从事的微观个案研究，他们到研究对象的生活圈子里进行长期的田野工作，并对其观察和体验到的“他者”世界进行“深描”和“文化的解释”，这些都是社会史研究者，尤其是区域社会史的研究工作者应当在实践中认真加以体悟和感受的方法。因此，我们不能把“进村找庙，进庙找碑”与解读历史文献的功夫割裂开来，更不能将二者对立起来。离开基本的历史文献无法去做历史的研究，也不可能拥有社会史意义上的“总体的眼光”，进行田野工作恰恰是为了进一步地激活文献，读懂读通文献。为了直接体验特定空间里的历史，到研究对象的实地进行人类学式的田野考察，不仅可以发现一些文献上没有记载的内容，而且会把文献上死的历史记载变为有了切身感受的活生生的历史“现场”。把历史文献与田野考察结合起来，把象牙塔里的历史学家变为“田野里的历史学家”并没有什么不好。然而，需要指出的是，社会史的田野调查还是要以历史学为本位，人类学倚重参与观察和口述资料，历史学则强调在参与观察的过程中对地域历史的体验、感觉和文本资料的搜集。我们也可以将这看做是人类学的田野调查与社会史的田野调查的差别所在。我曾经指出要想在中国社会史研究中真正地有所创新，就需要不断地走向田野与社会，将史料、研究内容、理论方法融为一体，这实际上也是在强调史料的搜集在社会史研究中的重要性。[1]

目前田野调查在中国社会史研究中已经蔚然成风，但基本仍限于研究者个体的行为，像年鉴派那样真正的“集体调查”我们做的还非常有限。勒高夫在谈到费弗尔的《为史学而战斗》时写道：“费弗尔在书中提倡‘指导性的史学’，今天也许已很少再听到这一说法。但它是指以集体调查为基础来研究历史，这一方向被费弗尔认为是‘史学的前途’。对此《年鉴》杂志一开始就做出榜样：它进行了对土地册、小块田地表格、农业技术及其对人类历史的影响、贵族等的集体调查。这是一条可以带来丰富成果的研究途径。自1948年创立起，高等研究实验学院第六部的历史研究中心正是沿着这一途径从事研究工作的。”[2]显然，对集体调查的强调事实上也是与社会史的总体史关怀相一致的，它可以使研究者更为全面地兼顾到研究对象的方方面面，真正的从特定的区域历史构建中凸显出整体性的面貌来。

因此，社会史研究者要走向田野与社会，并不能被简单地视为身处乡野即是我们所追求的田野调查，而是一个发现史料、发现问题、发现历史的综合作用的研究过程。依笔者有限的了解，中山大学历史人类学研究中心对清代贵州清水江流域木材贸易文书的发现整理，山西大学中国社会史研究中心对集体化时代山西百余农村基层原始资料档案的搜集整理，或可视为我在此所强调的“集体调查”的开始。可以说，此类历史与田野有效对接的具体方法，无论是在原始资料的发掘上，还是在问题假设上，都对自下而上的社会史研究有着十分重要的意义。我们经常会听到一

〔1〕 行龙：《二十年中国近代社会史研究之反思》，《近代史研究》2006年第1期。

〔2〕〔法〕雅克·勒高夫等主编，姚蒙译：《新史学》，第14—15页。

些研究者在抱怨中国没有像西方那样完整的教会档案和系统文献，从事社会史研究的资料难以搜集，其实那是我们的功课还没有做好，我们的工作还没有到位。中国如此之大，资料搜集的空间也很大。除了研究者个人的田野工作和资料搜集之外，进行整体性的“集体调查”实在是应该大加提倡的，一定程度上这也是一种文化遗产的抢救。而且，我相信社会史研究在从田野调查中寻找到新的创新点的同时，必将推动整个中国的历史研究不断走向深入。

三 “除去政治史”与“重提政治史”

自社会史研究在中国历史学的发展中呈现出蒸蒸日上的势头后，传统的政治史就似乎陷入了一种尴尬的境地。其实，这也是中西方新旧史学转型过程中所面临的一个共性问题，其典型表现就是以“自下而上”的社会史视角对传统政治史路径的直接挑战与反叛。正是在强烈反对政治史统领全部历史的声浪中，一种“排除了政治的人民的历史”成为西方社会史最初的一家之言，屈威廉的《英国社会史》便是其代表。加纳在 1980 年代进行评述时说，屈威廉的这个定义“成为关于社会史的最著名的定义，它经常为人们所引用，又不断遭到批判，而且迄今为止未被充分理解”。[1] 勒高夫用“同政治史的一场斗争”作为小标题，即谈到第一代年鉴派代表人物费弗尔和布洛赫在初期反对政治史、尤其是外交政治史的斗争。在他们看来，传统的政治史一方面是一种叙述性的历史，另一方面又是一种由各种事件拼凑而成的历

〔1〕 蔡少卿主编：《再现过去：社会史的理论视野》，浙江人民出版社 1988 年，第 148 页。

史，那就是一种“事件性的历史”。[1]

其实，年鉴学派反对传统的政治史写作，但他们自己并没有排除政治史。丹尼尔·罗什就认为，“政治史从未在法国消失过”，“在早期的年鉴群体中布罗代尔所关注的问题之一就是要让人做政治史。马克·布洛赫不仅写了政治史，而且也开了政治史方面的课程”。[2]中国社会史复兴以来，并没有明确的排除政治史的说法，或许我们可以说，由于中国社会史研究建立在以反对政治史为主导，尤其是以阶级斗争为主导的史学书写框架的基础上，因此在其复兴和发展的过程中，政治史的内容没有引起人们足够的关注和重视。这倒是需要我们认真反思的问题。

进入新世纪后，在倡导“新史学”、“新社会史”的实践过程中，杨念群教授又力争重提政治史。2004年，《历史研究》第4期发表了杨念群的《为什么要重提“政治史”研究》一文。他有感于政治史终于被碎片化，“最终沦落成为边缘学门”，提出了要复兴政治史，就必须在与其他研究取向，特别是与社会史研究的不断对话中寻求灵感，同时也要不断超越“地方性”的感觉重现建立起整体解释的意义。笔者以为，重提政治史研究，并不是要回归到旧史学笼罩下的那种传统的占据支配地位的政治史，而恰恰是一种与社会史沟通的超越传统政治史的“新政治史”。这个问题的实质其实就是如何实现政治史与社会史的有机结合，如何从社会史的角度去研究政治史。政治史与社会史并不相互排斥，社会史可以丰富政治史的内容，政治史可以凸显社会史的意义。我们知道，社会史的重要特征就是注重多学科的交融，“长时段”的观念，总体史的追求、“自下而上”的视角，甚至是田野调查的方法等都可以很好地运用到政治史或政治领域的研究中去。所

---

〔1〕〔法〕雅克·勒高夫等主编，姚蒙译：《新史学》，第9页。

〔2〕〔英〕玛丽亚·露西娅·帕拉蕾丝—伯克编，彭刚译：《新史学：自白与对话》，第148页。

以，“重提政治史”的一个关怀实际上就在于提醒社会史研究者，即使以“自下而上”的视角去书写普通民众的历史，也应该关注到那些对大历史发展进程起着决定性影响的精英人物、国家政治、典章制度等方面的作用和在场。这也是追求“总体史”的一种内在体现。

笔端至此，我还想强调一个相关的话题，这就是中国社会史的研究有必要延伸到现当代史，从社会史的角度去重新审视中共党史、中共革命史，乃至当代中国史研究。一个不能忽视的问题是，中国社会史复兴三十年来，主要的成果和研究队伍相对集中在中国古代史、近代史领域，1919 年以后，尤其是 1949 年后的所谓现当代史的社会史研究显得相当薄弱。中国近代史的下限应该在 1949 年已成为学界共识，但具体的研究往往难以延伸下来，对中华人民共和国成立后的社会史的研究并没有真正展开。正如田居俭教授所指出的：“无论从中国通史的一个断代史（中华人民共和国史）的角度审视，还是从中国正在经历并将长期经历的一个社会形态史（社会主义史）的角度审视，当代社会史都是一个亟待填补的空白。”[1]可以说，把社会史研究引向现当代史，必将为中国历史的整体推进作出新的贡献。因为“现当代史距我们当今的现实社会最近，现实社会中的许多问题与过往不久的中国历史紧密相连，把社会史研究引入中国现当代史是中国社会史研究必须引起重视的问题，也是社会史研究者应当担负的一份社会责任”。[2]

我们知道，社会史首先是一门“问题史学”，通过过去而理解现在，通过现在而理解过去，这也正是法国年鉴派史学方法论

〔1〕 田居俭：《把当代社会史提上研究日程》，《当代中国史研究》2007 年第 3 期。
〔2〕 行龙：《“自下而上”：当代中国农村社会研究的社会史视角》，《当代中国史研究》2009 年第 4 期。

的核心。勒高夫明确指出社会史“比任何时候都重视从现时出发来探讨历史问题”。[1]而中国现当代史与现实社会的政治经济变革紧密相连，这样一个长时段的历史，我们不能也不可能把它割裂开来。如果我们的社会史研究仅限于古代、近代的探讨而不顾及现当代，那将是社会史研究一个巨大的缺失和遗憾。倘若将社会史的视角延伸至中国现当代史之中，则有助于我们重新解释或评判很多的问题。例如，我们如何从社会史的角度重新审视以阶级斗争为主导的现当代史和革命史模式；如何突破人为的历史时段划分，进而从整体的角度研究中国革命史；如何“自上而下”和“自下而上”地互相结合来研究中国革命史；如何从多学科交叉融合的视角研究中国革命史，如此等等，都需要社会史研究者努力思考并付诸实践。近年来，南开大学中国社会史研究中心的李金铮教授已开始提倡一种“新革命史”的研究取向，即“从国家与社会的关系，具体说就是国家政权与民间社会双重互动角度进行研究，是一个新的切入点和突破点”。[2]在我看来，这种不同于以往革命史范式的研究路径也将大大丰富和增进我们对中国革命及其现代性转变的认识与理解。

四　走向多元开放

2009年3月24日，《光明日报》史学理论版整版发表赵世瑜教授、常建华教授和笔者三人的笔谈，题目是《走向多元开放的社会史——中国社会史研究三十年的回顾与前瞻》，我以为这个标

---

〔1〕〔法〕雅克·勒高夫等主编，姚蒙译：《新史学》，第13页。

〔2〕李金铮：《何以研究中共革命与乡村社会？》，详见《中国社会史研究的理论与方法暨纪念乔志强先生诞辰80周年国际学术研讨会·会议论文集》，2008年10月。

题加的很好，多元开放应该是中国社会史研究下一步的基本走向。

先看开放。中国社会史研究的三十年是开放的三十年，这里的开放首先是我们对国外史学，尤其是对于西方社会史研究的开放。建国以来直至改革开放前的中国历史学研究虽然取得了很大的成绩，但也深受闭目塞听教条主义之害。在改革开放时代复兴的中国社会史研究，开始就受到来自西方的各种社会科学理论和方法的影响，以法国年鉴学派为代表的西方社会史研究以及美国关于中国的相关研究对中国社会史研究的影响尤其突出。现代化模式、“中国中心观”、长时段、“自下而上”、“内卷化”、“过密化”、“权力的文化网络”、市民社会、国家与社会、历史人类学、“地方性知识”、后现代、后社会史[1]等等林林总总的各式理论和方法，都随着不断的翻译引进而耳熟能详。然而，这样的耳熟能详更多的恐怕只是对作者的耳熟能详，对西方社会史研究相关理论和方法的切实吸纳，尤其是把西方的理论与方法借鉴运用到中国社会史的具体研究中仍然任重而道远。

中国社会史研究的开放还表现在它对其他人文社会学科的开放。社会学、人类学、地理学、政治学、经济学、民俗学、人口学等都对社会史的研究起到了很大的推动作用，社会史也同时促进了其他学科的发展。眼下，社会经济史、社会文化史、区域社会史、乡村社会史、城市社会史、水利社会史、医疗社会史、生态社会史等不仅一一登上史坛，而且已有一些优秀的成果陆续出现，社会史真的由灰姑娘变成了一位公主，它也像一个盛大的花圃，培育出千姿百态百花齐放的璀璨景象。

同走向开放一样，中国社会史的研究还需要进一步走向多元。多元本与开放互为一体，开放必定带来多元，多元能够进一步促进开放。面对不断翻新目不暇接的西方各式理论，我们会有

---

〔1〕 不久前读完一本米格尔·卡布雷拉写的《后社会史初探》，北京大学出版社 2008 年。

一种难以跟进的感觉。早年在国内从事社会史研究后来又长期在海外研究的孙江教授就曾不无担忧地说道："在当代世界新史学变化的时间表上，值得我们痛加反思的是，限于学术信息的不足和学术语境的不同，我们和欧美几乎在同一个时间，用同一种声音发出了'史学危机'的呼声，但是内容却根本不同，以年鉴学派为代表的新史学要否定的是整体的结构历史和历史学过分社会科学化的倾向，而这恰恰是我们视为社会史研究的范本来加以追求的目标。"〔1〕我想，中国社会史研究要走向多元，学习西方是不可或缺的功课，但是我们也不必为跟不上西方而过多地担忧，西方与我们有不同的"学术语境"，更有与我们不同的历史内容，我们要与西方的社会史进行对话而不能仅限于"自话自说"，我们更要从中国的历史实际出发建立自己"本土化"的中国社会史，该补的功课还是要认真地补上。

走向多元，笔者还想强调马克思主义唯物史观对中国社会史研究的意义。历史唯物主义的基本原理与社会史研究的理论有许多相通之处，阶级分析、具体问题具体分析、全面的整体的观念、事物之间的普遍联系性等在社会史的研究中都有其一定的方法论指导意义，我们不能因为过去教条主义地理解和运用唯物史观而漠视它的存在。年鉴派史学就认为，新史学和马克思主义并非互不相容，马克思主义的历史分期学说仍是一种长时段的理论，把群众在历史上的作用放在首位与新史学注重研究普通民众的历史不谋而合，带着问题去研究历史、跨学科研究、长时段和整体观察等很多方面，"马克思是新史学的大师之一"。〔2〕认识到这一点，并将其充分地纳入到具体的社会史研究中去，也将有助于大力提升我们中国历史研究的整体水平。

---

〔1〕 孙江主编：《事件·记忆·叙述》，浙江人民出版社 2004 年，第 21 页。

〔2〕〔法〕雅克·勒高夫等主编，姚蒙译：《新史学》，第 35 页。

可以说当下的中国社会史研究已经出现了走向多元的发展趋向。在历史唯物主义的指导下，广泛汲取中国传统史学和西方各种理论方法的各类社会史研究已经蔚然成风；区域社会史、历史人类学以其鲜明的特性更加为人称道；医疗社会史、生态社会史、城市社会史等新领域方兴未艾；“新社会史”、“新文化史”、“新革命史”以其探索性的精神崭露头角；以探讨历史总体性为旨归的“新整体史”仍然引人注目；相关资料的搜集整理，甚至“集体调查”式的资料工作已渐次展开，我们能够感受到中国社会史研究的无穷魅力和美好前景，中国社会史研究也必将走向更加广阔的未来。

中国社会史研究的追求与实践

人文社会科学领域的理论和概念总是不断出新五花八门的。回顾1980年代以来中国社会史研究的发展历程，我们引进、接受了太多的西方人文社会科学的理论和概念。现代化理论、“中国中心观”、年鉴派史学、国家—社会理论、“过密化”、“权力的文化网络”、“地方性知识”、知识考古学等等，林林总总。这既是一个目不暇接、兴奋不已的过程，又是一个不断跟进、让人疲惫的过程。在这样一个过程中，我们在不断地反思，也在不断地前行。中国社会史研究深受西方有关理论概念的影响，这是一个不争的事实。另一方面，我们又不时地听到或看到对盲目追求、一味模仿西方理论概念的批评，建立中国本土化的社会史概念理论的呼声在我们的耳畔不时响起。

“走向田野与社会”，并不是什么新的概念，也谈不上什么理论之类。至多可以说，它是山西大学中国社会史研究中心三代学人从事社会史研究过程中的一种学术追求和实践。

“走向田野与社会”的想法付诸文字，最早是在2002年。那一年，为庆祝山西大学建校100周年，校方组织出版了一批学术著作，其中一本是我主编的《近代山西社会研究》[1]，此书有一个副标题就叫“走向田野与社会”，其实是我和自己培养的最初几届

〔1〕 行龙主编:《近代山西社会研究——走向田野与社会》，中国社会科学出版社2002年。

硕士研究生撰写的有关区域社会史的学术论文集。2007 年，我的论文集将此副题移作正题，名曰《走向田野与社会》[1]。记得 2004 年 9 月的一个晚上，我在山西大学以“走向田野与社会”为题的讲座中谈到，这里的田野包含两层意思：一是相对于校园和图书馆的田地与原野，也就是基层社会和农村；二是人类学意义上的田野工作，也就是参与观察实地考察的方法。这里的社会也有两层含义：一是现实的社会，我们必须关注现实社会，懂得从现在推延到过去或者由过去推延到现在；二是社会史意义上的社会，这是一个整体的社会，也是一个“自下而上”视角下的社会。

其实，走向田野与社会是中国历史学的一个悠久传统，也是一份值得深切体会和实践的学术资源。我们的老祖宗司马迁写《史记》的目的是“究天人之际，通古今之变，成一家之言”，为此他游历名山大川，了解风土民情，采访野夫乡老，搜集民间传说，可谓足迹遍南北。及至晚近，“读万卷书，行万里路”几成为中国传统知识文人治学的准则。我的老师乔志强（1928—1998）先生辈，虽然不能把他们看作为传统文人一代，但他们对中国传统文化的体认却比吾辈要深切许多。即使是在接连不断的政治运动环境下，他们也会走出校园，走向田野。乔先生最早出的一本书，是 1957 年出版的《曹顺起义史料汇编》[2]，该书区区 6 万字，除抄录第一历史档案馆有关上谕、奏折、审讯记录稿本外，很重要的一部分就是他采访当事人后人及“访问其他当地老群众”，召开座谈会收集而来的民间传说。也是从 1950 年代开始，他在教学之余，又开始留心搜集山西地区义和团史料。现在学界利用甚广的刘大鹏之《退想斋日记》、《潜园琐记》、《晋祠志》等重要资料，就是他在晋祠圣母殿侧廊看到刘大鹏的碑铭

---

〔1〕 行龙：《走向田野与社会》，生活·读书·新知三联书店 2007 年。

〔2〕 乔志强主编：《曹顺起义史料汇编》，山西人民出版社 1957 年。

后，顺藤摸瓜，实地走访得来的。1980 年，当人们还沉浸在“科学的春天”到来之际，乔志强先生就推出了《义和团在山西地区史料》[1]这部来自乡间田野的重要资料书，这批资料也成就了他早年的山西义和团研究和辛亥革命前十年史的研究。

1980 年代，乔志强先生以其敏锐的史家眼光，开始了社会史领域的钻研和探索。我们清楚地记得，他与研究生一起研读相关学科的基础知识，一起讨论提纲、著书立说，一起参观考察晋祠、乔家大院、丁村民俗博物馆，一起走向田野访问乡老。一部《中国近代社会史》被学界誉为中国社会史“由理论探讨走向实际操作的第一步”，成为中国社会史学科体系初步形成的一个最重要的标志。就是在该书的长篇导论中，他在最后一部分专门谈“怎样研究社会史”，认为“历史调查可以说是社会史的主要研究方法”，举凡文献资料，包括正史、野史、私家著述、地方志、笔记、专书、日记、书信、年谱、家谱、回忆录、文学作品；文物，包括金石、文书、契约、图像、器物；调查访问，包括访谈、问卷、观察等等，不厌其烦，逐一道来，其中列举的山西地区铁铸古钟鼎文和石刻碑文等都是他多年亲身访查、辛苦所得。

乔志强先生对历史调查和田野工作的理解是非常朴实的，其描述的文字也是朴实无华的，关于“调查访问”中的“观察”，他这样写道：

> 现实的社会生活，往往留有以往社会的痕迹，有时甚至很多传统，特别如民俗、人际关系、生活习惯，这些就可以借助于观察。另外还可以借助于到交通不便或是人际关系较为简单的地区去观察调查，因为它们还可能保留有较多的过去的风俗习惯、人际往来等方面的痕迹，对于理

---

〔1〕 乔志强主编：《义和团在山西地区史料》，山西人民出版社 1980 年。

解历史是有用处的。[1]

二十多年后重温先生的教诲，回想当年跟随先生走村过镇的往事，我们为学有所本、亲炙教诲感到欣慰。

走向田野与社会，又是社会史的学科特性决定的。20世纪之后兴起的西方新史学，尤其是法国年鉴学派史学在批判实证史学的基础上异军突起，年鉴派史学“所要求的历史不仅是政治史、军事史和外交史，而且还是经济史、人口史、技术史和习俗史；不仅是君王和大人物的历史，而且还是所有人的历史；这是结构的历史，而不仅仅是事件的历史；这是有演进的、变革的运动着的历史，不是停滞的、描述性的历史；是有分析的、有说明的历史，而不再是纯叙述性的历史；总之是一种总体的历史”。[2]一百年前，梁启超在中国倡导的“新史学”与西方有异曲同工之妙，1980年代恢复后的中国社会史研究更以其“把历史的内容还给历史”的雄心登台亮相。长期以来以阶级斗争为主线的历史研究使得历史变得干瘪枯燥，以大人物和大事件组成的历史难以反映历史的真实，全面的准确的认识国情把握国情，需要我们全面的系统的认识历史认识社会，需要我们还历史以有血有肉丰富多彩的全貌。可以说，中国社会史在顺应中国社会变革和时代潮流中得以恢复，又在关注社会现实的过程中得以演进。

因此，社会史意义上的“社会”，又不仅是历史的社会，同时也是现实的社会。通过过去而理解现在，通过现在而理解过去，此为年鉴派史学方法论的核心，第三代年鉴学派的重要人物勒高夫曾宣称，年鉴派史学是一种“史学家带着问题去研究的史

〔1〕 乔志强主编：《中国近代社会史》，人民出版社1992年，第30—31页。

〔2〕〔法〕雅克·勒高夫等主编，姚蒙译：《新史学》，上海译文出版社1989年，第19页。

学”，“它比任何时候都更重视从现时出发来探讨历史问题”。

很有意思的是，半个世纪以前，钱穆先生在香港某学术机构做演讲，有一讲即为“如何研究社会史”，他尤其强调：

> ……要研究社会史，应该从当前亲身所处的现实社会着手。历史传统本是以往社会的记录，当前社会则是此下历史的张本。历史中所有是既往的社会，社会上所有则是先前的历史，此两者本应联系合一来看。
>
> ……要研究社会史，决不可关着门埋头在图书馆中专寻文字资料所能胜任，主要乃在能从活的现实社会中获取生动的实像。
>
> 我们若能由社会追溯到历史，从历史认识到社会，把眼前社会来作以往历史的一个生动见证，这样研究，才始活泼真确，不要专在文字记载上作片面搜索。[1]

乔志强先生撰写的《中国近代社会史》导论部分，计有“社会史研究的对象”、“知识结构”、“意义”及“怎样研究社会史”四个小节，谈到社会史研究的意义，没有谈其学术意义，“重点强调研究社会史具有的重要的现实意义”。社会史的研究要有现实感，这是社会史研究者的社会责任，也是催促我们走向田野与社会的学术动力。

社会史意义上的“社会”，又是一种“自下而上”视角下的社会。与传统史学重视上层人物和重大历史事件的“自上而下”视角不同，社会史的研究更重视芸芸众生的历史与日常。举凡人口、婚姻、家庭、宗族、农村、集镇、城市、士农工商、衣食住行、宗教信仰、节日礼俗、人际关系、教育赡养、慈善救

〔1〕 钱穆：《中国历史研究法》，生活·读书·新知三联书店2001年，第52—56页。

灾、社会问题等等，均从“社会生活的深处”跃出而成为社会史研究的主要内容。显然，社会史的研究极大地拓展了传统史学的研究内容，如此丰富的研究内容决定了社会史多学科交叉融合的特性，如此特性需要我们具有与此研究内容相匹配的相关学科基础知识与训练，需要我们走出学校和图书馆，走向田野与社会。由此，人类学、社会学等成为社会史最亲密的伙伴，社会史研究者背起行囊走向田野，“优先与人类学对话”成为一道风景。

“偶然相遇人间世，合在增城阿姥家。”山西大学的社会史研究与人类学是有学脉缘分的，一位祖籍山西至今活跃在人类学界的乔健先生1990年自香港向我们走来。我不时地想过，也许就是一种缘分，“二乔”成为我们社会史研究的领路人，算是我们这些生长在较为闭塞的山西后辈学人的福分。现在，山西大学中国社会史研究中心的鉴知楼里，恭敬地置放着“二乔”的雕像，每每景仰，实多感慨。

1998年，乔志强先生仙逝后，乔健先生曾特意撰文回忆他与乔志强先生最初的交往：

> 我第一次见到乔志强先生是在1990年初夏，当时我来山西大学接受荣誉教授的颁授。志强先生与我除了同乡、同姓的关系外，还是同志。我自己是研究文化/社会人类学的，但早期都偏重所谓“异文化”的研究，其中包括了台湾的高山族、美国的印第安人（特别是那瓦侯族）以及华南的瑶族。但从九十年代起，逐渐转向汉族，特别是华北汉族社会的研究。志强先生是中国社会史权威，与我新的研究兴趣相同。由于这种“三同”的因缘，我们一见如故，相谈极欢。他特别邀请我去他家吃饭，吃的是我最爱吃的豆角焖

面。我对先生的纯诚质朴，也深为赞佩。[1]

其实，乔健先生也是一位“纯诚质朴”的蔼蔼长者，又是一位立身田野从来不知疲倦的著名人类学家。他为扩展山西大学的对外学术交流，尤其是对中国社会史研究中心的学术发展付出了大量的心血。我初次与乔健先生相识正是在1990年山西大学华北文化研究中心的成立仪式上。1996年，“二乔”联名申请国家社科基金重点项目——“华北贱民阶层研究”获准，我和一名研究生承担的“晋东南剃头匠”成为其中的一部分，开始直接受到乔健先生人类学的指导和训练；2001年，乔健先生又申请到一个欧盟委员会关于中国农村可持续发展的研究项目，我们多年来关注的一个田野工作点赤桥村（即晋祠附近刘大鹏祖籍）被确定为全国七个点之一；2006年下半年，我专门请乔健先生为研究生开设了文化人类学专题课，他编写讲义，印制参考资料，每天到图书馆的十层授课论道往来不辍。这些年，他几乎每年都要来中心一到两次，做讲座，下田野，乐在其中，老而弥坚。这不，前不久他来又和我谈起下一步研究绵山脚下著名的张壁古堡计划。如今，乔健先生将一生收藏的人类学、社会学书籍和期刊捐赠中心，命名为“乔健图书馆”，又特设两个奖学金鼓励优秀学子立志成才，其情其人，令人感佩。正是在这位著名人类学家的躬身提携下，我结识了费孝通、李亦园、金耀基等著名人类学、社会学前辈及大批同行，我和多名研究生曾到香港和台湾参加各种人类学、社会学会议。正是在乔健先生的亲自指导之下，我们这些历史学学科背景的后辈，才开始学得一点人类学的知识和田野工作的方法，山西大学中国社会史研究中心的学术工作有了人类学、社会学

---

〔1〕《纪念乔志强先生》（内部发行），第32页。

的气味，走向田野与社会成为本中心愈来愈浓的学术风气。

社会史的研究并不简单是“社会生活史”的研究，只有“自上而下”与“自下而上”的结合，理论探讨与实证研究的结合，宏观研究与微观研究的结合，才能实现“整体的”社会史研究这一目标，才能避免“碎片化”的陷阱。

其实，整体和区域只是反映事物多样性和统一性及其互相关系的范畴，整体只能在区域中存在，只有通过区域而存在。相对于特定国家的不同区域而言，全国性范围的研究可以说是宏观的、整体的，但相对于跨国界的世界范围的研究而言，全国性的研究又只能是一种微观的、区域的研究，整体和区域并不等同于宏观和微观。史学研究的价值并不在于选题的整体与区域之区别，区域研究得出的结论未必都是个别的、只适于局部地区的定论，“更重要的是在每个具体的研究中使用各种方法、手段和途径，使其融为一体，从而事实上推进史学研究”。我们相信，沉湎于中国悠久的历史文化传统，研读品味先辈们赐赠的丰硕成果，面对不断翻新流行时髦的各式理论概念，史学研究的不变宗旨仍然是求真求实，而求真求实的重要途径之一就是通过区域的、个案的、具体的研究去实践。这里需要引起注意的是，这样一种区域的、个案的、具体的研究又往往被误认为社会史研究“碎化”的表现，其实，所谓的“碎化”并不可怕，把研究对象咬烂嚼碎、烂熟于胸、化然于心并没有什么不好，可怕的是碎而不化，碎而不通。区域社会史的研究绝不是画地为牢、就区域而区域，而是要就区域看整体，就地方看国家。从唯物主义整体的普遍联系的观点出发，在区域的、个案的、具体的研究中保持整体的眼光，正是克服过分追求宏大叙事，实现社会史研究整体性的重要途径。

作为一种学术追求与实践，走向田野与社会也是区域社会史研究的必然逻辑。我们知道，传统历史研究历来重视时间维度，那种民族—国家的宏大叙事大多只是一个虚幻的概念，一个虚拟的和抽象的整体，而没有较为真切的空间维度。社会史的研究要“自下而上”，要更多地关注底层的历史民众的历史，而区域社会正是民众生活的日常空间，只有空间维度的区域才是具体的真实的区域，揭示空间特征的“田野”便自然地进入区域社会史研究的视野，走向田野从事田野工作便成为一种学术自觉与必然。

社会史研究要“优先与人类学对话”，也要重视田野工作。我们知道，人类学的田野工作首先是对“异文化”的参与观察，它要求研究者到被研究者的生活圈子里至少进行为期一年的实地观察与研究，与被研究者“同吃同住同劳动”，进而撰写人类学意义上的民族志。人类学强调参与观察的田野工作，对区域社会史研究具有重要的借鉴意义。走向田野，直接到那个具体的区域体验空间的历史，观察研究对象的日常生活，感受历史现场的氛围，才能使时间的历史与空间的历史连接起来，才能对“地方性知识”获得真正的认同，才能体会到“同情之理解”之可能，才能对区域社会的历史脉络有更为深刻的把握。然而，社会史的田野工作又不完全等同于人类学的田野工作。“上穷碧落下黄泉，动手动脚找东西”，搜集资料，尽可能地、全面详尽地占有资料，是史学研究、尤其是区域社会史研究最基础的工作。如果说宏大叙事式的研究主要是通过传统的正史资料所获取，那么，区域社会史的研究是远远不止于此的，这是因为，传统的正史甚至包括地方志并没有存留下丰厚的地方资料，“地方性资料”诸如碑刻、家谱、契约、账簿、渠册、笔记、日记、自传、秧歌、戏曲、小调等等只有通过田野调查才能有所发现，甚至大量获取。所以说，社会史的田野工作，首先要进行一场“资料革命”，在获取历史现场感的同时获取地方资料，在获取现场感和地方资料的同时确定研究内容、认识研究内容。在本书开篇自序中，笔者曾有所感触地写道：

> 走向田野，深入乡土，身临其境，在特定的环境中，文献知识中有关历史场景的信息被激活，作为研究者，我们也仿佛回到过去，感受到具体研究的历史氛围，在叙述历史、解释历史时才可能接近历史的真实。走向田野与社会，可以说是史料、研究内容、理论方法三位一体，相互依赖，相互包含，紧密关联。在我的具体研究中，有时先确定研究内容，然后在田野中有意识地收集资料；有时是无预设地搜集资料，在田野搜集资料的过程中启发了思路，然后确定研究内容；有时仅仅是身临其境的现场感，就激发了新的灵感与问题意识；有时甚至就是三者的结合。

我们相信，走向田野与社会，利用田野工作搜集整理地方文献和资料，在眼下快速城市化的进程中是一种神圣的文化抢救工作，也是一项重要的学术积累活动。我们也相信，这就是陈寅恪先生提到的学术之“预流”——“一时代之学术，必有其新材料与新问题。取用此材料以研求问题，则为此时代学术之新潮流。治学之士，得预此潮流者，谓之预流”。

走向田野与社会，既驱动我们走向田野将文献解读与田野调查结合起来，又激发我们关注现实将历史与现实粘连起来，这样的工作可以使我们发现新材料和新问题，以此新材料用以研究新问题，催生了一个新的研究领域——集体化时代的中国农村社会研究。

对于这样一个新的研究领域，这里还是有必要多谈几句。其实，何谓“集体化时代”，仍是一个见仁见智的问题，陋见所知，或曰“合作化时代”，或曰“公社化时代”，对其上限的界定更有互助组、高级社，甚至人民公社等诸多说法。我们认为，集体化时代即指从中国共产党在抗日根据地推行互助组，到1980年代农村人民公社体制结束的时代，此间约四十年时间（各地或有不一），互助组、初级社、高级社、人民公社、农业学大寨前后相继，一路走来。这是一个中国共产党人带领亿万农民走向集体化，实践集体化的时代，也是中国农村经历的一个非常特殊的历史时代。然而，对于这样一个重要的研究领域，以往的中国革命史和中国共产党党史研究并没有给予足够的重视，宏大叙事框架下的革命史和党史只能看到上层的历史与重大事件，基层农村和农民的生活与实态往往湮没不彰。在走向田野与社会的实践中，我们强烈地感受到，随着现代化过程中“三农”问题的日益突出，随着城市化过程中农村基层档案的迅速流失，从搜集基层农村档案资料做起，开展集体化时代的农村社会研究，是我们社会史工作者一份神圣的社会责任。坐而论道，不如起而行之。本世纪初开始，我们有计划、有组织地下大力气对以山西为中心的集体化时代的基层农村档案资料进行抢救式的搜集整理，师生积年累月，栉风沐雨，不避寒暑，不畏艰难，走向田野与社会，深入基层与农村，迄今已搜集整理近二百个村庄的基层档案，数量当在数千万件以上。以此为基础，我们还创办了一个“集体化时代的农村社会”学术展览馆。集体化时代的农村基层档案可谓是“无所不包，无奇不有”，其重要价值在于它的数量庞大且不可复制，其可惜之处在于它的迅速散失而难以搜集。我们并不是对这段历史有什么特殊的情感，更不是将这批档案视为“红色文物”期望它升值，实在是为其迅速散失而感到痛惜，痛惜之余奋力抢救，抢救之中又进入研究视野。回味法国年鉴学派倡导的“集体调查”，我们对此工作充满敬意，且信心十足：

勒高夫在谈到费弗尔《为史学而战斗》时写道：

费弗尔在书中提倡“指导性的史学”，今天也许已很少再听到这一说法。但它是指以集体调查为基础来研究历史，这一方向被费弗尔认为是“史学的前途”。对此《年鉴》杂志一开始就做出榜样：它进行了对土地册、小块田地表格、农业技术及其对人类历史的影响、贵族等的集体调查。这是一条可以带来丰富成果的研究途径。自1948年创立起，高等研究实验学院第六部的历史研究中心正是沿着这一途径从事研究工作的。[1]

集体化时代的农村社会研究，还使我们将社会史的研究引入到了现当代史的研究中。中国社会史研究自1980年代复兴以来，主要集中在1949年以前的所谓古代史、近代史范畴，将社会史研究引入现当代史，进一步丰富革命史和中国共产党党史的研究，以至开展“新革命史”研究的呼声，近年来愈益高涨。我们认为，如果社会史的研究仅限于古代、近代的探讨而不顾及现当代，那将是一个巨大的缺失和遗憾，将社会史的视角延伸至中国现当代史之中，不仅是社会史研究“长时段”特性的体现，而且必将促进“自上而下”与“自下而上”的有机结合，进而促进整体社会史的研究。

三十而立，三十而思。从乔志强先生创立中国社会史研究的初步体系，到由整体社会史而区域社会史的具体实践，从中国近代社会史到明清以来直至中国的当代史，在走向田野与社会的学术追求和实践中，山西大学的中国社会史研究在反思中不断前行，任重而又道远。

---

〔1〕〔法〕雅克·勒高夫等主编，姚蒙译：《新史学》，第14—15页。

克服“碎片化”回归总体史

历史研究中的“碎片化”问题已经引起了学界的关注，而社会史更被人认为是“碎片化”表现突出的领域。针对如何克服碎片化的问题，我曾在一篇文章中指出：“只要我们‘保持总体化的眼光’，进行多学科的交流对话，勇于和善于在具体研究中运用整体的、普遍联系的唯物史观，再小的研究题目，再小的区域研究也不会被人讥讽为‘碎片化’。”[1]这就是说，克服碎片化的途径就是回归总体史。

一　关于“碎片化”

应该如何去看待目前历史研究中的“碎片化”问题，或者说，它有哪些具体表现，什么样的历史研究属于“碎片化”现象，这是一个首先需要回答的问题。

简单而言，所谓“碎片化”是指原本完整的东西破碎成零散的块状，成了诸多碎片，不再是一个整体了。可以说，自上世纪80年代末90年代初起，这一话语就已被广泛应用在信息、传媒、社会、技术、文化等领域，用来形容事物主体的琐碎、细

〔1〕 行龙：《中国社会史研究向何处去》，《清华大学学报》2010年第4期。

碎、零碎状态，即没有整体关怀，只强调个体、片断的存在。因此，人们在谈及“碎片化”时，即是指一种零散、不完整、断裂的取向。如果再往深一点讲，这一取向的出现主要还是当时一些社会思潮影响的产物。其中，西方国家后现代主义思潮的传入，就给当时的中国文化艺术界造成了不小的冲击，尤其是后现代思潮提倡的非理性、去中心化、去主体性，不相信有宏大、一致的规律性存在，关注个体的自由选择，甚至追求杂乱无章的生活体验等，这些观念在很大程度上适应了当时中国致力于发展市场经济的现实需要。例如，对个人权利的重视，对私有产权的保护，自由主义的兴盛，等等，于是乎人们对自身的存在给予了更多的关注，反而对个体之上的整体性存在充耳不闻、视而不见的现象。另一个影响则来自于中国内部改革开放政策的全面实施，对内搞活，对外开放，建立全新的市场经济体系，逐渐放弃了1949年后实行了三十年的高度集中的计划经济体制和国家主宰一切的治理模式，这就从根本上决定了思想、文化、观念、意识形态等上层建筑领域出现了多样化形态，人们觉得自己就生活在一个到处充满“碎片化”的环境当中。人文社会学界试图站在自身的立场为当下的社会发展态势寻求学理上的依据和地域上的经验，以作出各种各样的回应或调适，其实是一个从实践到理论的“顺理成章”。

中国近代史研究领域中出现的“碎片化”问题，也是在上述大的时代背景中产生出来的一个学术表象。从具体的学术影响上来看，近代史研究的“碎片化”现象事实上与“中国中心观”、社会史的区域转向、新社会史和新文化史的兴起等有直接关联。具体而言，柯文试图通过在“在中国发现历史”进而在批判“西方冲击—中国回应”模式（费正清）、“传统与现代”模式（列文森）、“帝国主义”模式（佩克）等研究框架的基础上建构出所谓“中国中心观”，至于如何以中国的内部立场而非以西方的外部视角去“发现”中国的历史，柯文认为可行的办法有：从“横向”上，将中国分解为区域、省、州、县与城市，以展开区域与地方历史的研究；从“纵向”上，把中国社会再分解为若干不同阶层，推动较下层社会历史的撰写，此外鼓励将社会科学等相邻学科的理论方法引入到历史研究当中。[1]这一主张对中国社会史研究由整体性的探讨转向区域性研究起到了较大的推动作用。几乎在同一时期，中国本土化的社会史研究也由原先注重整体学科体系建立的讨论开始转向具体操作实践的区域史研究，当时出版的一批区域社会史研究成果即是有力的证明。[2]可以说，正是在区域社会史研究方兴未艾之时，作为中国近代史研究重要组成部分的社会史越来越趋向于专门化、精细化、微观化、具体化，于是在那些从事宏大历史建构和侧重一般历史问题研究的学者看来，社会史、区域史研究日渐“碎片化”了。至于新社会史和新文化史的影响，尤其是近十年来的发展，更为引人注目。其中以孙江、杨念群、黄兴涛等人的研究实践为代表，从他们先后主编的《新社会史》、《新史学》丛书中，不难看出其综合运用新的理论和方法特别是借鉴社会学、文化人类学的概念体系和分析架构来重新解释中国历史的抱负和追求。例如，已出版的《新社会史》三卷分别以“事件·记忆·叙述”、“身体·心性·权力”、“时间·空间·书写”为主题，《新史学》则以“感觉·图像·叙事”、“概念·文本·方法”、“文化史研究的再出发”、“再生产的近代知识”为各卷主题，很显然，这些醒目的关键词不仅凸显了著者

〔1〕〔美〕柯文，林同奇译：《在中国发现历史：中国中心观在美国的兴起》，中华书局2002年，第170—212页。

〔2〕代表性著作有，王笛：《跨出封闭的世界——长江上游区域社会研究（1644—1911）》，中华书局1993年；王振忠：《明清徽商与淮扬社会变迁》，生活·读书·新知三联书店1996年；刘志伟：《在国家与社会之间：明清广东里甲赋役制度研究》，中山大学出版社1997年；乔志强、行龙主编：《近代华北农村社会变迁》，人民出版社1998年等。

试图从细微具体的层面去展现历史真实，而且更加注重了对历史展演背后的社会文化意义的深入解读。在这样的新史学实践推动下，给人造成的印象就是中国近代史研究更加细微化、零碎化，诸如人口、婚姻、家庭、宗族、城市、农村、衣食住行、婚丧嫁娶、节庆习俗、教育赡养、自然灾害、会党土匪、宗教信仰、价值观念、道德心理以及身体、疾病、记忆、图像等内容都可以被用来作为建构复杂历史画面的着眼点。应该说，此类研究揭示了丰富多彩的历史细节，着实给人耳目一新的感觉，但也难免会被视为一种“碎片化”的表现。

总之，自20世纪90年代以来，新的历史解释概念体系和研究路径为中国史学的繁荣发展开拓了新局面，极大地丰富了人们对历史真相的认识和理解，但与此同时，一定程度上也带来了一些所谓的“碎片化”问题。[1]在笔者看来，“碎片化”倾向固然需要警惕，但是也没必要过于敏感，以免无形中将其“扩大化”。因为即使是“小”的研究也依然可以做出“大”的文章来。区域史研究者倘若能够始终追求“以小见大”、“小中有大”，微观与宏观、具体与一般、区域与整体的有机对接，不只是就区域谈区域，就片断谈片断，即使是再微观乃至不起眼的小事情还是会彰显出“大历史”的实践轨迹的。众所周知，勒华拉杜里的《蒙塔尤》、卡尔洛·金兹伯格的《奶酪与蛆虫》、娜塔莉·泽蒙·戴维斯的《马丁·盖尔归来》等西方史学家的经典著作，以及新近国内出版的黄兴涛的《“她”字的文化史》等论著，就很好地凸显了作者力求通过微观的细致研究去深化对宏观历史的系统理解和把握的信心。从表面上看，这些著作选题具体而细微，要么是一

[1] 主要观点可参见，杨天宏：《系统性的缺失：中国近代史研究现状之忧》，《近代史研究》2010年第2期；桑兵：《中国近现代史的贯通与滞碍》，《近代史研究》2010年第2期；李长莉：《交叉视角与史学范式：中国“社会文化史”的反思与展望》，《学术月刊》2010年第4期等。

个村庄，要么是一个名不见经传的小人物，要么是一个汉字，要么是一个特定的地域和一个社会阶层，如果笼统地将其视为“碎片化”，则过于简单化了。

二　区域史研究不一定是“碎片化”

区域社会史的研究往往被认为是“碎片化”表现突出的领域。其实，现在我们谈论所谓的“碎片化”问题，主要还是由于各种各样的区域史（包括新社会史、新文化史、历史人类学）研究对中国近代史的整体面相不断进行局部解释的缘故。也许正是因为如此，区域社会史的历史书写也往往容易被人误解为“碎片化”。不可否认，目前学界确实存在一些区域社会史研究过于简单化的做法，就区域言区域，未能将区域内部各组成部分以及区域与整体之间有机地联系起来进行讨论，虽然占有区域性的具体史料，但却陷在史料当中不能自拔，更多的只是将视野限定在所掌握的史料层面上，就史料言史料，不能很好地将“小地方与大历史”的复杂关系全面客观地诉诸笔端，对史料自身的产生背景及具体意图也视而不见，结果实践越多，“碎片化”日深。就“区域研究”中的“某种反省和自我批判的态度”而言，陈春声教授也曾指出：“深化传统中国社会经济区域研究的关键之一，在于新一代的研究者要有把握区域社会发展内在脉络的自觉的学术追求。毋庸讳言，时下所见大量的区域研究作品中，具有严格学术史意义的思想创造的还是凤毛麟角，许多研究成果在学术上的贡献，仍主要限于地方性资料的发现与整理，以及在此基础上对某些过去较少为人注意的‘地方性知识’的描述。更多的著作，实际上只是几十年来常见的《中国通史》教科书的地方性版本，有一些心怀大志、勤奋刻苦的学者，穷一二十年工夫，最后发现他所做的只不过是一场既有思考和写作框架下的文字填空游戏。传统社会区域研究中，学术创造和思想发明明显薄弱，其重要的原因之一，就是学术从业者追寻历史内在脉络的学术自觉的严重缺失。”[1] 显然，做区域社会史研究，要想不被人误解或讥讽为“碎片化”，确有必要对区域与整体及两者的相互关系有相当的认识和把握，直至内化为研究者心中可以运用自如的一种学术自觉。区域是部分的、具体的，而社会是整体的、系统的，区域社会史是在研究具体的区域，但关注点却应该是整体的社会。区域可大可小，是一个相对的动态性概念，而整体则是众多的区域通过一系列的内在机制所生成的但又超越了区域原有特征和属性的系统性存在，因此，区域形式上看似独立于整体，但是其存在的前提和意义正是通过和整体的紧密关联而显现的，如果脱离了整体性的存在，区域也就毫无意义可言了。真正的区域社会史研究实际上是“形散而神不散”，即便是对原本完整的历史进行不同面相的展现，最终的目的还是要回归到整体史层面上来。

除上文中提到的区域史研究作品外，以陈春声、刘志伟、郑振满、科大卫等人为代表的“华南学派”同样引人关注，他们三十多年的区域史研究不仅没有落入“碎片化”的窠臼中，相反，却积累了相当丰富的有助于剖析整个中国历史的实践经验与解释体系。近年来，由陈春声主编的“历史·田野”系列丛书就凸显了把区域史与整个中国史融为一体的治史理念。另外，黄宗智的《华北的小农经济与社会变迁》、《长江三角洲小农家庭与乡村发展》，杜赞奇的《文化、权力与国家：1900—1942年的华北农村》，裴宜理的《华北的叛乱者与革命者：1845—1945》，孔飞力的《叫魂：1768年中国妖术大恐慌》等海外中国研究论著，无论是在选题还是理论与方法上，都对中国近代史研究产生

---

〔1〕 陈春声：《走向历史现场》，《读书》2006年第9期，第24页。

了不容轻视的影响。他们也都是从具体的区域或事件入手，但是对区域内容的讨论则放在了整体的大历史的进程中，通过区域研究去透视具有更加普遍性、一般性的问题。例如，杜赞奇在其书中研究的是晚清至民国的华北农村社会，涉及地方政权、乡村政治、宗族、水利、祭祀、婚姻、税收摊派、市场、乡村组织和领袖等内容，但是作者通过这些看似支离破碎的农村问题，构建了清末以降华北农村社会变革背后的结构性特质，如“国家政权内卷化”、“权力的文化网络”、“保护型经纪与赢利型经纪”等深层问题，进而为整个中国近代乡村社会的历史演变作出了一个“普适性的”解释。笔者多年来倡导“走向田野与社会”，在从事明清以来山西区域社会史研究的实践中，也试图通过区域研究反映整体的历史，以此提炼具有普遍意义的概念和理论。明清时期山西人口、资源、环境三要素是探讨该区域社会的重要方面，彼此间的不均衡发展导致的生态环境恶化引发了众多社会问题的发生。笔者曾指出：“明清以来山西生态环境恶化的最突出表现是水土流失，水土流失不仅引起土地的大面积沙化，而且使汾河流域的含沙量急剧增加。河道、渠道的变更，由森林减少而引起的气候环境的变化，又加剧了旱灾及争夺水资源的各类‘水案’的频发，这种生态环境的恶性循环一直是困扰山西农村社会经济发展的主要因素。”[1]基于此，我们开展了水利社会史的一系列研究，包括水资源的紧缺、争夺导致的“分水”事件，水利灌溉、祭祀与信仰，水利与造纸等手工业的运作，水环境与自然灾害的发生等，试图“以水为中心”去展现乡村民众、宗教信仰、民间组织、精英士绅、国家政权等多重力量共同作用下的山西区域社会。明清以来的山西区域社会是否“以水为中心”这样的问题仍可讨论，但我们是试图通过“以水为中心”反映整体的区域社会

〔1〕 行龙：《走向田野与社会》，生活·读书·新知三联书店 2007 年，第 63 页。

变迁，也就是通常所说的保持“总体史”的眼光。区域史研究并不一定就是“碎片化”，其价值所在就体现于它与整体史的密切关系之中。

三　回归总体史

既然区域社会史并不等同于所谓的“碎片化”，那么，我们在警惕“碎片化”的同时又该如何去克服它呢？笔者以为，最主要的还是要回归“总体史”，而要实现“总体史”追求，研究者至少需要把握三个方面的内容：一是要有鲜明的问题意识，二是重视“长时段”，三是以历史学为本位的多学科交叉。

可以说，具有问题意识，对一切史学研究都有着方法论的意义，就这一点而言，国内社会史学界更多的是受到了法国年鉴学派倡导的“问题史学”的影响。费弗尔明确地说：“提出一个问题，确切地说乃是所有史学研究的开端和终结。没有问题，便没有史学。”〔1〕如果研究中不能贯穿鲜明的问题意识，则很可能就像钱乘旦先生所言的“只满足于史料堆积，而缺乏对历史的思考，缺乏深层的思维，轻视理论和整体研究的倾向”一样〔2〕，难免走向“碎片化”。至于“长时段”，这也是人们在谈及法国年鉴学派尤其是布罗代尔的作品时使用最多的重要概念，并成为衡量“总体史”的关键尺度。布罗代尔强调：“对于一个历史学家来说，接受长时段就必须准备改变自己的风格、态度，必须彻底改造自己的思维，而采用崭新的思考社会事物的概念。这意味着逐渐习

〔1〕〔法〕费弗尔：《为史学而战斗》，第 22 页。转引自何兆武、陈启能主编：《当代西方史学理论》，上海社会科学院出版社 2003 年，第 396 页。

〔2〕参见韩毅：《构建有中国特色的世界史学体系：争辩与思考——“中国世界史学科体系建设研讨会”学术观点述评》，《中国社会科学》2008 年第 2 期。

惯一种比较缓慢的、有时近乎停滞的时间……总之，相对于这种缓慢的、层积的历史而言，整体的历史可以重新思考，正如要从底层结构开始一样。无数的层面和无数次历史时间的剧变都能根据这些深层结构、这种半停滞的基础得到解释。所有的事物都围绕这个基础转。”[1]按我的理解，布氏强调“长时段”的重要性，是由于这一解释概念有助于研究者透过历史现象揭示那些看似不变的“结构”性东西，正是这些“深层结构”的存在支配着借助于“短时段”所表现出来的纷繁复杂、变幻无常的“事件”、“局势”。第三代年鉴学派核心人物勒高夫也曾指出：“历史的发展时快时慢，但是推动历史发展的内在动力却只有在长时段中才能起作用并被把握。”[2]也就是说，捕捉到了历史中的“结构”才可能从整体的视角去展现历史。“长时段”的方法运用是与历史中的整个“结构”紧密联系在一起的，这对于区域史研究中真正实现“总体史”关怀具有很重要的学术参照意义。相比之下，多学科交叉渗透则可以看做是追求“总体史”的必然产物，也是强调“问题意识”和“长时段”两方面的一个内在要求。研究者提出明确的问题，然后全方位地找寻各种各样的资料、工具、手段来求证已有的问题假设，在这一过程中历史学必然会打破学科专业间的种种限制，只要是对自己有用的都可以为史学家所重视和利用，如人类学、社会学、民俗学、经济学、地理学、政治学、心理学等相邻学科的理论与方法。如此，多学科视角的运用对于研究者全面把握研究对象的变化轨迹和内外关联，注重整体性，避免“碎片化”，就显得非常必要了。不过，需要注意的是，在借鉴多学科理论方法的过程中，生搬硬套、盲目利用或滥用西方的

〔1〕〔法〕费尔南·布罗代尔，刘北成、周立红译：《论历史》，北京大学出版社 2008 年，第 36 页。

〔2〕〔法〕雅克·勒高夫等主编，姚蒙译：《新史学》，上海译文出版社 1989 年，第 27 页。

时髦概念来套用中国历史事实的做法仍旧屡见不鲜，将原本丰富多样的历史画面搞得“支离破碎”，甚至是“非驴非马”，晦涩难懂，实为“碎片化”的另类表现。有鉴于此，多学科交叉又一定是以历史学为本位的，只有通过对史料的全面爬梳与深入解读，才能够将经验事实与概念体系真正地衔接起来，才可能建构出整体的、总体的历史。

总之，笔者以为，对于目前历史研究中热议的“碎片化”倾向，应当引起我们高度的重视，但也不要扩大化。区域社会史研究并不必然会带来“碎片化”，只要研究者能够将“总体史的眼光”始终作为一种学术自觉，敏锐地提炼“问题意识”，重视“长时段”研究，注重多学科的交叉融合，即使再细小的区域研究也不会是“碎片化”的。否则，表面上看似再宏大的选题，也只能是一种没有太多学术价值的文字。

二十年中国近代社会史研究之反思

与中国社会史研究齐步前进，中国近代社会史研究也走过了二十年的历程。应该说，从社会史研究发轫之初，对于社会史理论的探索和讨论就没有停止过。同样，对不同时期社会史自身学术史进行回顾与总结的成果也是接连不断，这种状况反映了社会史学界总结与反思的自觉性，[1]同时推动了社会史研究

---

〔1〕笔者所见难免挂一漏万，兹列举如下：论文有田居俭：《中国社会史研究的反思与展望》，《社会科学战线》1989 年第 3 期，第 136—148 页；蔡少卿、孙江：《回顾与前瞻——关于社会史研究的几个问题》，《历史研究》1989 年第 4 期，第 88—96 页；常建华：《中国社会史研究十年》，《历史研究》1997 年第 1 期，第 164—179 页；朱志敏，孔祥宇：《1990 年以来中国近现代社会史理论研究概述》，《党史研究与教学》1998 年第 3 期，第 66—69 页；郭松义：《中国社会史研究五十年》，《中国史研究》1999 年第 4 期，第 18—27 页；蔡少卿、李良玉：《五十年来的中国近代社会史研究》，《近代史研究》1999 年第 5 期，第 104—116 页；《当代社会史研究走向（笔谈）》，《天津社会科学》2001 年第 1 期，第 72 页；罗志田：《见之于行事：中国近代史研究的可能走向——兼及史料、理论与表述》，《历史研究》2002 年第 1 期，第 22—40 页；赵世瑜、邓庆平：《二十世纪中国社会史研究的回顾与思考》，《历史研究》2001 年第 6 期，第 157—172 页；姚兆余：《二十世纪中国古代农村社会史研究的回顾与思考》，《中国农史》2002 年第 3 期，第 89—103 页；何兹全：《我所经历的 20 世纪中国社会史研究》，《史学理论研究》2003 年第 2 期，第 32—40 页；常建华：《新时期中国社会史理论争鸣及其演进》（上）（下）分见于《河北学刊》2004 年第 1 期，第 175—181 页、第 3 期，第 167—172 页；苏全有、李风华：《对中国近代社会史研究的反思》，《南开大学学报》（社会科学版），2004 年第 1 期，第 47—52 页；王先明：《中国近代社会史研究的历史、现状与未来》，《晋阳学刊》2004 年第 1 期，第 39—43 页。论著相关学术史回顾的有周积明、宋德金主编：《中国社会史论》，湖北教育出版社 2000 年；常建华：《社会生活的历史学》，北京师范大学出版社 2004 年。

的纵深发展。愚自1982年师从乔志强先生学习中国近代社会史，1985年硕士毕业后成为专业的史学工作者，算来也有二十年的时光。从学生到“先生”，并不仅仅是一个角色的转换，更是一种责任的承接。撰写这样一篇反思性的文章，权且是一种“自我反观”。

一　学科内史：“本土化”的努力

20世纪50年代至80年代的中国近代社会史研究，政治史范式代表了主流方向，基本以帝国主义侵略和封建压迫与中国人民反帝反封建“两个过程”作为基本线索和基本理论分析框架，具体表现为一条线索、两个过程、三次高潮、八大事件的革命史叙事脉络。在一个特定的历史时期，“两个过程”或许是中国近代史研究的最佳视角，但中国近代社会变革的全面性、复杂性远非革命史研究框架所能承载，况且要全面理解中国革命的过程，不研究这一时期社会演变的诸侧面也是不深不透的。所以，如何打破旧的研究模式，建立新的研究框架，这是中国社会史研究复兴之初面临的首要问题。同时对于研究内容、研究方法、学科互涉、理论创新等诸多问题的思考贯穿其中，都有力地推进了中国近代社会史研究。

80年代社会史的复兴，是在对旧有研究模式的反思、改革开放形势的转变、国外社会史理论的引入以及中国社会史的复兴与重建这样一种纠合的状态下进行的，开展社会史研究适应了学术发展的需要，也顺应了时代发展的潮流。复兴之初，中国社会史研究主要目标是“把历史的内容还给历史”。[1]1986年冯尔

〔1〕本刊评论员：《把历史的内容还给历史》，《历史研究》1987年第1期，第77页。

康[1]、乔志强[2]、王玉波[3]诸先生几乎同时撰文倡导开展中国社会史的研究，是年10月第一届中国社会史研讨会在天津召开，对中国社会史研究对象、范畴，社会史与其他学科的关系，开展社会史研究的意义等问题进行了探讨。这次会议将社会史定位成专门史或一个流派，在研究方法上提出要借鉴社会学、民俗学、人类学等学科的理论与方法，这次会议可以看做学术界有计划地组织和推动社会史研究活动的开始，对重建和复兴中国社会史研究工作意义重大。[4]但在一片"史学危机"的氛围中重提社会史研究，人们既感兴奋又感犹疑，既是新奇又是迷惘。对诸如什么是社会史、如何研究社会史等问题还存在困惑和争论，[5]而这些问题又是必须要解答的。

对于社会史理论问题的探讨在第一届中国社会史学术讨论会上就形成了"不可不议，也不可多议"这样一种向前看的策略，认为学科兴起和重建不可不大体规划，但主要应展开社会史具体问题的研究，等到具体问题研究深入开展以后，社会史的理论问题就会容易一些。这一形势其实反映了中国社会史研究在起步阶段理论研究的滞后。中国社会史研究固然可以追溯到上世纪初，但当年梁启超提倡的"新史学"并不完全等于新时期的"社会史"，20世纪二三十年代的一度繁华并不能说明中国社会史理论体系已粗具雏形，抛却关于中国社会性质的大讨论不论，二三十年代的中国社会史研究多集中在婚姻、家庭、宗族、社会习俗等方面的探讨，而50年代的革命史学中止了这一进程。中国社会

---

〔1〕冯尔康：《开展社会史的研究》，《百科知识》1986年第1期。

〔2〕乔志强：《中国社会史研究的对象和方法》，1986年8月13日《光明日报》第3版。

〔3〕王玉波：《为社会史正名》，1986年9月10日《光明日报》第3版。

〔4〕宋德金：《开拓研究领域　促进史学繁荣——中国社会史研讨述评》，《历史研究》1987年第1期，第120—128页。

〔5〕蔡少卿主编：《再现过去：社会史的理论视野》"序言"，浙江人民出版社1988年，第1页。

史研究的复兴面临着如何延续和继承二三十年代社会史研究，同时又需要开拓新领域、进行理论探索的双重任务。

在这样的学术背景下，结合社会史学科建设工作，一些学者对社会史的定义、研究对象、范畴等进行了阐述，形成了“专史说”、“通史说”、“范式说”、“视角说”的大讨论，掀起了社会史研究的一次高潮。随后，几部特色鲜明的中国近代社会史论著相继出版，一些学者更为系统地阐述了对社会史的理论思考。1992年山西大学乔志强先生主编的《中国近代社会史》由人民出版社出版，该书从社会构成、社会生活、社会功能三部分架构社会史的研究体系。他认为社会史是从属于通史的专门史，和政治史、经济史、文化史等平行相邻。社会史研究的对象是人类有史以来赖以生存并必然结成的社会本身的历史。该书的出版“使整体社会史研究迈出了由理论探讨走向实际操作的第一步，并成为中国近代社会史学科体系初步形成的一个最主要的标志”。[1]陈旭麓先生不同意把社会史看做是历史学的一个分支或专史，认为“真正能够反映一个过去了的时代全部面貌的应该是通史，而通史总是社会史。马克思主义研究社会，所注重的是人们在生产中形成的与一定生产力发展程度相适应的生产关系的总和。由此延伸出来的经济活动为基础的种种人际关系都应当成为社会史研究的对象”。[2]《中国近代社会的新陈代谢》（上海人民出版社1992年）则体现了上述认识，该书从社会结构、社会生活、社会意识等方面来分析近代中国社会的变迁嬗递。张静如的观点有所不同，他认为“社会史是一门综合性学科，是历史学中层次最高的部分，是立于各类专史之上的学科”，他不同意把政治、经

[1] 虞和平、郭润涛：《中国近代社会史研究述评》，《历史研究》1993年第1期，第158页。
[2] 陈旭麓：《略论中国近代社会史研究》，《华东师范大学学报》（哲学社会科学版）1989年第5期，第1页。

济、文化等从社会中分离出去，认为“社会史不是研究‘经过政治、经济提取后的剩余物，而是研究社会全部的历史’”。[1]他先后主编了《北洋军阀统治时期中国社会之变迁》（中国人民大学出版社 1992 年）、《国民政府统治时期中国社会之变迁》（中国人民大学出版社 1993 年）两部著作。前书从社会经济、政治、教育与文化、社会阶级与阶层、社会组织、家庭、社会习俗、社会意识等方面建构社会变迁的整体状貌，后者则从社会生活诸方面考察了国民政府统治时期中国社会的演化。龚书铎主编的八卷本《中国社会通史》（山西教育出版社 1996 年），主要内容则为社会结构、社会运行、社会变迁。以上几部著作或为通史，或为断代史，乔、陈二先生的结构似较为接近，但前者偏于社会的横向联系，后者注重了纵向的变迁，即所谓“新陈代谢”。张静如所著的《北洋军阀统治时期中国社会之变迁》则是在经济、政治、文化之外加入了社会结构、社会生活、社会意识等方面的内容，体现了传统史学加上社会史的特点。这几部通论性的著作，风格不同，各有侧重，时至今日，学界对上述几部著作褒贬不一，但在当时它们为社会史研究划出了一个明晰的研究范围，这是社会史为中国史学界近二十年来的发展所做出的最显著的贡献。[2]其展示出的更大意义在于如何把所设计的理论架构与史实相结合，将其容纳到通史和断代史著作中，使社会史这一概念得到完整的体现。[3]现在看来，上述几部论著虽各具特色，但也显示出一些共同的取向：第一，在研究时段上，大多选取了变化剧烈的近代社会作为研究对象，近代社会史在中国社会史复兴与研究中扮演了重要角色。第二，在社会史理论的思考和建构中，更多地借鉴和

〔1〕 张静如：《以社会史为基础深化党史研究》，《历史研究》1991 年第 1 期，第 89—90 页。

〔2〕 赵世瑜、邓庆平：《二十世纪中国社会史研究的回顾与思考》，《历史研究》2001 年第 6 期，第 166 页。

〔3〕 郭松义：《中国社会史研究五十年》，《中国史研究》1999 年第 4 期，第 21 页。

运用了社会学的理论和方法，反映了中国近代社会史研究起步之初广大学者的共识，但社会史的社会学化倾向又说明这一时期社会史学方法论上的单调性、依附性。

社会史复兴之初，一些学者对专史说、通史说持有不同看法，更突出了社会史新范式、新视角的意义。王家范“不赞成社会史只是传统史学领域的拓宽，是历史学分支的论点；相反，主张社会史为了取得自己成长所必需的独立学术地位，目前急需下决心割断传统史学的脐带，在一种新学术氛围中发育壮大，拓开自己的路。从这种意义上说，社会史首先应作为传统史学的叛逆角色出现在学术舞台上”。[1]赵世瑜则认为，“社会史根本不是历史学的一个分支，而是一种运用新方法、从新角度加以解释的新面孔史学”。[2]后来，他继续阐述了这一观点，认为应该把社会史理解为一种史学的范式，而不应该理解为一个学科分支，这样才能避免社会史研究的庸俗化，社会史是一种整体研究，不应该被误解为“通史”或“社会发展史”，要警惕历史学与社会学联姻的倾向。[3]上述分歧和争论，对于推进中国社会史的研究具有重要意义。

我国史学界，区域性研究早已存在，特别是在经济史研究领域有相当的学术积累，其中以傅衣凌先生对福建、徽州及江南地区的社会经济史的研究为代表。20 世纪 90 年代以后，随着社会史研究的发展，社会史研究其实面临着复兴之后如何深化的问题，仅仅依靠宏观的立论显然难担其责，中国近代社会史研究要迈上新的台阶，必须开展深入的研究，这样中国近代社会史研究体现了区域社会史研究的走向，区域社会史研究的繁荣则成为这

---

〔1〕 王家范：《中国社会史学科建设刍议》，《历史研究》1989 年第 4 期，第 98 页。

〔2〕 赵世瑜：《中国社会史研究笔谈·社会史研究呼唤理论》，《历史研究》1993 年第 2 期，第 15 页。

〔3〕 赵世瑜：《再论社会史的概念问题》，《历史研究》1999 年第 2 期，第 4 页。

一时期的突出特征。与此同时，对于社会史理论、方法的探讨结合具体的个案研究继续开展并逐渐迈向深入。这些特征从每两年一次的中国社会史年会的主题中便可以清晰地反映出来。1990年成都第三届社会史研讨会重点在对中国宗族、家庭现实等问题的考察；1992年沈阳第四届会议主题为“社会史研究与中国农村”，重点探讨社会结构与农村变迁、历史上的灾变与社会救济、社会史的理论体系、构架与功能等；1994年西安第五届会议主题是“地域社会与传统中国”；1996年重庆第六届会议中心议题是“区域社会比较研究、中国社会传统生活方式、社会史的研究对象与方法”；1998年苏州第七届研讨会将“家庭、社区、大众心态变迁”确定为会议主题；2002年上海会议主题为“国家、地方民众互动与社会变迁”；2004年厦门会议主题为“仪式、习俗与社会变迁”。而有关的中小型会议也不断召开，如中山大学历史系与香港科技大学人文学部等单位组成“华南地域研究会”，以研究华南地区为主，举办了多次学术讨论会。山西大学中国社会史研究中心围绕山西区域社会研究亦召开了“山西区域社会史学术讨论会”，与中国人民大学清史研究所联合举办了“区域社会比较研究中青年学者学术讨论会”，从这些会议的主题我们不难看出区域社会史在社会史研究中的突出地位。

区域社会史的兴起有以下几个因素：第一，改革开放以后区域社会发展的现实需要，经济、社会、文化的发展成为区域发展的目标。第二，中国社会史研究的发展，要求在空间上从整体的社会史向区域社会史转向，寻求全方位、立体的、整体的地方社会史，以深化社会史的研究。第三，西方史学思潮的影响，尤其是黄宗智、杜赞奇等关于近代华北的研究、施坚雅研究中国市场的区域分析理论、柯文的“中国中心观”等思想都无疑促进了区域社会史的研究。第四，社会史与社会学、人类学、民俗学等社会科学的对话与交流。20世纪90年代产生了一批区域社会史研究成果，王笛的《跨出封闭的世界——长江上游区域社会研究（1644—1911）》（中华书局1993年）试图从中心地理论出发，研究整体的社会史。乔志强、行龙主编的《近代华北农村社会变迁》（人民出版社1998年）显示了试图从地域社会的角度实现《中国近代社会史》中提出的社会史知识体系，并进一步检验和完善这一理论体系的努力。王振忠的《明清徽商与淮扬社会变迁》（三联书店1996年）研究了明清徽商的土著化过程与盐业城镇的发展，以及与东南文化变迁的关系。魏宏运主编的《二十世纪三四十年代冀东农村社会调查与研究》（天津人民出版社1996年）、朱德新的《二十世纪三四十年代河南冀东保甲制度研究》（中国社会科学出版社1994年）展现了20世纪三四十年代华北尤其是冀东农村社会形态的基本状貌。

区域社会史研究升温的同时，社会史研究还体现了一股"国家与社会"的热潮。由于学术背景不同，研究视角、理论、方法也存在差异，加之研究内容十分丰富，笔者仅按自己的理解将其序列如下。从"公共领域"角度研究的首先是罗威廉有关汉口的研究，但他运用"公共领域"分析中国社会的做法受到了黄宗智、魏斐德等人的批评。[1]从学理探讨的角度有邓正来的《市民社会与国家——学理上分野与两种架构》（广西师范大学出版社2000年）。从政治社会学角度的有张静主编的《国家与社会》（浙江人民出版社1998年）等。在社会经济史方面，刘志伟的《在国家与社会之间——明清广东里甲赋役制度研究》（中山大学出版社1997年）突破了传统的基层制度分析。从法律学角度的有梁治平的《清代习惯法：社会与国家》（中国政法大学出版社1996年）、黄宗智的《民事审判与民间调解：清代的表达与实践》（刘昶、李怀印译，中国社会科学出版社1998年），后

〔1〕〔美〕黄宗智：《中国研究的范式问题讨论》，社会科学文献出版社2003年。

者试图打破“国家与社会”的二元对立模式，提出了国家、第三领域、社会的三元模式。从民间权威与地方性符号资源角度的有王铭铭、王斯福的《乡土社会的秩序、公正与权威》(中国政法大学出版社 1997 年)。从传说的角度有赵世瑜、张宏艳的《黑山会的故事：明清宦官政治与民间社会》(《历史研究》2000 年第 4 期)，透过宦官的神话，解析北京城中宦官如何在宫廷政治与民间社会发生作用。刘志伟、科大卫的《国家与礼仪：宋至清中叶珠江三角洲地区礼仪的演变过程》(《中山大学学报》1999 年第 5 期)分不同时段从礼仪演变过程中探讨国家与社会的关系。笔者则试图以山西区域社会的水案为切入点，从人口、资源、环境变迁中的水利社会，把握国家与社会的互动关系。[1]国家与社会的分析一定程度上改变了区域社会史研究的“前后左右”“条缕分析”的横向状态，增加了“自上而下、自下而上”的纵向坐标，区域社会史研究不仅开辟了分析国家与社会关系的空间，而且在促使区域社会史整体史观方面有着重要的方法论意义。

应当指出的是“国家与社会”这一分析框架是西方社会发展产生的概念，将其运用到中国社会史的研究需要深刻把握西方社会发展的内在脉络以及“国家—社会”的理论实质，领会中国社会本身的结构特征，才能较好地借鉴和运用。需要研究者严格论证研究对象是否能反映国家与社会的关系以及“国家与社会”研究框架能否具体适用其分析对象，在具体的研究和分析过程中，切实地发现和确立能够比较集中反映国家与社会关系的互动点，进而揭示出国家与社会在中国社会型构中的冲突、相互利用和协调过程，[2]而不是简单在用语词意义上的国家与社会“关系”来

〔1〕 行龙：《晋水流域 36 村水利祭祀系统个案研究》,《史林》2005 年第 4 期，第 1—10 页。
〔2〕 王铭铭、〔英〕王斯福：《乡土社会的秩序、公正与权威》，中国政法大学出版社 1997 年，第 610 页。

套用一切，用大而化之的框架掩盖论证分析的粗疏无力。

“国家与社会”这一西方理论分析框架在中国社会史研究中的广泛运用，是西方理论对中国社会史研究影响的一个突出反映。认真审视1986年以来的中国社会史发展进程，不难发现西方社会学、社会史理论其实一直强有力地影响着中国社会史的研究走向。对社会史的学科定位、社会史学科体系建设与社会学的关系等问题的探讨、区域社会史的凸显、“国家与社会”理论的流行等等，如果不从西方社会发展演变、社会学学术史加以分析是很难把握的。同时，这也有助于我们梳理20世纪80年代社会史复兴后社会史理论争论，以及对研究走向的再认识。

涂尔干、马克思、韦伯是西方社会学发展史上三位重要的社会学家，他们对社会研究的范畴，其实都注重对社会的整体进行研究，涂尔干更突出了社会学方法、视角的意义。马克思则以生产力与生产关系、阶级斗争两方面来切入，强调社会的结构，形成了经济史或者社会经济史、社会变革（发展）史的研究传统。韦伯与马克思不同，他的重点是去探寻社会发展与变迁背后人的思想和意识作用，即人的“理性”，也就是社会思想、社会意识、社会文化的研究。

其实，西方对“社会史”迄今也没有共同认可的定义，研究者是在各自的理解和实践中不断架构社会史研究体系的。霍布斯鲍姆认为，社会史研究的内容主要包括穷人或下层阶级的历史，社会运动史；生活方式、风俗、日常生活；经济与社会史。克拉克则认为社会史主要研究小范围的经济史，反抗、暴力、革命或社会支配，历史的社会学（包括权力、意识形态、信仰、结构等）。而珀金则将社会史研究分为五个方面即社会生态学（研究社会与其物质环境的关系），社会解剖学（研究社会要素），社会生理学（研究社会结构怎样发挥作用，国家怎样实现其功能），社会病理学（研究社会弊病、暴力和冲突），社会心理学（研究生活的目的和意义)。上述几位史家对社会史的定义仅仅反映了西方史学界部分观点，他们的定义与其说是定义，倒不如说是为社会史开列的研究项目。在我看来，社会、社会学的定义虽不完全能与社会史研究项目一一对应，但社会史中社会经济、社会结构、社会冲突、社会文化等研究内容无不在二者的交汇中得以体现。这里要指出的是，正是由于社会生活即日常生活是以往研究所忽略的，因而社会生活研究成为社会史复兴后的研究重点就是顺理成章的事情。珀金指出的从社会生态学角度来研究社会，笔者以为也正是一种从环境与社会的关系来研究社会的一个新颖视角，存在深入发展的空间。

通过以上粗略的梳理，我们不难发现中国社会史研究从一开始就受到西方社会科学尤其是社会学的影响，社会史在发展进程中所讨论的问题不仅与中国社会史学科重建的社会背景、学术背景有关，而且与社会是什么？社会学是什么？社会史是什么？这三个互为交织变化演进的问题有着密切关联，也与各位学者对上述问题的把握和理解不同有关，社会史之争在一定程度上是对社会的认识之争，对社会学的理解之争，对西方社会史的解读之争。笔者曾著文讨论社会史研究领域“专史说”和“范式说”问题，就是从社会史产生和发展的学术背景这一角度，将这一问题置于西方和中国社会史的研究宏观学术史中加以分析的。[1]笔者认为从具有具体研究对象和内容的学科意义上来讲，社会史可以说是一种专门史。另一方面，从史学研究的方法和视角来讲，社会史以其鲜明的总体性追求，自下而上的视角与跨学科的研究方法，为陈旧的史学带来翻天覆地的变化，它又是一种新的“范式”，两者都是社会史蕴含的本质内容。同样，社会史其他问题

〔1〕 行龙:《中国社会史研究中的几个问题》,《近代山西社会研究——走向田野与社会》,中国社会科学出版社 2002 年，第 1—4 页。

的讨论也只有放置在中西学术史演进的广阔背景中，放置在社会史有关的学科概念中才能得到深刻理解。

进入21世纪，近代社会史研究迈向了一个新的发展阶段。经过二十年的学术积累，社会史研究是否由史学界的“灰姑娘”变为“皇后”了呢？正如冯尔康先生在2004年厦门社会史讨论会上指出的那样，“原来担心社会史过热，热不是好事，但现在看来，担心是多余的，因为社会史还处于一种边缘状态”。形成这种状况原因很多，但我认为与社会史理论反思能力相对薄弱有关。不可否认中国社会史自上世纪80年代后期复兴以来取得了相当成绩，但与西方社会史学界相比，仍缺乏本土性的理论创新。西方的中国学研究，其实一直处于多元并趋、群论争鸣的态势，社会学、人类学的交叉渗透，使之形成了细致理解中国社会的“中层理论”，如施坚雅的“区域经济理论”、萧公权与周锡瑞等的“士绅社会”理论、罗威廉的“市民社会”分析、黄宗智的“经济过密化”分析、杜赞奇的“权力的文化网络”及乡村基层政权“内卷化”的研究、吉尔兹的“地方性知识”、艾尔曼的“文化资本”解释方法等。中国史学界对这些概念的运用基本上处于注解式的单向借用，而不是通过细致微观的研究从本土化的语境中去深化、发展、修正甚至创新一些理论和概念，培养自己“中层理论”的建构意识和知识共同体，形成双向互动的学术格局，应对西方中国学的挑战。近年来，杨念群提出史学研究要注重“中层理论”，[1]提倡“新史学”、“新社会史”的研究，[2]其实就是为改变这一状况而做出的呼吁和努力。

上世纪90年代以来，也有部分学者试图从本土经验出发，

---

〔1〕 杨念群：《中层理论：东西方思想会通下的中国史研究》，江西教育出版社2001年。

〔2〕 杨念群：《空间·记忆·社会转型——“新社会史”研究论文精选集》，上海人民出版社2001年。

提出自己的中层解释框架。秦晖避开以满铁资料分析为基础的华北研究和以江南地区为中心的所谓“太湖模式”，而从农民学的角度，提出了分析西北区域经济状况的“关中模式”，概括成为“关中无地主”、“关中无租佃”、“关中有封建”。[1]杨念群的《儒学地域化的近代形态——三大知识群体互动的比较研究》(三联书店 1997 年)以“儒学地域化”为分析框架，试图解构“整体论”儒学，以近代湖湘、岭南、江浙三大知识群体为研究对象，考察了他们同中国近代社会三大变革的关系，不仅发现了中国近代知识群体与不同地域间的差异，更为重要的是这些不同的知识群体在社会互动过程中所表现出来的不同的知识主张及其所形成的不同事件。还有一些研究如杨念群关于近代社会变迁造成的空间观念与结构转换研究、王铭铭关于福建泉州铺境的个案研究、应星的“科场场域”研究、景军的“制度化知识”过程研究、梁治平关于清代习惯法的研究、程美宝的地域文化与国家认同研究、方慧容关于集体记忆的“无事件境”等都体现出了相当的理论创新和建构“中层模式”的努力。值得注意的是，上述研究或多或少依然没有摆脱对西方社会理论的依赖，但大多通过个案研究进行了修正与反思，进行本土化的转换，代表了中国社会史研究实现本土化的方向。

笔者认为“中层理论”、“新社会史”、“新史学”的提出是二十年来中国社会史研究不断走向深化，理论反思能力进一步提高的表现，也是多学科对话的结果。上述有关“中层理论”的研究，与社会学、人类学、民俗学交叉渗透以及口述史的兴起、田野调查的风行都有密切关联。80 年代社会史的任务主要是复兴与重建，难以确立本土化、原创性的理论框架，但 90 年代以后，

---

〔1〕 秦晖、苏文:《田园诗与狂想曲——关中模式与前近代社会的再认识》，中央编译出版社 1996 年。

随着社会史研究的深入和与西方学界交流周期的加快，都使得建构本土化理论有了良好的学术环境。“中层理论”提出其任务在于“呈现”，这种“呈现”是多学科、多角度、多样态的，对提升和深化社会史研究尤其是区域社会史研究有着相当意义。

二　方法论：“优先与人类学对话”

在近二十年的中国社会史研究中，社会史研究方法始终是一个探讨的焦点，而社会科学方法尤其是社会学对社会史研究的影响更为显著，80 年代社会史的复兴就与社会学有密切关联，正如有学者指出“重建的社会学及其广泛的社会学研究，也是促进社会史研究复兴的一个有利因素”。[1] 毋庸讳言，社会史曾一度笼罩在社会学的光环之下，针对这种现象曾有学者指出，希望社会史的修饰词“社会”是来自“社会科学”，而不是或不仅是社会学。[2] 在笔者看来，社会史在坚持历史学基本方法的同时，主要还是较多借用了社会学、人类学、民俗学、历史地理学等学科的方法。研究方法并没有先后优劣之别，按照我的理解，社会史复兴之初运用社会学的方法较多，而随着社会史的深入发展和区域社会史的兴起，人类学的方法对社会史研究的影响越来越大，在具体研究中得到了较为普遍的运用，事实上，历史学不仅仅只是受社会科学的影响，它有着自己对社会变迁独立的应对能力，也有着自身的发展进路，“重点转移到经济、社会、文化、思想和心理等方面”，[3] 就概括了 20 世纪社会史这一史学发展的潮流。

〔1〕 陆震：《关于社会史研究的学科对象诸问题》，《历史研究》1987 年第 1 期，第 100 页。
〔2〕 赵世瑜：《社会史：历史学与社会科学的对话》，《社会学研究》1998 年第 5 期，第 1 页。
〔3〕〔英〕巴勒克拉夫：《当代史学主要趋势》，上海译文出版社 1987 年，第 13 页。

近年来，受西方后现代主义思潮的波及和影响，[1]叙述史学的复兴、[2]微观史学、心态史、妇女史、日常生活史、新文化史等研究的开展，为社会史研究注入了新的活力。

方法就是观念转变，方法就是新领域的开拓，方法就是研究内容的深化，方法就是新史料的挖掘，方法就是整体史的追求，这也就是社会史方法论的意义。历史是过去的现实，现实是流动的历史，社会史与社会学为了不同的目的来研究社会，其所面对的史料是相同的。长期以来，社会学对社会史的影响是显而易见的，我们今天所运用的“国家”、“社会”、“阶级”、“市民社会”、“公共领域”、“社会结构”、“社会功能”等概念都是从社会学研究抽象出的概念，而其背后都是一个庞大复杂的理论体系。但我认为社会史对社会学概念和方法的借鉴主要还应该从“社会活动在其相互联系中的发展，以及社会作为一个整体的发展”加以考虑。“社会”本来也是一个发展的概念，如果说广义、狭义的社会之分仅仅是空间大小之别，那么对两者进行整体性研究却是西方社会学的追求，社会各要素之间的配置关系及其变化构成了社会结构及其变迁的主线，在宏观层面的研究中对社会结构、社会关系、社会变迁、社会生活的研究，曾是社会史研究的主要内容。在微观层面上，笔者认为，社会学家费孝通先生的社区研究法，无论对社会学、人类学、社会史研究都有着方法论的意义。当然社会史并不仅仅是对社会学理论和概念的依附，“他们是一个队里的伙伴，彼此都不能忽略对方的见解和评价。如果社会学脱离了时间的广度和历史学家的多重感受，那它就有历史的局限性，仅仅把视野局限在那些偶然延续下来的社会制度上，而不知

---

〔1〕 王晴佳、古伟瀛：《后现代与历史学》，山东大学出版社 2003 年。

〔2〕〔美〕海登·怀特，陈永国、张万娟译：《后现代历史叙事学》，中国社会科学出版社 2003 年。

它们所以得以延存的原因；如果社会史研究脱离了社会学家富有启发性的、理论的透析，那么它在学术上将是肤浅的，食古不化的，仅仅追索琐碎事实，也就谈不出什么意义了”。[1]

勒高夫曾在《新史学》中指出历史学要“优先与人类学对话”，新史学的发展“可能是历史学、人类学和社会学这三门最接近的社会科学实行合作”，[2]勒高夫称之为“历史人类学”。安德烈·比尔吉埃曾指出，历史人类学并不具有特殊的领域，它相当于一种研究方式，这就是始终将作为考察对象的演进和对这种演进的反应联系起来，和由这种演进产生或改变的人类行为联系起来。历史人类学也许主要是与史学研究的某一时期相一致，而不是与它的一个领域相适应。[3]而年鉴学派及欧美一些史学家在具体的研究中也运用了历史人类学的方法，如法国埃马纽埃尔·勒华拉杜里的《蒙塔尤：1294—1324奥克西坦尼的一个小山村》（许明龙、马胜利译，商务印书馆2003年）、英国E. P. 汤普森的《英国工人阶级的形成》（钱乘旦译，译林出版社2001年）、卡尔洛·金兹伯格的《奶酪与蛆虫》（*The Cheese and the Worms*，*The Cosmos of a Sixteenth-century Miller*，trans. John and Tedeschi，Penguin Books，1984）都是社会史的代表作，也是历史人类学方法运用的代表作。

中国社会史研究的历史人类学走向有多方面的因素，其中有历史人类学发展自身逻辑的影响，也与中国社会史、人类学发展的一些走向有关。80年代以来社会史关注社会生活、关注下层历史的研究、对社会控制的探讨、国家与社会关系的分析、区域

〔1〕〔英〕哈罗德·珀金：《社会史》，蔡少卿主编：《再现过去：社会史的理论视野》，第180页。

〔2〕〔法〕雅克·勒高夫：《新史学》，蔡少卿主编：《再现过去：社会史的理论视野》，第121页。

〔3〕〔法〕雅克·勒高夫等编：《新史学》，上海译文出版社1989年，第238页。

社会史的转向，尤其是乡村社会史突出、人类学家的历史学转向等多方面推动了人类学或者说历史人类学方法较为广泛的运用。笔者还是试图从历史人类学对社会史整体性追求的角度探讨人类学、历史人类学的方法论意义。

人类学体现了新史学总体史学的愿望。按照马凌诺斯基的观点，人类学和社会学不同，是研究文化的特殊学科，文化是指那一群传统的器物、货品、技术、思想、习惯及价值而言的，这概念包容和调节着一切社会科学。费孝通对此做了进一步的阐述，认为“从生活本身来认识文化之意义及生活之有其整体性，在研究方法上，自必从文化之整体入手”。[1]这和社会史的总体性追求有契合之处，人类学研究为开拓社会史研究的新领域提供了有益启示。E. P. 汤普森在谈到个人体验时曾指出：“人类学的冲击主要体现在找出新问题，用新方法看待旧问题，强调规范或价值体系，强调仪式，注意各种暴动和骚乱所体现的功能，强调权力、控制和领导权的象征性表达方式，而不是建立模式。”[2]人类学重新审视旧问题的新视角与中国社会史复兴所追求建立新研究范式的精神是相通的，我想这也是人类学方法能在社会史研究中得到较为普遍接受的原因之一。

人类学对宗族、仪式、信仰、象征、习俗等的研究，与社会史关注社会生活尤其是下层社会生活的取向也有契合之处。从西方学者来讲，布罗代尔的《物质生活与资本主义》，研究前工业社会中世界的居住条件、服饰、饮食等，但它又超越了日常生活事项的简单罗列，寻找经济平衡机制和交换的流通塑造与改变人类自然生活和社会生活的演进轨迹。而汤普森则在自己研究英国

〔1〕 费孝通：《文化论·译序》，〔英〕马凌诺斯基，费孝通译：《文化论》，华夏出版社 2002 年，第 2 页。

〔2〕〔英〕E. P. 汤普森：《民俗学、人类学与社会史》，蔡少卿主编：《再现过去：社会史的理论视野》，第 185 页。

18、19世纪下层婚姻生活中的典妻习俗中指出，这一仪式表面是一种买卖关系，其实是一种经双方同意的配偶合法交换。汤普森在其研究中评析了加雷斯·斯特塔曼·琼斯有关19世纪末《伦敦流浪者》的研究，提炼了赠予活动的三个结构，对慈善事业"赠予活动"的解释，其中对威望、服从和社会控制等问题的讨论颇有启发意义，社会意识应同时视为阶级的领导权，社会控制应同时视为阶级控制，这样对社会生活的深度研究又与更为广泛的社会结构对接起来，深化了社会生活研究，激活了社会结构的研究。

人类学拓展和深化了社会史中有关社会控制的研究。仪式不仅渗透到家庭生活，也渗透到社会政治生活中。历史上只有很短的时间，统治阶级是通过直接的军事甚至经济力量行使权力的，汤普森从自己的研究视角认为在所有社会里"戏剧"是政治控制、反抗，甚至叛乱的基本组成部分。[1]通过人类学对文化、象征角度的解读，他考察了18世纪英国的行刑场所这一最富戏剧性的地方。注意仪式和形式的表现能大大增加我们的历史知识，只有当我们回到习俗文化信仰中去，我们才能充分理解其中的一些形式。当然对于社会生活的仪式并不限于结构性的分析，汤普森从历史学科的立场进行了反思，认为"结构是在社会关系整体的历史特殊性中发现的，而不是在特定的仪式与这些仪式相隔绝的形式中发现的，在历史上随着社会结构的变革，新特征的产生和结构组织整个地改变"，[2]反对将同特定的社会背景隔绝开来的人类学成果用到历史研究中。

中国人类学的发展曾在20世纪三四十年代取得了相当成绩，

---

〔1〕〔英〕E. P. 汤普森：《民俗学、人类学与社会史》，蔡少卿主编：《再现过去：社会史的理论视野》，第190—192页。

〔2〕 同上书，第197页。

费孝通、林耀华等人杰出的研究影响了世界汉学人类学研究，开辟了人类学如何研究文明社会的新路。80年代，社会科学复兴后人类学、历史学经历了接触、学习、合作、互动的发展过程，在历史学与人类学的对话、反思与互惠的过程中，形成了两个特色鲜明的学术方向。一为华南学派的研究，显示了历史学与人类学的对话图景；一为王铭铭等人的研究，突出了人类学自身的理论反思。从80年代开始，华南学者陈春声、刘志伟、郑振满等与国外人类学者萧凤霞、科大卫等人开展合作研究，经过二十多年已取得了引人注目的成绩，并通过建立历史人类学研究中心，创办《历史人类学》刊物，举办历史人类学研讨班等工作，来促进历史学与人类学的互动。刘志伟站在历史学的本位强调“当人类学者越来越关注结构过程的时候，历史学者当然应该相应地重视过程的结构，但这个结构，不应该只限于其他社会科学研究已经解释过的结构，而是用历史方法阐释的结构过程”。[1]这体现了人类学与历史学合作中，人类学的回馈与历史学的反省。

王铭铭的研究成果则体现了人类学自身的反思和体验。《社会人类学与中国研究》（三联书店1997年）全面介绍了社会人类学演进的历史及其在中国的具体运用，针对各种学术流派有关中国问题的研究，王铭铭表现出相当的理论反思和本土化倾向，最为突出的就是强调在中国的人类学研究中要坚持历史的维度。这种在人类学研究中把文化理解与历史思考糅合运用的方法，对于社会史研究有重要的启示。他的一些研究如《社区的历程——溪村汉人家族的个案研究》（天津人民出版社1997年）、《逝去的繁荣：一座老城市的历史人类学考察》（浙江人民出版社1999年），就反映了“历史学和人类学的辩证，或过程与文化的辩证”的特

〔1〕 刘志伟：《地域社会与文化的结构过程——珠江三角洲研究的历史学与人类学的对话》，《历史研究》2003年第1期，第64页。

点。正如王斯福所说："社会结构、经济组织、规则和权威的包罗万象，在过去一直是社会学和人类学的主要研究对象。不过，过去社会学和人类学的论述，很少关注结构形式的转型和改造过程。溪村的研究提出了在结构的研究中包容历史过程的观点。在这里，'历史学'意味着对结构转型过程的研究。"〔1〕用历史学关注过程的结构、人类学关注结构的过程总结历史学与人类学的互惠略显简单，但这恰恰是二者对话与反思最突出的成果。

20世纪90年代，中国社会史发生了区域社会史的转向，笔者以为对区域社会史研究应该从方法论的角度加以考察。〔2〕无论是"专史说"、"通史说"、"范式说"，其学科定位的争论最终要落实到研究中，"专史说"、"通史说"在关注下层与追求整体性方面是一致的，但选择一个表述的空间维度实现这一观念则是相当困难的。其实早在年鉴学派创立之初，就放弃了那种宏大的叙事，而是通过区域社会史的研究来实现整体性追求。布罗代尔的《菲利普二世时代的地中海和地中海世界》、勒华拉杜里的《蒙塔尤》都是区域研究的经典之作。而黄宗智的《华北的小农经济与社会变迁》、《长江三角洲的小农家庭和乡村发展》，施坚

---

〔1〕〔英〕王斯福：《王斯福序》，王铭铭：《溪村家族——社区史、仪式与地方政治》，贵州人民出版社2004年，第7页。

〔2〕笔者所见有关区域社会史理论探讨的论文有：万灵的《中国区域史研究理论和方法散论》，《南京师大学报》（社会科学版）1992年第3期，第91—95页；乔志强、行龙的《近代华北农村社会变迁刍论——兼论地域社会史研究的理论与方法》，《史学理论研究》1995年第2期，第78—85页；常建华的《日本八十年代以来的明清地域社会研究述评》，《中国社会经济史研究》1998年第2期；乔志强、行龙的《从社会史到区域社会史》，《山西大学学报》（哲学社会科学版）1998年第3期，第4—16页；王玉华的《对深化区域性地方史研究的思考》，《枣庄师专学报》2001年第1期，第66—67页；常建华的《东亚社会比较与中国社会史研究》，《天津社会科学》2004年第3期，第137—140页；行龙的《论区域社会史研究的理论与方法——山西明清社会史研究》，《史学理论研究》2004年第4期，第38—49页；《明清时期中国区域社会变迁笔谈》，《史学月刊》2004年第8期，第5—13页。

雅的经济区域、城市研究等都是从区域的角度探讨运用不同的概念加以具体研究的。从这个意义上来说，区域社会史实现了整体史目标，是一种方法和视角。先师乔志强与笔者主编的《近代华北农村社会变迁》其实就是深化社会史研究的努力和尝试，把社会史和社会学的关系、社会史发展的主线、社会史研究的纵横向关系等问题纳入华北区域社会史进行了实践与思考，并在区域划分、农村与城市研究结合、比较方法的运用等方面进行了探索。此后，在具体的实践中我们逐步明确了以人口、资源、环境为中心的区域社会史研究目标，笔者主编的《近代山西社会研究——走向田野与社会》（中国社会科学出版社 2002 年）就是我们阶段性研究成果的反映。我们在具体研究的同时也努力进行区域社会史理论的探索，乔志强先生与我共同撰写的《近代华北农村社会变迁刍论——兼论地域社会史研究的理论与方法》（《史学理论研究》1995 年第 2 期），从地域社会的概念、地域划分、华北农村社会变迁的研究内容、研究方法等方面进行论述。接着先生与我又对我们区域社会史的转向进行了理论探索，《从社会史到区域社会史》就是对我们自身学术脉络演进的总结、完善与深化。后来，经过近十年的山西区域社会史研究实践，我对开展区域社会史研究的理论与方法问题又有了新的体悟，拙文《论区域社会史研究的理论与方法——山西明清社会史研究》（《史学理论研究》2004 年第 4 期）指出新形势下的区域社会史研究必须加强区域比较研究、区域分期、田野调查等方法的运用，并从区域社会特点出发提出了开展明清以来山西人口、资源、环境与社会变迁，晋商与山西地方社会，三晋文化与民俗，山西抗日根据地社会等四方面的研究，以期对明清以来山西区域社会史进行全面系统的研究，尝试建立区域社会史研究的模式。

近年来，社会史学界对区域社会史研究进行了反思，有学者指出中国社会史研究逐步变成“区域社会史”研究，而“区域社会史”研究又成为“进村找庙”的同义词，[1]2004年8月中国人民大学清史研究所与山西大学中国社会史研究中心召开了“首届区域社会史比较研究中青年学者学术讨论会”，就反映了对社会史尤其是区域社会史研究反思的自觉，[2]提出了跨区域研究的新走向，以摆脱区域孤立、碎化表述的困境。[3]笔者以为区域社会研究仍将保存其研究活力，但要走出单个研究“自弹自唱”、缺乏统一设计和规划的现状，最好选择一些课题进行不同区域间、不同学科间合作与对话式的研究，在近代社会发展变迁的宏观背景观照下，进一步深化区域社会史研究，推动中国社会史的发展。

社会史研究对人类学方法的运用，不仅仅是注重文化的分析与考察，而且在具体操作上也有所借鉴，近年来出现的“田野调查热”就引人注目。笔者以为并不是从事社会史研究就必须做田野调查，主要看研究者的研究领域、研究时段、研究旨趣。我们的体会是如果要做明清以来区域社会史尤其是乡村社会史，田野调查工作则是可能的也相当必要。从历史学角度出发，我们并不是人类学家，对于人类学理论和方法的掌握毕竟有限，所以历史学的田野工作应当从以下几方面加以把握。

田野调查是为了读懂文献。近年来我们从人口、资源、环境的角度，以“水案”为切入点，开展山西区域社会史的研究。空间方位、生态环境、村落分布格局、水渠灌溉系统，“油锅捞钱，三七分水”的传说等只有身临其境，走在乡土上，才会发现在书斋中百思不得其解的问题却是乡村社会的“常识”，街头巷尾与乡民的闲谈间，一条条孤立的文献资料被激活连缀成一个个会说

---

〔1〕杨念群：《“地方性知识”、“地方感”与“跨区域研究”的前景》，《天津社会科学》2004年第6期，第119—125页。

〔2〕张俊峰、殷俊玲：《反思与对话》，《历史研究》2005年第1期，第179—182页。

〔3〕胡英泽、郝平：《跨区域研究的区域社会史研究》，《清史研究》2005年第2期，第118—124页。

话的故事。从田野调查中受益的钱杭也有同样的体会："人类学研究方法的最大魅力，就是可以使学者获得在书本上根本无法得到的对社会现实问题的亲切体验。"[1]对于历史学者来说，田野工作所获得的地点感、现场感，能使得我们在一定的时空场景中更好地解读文献。

田野工作能激发灵感，萌生新的问题意识。有学者曾指出，做田野工作必须带着强烈的问题意识进入，否则就像一只无头苍蝇。但我们的体会是，问题意识有时是预设的，有时却是在漫不经心的田野工作中，甚至与乡老的一次谈话，一块荒草中的碑刻都能偶然激发我们的问题意识，这种只可意会不可言传的灵感，只有置身于乡土的场景中才能体悟到。

田野调查是为了搜集文献。这里有两层意思：第一是扩充史料。研究领域在正史、地方志等已有一定的文献积累，而这些文献大多属于官方或者上层的记载，我们要从乡民或者下层搜集资料，实现"自上而下，自下而上"的贯通。第二是纯粹搜集史料。在一些研究领域，如我的学生从事的贱民研究（长子剃头匠）、秧歌研究、[2]乡村给水研究、[3]晋商的研究，[4]就是在史书记载缺失或资料非常有限的情况下通过大量的田野调查工作完成的。碑刻、契约、档案、家谱、村志、传说、口述史料等资料搜集和挖掘，丰富和完善了史料，弥补了史料不足的缺陷，而新资料的发现又促进了新领域的开拓。

一个好的史学研究中心同时也是一个好的资料中心，有独特

---

〔1〕钱杭、谢维杨：《传统与转型：江西泰和农村宗族形态——一项社会人类学的研究》，上海社会科学院出版社1995年，第12页。

〔2〕行龙、毕苑：《秧歌里的世界——兼论民俗文献与中国社会史研究》，《民俗研究》2001年第3期，第77—100页。

〔3〕胡英泽：《从水井碑刻看近代山西乡村社会》，《山西大学学报》（哲学社会科学版）2004年第2期，40—45页。

〔4〕殷俊玲：《晋商的奢糜之风》，《清史研究》2005年第1期，第75—85页。

的能够吸引海内外学者的资料，常使一个研究中心享誉学界。就我所知，哈佛大学是美国清史研究的重要基地，哈佛燕京图书馆藏书中稿本、抄本的数量与质量独占鳌头。在中国戏曲研究领域，山西师范大学戏曲研究所经过几代人的积累搜集了大量的戏曲碑刻、实物、录像等资料，成为国内外戏曲研究的资料库。近两年来，山西大学中国社会史研究中心顺应学术发展潮流，在走向田野与社会中，注意搜集一手资料，加强中心的资料建设工作。其中包括山西水利碑刻、渠册资料、晋商专题档案、灾荒档案、秧歌资料、长治市张庄村的档案（《翻身》所记述的村庄）、太原市晋源区赤桥村（《退想斋日记》作者刘大鹏的故乡）、花塔村档案（晋祠水案的一个典型村庄）、太原市郊剪子湾村档案资料、临汾龙子祠1952—1980年档案（水利灌溉系统）、晋中市平遥县西游驾村、大同市阳高县赵家村、下神峪村、赵石庄村、西双寨、吴家河村集体化时期档案等，并对这些档案进行了较为详细的整理，为进一步的研究奠定了基础。

人类学家弗里德曼在特殊的历史条件下由于无法进行田野调查，利用文献写出了《中国东南的宗族组织》，被喻为是“摇椅上的人类学家”。如今田野工作正在成为社会史研究中的一股潮流，“田野中的历史学家”也成为乡土社会一道亮丽风景。在注重田野工作中文献搜集和解读的同时，我们还要特别注意人类学方法在文献中的运用，“如果我们把人类学的田野调查改为在史料文献中的浏览或漫步，改为对于史料的广事收集和比较分析”，[1]那么人类学的田野调查和研究方法也就成为社会史的一种研究方法或者参考，从这个意义上来说，我们做田野不是为了田野而田野，而是一种方法的借鉴和参考。

---

〔1〕 杨希枚：《〈现代人类学的田野调查研究和写作方法〉译者序言》，《中国史研究动态》1987年第5期，第20—21页。

三　深化研究：有关的三个问题

总结和反思近二十年来中国近代社会史研究，仍然存在一些问题和不足，要想深化中国近代社会史的研究，笔者在此重提整体观、长时段、现实感。

整体观——重提政治史，避免碎化。年鉴学派在成立之初的目标，就是拒绝政治史和追求总体史，“把政治史赶下王位，这是《年鉴》的首要目标，也是新史学最关心的问题之一，虽然一种新的政治史或政治史观应在新史学中占一席之地”。[1]这是一种充满了强烈悖论色彩的历史观念的转变。屈威廉提出的“社会史可以消极地概括为：除去政治的一国人民的历史”口号得到充分体现，同时也在西方史学界受到了广泛激烈的批评，年鉴学派和社会史学家被指责为“庸俗琐碎，无视政治的核心作用”。[2]其实屈威廉并没有放弃政治，他认为“经济状况构成社会生活的基础，而社会生活反过来又为政治活动提供了基础。没有社会史，经济史便无价值可言，而政治史则是一笔糊涂账”。[3]其实他只是强调了从社会角度看历史的立场。而对于社会史理解的不同和对屈威廉消极定义所带来的负面影响则是显而易见的，社会史就是社会生活的研究，固然丰富了历史研究的内容，在让我们看到事项罗列的下层民众生活状貌的同时，“由于把政治、经济等各种观念排除在研究的范围之外，结果使自身变得琐碎而浅薄”。[4]其

---

〔1〕〔法〕雅克·勒高夫：《新史学》，蔡少卿主编：《再现过去：社会史的理论视野》，第109页。

〔2〕〔美〕史蒂夫·霍赫施塔特：《社会史与政治：一个唯物主义的观点》，蔡少卿主编：《再现过去：社会史的理论视野》，第154页。

〔3〕〔美〕查尔斯·蒂利：《重建欧洲的生活》，蔡少卿主编：《再现过去：社会史的理论视野》，第272页。

〔4〕〔英〕J. 布雷维里：《何谓社会史》，蔡少卿主编：《再现过去：社会史的理论视野》，第145页。

实“政治史和社会史是同一进程的两个方面。如果把这两者割裂开来，那么社会生活的乐趣将失去一半，政治运动的意义也将去其大半”。[1]也就是说西方社会史研究并不完全排斥政治史，而是在社会生活中理解政治。有受政治影响的社会生活，有不受政治影响的社会生活，关键是看你研究的社会生活受不受政治影响，并非社会生活研究就与政治无关。史蒂夫·霍赫施塔特在《社会史与政治：一个唯物主义的观点》一文中就通过自己关于历史人口统计学的研究，探索了社会生活研究与政治研究联系的途径。[2]西方史学界包括社会史研究内部对政治研究与社会史研究关系的学术批评、反思和争论，足以引起我们对政治研究在社会史研究中应有地位的重视。

1994 年 1 月《年鉴》杂志撤销了它的副标题“经济、社会、文明”字样，代之以“历史学、社会科学”，名称的改变表明了对近年来政治社会状况已经根本改变的一种警觉。“经济、社会、文明”这个副标题就有意地取消了政治之作为历史学的首要关注，而随之也就贬低了叙述的作用。标题的改变与苏联解体及东欧剧变有关，它推翻了旧的社会科学的自信心（它相信贯彻始终的社会解释的可能性），同样地也推翻了新的文化史的自信心（它大体上忽视了日常生活文化的政治语境）。世界秩序的种种变化向历史学的思想和实践提出了许多重大问题，使得历史研究必须修正自己以往遵循的路线。世纪末的巨变，使得政治又被重新发现了，随之则是个人的作用。新的标题意在再一次把政治包括在内。《年鉴》的新标题，并不是把社会和文化从历史学的思考中排斥出去，反倒是要重新确立它们所出现于其中的那种政治语

〔1〕〔英〕哈罗德·珀金：《社会史》，蔡少卿主编：《再现过去：社会史的理论视野》，第 123 页。

〔2〕 蔡少卿主编：《再现过去：社会史的理论视野》，第 154—165 页。

境。[1]《年鉴》及别的作品又回到政治和社会科学上来，并不是要放弃旧的社会的、文化的和政治的历史学模式，反而是在号召人们要扩大历史探索的视角和方法。

最近，中国社会史学界也出现了“重提政治史”的呼吁，笔者以为社会史研究重提政治史并不是要回归到原来的政治史研究框架，而是要增强从社会史角度重新审视政治史、制度史的学术主动性和敏锐感，注意考察社会史的政治语境。在具体研究中要从不同的层面展开，第一，在研究乡村社会的建构过程中，从地方故事的脉络中去理解国家政治渗透和表现的地区史路径。第二，把“政治”当做一种相对独立的运转机制进行再研究，弥补地方史路径的缺陷，以理解政治在跨地区意义上的整合作用，即从“整体上”理解中国政治，对近代社会“意识形态”、“社会动员”等进行研究，[2]但其在具体操作上面临着相当大的挑战。

长时段——打通近现代史的分期框架，将中国社会史研究下延至集体化时代，注重现代社会史的研究。长时段理论由法国年鉴学派代表人物费尔南·布罗代尔提出，他在《历史和社会科学：长时段》一文中强调时间的多元性和长时段的价值，他批评注重短时间、个人和事件的传统史学研究，那种“任何历史都把过去分成不同的时期，并根据各自的偏爱选择其中的一个时期进行研究”。主张除叙述传统的历史事实外，还要叙述涉及十年、二十年乃至五十年的历史势态，“更要以百年计算的长时段和超长时段的历史”，即所谓“势态”、“周期”、“循环周期”，要“有一种关于时间的新含义，按照新的标界及其曲线和起伏时期进行分期，使对时间的解释能适应历史的需要”。“结构”在长时段间

---

〔1〕〔美〕伊格尔斯著，何兆武译：《二十世纪的历史学——从科学的客观性到后现代的挑战》，辽宁教育出版社 2003 年，第 157—159 页。

〔2〕 杨念群：《为什么要重提“政治史”研究》，《历史研究》2004 年第 4 期，第 11—13 页。

题中居于首位，在研究社会问题时，“结构”是指社会上现实和群众之间形成的一种有机的、严密的相当固定的关系，这一建筑构件十分耐久地存在，有些结构成为世代相传、连绵不绝的恒在因素，有些结构较快地分化瓦解。对历史学家来说，接受长时段意味着改变作风、立场和思想方法，用新的观点去认识社会。长时段研究所要熟悉的时间是一种缓慢地流逝，有时接近静止的时间。他认为“马克思的天才，马克思的影响经久不衰的秘密，正是他首先从历史长时段出发，制造了真正的社会模式”，并展望了社会科学集体研究数学化、地域论和长时段的远景。〔1〕

“长时段”按照我的理解，在中国社会史的研究中就是要打破朝代划分时期的局囿，把研究对象发展的内在脉络放置在长时段的历史长河中加以把握，而在长时段看似静止时间的研究中，要注意“结构”的发展变化过程，即使结构的变化是微小而局部的。这一精神与历史学对人类学、社会学注重“结构”的借鉴也是相通的。此外，“长时段”理论有助于区域社会史研究的整体性追求。在我们所从事的山西区域社会史研究实践中，尤其是从人口、资源、环境的角度来看，需要置于“长时段”的考察。以山西的生态环境为例，明清以来生态环境的日益脆化是区域社会发展史上的明显特征，这一大背景是我们研究山西区域社会必须关注的，只有在这一参照系和坐标系中，对“走西口”这首传唱的情歌才能有新的理解，对明代屯卫等政治、军事制度与生态环境的关联也有了深刻的体会。从水利社会研究来看，山西是一个水资源缺乏的地区，在农业社会围绕稀缺资源的配置与争夺发生的水案，又是区域社会突出的社会问题，洪洞广胜寺保存着自宋以来有着完整序列的水利碑刻，对于水利社会的研究，也只有放

〔1〕〔法〕费尔南·勃（布）罗代尔：《历史和社会科学：长时段》，蔡少卿主编：《再现过去——社会史的理论视野》，第49—78页。

置在宋代以来的“长时段”中才能很好地把握。谭其骧先生早在80年代山西大学做过一场《山西在国史上的地位》的学术报告，他就是从长时段的历史发展中总结出分裂时期山西在国史上政治地位突出，甚至经济、文化大发展的周期性特征，对于山西区域社会史研究具有非常重要的指导意义。

不同的研究主题有不同的时间尺度，也有着不同的时段划分。我们在从事中国近代社会史研究中对研究时段的划分也相当关注，我们曾提出研究近代社会史应划分为三个时期：第一次鸦片战争至甲午战争、甲午战争至辛亥革命、辛亥革命以后。上限划自1840年不存在疑问，但下限我们采用了“辛亥革命以后”的模糊提法，准确的下限应当是1949年中华人民共和国成立，可是我们当时没有这样提，因为我们当时的研究仍多限于对传统中国近代史时限内社会史的探讨，而对中国现代史时限内社会史的研究远远不够。[1]疑问与思考同步，近年来，我深刻地体会到从1949到1978年这段历史时期对社会史研究的重要性和紧迫性。其实中国近现代史以1919年为分期的传统早就被打破了，将近代史研究的时段向下延至1949年这一划分已得到学界认可。有些学者的研究，又进一步打破1949年的局限，黄宗智提出一个不同的革命概念，将中国革命视为贯穿于1946年到1976年的大变迁，自大规模的土地改革开始，经过社会主义改造直到文化大革命的结束。这一替代性概念把分析的焦点从共产党获取权力转移到共产党所发动的结构变迁之上。[2]其实早在

〔1〕乔志强、行龙：《从社会史到区域社会史》，《山西大学学报》（哲学社会科学版）1998年第3期，第11—12页。乔志强、行龙：《中国近代社会史研究中的几个问题》，《史林》1998年第3期，第44—51页。

〔2〕〔美〕黄宗智：《中国革命中的农村阶级斗争——从土改到文革时期的表达性现实与客观性现实》，黄宗智主编：《中国乡村研究》第二辑，商务印书馆2003年，第66—95页。

1966年，韩丁（W.Hinton）出版了以1948至1953年他在太行山革命根据地（山西省潞城县张庄村，今长治市郊区东厂镇）的调查为基础的《翻身：一个中国村庄的革命纪实》（*Fanshen*：*A Documentary of Revolution in a Chinese Village*. New York：Random House，1966），突出土地改革的积极意义，将土地改革描绘成世代受经济盘剥和文化压迫的农民翻身求解放的史诗性事件，就已经跨越了1949年界线。此后学界将关注焦点移至剧烈变革的现代，1984年美国学者陈佩华（Anita Chan）、孟德生（Richard Madsen）、安戈（Jonathan Unger）出版了他们在1975—1978年间通过对移居香港的广东陈村村民的数百次访谈写成的《陈村：毛泽东时代一个中国农村社区的近代历史》，孟德生用同一资料撰写了《一个村庄的道德与权力》，从政治文化的角度研究了陈村的道德权威和政治秩序。20世纪80年代以后，改革开放的大环境使得社会学者进入中国乡村进行田野工作成为可能，1978年作为第一批获准到中国农村进行田野调查的美国学者弗里曼（Edward Friedman）、毕克伟（Paul G. Pickowicz）、赛尔登（Mark Selden）对河北省饶阳县五公村进行了数次访问，出版了《中国乡村，社会主义国家》（中国社会科学出版社2002年），探讨了中国共产党在战争时期及革命胜利后在华北农村社会进行的一系列改革，分析了这些改革在不同时期对农村社会及农民的影响、对国家的建设作用，以及它们与传统文化的关系。1984年华裔学者黄树民到福建省林村进行田野调查，写成《林村的故事：1949年后的中国农村变革》（三联书店2002年），该书通过讲述林村党支部书记叶文德的人生经历，分析中国农村社会变迁过程中国家对村落政治文化的改造。萧凤霞的《华南代理人与受害者》（*Agents and Victims in South China*. Yale University Press，1989），通过对乡、镇、村社区的个案研究，指出20世纪以来，国家的行政力量不断向下延伸，乡村的权力体系已经完成了从相对独立向行政“细胞化”的社会控制单位的转变，造成社区国家化的倾向。美国学者彭尼·凯恩的《中国的大饥荒（1959—1961）》（中国社会科学出版社 1993 年），对三年自然灾害进行了研究。90 年代以后中国本土学者研究现代村庄的论著相继出版，陆学艺的《改革中的农村和农民：对大寨、刘庄、华西等 13 个村庄的实证研究》（上海人民出版社 1991 年）指出在现代化进程中传统意义上的农民逐渐消失。张乐天《告别理想——人民公社制度研究》（东方出版中心 1998 年）以浙江联民村为考察对象，描述该村 1949 年以后，尤其是人民公社时期的政治、经济、社会和文化生活，他以“外部冲击—村庄传统互动模式”为分析框架，分析了人民公社制度的嵌入对浙北农村发展的不利影响以及它对传统村落文化瓦解的双重作用。于建嵘的《岳村政治——转型期中国乡村政治结构的变迁》（商务印书馆 2001 年），从政治社会学和人类学的角度，剖析一个多世纪以来中国乡村政治的发展过程和特征。罗平汉《农村人民公社史》（福建人民出版社 2003 年）则考察了农村人民公社兴起、大潮、调整、反复、解体整个过程，较为全面地分析了人民公社的历史地位。

综上所述，集体化时代研究早已打破学术禁忌，在学术界日益成为研究热点，但仍偏重于政治学方面的研究，从社会史角度的研究则显得较为薄弱。其实，集体化时代是近代中国社会发展过程中相对持续连贯的历史过程，建国以后的许多政策其实早在 1949 年以前，尤其是在抗日战争和解放战争时期，许多政策体系已经完善或略显雏形。互助组—初级社—高级社—人民公社是环环相扣、迭浪逐高的演进历史，它是不可以被 1949 年截然断开的。山西在集体化时代一直是全国的“典型”，从抗日战争时期李顺达的第一个互助组到“农业学大寨”，可谓一路风光，家喻户晓，同时也是研究集体化时代中国农村的资料库。我们最近在做搜集、整理、研究集体化时期文献的基础工作，如长治市张庄村的档案、太原市郊区剪子湾村档案、晋中市平遥县有关村庄档案、大同市一些村庄的档案等，这些档案保存得较为完整系统，为我们从事集体化时代研究提供了基本的资料支撑，笔者也呼吁史学界加强对集体化时代档案、资料的收集和整理，加强实物、口述史料的积累，将这一时期置放于“长时段”中加以研究。

梁启超早就提出近代史资料未必多的观点，“例如二十年前，‘制钱’为国家唯一之法币，‘山西票号’管握全国之金融。今则此两名辞已逸出吾侪记忆线以外，举国人莫能道其陈迹者，殆不多觏也”。[1] 依我所见，今天建国以后的资料面临制钱与山西票号同样的命运，搜集这些资料带有抢救、保护的性质，我想简单谈一下个人的体验及认识转变过程。起初当我们在田野工作中辛苦地寻觅明清至民国时期的文献资料及口述资料时，对建国以后的资料关注不多甚至不关注。近年来随着国内外学者对这一时期研究成果的不断出现，扭转了我们的认识，社会史研究在这段历史中大有可为！我们怎么能将这段时期的资料从我们的视线中抹去，等到以后我们想要研究时，感觉这些资料重要了再去搜集和寻找，犹如现在我们在田野中苦苦寻找明清至民国的资料一样，那已经太迟了！不知要付出多少努力。

20 世纪后半期学科之间的交叉与渗透态势不断强化，学科互涉（interdisciplinary）与边界跨越（boundary crossing）已成为这个时代的明确特征，产生了一幅学科知识、专业知识、学科互涉知识的全景图。学科与学科互涉在相互补充、彼此参证与批评的动态活动中具有一种促动性的张力。历史学被戏称为“跨学科合并最繁忙的地方之一”，“今天的历史学与以前的描述性、编年性相比，更具分析性和主题性，历史焦点也发生了改变：从研究

〔1〕 梁启超：《中国历史研究法》，上海古籍出版社 1998 年，第 41 页。

政治到几乎考虑一切人类活动；从描述事件到分析结构与趋势；从通过文件和事件自上而下地观照历史，到运用大量证据自下而上地观照历史；从确定‘实际上发生了什么’的‘客观’态度，到接受文化相对主义的局限性与异质性观点”。[1]正如我们在上文讨论研究方法时指出，历史学转向人类学、社会学、心理学等学科，不仅弥补了资料的不足，同时也获得新的视角。当然这种学科互动存在着争议，如历史人类学、历史社会学，包括社会史在内，对它们的争论到现在仍旧继续，对于学科互涉的产物是新的学科还是一种不成熟的“混血儿”人们各执一词，其实，“目前的互动并没有对任何一门学科的核心方法论造成威胁。历史学家使用访谈证据，人类学家使用档案证据，均不需要改变专业身份，也不会切断与现行理论主体的联系。即便这些局限都存在，继续互动的前景仍然是看好的”。[2]

学科的互动与亲善主要发生在地方性和地域性领域，或者对微观结构、微观过程以及话语分析研究前景的信心。社会史研究尤其是区域社会史、乡村社会史研究为多学科的对话与交流提供了场所，而多学科研究方法是中国社会史复兴之初就大力提倡的。历史学与社会学、人类学、地理学、心理学等的对话交流，并不是预设要建立一个什么新的学科，而关键是相互汲取新的灵感和方法、视角，不要过分地强调学科界限，真正把一些学科的概念、方法、分析框架溶解到社会史研究中，并促进其他学科的进一步反思，改变社会史仅仅是从社会科学中借用概念、缺乏理论反思能力的传统认识，真正形成平等的对话与交流。我们欣喜地看到，社会史研究中学科的渗透和交流已经取得了一定的进

〔1〕〔美〕朱丽·汤普森·克莱恩著，姜智秦译：《跨越边界——知识、学科、学科互涉》，南京大学出版社 2005 年，第 92 页。

〔2〕 同上书，第 95 页。

展，如今的“新史学”已是一幅多学科对话的图景，[1]这种“学科互涉”将给社会史研究带来持续的活力。

历史学的传统是鉴古知今，过去由于历史学与政治的密切关联，甚而发展成为影射史学，将历史与现实进行简单地比附，遭到人们的厌弃和鄙薄，然而远离政治与现实脱节，我们是否把盆里的水和孩子一起倒掉了？中国近代社会史复兴二十年来，我们的学术概念和表述话语逐渐汇入国际学术发展的潮流，这对于社会史的发展是应当的也是必需的，但是我们不是为研究而研究，在关注学术自身发展和创新的同时，更需要自觉的现实关怀，使学术发展汇入国际潮流的同时，主动参与到当代中国社会的巨大变革中。

社会史关注社会，关注民众，因而社会史研究具有贴近社会、贴近大众、贴近生活、贴近现实的特点。社会史研究者强调自下而上地看待历史，社会史的研究对象，更贴近大众，接近生活，无疑缩短了研究者和普通大众的距离，易于为大众接受，[2]在大众历史普及教育中可发挥独特作用。笔者要强调的是，中国近代社会史在历史教学中应当扮演更为重要的角色。重点开展中国近现代社会史研究，特别是辛亥革命以后的社会史研究，通过社会史对人民尤其是青少年进行教育，比其他专史内容更丰富，更贴近人们的实际生活，所以要担负起进行中国近现代史教育的重任，就必须加强近现代中国社会史的研究。[3]中国近代社会史应当在近代史的普及和教育中有所作为。

每个学者都有其学术关怀和价值判断，但不论其学术关怀和

---

〔1〕杨念群、黄兴涛、毛丹主编：《新史学：多学科对话的图景》，中国人民大学出版社2003年。

〔2〕冯尔康：《开展社会史研究》，《历史研究》1987年第1期，第90页。

〔3〕赵青：《中国社会史研究笔谈·切近现实　重视近现代社会史》，《历史研究》1993年第2期，第16页。

价值判断如何，都应将学术研究的目光投向他所处的时代，而不是让时代看到研究者的背影。早在社会史复兴之初，就有学者指出，社会史复兴本身就说明社会史研究的价值和意义，对认识传统，实现现代化提供了可靠的历史支撑。[1]社会史的生命力正在于强烈的时代感，它的内容，如现代化和社会变迁研究、日常生活和精神面貌研究，都对当前我国史无前例的社会变革有着很大的现实意义和借鉴作用。[2]与改革开放相伴，中国近代社会史的发展和繁荣与中国社会、经济、文化的伟大变迁同步，中国近代社会史为改革开放和精神文明建设发挥了应有的作用。近年来，随着改革开放的进一步深入，党中央提出了科学发展观和建设和谐社会的构想，着力解决社会内部、环境与社会的诸多问题，追求一个和谐发展的社会。中国近代社会史研究大有可为，应该担负起时代的责任，为建设和谐社会作出自己应有的贡献。对此，我们必须投入足够的关注和思考。因为，史学的时代关怀与问题意识源于史学工作者的自觉追求，唯其如此，我们的研究才能更好地把握方向感，在学术与现实间承担起我们的责任。

---

〔1〕 陆震：《关于社会史研究的学科对象诸问题》，《历史研究》1987 年第 1 期，第 100 页。

〔2〕 蔡少卿、孙江：《回顾与前瞻——关于社会史研究的几个问题》，《历史研究》1989 年第 4 期，第 96 页。

再论区域社会史研究的理论与方法

一　区域史渐成“宠儿”

区域社会史研究已引起国内外从事中国史研究的学者的广泛重视。以区域社会作为研究对象的论著在绝对数量不断持续增长的基础上，一批以资料、理论与方法见长、代表学术前沿且具有广泛影响的成果，更使区域社会史研究锦上添花。年鉴派学人重视区域史研究的传统早已为学界熟知，毋庸多论。欧洲及美日等国学者在年鉴派学术思想的影响下，近些年来所研究的成果也多为区域性的，如日本学界早在20世纪80年代就提出了“地域社会论”的学术思路。国内近年来的学术研究亦显示了同样明确的学术追求。在杨念群主编的《空间·记忆·社会转型》新社会史研究论文精选集中，入选的所有文章几无一例是脱离开区域社会进行研究的。实践表明：区域社会史的研究正是顺应了这样一种学术追求而成为时代的“宠儿”，在当前的中国社会史研究中专注于区域社会史的方向是完全符合学术发展规律的正确选择。

国外著名的汉学家、人类学家、历史学家们在各自对中国社会的研究中也提出了具有较大影响的理论模式。众所周知的施坚雅的“区域系统分析”理论、萧公权的“士绅社会”理论、柯文的“中国中心观”、黄宗智的“过密化”理论、杜赞奇的“权力的文化网络”及乡村基层政权“内卷化”研究、艾尔曼的“文化资本”解释方法……不但成为国内史学研究者在研究中国社会史时的重要参照，而且成为具有重大学术影响的理论框架。值得注意的是，学者们的上述理论无一不用于区域社会的研究。黄宗智的“过密化”理论和杜赞奇的“权力的文化网络”理论均是在研究华北地区乡村社会时提出的；施坚雅的“区域系统分析理论”和罗威廉的“市民社会与公共领域”则建基于各自有关中国某个中心城市及其市镇的研究，都是在区域性研究中经过检验证明有效的理论建构。海外学者构建的这些理论模式在受到中国社会史学界青睐的同时，也引起从事实证性研究的学者的质疑与辩驳，产生了对上述理论进行修正、批驳的现象。尽管如此，这些被称为是“中层理论”的理论模式在目前国内的社会史尤其是区域社会史的研究中，仍在发挥着主导和积极的作用，成为从事社会史研究的学者必须认真加以审视和讨论的问题。

国内部分中青年学者在区域史（有的称为地方史）的研究中，针对上述理论，纷纷建构出各自“本土化”的理论模式或解释体系，[1]如秦晖的“关中模式”、方慧荣的“无事件境”、杨念群的“医疗空间转换模式”以及陈春声对神庙系统与信仰空间互动关系的研究，为我们开展区域社会史的研究提供了很好的借鉴和参照。诚如杨念群所概括的“这些文章在运用西方社会理论的程度上有所不同，却大多通过修正与反思的途径，力图设问出个性化的中国式问题，并力图实现其本土化的转换。这些设问有的可能较为成功，有的难免仍有照搬套用的痕迹，不过我们仍会从中看出中国社会史研究迈向本土化的前景之所在”。[2]在吸收借鉴国内外优秀成果的同时，近年来山西大学中国社会史研究中心

---

〔1〕 尽管有些学者并不是将自己的研究限制在区域社会史的范围内，但事实上却体现出了这样一种客观的情形。

〔2〕 杨念群：《中层理论：东西方思想会通下的中国史研究》，江西教育出版社 2001 年，第 231 页。

也把山西区域社会史作为研究的重点，《近代山西社会研究——走向田野与社会》（中国社会科学出版社 2002 年）就是我们在此方面努力探索的初步成果。

在国内外有关区域社会史研究理论方法的影响下，国内学界在社会史的纵深研究方面取得了极富创新意义的成就，具有代表性的研究成果主要集中在以下三个方面，即国家与社会、思想与社会、法律与社会。

以“国家与社会”互动关系的研究而论，不仅出现了大量由社会学学者完成的相关理论著述，如张静的《国家与社会》、邓正来的《国家与市民社会》等，而且在历史学者们进行的区域社会研究中，以个案研究方式寻求国家与社会互动关系作用下的不同地域社会运行变迁模式已引起国内外学界的高度重视。如在英国学者科大卫与中山大学刘志伟教授的长期合作中，他们以华南宗族与地方社会为研究对象，讨论了宗族意识形态通过何种渠道向地方社会扩张和渗透，宗族礼仪如何在地方社会推广，把地方认同与国家象征结合起来的过程。[1]他们的研究侧重于从民间社会的立场出发，观察国家传统与民间传统的相互作用关系，注重仪式、符号的象征意义和实际效果，体现了社会史研究自下而上的方法论特征，已逐渐取得越来越多社会史研究者的赞同。

在“思想与社会”研究方面，葛兆光反对将思想史变成“思想家的博物馆”，旗帜鲜明地提出：“过去的思想史只是思想家的思想史或经典的思想史，可是我们应当注意到在人们生活的实际的世界中，还有一种近乎平均值的知识、思想与信仰，作为底色或基石而存在，这种一般的知识、思想与信仰真正地在人们判断、解释、处理面前世界中起着作用，因此，似乎在精英和经典的思

---

〔1〕〔英〕科大卫、刘志伟：《宗族与地方社会的国家认同——明清华南地区宗族发展的意识形态基础》，《历史研究》2000 年第 3 期。

想与普通的社会和生活之间，还有一个‘一般知识、思想与信仰的世界’。”[1]与之相应，罗志田通过对清末至民国年间山西省太原县赤桥村乡绅刘大鹏个人经历和心路历程的分析，探讨了一名内地乡绅眼中的近代社会变迁，为思想与社会关系的研究又提供了一个绝好的例证。[2]二位学者的共同点均在于关注民间、关注地方社会，在尊重和理解大传统的同时，更注重关怀小传统的形成和影响。虽然葛著中也解释说“所谓‘一般知识、思想与信仰的历史’描述的并不完全是‘小传统’”，并希望读者不要用“大传统”与“小传统”这两个二元对立的词语来划分思想史的叙述对象，也不要将所谓的“民间思想”或“民众思想”等同于他所说的一般知识、思想与信仰。但是，站在区域的立场观察地方社会的发展变迁状况时，重视“小传统”的因素、重视民众思想和民间的风俗文化不失为深化区域社会史研究的重要方法和切入点。

对“法律与社会”问题的关注始自瞿同祖先生。作为一名拓荒者，他在早年撰写的《中国法律与中国社会》的著作中，首先提出法律与风俗习惯、伦理道德的密切关系，主张应将法律与社会结合起来进行研究，书中涉及家族、婚姻、巫术及宗教等方面的内容。沿至今日，在国家与社会、大传统与小传统等理论模式的影响下，此一方面的研究又取得了更新的进展。如梁治平采取法律社会学的视角，依据清代官府档案、民间契约和民国初期的司法调查等一手材料，对不同于国家法的另一种知识传统——清代习惯法进行了系统的探究，其研究重点已由国家法转向民间法，从“大传统”转向“小传统”。同样，美国学者黄宗智在清代民事法律制度的研究中，亦抱着同样的问题关怀，提出了“第

〔1〕 葛兆光：《中国思想史》“导论”，复旦大学出版社 2001 年，第 13 页。

〔2〕 罗志田：《科举制的废除与四民社会的解体——一个内地乡绅眼中的近代社会变迁》，台湾《清华学报》（新竹）新 25 卷 4 期（1995 年 12 月）。

三领域”的观点，认为应当超越“国家/社会”的二元模式，采用“国家/第三领域/社会”的三元模式。[1]虽然其试图超越“国家/社会”的二元模式，仍未跳出该理论模式的桎梏，但此类研究成果说明国家与社会关系这一分析框架对于中国的社会史研究仍然具有强大的理论指导意义。

不难发现，不论是对国家与社会关系的探讨，还是思想史的编撰者考虑在历史过程中实际起主导作用的精英与非精英思想演进的进程，甚至是从法律与社会的关系入手对历史上社会的重新剖析，均向我们展现了传统民间社会、民众力量、民间文化习俗的基本状况和发展变迁特点，反映了一种突破以往只注重精英、上层、政治，忽略下层民众的学院式的研究局限的学术关怀，此种研究不但极大地拓宽了史学研究的领域，而且丰富了史学研究的内容，使“一切历史都是社会史”的观点在当前学术发展的大背景下变得愈加令人信服。

那么，如何更好地开展区域社会史研究呢？我们认为，今后的区域社会史研究中，在理论方法上更应关注以下两个方面。

首先，应重视“大传统与小传统”关系理论在区域社会史研究中的运用。美国人类学家罗伯特·雷德菲尔德（Robert Redfield）在对墨西哥乡村地区研究时，开创性地使用大传统（Great Tradition）与小传统（Little Tradition）的二元分析框架，并于1956年出版了《农民社会与文化》，首次提出大传统与小传统这一对概念，用以说明在复杂社会中存在的两个不同层次的文化传统。所谓大传统一般是指一个社会里上层的贵族、士绅、知识分子所代表的主流文化或者社会中的上层精英文化；而所谓的小传统是指一般社会大众，特别是乡民或俗民所代表的生活文

〔1〕参见〔美〕黄宗智，刘昶、李怀印译：《民事审判与民间调解：清代的表达与实践》，中国社会科学出版社1998年。

化。此外，他还将大小传统分别称为“高文化”、“低文化”及“学者文化”、“通俗文化”等。但他的分析过于强调二者的差异性分层，将其置于两个对立的文化层面，认为小传统在文化系统中处于被动地位，使得在文明的发展中，农村不可避免地被城市所“吞食”与“同化”。

中国传统乡村社会长期存在并延续的丰富文化现象与大量的“地方性知识”，均可纳入“小传统”的研究范畴。这些“小传统”的东西虽然没有得到国家的正式认可，却已深深扎根于民众心灵深处，成为影响民众行为规范、价值评判、生活方式乃至乡村社会结构与制度变迁的主要因素。区域社会史研究就是要从区域的整体出发，将这些长期以来被忽视的、在广大行政县区、市镇和村落具有明显地域风格与差别的文化习俗、惯例规约和民众信仰等问题加以系统研究。以往学者们经常运用国家与社会分析框架去解释类似复杂的文化现象，尽管颇为有效，却也经常碰到很多该理论解释不清或无法解释的问题。将人类学的大传统与小传统理论引入我们的研究中，恰恰弥补了该方面的缺憾。人类学者庄孔韶提出在社区研究中，运用“反观法”，在宏观国家社会变迁史的框架下对社区及外部力量做历史的探讨，了解大小传统在互动过程中的变异、协调和互补，使以“小地方”论“大社会”的人类学方法表现出优越性，[1]正是对该理论应用于社会历史研究中合理性的充分肯定。需要注意的是，必须清楚国家与社会、大传统与小传统两种分析框架的关系——二者并不是简单的对应关系，前者显然融合于后者之中，而后者本身所具备的涵盖面更宽，解释力更强。“大传统与小传统”理论的运用必须放置于中国问题、中国实际、中国资料的框架内才有

---

〔1〕 参阅庄孔韶：《银翅——中国的地方社会与文化变迁》，生活·读书·新知三联书店2000年。

解释、修正甚至突破的意义。

第二，注意历史学与其他学科的交叉、联姻与转向。强调多学科方法的交叉渗透原本就是社会史的鲜明学科特征之一。近年来，在社会史的研究中，这种多学科交叉的色彩更为浓厚，尤其是人类学、社会学、民俗学等相邻学科的理论与方法在应用于区域社会研究时，作用更为显著。历史人类学、历史社会学、法律社会史、政治社会史等新名词的出现，无不体现了当前学术发展的这一突出特征。以国内历史人类学的兴起为例，在对华南区域社会的研究中，早在20世纪70年代就出现了人类学者与历史学者的合作。美国人类学者萧凤霞教授与中山大学陈春声、刘志伟等人在长期的合作中，逐渐认识到对方学科优势所在，在对话的基础上实现了学科间的相互转向。在人类学学者那里，将历史学注重文献、注重考据的风格吸收进去；在历史学学者这里，则将人类学注重结构、空间、意识、符号以及参与观察等方法吸收进来，使双方能够打破学科领域，在各自的研究领域里实现历时性与共时性的研究，使各自的研究都实现了创新和突破。

我们高兴地看到，中山大学历史人类学研究中心已宣告成立，该中心与香港科技大学华南研究中心联合主办的《历史人类学学刊》也已问世。历史学与其他学科的融合，必将进一步推动区域社会史的纵深发展。

二　三个问题

就开展区域社会史研究的具体方法而言，我们在《近代华北》一文中，已做过具体的阐释，指出需要侧重运用的三种方法，即比较方法、计量方法和多学科渗透法。从近些年学术发展的基本状况来看，这些方法得到不同程度的应用，且取得了较好的效果。但是，仍然存在很多不足的地方，这说明在方法论的背后还存在可操作性的问题。结合近年来在山西区域社会史研究中的切身感受，我们认为在方法上仍需要注意下述三个方面：

首先，要从整体史的角度出发，加强区域间的比较研究。无论是持“通史说”、“专史说”还是“范式说”的学者，在整体性研究上均持肯定态度，尽管基于各自对社会史概念和范畴的不同理解，他们对整体性研究的指称各有不同，但是从实际的效果来看，均比较注重研究成果的整体关怀。日本学界在20世纪80年代开始提出的地域社会论，就反映了其对区域社会史研究整体性的理解，“地域社会论从表面上看是从局部着手，其实质是试图从局部推演出广义区域间的共同规律，带有强烈的普遍主义倾向”。〔1〕这一点理应成为学者们的共识。

为了实现上述总体史的追求，在研究区域社会时，必须要有总体的宏观把握和全局性的眼光。研究者的视野一旦受限，其学术价值也必然降低。同时还要明白局部的专题性的研究是不能代替宏观的整体性研究的。有学者甚至认为在区域社会史的研究中，大量的专题研究成果相互“叠加”到一起，就会显示出整体性，因而重视专题而忽略整体。这是相当危险的，须知多个专题研究内容的机械叠加与整体的综合研究之间是不能画等号的。“整体大于部分之和”，必须妥善处理微观和宏观、局部与整体的关系。乔志强先生很早就提出：“重要的是，微观研究应当从整体社会史的角度进行，即把微观研究的对象放在总体社会史中进行考察，在系统社会史的知识体系中明确专题研究的位置。这样，便可以寓宏观于微观之中，在微观中体现宏观，避免‘只见

〔1〕〔日〕山田贤：《中国明清史研究中的“地域社会论”现状及课题》，《历史评论》1998年8月号。

树木不见森林’的缺陷。”[1]

然而在目前区域史研究的学术实践中，整体与个体、微观与宏观的关系却得不到恰当的处理。最常见的问题就是研究者视野狭窄，只盯着自己的小块领域，不顾及整体研究的需要，研究成果互不相连，相互脱节，自谈自论。这便产生了社会史研究中的碎化问题。与西方史学早些年所谈的“碎化”相比，我们今天所谈的碎化问题与其在本质上是截然不同的。西方史学所谈论的碎化其实是一种深化，看似琐碎的杂乱无章的东西，其实是由一条类似“绳索贯穿钱物”的内在逻辑性统率着，有论者指出：“当代西方史学研究领域越来越宽泛，研究课题日益多样化。随之而来的是研究领域极大拓宽，越来越多的历史内容被纳入了史学研究者的视野之中，历史研究趋于细微化和专门化，一系列新的不同层次的分支学科相继诞生。这种被指责为‘历史的碎化’现象，实质上是历史学的高度分化，或者换个角度说，是以‘历史的碎化’为特征的分化。”[2]而我们所言的碎化是指当前学术发展中一种专为求新求异而开辟新领域新课题，缺乏总体观照的研究倾向，这种单纯限于个别的、支离破碎的研究严重影响了社会史尤其是区域社会史的健康发展。“要避免社会史的‘碎化’现象，关键还是要把握总体史的方向。……从认识论和方法论上确定和把握总体性，始终保持总体化的眼光，才能使社会史走出‘碎化’的阴影。”[3]在区域史的研究中，继续进行更多的个案研究是必要的，但同时要注意处理好微观研究与宏观研究的关系，适时地在小区域研究的基础上进行大区域的整合，在个案研究的基础上进行总体的综合，才能使区域史研究得到健康稳定的发展。在此意义上，

〔1〕 乔志强：《深化中国社会史研究》，《历史研究》1993年第2期。

〔2〕 赵建群：《论“历史的碎化”》，《史学理论研究》1993年第1期。

〔3〕 参见行龙：《社会史研究中的几个问题》，行龙主编：《近代山西社会研究——走向田野与社会》，中国社会科学出版社2002年。

区域间的比较研究便成为实现整体性研究目标的必由之路。

近年来，区域社会史研究在理论与方法、文献与田野、资料与成果等方面均已取得明显进展，尤其是一批中青年学者积极倡导、亲身实践，分别在各个不同区域如华北、华南、江南等区域的研究中已初步形成了独具特色的研究方法和观点，为全面理解中国历史的整体变化提供了相当坚实的基础。但长期以来，各个区域研究的学者尚局限于各自局部的研究领域内，在区域理论模式的比较方面仍缺乏足够的对话和交流，为了深化和推动区域社会史研究之间的互动沟通，“比较”其各自的解释方法已成为学术发展之迫切需要。“各个地区在历史发展中形成了各自的特色，研究地区特色及其形成原因，是区域史研究的目的之一。一个地区的特色，往往要通过与其他地区的比较才能显示出来，没有比较，就看不出特色。就一地论一地，将会失于片面、肤浅，选择一些典型地区进行比较研究，能够比较全面地了解中国的国情，也是深化区域史研究的重要课题”；[1]“比较史观对于中国史研究至为重要。研究一个具体对象，总要以另外的对象作为参照物，才能更清楚地发现所研究对象的特点”。[2]

第二，要重视区域史的分期问题。区域史的分期就是要从区域的角度出发考虑具体的分期问题。它不同于通史的分期，应是一个相对独立的问题。在此需要从三个层面加以把握：首先，要与政治事件相分离，不能单纯以政治事件作为区域分期的标准。长期以来，多数研究者习惯在区域研究中以政治史的分期方法来为区域史的研究设定边界。比如一般意义上的近代史分期是以鸦片战争至五四运动为分界的，于是在区域史的研究中便“复制”

---

〔1〕 万灵：《中国区域史研究理论和方法散论》，《南京师范大学学报》1992 年第 3 期。

〔2〕 李伯重：《相看两不厌——王国斌〈转变的中国：历史变迁及欧洲经验的局限〉评介》，《史学理论研究》2000 年第 2 期。

同样的时段，丝毫不顾及区域自身的完整性与独特性。须知政治事件对区域社会发展变迁的影响表现各异，不仅有大小之别，而且有先后差异，不可一律地以政治事件为准绳，这样做的后果只会人为地割裂区域社会的系统性和延续性。其二，重视地域特点，打破行政区域。在这里，美国学者施坚雅的区域划分方法尤其值得借鉴，施氏“九大区域”的划分主要是以地理和技术两大因素为标准，其中又包含了地貌、自然资源、距离、运输技术等指标。该方法的优点在于同时突出了各个区域之间以及每一区域内部的中心地带与边缘地带之间，在空间上与时间上存在的差异。同时考虑了政治事件与不同区域的关系，考虑到了灾害、政治决策等因素对不同区域社会诸方面发展的影响。〔1〕而国内学者在划分和选择区域时，“多数史学家出于习惯与方便，感到不把中国划分为省或县是相当困难的。我们所研究的中国人自己就习惯于这样想问题，而且研究涉及的资料（如地方志）也往往是按照行政区域的划分加以组织”。〔2〕不可否认，传统的行政区划对地域，尤其是对农村社会发展所起的作用不可忽略，理应作为我们在划分区域时的一个参考系数。但是，纯粹的行政区划对于区域史研究来说是非常不利的。例如现在有很多跨区域的研究中，如果仍然沿用行政分区的标准，便无法展现研究对象内部诸要素之间的相互共存性、同一性。第三，要赋予区域新的时空概念。任何一个区域内都有对本区域社会发展产生重大影响的事件。比如光绪三年（1877）的“丁戊奇荒”，就是山西社会历史上的一个重大转折。灾荒前的山西人口总数已达到1640余万，而灾后人口锐减，不足1000万。灾荒对近代山西社会的发展超出了任

〔1〕〔美〕柯文：《在中国发现历史——中国中心观在美国的兴起》，中华书局2002年，第181页。

〔2〕 同上书，第182页。

何其他政治事件的影响，因而在考虑分期问题时这一因素理当作为主要的依据。“我们可以在平面的地图上按照我们的需要划分区域，我们可以在立体的历史时空里根据文献划分区域，但必须时加警惕的是，研究对象脑海中的区域观念，并非一定和我们作为研究者划分的区域范围叠合。”〔1〕小心谨慎地处理区域分期问题，是开展好区域社会史研究的保证。

需要指出的是，区域分期问题与区域划分问题是紧密结合在一起的。有关区域划分标准问题我们在《近代华北》一文中已有详述，兹不赘言。在此想要强调的是：研究者在进行区域研究时必须慎重考虑这两个方面的问题，只有对区域社会进行时间和空间维度的正确划分，才能够保证进一步研究的科学性和有效性。

第三，要加强地方文献的搜集整理，提倡史学工作者走出象牙塔，走向田野与社会。社会史研究使史学研究可资利用的资料范围大大拓宽，勒高夫所呼吁的“资料革命”即是此意。总结田野调查中积累的经验，我们认为在区域社会史研究中进行田野调查时需要注意以下几个方面的问题。首先，必须明确调查目的。在我看来，进行田野调查的目的有三：一是获得来自田野与社会的切身感受，力求站在研究客体的立场来观察和理解社会，增强历史感和写作的灵感。这种感受也许是从事田野工作的学者们的共识：郭松义在谈到田野调查时认为“可说每次有心得，每次有新的实物收获”〔2〕；赵世瑜认为通过田野调查“由此寻找人们头脑中观念的滞留与变迁”〔3〕；陈春声提出在田野调查中“努力从乡民的情感和立场出发去理解所见所闻的种种事件和现象，常常会有一种只可意会的文化体验，而这种体验又往往能带来新的学

〔1〕 杨念群：《中层理论：东西方思想会通下的中国史研究》，江苏教育出版社 2001 年，第 216 页。

〔2〕 郭松义：《中国社会史研究五十年》，《中国史研究》1999 年第 4 期。

〔3〕 赵世瑜：《田野工作与文献工作》，《民俗研究》1996 年第 1 期。

术思想的灵感。这种意境是未曾做过类似工作的人所难以理解的"[1]。二是广泛收集各类文字资料，包括两个方面：一类是现有的地方文史资料、村志、镇志（很多村镇志属内部发行，数量很小，不易看到），另一类是诸如碑刻、族谱、契约文书、文人笔记日记、村规民约等属于民间文献的材料，这类资料一般比较分散，只有在田野工作中依据当地人提供的线索方能找到。三是进行口述资料的搜集与整理工作。各地几乎无一例外地存在对当地社会历史文化颇为熟悉的乡土"文人"，与他们交流并合作，对田野调查工作获得成功具有很大帮助。其次，在充分掌握相关线索的基础上，需要有针对性地对调查对象和村落进行实地考察。人类学家在此方面的理论模式和成功经验，是从事社会史研究的历史学者需要虚心接纳和借鉴的地方。

经过学者们多年的学术实践，尤其在很多中外学者共同从事的合作研究中，田野调查起了很大的作用。这种示范作用已逐渐改变了大家的看法，对田野调查方法的大力提倡已成为当前国内学术界的一股潮流。"田野调查在社会史方法中应当大力提倡。在某些社会史课题中，尤其是在小社区研究中，通过实地调查可以增加对社区内部的各种社会关系和各种社会联系的了解，增加对当地宗教、宗族、风俗、基层组织和生活方式的直接感受，收集到极为丰富的民间文献，例如族谱、碑刻、书信、账本、契约、民间唱本、宗教书籍、日记、笔记等，并且可以听到大量关于族谱、村源、村际关系、区内关系和其他方面的种种故事或传说，从而有助于站在社区传统的本来立场上达到对它的文化理解。"[2]田野调查方法是一种值得研究者高度重视的新方法，必将在区域社会史研究中发挥其应有的作用。

---

〔1〕 陈春声：《社会史研究笔谈》，《历史研究》1993年第2期。

〔2〕 蔡少卿、李良玉：《五十年来的中国近代社会史研究》，《近代史研究》1999年第5期。

三　以山西为例

“区域”可大可小，只是一个相对的概念。开展中国区域社会史研究，研究者可以选择自己生于斯、长于斯的熟悉的相对区域开展研究。这样既有天时、地利、人和的基本条件，又有切身体会和领悟的实践。近些年来，山西大学中国社会史研究中心即以山西区域社会史为研究重点，期望在吸收国内外优秀成果的基础上，进一步推动区域社会史的研究。

山西是中华民族的发祥地之一，在中国历史发展的长河中占有重要地位。我们之所以将明清以来的山西区域社会史作为目前的研究重点，主要基于两方面的考虑：一是从学术研究的意义上而言，明清是中国历史发展的一个新的阶段，国外学者或有直接称“近代”或“近世”者。尤其是近些年来，此种历史时限的划分已越来越多地为学界接受。从社会史的角度出发，山西区域社会史亦应如是。二是从现实而言，明清以来的历史是当代中国社会发展的直接基础，认真探讨明清以来山西区域社会发展的历史，总结其带有普遍性和特殊性的发展规律，对于当今山西社会经济的可持续发展有重要的借鉴意义。结合山西社会自身的特点和研究现状，我们认为明清以来山西区域社会史研究应着力从以下四个方面入手。

第一，明清以来山西人口、资源、环境与社会变迁研究。人口问题是社会史研究的起点，明清以来随着山西人口的急剧膨胀，影响农业生产力发展的基本要素的比例发生重大变化，人口、资源与环境三者之间的关系由良性互动劣化为恶性循环。就山西人口总数的演变来看，自班固《汉书·地理志》出现最早的该区人口数字，直到清代乾隆年间，除去辖区盈缩、重大灾害、战乱因素外，山西人口总数一直在 200 万—800 万之间起伏，其中明代以后人口总数稳步增长。乾隆中期，人口总数突破 1000

万，光绪初年自然灾害前达到1600余万，是新中国成立前人口总数的最高水平。1969年突破2000万，90年代初期突破3000万。整体来看，与全国人口总数的演变一样，越到后来人口增长的速度越快。但山西人口发展也有其本身的特点，比如：经过元末明初十余年的战乱，全国人口总数有所下降，尤其是中原地区人口亡失最为严重，而山西此时少受战乱、灾害侵袭，人口一直保持较快增长的态势，这正是明初大规模"洪洞移民"的基础。进入近代，经过19世纪五六十年代的太平天国战争，全国人口，尤其是人口最为稠密的东南诸省损失惨重，直至建国初期1953年人口普查，东南数省人口总数仍不及19世纪50年代初期太平天国战争前的水平。而山西人口在整个近代仍然是一个继续增长的趋势，其间最明显的下降，不是战乱，而是光绪初年的自然灾害，而此次"两百年未遇之天灾"与生态环境的恶化不无关系。另外，历代山西人口的外迁，周边地区向山西的迁移（尤其是具有一定规模的人口迁移），与当时的资源与环境状况都有联系。从人口结构来看，明清以来商业人口明显增多，近代以来男多于女的高性比例，也都与自然资源、生态环境有着直接或间接的关系。明清以来形成的外出经商浪潮，"土狭人稠"就是一个重要的原因。

山西的煤、矿资源在全国属于丰盈之区，但其他自然资源，尤其是对农业生产具有举足轻重作用的土地和水资源却是相对匮乏的地区。土地资源的匮乏直接影响到社会经济的发展，甚至影响到人们维持起码的生计。同全国其他省区相比，山西人均占有耕地在全国属于中下等水平，并且山西的耕地是平均海拔在千米以上的黄土高地，80%以上的土地属丘陵和山区，土地素质不仅不能与江南及沿海各省相比，与邻省也有一定差距。光绪年间，巡抚曾国荃曾经这样讲过："查山西一省，山多地少，本非五谷蕃衍之所，雁门以北地多斥卤，岁仅一收。太行迤东则冈峦带土，颇鲜平原。其共推神皋奥区者，亦只太、汾、平、蒲、绛、解数郡，土地平旷，天气稍为温熙，而所属州邑仍有界在山陲，号称硗确者。”[1] 在传统的农业社会中，此种土地资源严重影响着农业生产和农村经济的发展。

水资源的匮乏也是长期困扰山西社会发展的严重问题。山西境内河流数量有限，历史时期具有灌溉能力的仅有汾河中下游及少数支流。山区和丘陵地带，虽有一些地下泉水和山涧流水，但随气候的变化而无固定的源泉。“十年九旱”一直是相当长的历史时期内影响山西社会经济发展的重要因素，至今少数山区仍有人畜饮水困难的问题。水资源的日趋紧张，不仅与人口数量增长、农地面积增加直接有关，而且与自然灾害，尤其是旱灾的频发，以及整个生态环境的恶化有着明显的因果关联。

明清以来山西生态环境恶化的最突出表现是水土流失。山西境内有太行、太岳、管岑、吕梁、中条、五台、云中和恒山八大山脉，丘陵和山地占 80% 以上，仅有汾河中下游有少数小平原，大部分地区为黄土所覆盖。明清以来，随着人口总数的增加，土地的开垦速度明显加快，毁林开荒、围湖造田，甚至焚烧森林以取得地肥成为南北各地的普遍现象。研究表明，隋唐时期，太行山森林覆盖率在 50%；元明已由 30% 降至 15% 以下；清代由 15% 降至 5% 左右；民国已降至 5% 以下。[2] 森林面积的减少，尤其是汾河上游山地森林的砍伐，引起土地资源的大面积破坏，土壤肥力降低，水土流失成为严重问题。水土流失不仅引起土地的大面积沙化，而且使汾河流域的含沙量急剧增加。河道、渠道的变更，由森林减少而引起的气候环境的变化，又加剧了旱灾及争夺水资源的各类“水案”的频发，这种生态环境的恶性循环一

---

〔1〕 曾国荃：《致各府、厅、州公函》，《曾忠襄公书札》卷十四。

〔2〕 翟旺：《太行山系森林与生态简史》，山西高校联合出版社 1994 年，第 60 页。

直是困扰山西农村社会经济发展的主要因素。另外，近现代以来，随着煤、铁等矿产资源的开采，以及造纸、印染等行业的发展，环境的污染也日益成为山西地区严重的社会问题，且有愈演愈烈之势。

正是由于人口、资源与环境三者关系的日益恶化，使明清以来山西社会的方方面面都发生了巨大变化。以探讨明清以来山西人口、资源与环境的关系为切入点，运用“长时段”理论，从总体史的角度开展山西区域社会研究，不仅可以拓宽研究领域，丰富研究内容，而且提供了进行区域研究的一种新视角。从人口、资源与环境关系的角度开展山西区域社会史研究大有可为。

第二，晋商与山西地方社会研究。明清晋商的兴起和不断发展壮大，正是在山西人口、资源与环境关系日益紧张条件下逐步形成的。晋商称雄商界五百余年，足迹遍及海内外，势力足与徽商相抗衡。晋商对明清时期的中国社会尤其是商品经济的发展所起的推动作用是毋庸讳言的。对晋商发源地的山西地方社会来说，其影响则更为深远。二者的关系可以说是交叉互动的。明清以来山西尤其是中南部地区乡村社会浓厚的“经商”意识和商业氛围，是孕育晋商的重要条件。清雍正二年（1724），山西学政刘於义上奏称：“山右积习，重商之念，甚于重名。子弟之俊秀者，多入贸易途，其次宁为胥吏。至中材以下，方使之读书应试，故以士风卑靡。”雍正朱批道：“山右大约商贾居首，其次者犹肯力农，再次者谋入营伍，最下者方令读书。”〔1〕另一方面，商业的发达也对山西社会政治、经济、文化、习俗等各个方面、各个层次产生了推动和影响。以往对晋商的研究中，多侧重于晋商兴亡原因、经营之道、商业大家族等方面，且多从经济史、经济学的角度切入，就商言商，一定程度上限制了晋商研究的范围和

〔1〕《雍正朱批谕旨》第四十七册，雍正二年五月初九日、五月十二日。

深度，很多有价值的史料和研究方法没有得到有效利用。该专题的研究内容应该说是相当丰富的。单从社会史的角度来看，对晋商发达之后的资金投向、商人的婚姻家庭状况、商人妇的际遇和心理、中小商人的生存状态、商业文化与习俗、商人与地方建设等方面的研究尚属空白，在此基础上回答晋商与商品经济发展的关系、晋商与资本主义萌芽的关系等长期争论不休的问题等也许会显得更为扎实可信。

第三，三晋文化与民俗研究。“山西是社会史研究的宝库。”因地理条件和半干旱气候条件的影响，山西古代的众多历史文物和文化遗迹得以保存。三晋大地上现存的地上历史文化遗迹在全国来说也是首屈一指的。另一方面，山西各地还保存了大量珍贵的地方文献和金石资料。以我们目前的研究为例，在晋商研究中，我们利用了田野调查中得来的流行于明清时期晋中地区的祁太秧歌剧本。〔1〕祁太秧歌是山西省晋中盆地农村艺人自演自乐的一种乡土小戏，是以小曲、杂说、歌舞、戏曲为主的综合艺术，是历代农村生活、家庭故事、传闻逸事、社会习俗的真实写照，蕴含了丰富的社会史内容。除包含有大量可用于晋商研究的资料外，还有更多内容可用于剖析不同历史时期乡村民众心态、生活习俗、交往方式、价值取向等。又如由我们搜集整理的《退想斋日记》〔2〕。该日记是清末民国时期太原文人刘大鹏所作，其史料价值已得到学界的普遍认可，引用率颇高。此外，刘氏所著之《晋祠志》、《晋水志》等也具有很强的史料价值，是认识和理解太原地方社会变迁的重要资料。

除文献资料的搜集外，通过调查进行口述史的收集和整理也

---

〔1〕 行龙、毕苑：《秧歌里的世界——兼论民俗文献与中国社会史研究》，《民俗研究》2001 年第 3 期。

〔2〕 刘大鹏：《退想斋日记》，乔志强点校，山西人民出版社 1990 年。

是一项重要内容。田野工作的意义在于不仅可以使一些文献上不易理解的内容更容易理解，使一些不为人知的东西得到揭示和澄清，且可与史料互证。同时，通过调查访问，还可以得到更多研究线索，便于专题研究的展开和深入。山西乡村社会中存在着大量乡土色彩浓厚的民间歌谣、神话故事与传说，以及具有悠久历史文化传统的民间祭祀和民间工艺等，凡此种种，均可划入文化的范畴。它们既是历史的见证，又是社会发展水平和发展状况的重要标志，运用文化人类学、民俗学、社会学和民族学等多学科的理论与研究方法对这些存在或曾经存在过的历史加以解析，乃是一项非常重要和迫切需要开展的科研工作。

第四，山西抗日根据地社会研究。山西是革命老区，太行、太岳、晋绥、晋察冀等抗日根据地都是在战争年代对中国革命产生过重要影响、发挥过重大作用的区域，山西抗日根据地正处于这些区域当中，具备开展根据地历史研究的条件和优势：一方面，各根据地现存有大量抗战时期的档案和其他文献资料；另一方面，亲历过战争年代洗礼，对根据地历史保有深刻记忆的老人尚多健在，利用地域优势进行口述史的搜集比较方便。从社会史的角度开展根据地史的研究，不但可以改变过去根据地史研究过于“干扁”的状况，赋予其鲜活的历史内容，生动地揭示处于动荡变革状态中的山西社会的发展变迁。由于根据地事实上处于由传统社会向近代社会转型的时期，社会变革及其多方面的调整相当剧烈，因而可资研究的内容相当丰富，如根据地的基层政权、民主制度、民众动员、民众心态、乡村教育、妇女问题、婚姻风俗等。但是就目前研究现状来看，还远不能令人满意。首先，研究专题过于分散，各说各论，专题研究的背后缺乏整体史的关怀，出现了前述之“碎化”问题；二是研究中运用的档案材料自身有很大的缺陷，很多材料多是以单一的阶级分析方法进行记载的，意识形态印迹明显，资料记录者的主观评判过多，对研究者造成相当大的妨碍和困惑，唯一的解决办法就是开展田野调查，进行口述史的收集和整理，积累一手资料。在这里，研究者要注意慎重区分和运用有意识史料和无意识史料，认真分析史料讲述者的阐述方式和记录者的书写方式，挖掘出史料背后隐含的丰富社会内容，这样才有利于将问题引向深入。

明清以来山西区域社会史其实是对这一时空社会变迁全面而系统的研究，它包罗的内容十分丰富，但具体的研究不得不一个一个地展开。也可以说，研究总会有侧重点。结合明清以来山西社会变迁的实际和特点，从区域社会史发展的趋向把握，我们觉得首先应当对上述四个方面展开研究。其实，这四个方面也是一个相对有机的整体，具备时间上的连续性和空间上的共存性，体现了历时性研究与共时性研究相结合的特点。面对山西区域社会史研究中如此丰富的研究课题，我们能够感受到“青史有待垦天荒”的愉悦与重压，更对区域社会史和中国社会史将来的发展前途充满信心。如果各区域类似研究能够如此深入下去的话，整体的构建通史的渴望便有望成为现实，中国史学必将呈现出一派新气象。

走向田野与社会

——开展以历史学为本位的田野社会调查工作

这里将要论述的走向田野与社会，关键词是田野与社会。田野或田野工作，为文化人类学的范畴、术语，也就是要求人类学研究者应该到异域社会进行至少为期一年的实地观察与研究，其中参与观察是最重要的研究方法。而这里的社会也有两层意思：一是我们必须得关注现实社会，要懂得从现在推延到过去或者由过去推延到现在；另一层意思从学科的角度来讲，从事社会史研究的，应该有敏锐的“问题史学”意识，从探求过去的社会事实延伸到对现实社会进程的关怀也是其固有的含义。还需要说明的一点是以历史学为本位的田野工作并不完全等同于社会学、人类学研究中所谓的田野调查工作，我们更多的是要突出历史学研究对于地方社会变迁进程的理性关怀。

一 历史学的走向与现状

从中西方史学史的角度就历史学的发展脉络作一简要叙述，将有助于我们理解开展以历史学为本位田野调查工作的学理依据。众所周知，历史学是一门古老而悠久的学科，同时也是人文社会科学中最基础性的一门学科。史学大师司马迁倾数十年之心血所作的《史记》就是要“究天人之际，通古今之变”，这是何等宏大的学科和事业！马克思、恩格斯在其早期著作《德意志意识形态》一书中曾指出："我们仅仅知道一门唯一的科学，即历史科学。历史可以从两个方面来考察，可以把它划分为自然史和人类史。但这两方面是密切相连的；只要有人存在，自然史和人类史就彼此相互制约。"[1]因此，历史学确实是一门非常宏大而且综合性很强的人文学科。一般而言，无论西方还是中国，如果从史学史角度来看，都可以把它划分为大大小小不同的各个阶段，尽管我们可以发现中国与西方并不完全吻合。但是若从大的或宏观的层面来讲，我们又可以把中西方史学的发展划分为传统的史学与现代的史学两个前后衔接的阶段。

在西方，从古希腊时期的古典史学，即以希罗多德的《历史》、修昔底德的《伯罗奔尼撒战争史》为代表，一直到神学时代或宗教时代的史学，后来又到启蒙时期的史学，比如孟德斯鸠的《论法的精神》、伏尔泰的《路易十四时代》。再往后发展到了19世纪时期最有名的实证主义史学，即以德国史学家兰克为代表的实证史学。西方的传统史学基本上一直发展到这个时期。不管怎样，在不同的历史时期，每一个历史学家都有他自己不同的历史观念，每一本著作都有着独特的写作风格，但是总的来说20世纪以前的史学尤其是兰克史学更多的是一种实证性的史学。那么，以兰克为代表的实证主义史学的特点是什么呢？其最大的特点就是历史是怎样发生的，研究者就怎样地来叙述，它回避探讨历史规律。实证史学注重叙述事件缺少推理分析，注重抄录史实不做概括归纳，注重研究个人而忽视研究集团，注重上层的研究忽视下层的研究。这是西方传统史学尤其是兰克史学的最基本特点。在这个历史阶段，它主要关注的是上层的历史，如政治史、军事史、外交史，即与国家有关联的历史。进入到20世

[1]《马克思恩格斯选集》第一卷，人民出版社1972年，第21页。

纪之后，世界发生了巨变。其中最大的变化就是两次世界大战的发生。在西方，两次世界大战不仅改变了地方社会发展的传统走向，而且在历史学界诸多学者也对自身进行了反思和批判。比如斯宾格勒的《西方的没落》、汤因比的《历史研究》、克罗齐的《历史学的理论与实践》、鲁滨孙的《新史学》等等都是对20世纪以前尤其是兰克史学的一种空前的反思、批判。正是在这种不断的反思批判过程中，西方史学界产生了一个很大而又有影响的流派就是法国的年鉴学派。它的第一代创始人布洛赫、费弗尔于1929年创办《社会经济史年鉴》，始称年鉴学派。法国年鉴学派第二代最有名的代表人物是布罗代尔，其成名作为《菲利普二世时代的地中海与地中海世界》，还有《15至18世纪的物质文明、经济与资本主义》等著作。现今法国年鉴学派的代表人物已经发展到了第三代、第四代，比如勒华拉杜里的《蒙塔尤》，勒高夫的《新史学》。可以说年鉴学派一直在西方史坛占据着主流的地位。那么法国年鉴学派的史学本质是什么呢？我们称之为总体史或社会史，它追求的是一种结构的、整体的历史叙述。

与西方史学发展脉络相类似，中国史学的发展也有着非常悠久的历史。最早的有《左传》、《尚书》，汉代有司马迁的《史记》、班固的《汉书》，还有我们所熟知的编年体、纪传体、纪事本末体等等，一直到汗牛充栋的《二十四史》。可以从清代以前的历史或者说19世纪以前的历史进程中发现，中国的历史几乎与西方的历史一样，也是一种传统的史学路径。司马光的《资治通鉴》就是一种“资治”之学，用来帮助统治者了解治理国家的。毛泽东也曾指出传统的史学就是“帝王将相的历史”，没有下层的历史，没有群众的历史。因此，整个20世纪以前，不管是中国还是西方，传统史学的走向还是有其共同特点的。就像西方史学在20世纪伊始开始自我反思一样，中国的史学发展也开始了反观自我的道路。具体而言，20世纪前半叶，中国的史学可以称做一种进化论的史学，进化论的思潮甚至影响了整整一代的中国人，包括政治、经济、文化、军事、教育各个方面。1902年，梁启超号召进行“史界革命”，当时他写的一篇文章《新史学》在中国历史学界影响甚大。在《新史学》一文中，梁启超指出了传统史学的“四弊”和“二病”：“知有朝廷而不知有国家、知有个人而不知有群体、知有陈迹而不知有今务、知有事实而不知有理想”；“能铺叙而不能别裁、能因袭而不能创作”。[1]而这与兰克为代表的实证主义史学极为相似。换句话说，如兰克所言，历史是什么，我们就写什么，只要求把它叙述出来，这就是历史。继梁启超之后，受进化论思潮的影响，中国出现了许多的史学大家，比如王国维、陈垣、陈寅恪、胡适、顾颉刚等等。可以说，那个时代史学大家的创作可以和文学、哲学、法学、经济学、政治学甚至任何一门学科相媲美。他们的学术成绩到了20世纪末21世纪初仍然是最值得敬佩的。在20世纪中国史学界还有一股潮流那就是马克思主义史学的渐渐兴起。新文化运动时期，李大钊是第一位介绍马克思主义史学的学者。后来用马克思主义的理论、观点、方法来研究历史的大家也大有人在，比如郭沫若、范文澜、翦伯赞、吕振羽、侯外庐等等。建国以后，在这一代马克思主义史学家的率领下中国史学取得了巨大的成就，但是也走了许多弯路，尤其在“文革”十年期间，史学完全成为为政治服务的“婢女”了。在当时那种政治氛围之下，中国史学和其他学科一样遭到了摧残，有些学科干脆就被去掉了，诸如社会学、人类学、法学、政治学等学科被粗暴取消。相比之下，史学的境地稍微好一些，不过也几近完全演变、淡化为政治色彩很浓的“影射史学”。所以在粉碎“四人帮”之后中国学界对史学研究再次进行了反思和批判，在较为自由和宽松的环境中才开始了

〔1〕《梁启超史学论著四种》，岳麓书社1998年，第241—247页。

社会史、文化史、城市史、农村史、家庭史等分支学科的研究。可以说，近二十年来不仅仅是中国历史学发展的最好时期，也是中国社会科学、技术、教育、文化、艺术等发展最迅速、最繁荣的历史时期。

二　社会史与区域社会史

下文有关社会史和区域社会史问题的论述主要侧重于中国社会史的研究状况，不再过多地涉及西方社会史的内容。

首先我们来谈一谈社会史这个学科研究的基本特征。前面已经提到，无论是在西方还是在中国，对传统史学都进行了反思与批判。以前的史学只讲政治、军事、外交，只有上层历史没有下层历史，而社会史的特点可以说就是在对传统的政治、军事、外交等史学研究进行反思批判的基础上出现或者说恢复起来的。简而言之，社会史有三个最基本的特征：一个就是它注重自下而上地看历史。传统史学只关注帝王将相，社会史注重研究社会底层的东西，一般的普遍的东西，或者说老百姓是怎样生活的，社会是怎么运转的，因此称为自下而上。另一个特点就是它是一种整体史学，注重整体观方法的运用。社会史的整体观在西方，更多地强调结构，构建一种所谓结构主义史学。他们认为社会就是一个结构，它形成了一个全面的完整的体系，不仅仅是政治、军事、外交，还有经济、文化、衣食住行、婚姻家庭等更为微观层面的东西，所以社会史也被当做一种全面的整体史学。社会史的第三个特征就是它的多学科交叉性或者称之为社会科学化的社会史。仅有传统史学的那套理论和方法是远远不够的，社会史的研究必须要吸收多学科知识及其成果，甚至还包括某些自然科学的优秀成果。具体到中国社会史的研究，实事求是地来说，在19

世纪或者说20世纪前半叶就已经涉及我们现在所谓社会史的部分内容，但是还没有系统化。粉碎“四人帮”以后，我们把社会史研究看做是重新复兴了的中国社会史研究。从1986年第一届中国社会史研讨会的召开迄今近二十年时间了，其间共举办了九次社会史年会，我们可以发现中国社会史的研究队伍也越来越壮大，尤其是一批中青年学者已经成为社会史研究的主力军。社会史研究的论著，包括从西方译介过来的可谓蔚为大观。目前，社会史的研究已成为中国史学界最引人注目的领域，从《历史研究》、《近代史研究》、《中国史研究》、《史学理论研究》等这批国内最有影响的历史刊物的论题中我们可以发现社会史的研究方兴未艾，因为它的研究方向从本质上代表了这个时代的学术潮流。

在此还需提及的是山西大学的中国社会史研究状况。早在20世纪80年代，著名历史学家、山西大学历史系教授乔志强先生就率先倡导并身体力行地开始中国社会史研究。尤其是乔志强先生主编的《中国近代社会史》（人民出版社1992年、台北南天书局1998年）是国内第一部全面系统的社会史论著。直到现在，社会史在国内经历了近二十年发展，无论在理论还是方法上取得了多么大的进展，研究的主要范畴仍大体上不出此书所构建的范畴体系。到了90年代中期，区域社会史的研究也逐渐兴起。1994年区域社会史研讨会在西北大学召开，由乔志强先生和笔者两人合写的《区域社会史研究的理论和方法》一文得到了与会者以及史学界的高度重视和广泛的关注（该文收入会议论文集，又在《史学理论研究》和《新华文摘》上刊登）。1998年底，由乔志强先生和笔者合编的《近代华北农村社会变迁》一书由人民出版社出版，学界称其为“此书堪称一部系统完整的社会史著作”，“全书史料之丰富、分析之细腻都是同类著作中少见的”。从整体上而言，我们所进行的区域社会史研究与社会史研究一样取得了可喜的成绩。尤其是近年来，我们把区域社会史研究的焦点放在了生于斯、长于斯的山西本土社会，获得了“身在此山亲体验”的学术感受，也已取得了初步的成果，其中《近代山西社会研究——走向田野与社会》一书，获得了学界普遍的肯定与鼓励。因此，山西大学有开展社会史及区域社会史研究的良好学术基础和条件。

山西作为一个区域社会研究的对象，有它很独到的地方特色。最早开创中国历史地理学研究的谭其骧先生在20世纪80年代就写过一篇《山西在国史上的地位》的文章（谭先生就此主题也曾在山西大学作过学术报告），提纲挈领地论述了山西在整个中国历史发展进程中的独特地位和它所起到的非常重要的历史作用，对我们现在进行山西区域社会史的研究仍具有不可低估的指导作用。春秋时期，晋国是一个实力很强的诸侯国，法家的制度、思想实际上是在晋国奠定了根基，且不说晋文公、晋献公的辉煌业绩。山西与陕西仅一河之隔，从秦汉一直到隋唐时代，也就是与都城长安一河之隔，尤其是河东郡即现在的运城、临汾地区当时是非常繁盛的地方。在五代十国宋元时期，山西又是北方的游牧民族与中原地区的汉族进行大交流融通的核心地区。明清时期山西的晋商事业远近闻名，尤其是为中国金融业开了先河。明清以后的民国时代，阎锡山统治了山西三十八年，山西被国民政府评定为“模范省”。实事求是地讲，阎锡山统治时期在山西做的一些实实在在的事情直到现在对我们地方社会的发展仍有一定的影响。在抗日战争和解放战争时期，山西革命根据地为中国革命事业的胜利做出了难以估量的巨大贡献。新中国成立以后，山西在互助组、初级社、高级社、人民公社一直到后来的“农业学大寨”运动中，都曾出现过这样或那样的典型，也曾有过这样或那样的经验和教训。从学术研究的角度讲，山西也是从事区域社会史研究的宝库。

此外，进行山西区域社会史研究有两个特点需要把握：一个是农村，另一个就是资源。山西是一个农业社会，它的城市在全国相比没有什么优势，它的主体优势在农村，因此在山西做历史研究或进行地方经济社会发展规划必须得立足农村而不能脱离农村或忽视农村。谈到山西的资源特色主要涉及两个方面，即煤和水的问题。山西的煤储量很多，曾占全国煤储量的70%左右，它可以造福于山西、全国乃至于全人类，但是若不能合理有限制地开采和利用那就会给我们这个社会带来非常大的负面影响，比如说现在的环境污染问题就已经很严重了，而太原市就曾是全世界污染最严重的城市之一。山西的水也是一个很值得关注的问题，煤我们最丰富，可是水我们最缺乏，比如晋祠难老泉的水，在宋代时可以浇灌周围36个村庄的6万多亩耕地，到现在没水了，一些地区仍流传着“三七分水”、“油锅捞钱”等民间争水的故事。也就是说我们缺水的问题很久以来就存在了。另外还需提及的一点就是随着近年来山西省对外交通尤其是高速公路的开通，加大文化强省的力度，发挥地方资源优势，使得国内外对山西地方社会发展的关注程度得以大大地提高，山西的知名度渐趋上升，学术界对山西社会也给予了极大的关注。比如说2004年8月由中山大学、北京师范大学、山西大学、香港科技大学、香港中文大学五家单位联合举办的历史人类学高级研修班的田野调查点就选在山西洪洞县的几个村庄；随后由山西大学和中国人民大学联合主办的区域社会史比较研究的国际学术会议在山西大学召开；紧接着一些北京和台湾地区的专家学者特意到山西进行了田野考察和学术讲座。因此，开展山西区域社会发展的历史研究既有其内在资源的优势，也紧随了国内外历史研究的学术潮流。

三　怎样开展以历史学为本位的田野调查工作

前文已指出我们所提倡的田野工作并不完全等同于人类学社

会学的田野调查工作。田野工作最初是由人类学家所发明的，一个最基本的初衷就是要求研究者尽可能地贴近被研究对象，至少要花一年或一年半的时间参与到研究对象的日常生活中去，去体验、观察异域对象的行为和思想。社会学的田野调查尤其是在西方更多的是采用问卷法、访谈法、观察法等去研究社会进程中的事实。而我们开展以历史学为本位的田野工作主要凸显在两个方面：一个体现在对已经过去的社会事实的文献收集。这就要求我们必须走进田野社会，尤其是区域社会史的研究可以把被研究对象集中在一个村落、一个家庭甚至是一个具体的人。这些活生生的对象存在我们从书本上是找不到的，只有走到田野里去。另一个集中体现在对人类学社会学田野调查方法的借鉴和利用上。我们也要像人类学家社会学家那样，深入民众，深入田野，深入社会，力求去体验去观察日常社会生活是怎样发生和相互关联的。比如现在的口述史研究，还有所谓后现代叙述史学，那些亲历了历史上所发生的大事件小事件的人，如果还活着，就可以做口述史的调查与研究，不下去是万万不行的。还有大量散藏在民间的家谱、碑刻、文书、日记、账簿等等都是值得我们重视和研究的。简而言之，搜集地方文献和田野体验是我们进行以历史学为本位的田野工作的两个主要目的。一般而言，我们现在能搜集到的文献大都是明清以来的，尤以现代的为多，元代以前的民间文献可能很少，也许能零星地发现一些宋代的东西（这些文献绝大部分已经躺在图书馆和档案馆）。因此我们的关注点集中放在建国前后，一直到 1979 年左右的这段时间，整整三十年的时间，在此基础上再上推下延。套用一句话就是“上穷碧落下黄泉，前后左右去发现”。

之所以选择这么一个长时段为中心，是基于以下的学术考虑：从建国后直到改革开放伊始的三十年时间是所谓集体化时期。建国初期所进行的土地改革（包括老区的土改），再到后来的互助组，初级农业合作社，高级农业合作社，以及人民公社，实行大食堂制度，工分制等等这些历史事件背后所隐藏的日常行为逻辑对于我们了解现今社会和解决具体问题具有十分重要的理论意义和现实意义。这样一个特殊的历史时段在建国以前的中国历史上没有过，1979 年以后随着中国社会的日益开放和不断发展将来也不会再次出现。这就是我们所界定的这样一个三十年长时段的价值之所在。恰恰就是这样的时代，或者说关于建国后至 1979 年前的这近三十年的学术研究主要存在两种话语：一个就是侧重从政府行为立场出发较多地采取简单肯定或否定的二元对立的方法，更多的研究成果是对高级领导人和国家政策的讨论和诠释；另一个话语就是仅仅体现一种控诉历史，控诉那是一个充满黑暗和万恶的年代。实际上还没有历史学家或以历史学为本位的客观的、公正的研究话语出现。因此，我们倡导的田野调查与研究就是要客观地、实事求是地、在宏观背景下充分关注微观层面地去研究历史事件和社会事实，去研究中国历史上这样一个特殊的历史阶段。

需要引起我们充分注意的是，1949—1979 年这样一个相对我们较近的历史时期，散落在广大农村社会大量的、珍贵的第一手文献也在快速地流失和消失过程当中。中国改革开放以来二十几年，发展速度加快，走进田野和农村，我们会强烈地感受到农村社会翻天覆地的巨变。解放以前、甚至是建国以后的旧房舍迅速地被新一代具有现代生活气息的建筑所替代，有的富裕农民二十几年来甚至搬迁了两次、三次（乡、镇、大队、村委会也是如此）。也许我们可以发现一些旧的农民住宅，甚至在相对偏僻的地区还可以看到个别古村落，但那毕竟属于少数。很可能，当你走进这些旧的农民住宅和古村落的时候，你会发现已是“人去楼空”，甚或“人去村空”，他们已经连人带物搬迁别处，留下来的只是闲置的、有些可能是作为旅游开发的景物。可怕的是，每一次的搬迁总伴随着一次物什更换，同时也是一次文献资料的散失，这些珍贵的第一手地方文献在农民搬迁过程中不经意地不知流向何方，也许汇聚到了废品收购站和造纸厂。这是我们文化工作者，尤其是史学工作者深为痛心和遗憾的事情。只要我们具有“走向田野与社会”的学术关怀，只要我们具有社会科学工作者的责任和良知，就有可能在这方面做出我们应有的贡献。

山西大学中国社会史研究中心在近期就收集到了一批很可观的第一手农村文献资料，比如说有关清徐县东于镇20世纪50—70年代相对完整系统的资料，合作社时期的账簿，人民公社时期的劳动、预算、分配情况，以及大队劳力工分登记情况等；还有临汾地区龙子祠水利建设方面的完整系统的文献资料，各种水利渠道的开发和改造、渠图规划和工程账簿等等。这些资料对于研究集体化时期一个村庄是如何体现国家与社会的运转和互动、权力的介入与实践、农田水利建设的变迁状况及沿渠周围乡镇村庄发展进程所受到的影响具有非常珍贵的价值。另外还收集到了一些清代有关土地、房屋买卖的地契、房契等文书资料。尽管我们只是刚刚起步，但是这些文献资料对于我们做历史研究有着十分重要的参考价值。其实，类似的文献资料收集有一条捷径，那就是从我们身边的社会做起，从自己的家乡及所在的村庄做起，因为这对于进行田野调查的人来说是得天独厚的。所以，此种路径也可谓一种传统人类学田野方法的创新。

现已故去的山西大学历史系前辈阎宗临先生曾就史学研究提出过如下建议：“爱国先从爱自己的家乡做起，爱家乡先从了解家乡做起，封建时代的读书人还懂得恭敬乡梓，社会主义时代的史学工作者不更应该热爱自己的故乡吗？”[1]还有我们大家所熟

---

〔1〕 任茂棠、行龙、李书吉编：《阎宗临先生诞辰百周年纪念文集》，山西人民出版社2004年，第124页。

知的史学大师陈寅恪先生也曾对一个时代的学术潮流做过精辟的论述："一时代之学术，必有其新材料与新问题。取用此材料以研究问题，则为此时代学术之新潮流。治学之士，取预此潮流，谓之预流。其未得预者，谓之未入流。此古今学术之通义，非彼闭门造车之徒，所能同喻者也。"[1]因此，本文所谈论的"走向田野与社会——开展以历史学为本位的田野社会调查工作"这样一个主题，就是要倡导用我们这个时代的新材料，研究我们这个时代面临的新问题，这些史学大家的经典论述对于我们现今开展社会史研究所具有的指导意义是不言而喻的，也是我们在走向田野与社会对这个时代进行学术积累和理性关怀时应当铭记在心的。

总之，山西大学在开展社会史及区域社会史方面已经有了一定的学术积累，山西在开展区域社会史方面也具有得天独厚的优势。只要我们研究者身体力行、锲而不舍地去努力工作，一定能够为中国历史学、人文社会科学在新时期的发展做出相当的贡献。

---

〔1〕 陈寅恪：《陈垣〈敦煌劫余录〉》。

二　水利社会

山西何以失去曾经的重要地位

“山西何以失去曾经的重要地位？”这是一个历史的命题。历史的命题还是需要以历史的眼光和历史的方法来回答。

一 古代山西的重要战略地位

在中国古代漫长的历史长河中，山西地区不仅是中华民族重要的发祥地之一，而且以其重要的战略地位历来为中原王朝瞩目。

迄今为止的考古发掘已足以证明，山西自远古时代就是中华民族重要的发祥地之一。旧石器时代的文化遗址不仅遍布山西南北各地，而且从绝对数量上来看，全国各地无出其右。传说时代的三位圣王唐尧、虞舜、夏禹，其首都均在今天山西的南部地区。尧都平阳（今临汾），舜都蒲坂（今永济），禹都安邑（今夏县），至今这些地区的历史遗迹和美丽传说仍然很多。

夏商周三代，山西是中华民族重要的活动区域。西周初年，周成王分封其弟唐叔虞在山西，晋国日渐成为黄河流域最强大的国家之一。至晋文公重耳时期，厉行改革，奖励垦殖，发展生产，繁荣经济，选贤任能，终成一代晋国霸业。公元前632年发生的晋楚城濮（今山东鄄城西南）大战，强盛的晋国以少胜多地打败了同样强盛的楚国，从此晋代楚而成为“侯伯”，以王命而讨伐诸侯，大大小小各路诸侯“三岁而聘，五岁而朝，有事而会，不协而盟”[1]，俨然是挟天子以令诸侯。

齐、楚、燕、韩、赵、魏、秦，是为战国七雄，山西占其三。公元前458年，晋国的智伯与韩、赵、魏四卿瓜分中行、范氏全部领地，进而智伯又索地韩、赵、魏。韩、魏惧怕，唯赵襄子不肯割地给智伯，于是，智伯又联合韩、魏攻赵。赵襄子走保晋阳，三家围晋阳，岁余而不下。公元前453年智伯引晋水围灌晋阳城，赵襄子派人潜出与韩、魏媾和，陈说“唇亡齿寒”之利害，由是韩、魏倒戈与赵结盟，智伯被杀，晋阳解围，三家三分智氏领地，是为“三家分晋”。“三家分晋”是中国历史上具有划时代意义的事件，它不仅意味着晋国公室领地几乎尽归三家，公室反倒成为附庸，而且意味着春秋以来长时间诸侯争霸局面的终结，七雄兼并的战国时代从此拉开了新的一幕。

秦汉时代，首都建在长安（今西安），晋西南属于河东郡，而三河地区即河东、河南、河内为“天下之中”，经济文化相当发达。《史记》讲到，此地“土地小狭，民人众”，人口密度相对较高。牛耕、耧种、铁农具、代田法均引领农业技术之先；水利、冶铜、制铁、盐业等相当活跃；临汾、洪洞的商人已经“西贾秦、翟，北贾种、代”，山西对匈奴的商业贸易在北中国也占有重要的分量。

魏晋南北朝时期是中国历史上持续时间最长、波及范围最广的动荡时期。匈奴、鲜卑、羯、氐、羌等北方少数民族一茬接一茬地持刀挥戈进入中原，三国（魏、蜀、吴），两晋（西、东），三秦（前、后、西），四燕（前、后、南、北），五凉（前、后、南、北、西）等32个政权群雄逐鹿轮番更替，好一个“城头变

---

〔1〕《左传》昭公三年。

幻大王旗”的混乱场面。山西在这一分裂、聚合、统一的历史进程中扮演了核心地带的角色。先是304年匈奴酋长刘渊起兵离石建汉国，不久迁都平阳（今临汾），继则其子刘聪打下长安灭西晋，由此开始了一百多年的所谓“五胡乱华”。398年，拓跋鲜卑迁都平城（今大同），取并州，灭后燕。接着南北讨伐，四处征战，东到辽宁，西至河西走廊，南到华北平原的北燕、南燕、西秦、后秦、西凉、北凉、南凉、后凉等政权先后被征服直至灭亡，一百多年来五胡十六国分裂割据的局面由此结束，黄河流域重归统一。再后来，北魏宫廷政变，高欢建东魏（共16年），其子高洋建北齐（共27年），晋阳（今太原）都是北中国实际的政治中心。那时，高欢以丞相身份住居晋阳，并在晋阳兴建大丞相府，留下亲信在首都洛阳治理朝政。北齐在晋阳设有行宫和六府，作为中央政府的分设机构，北齐朝六个皇帝中，就有五位或即位或崩亡于晋阳城。实际上，晋阳就是“别都”，军事上的重要性远在“上都”洛阳之上。

魏晋南北朝大动荡之后是隋唐的大统一。隋命短促，前后仅38年。在隋末各地起事和防御突厥的过程中，后来奠定大唐基业的太原留守李渊趁机起兵太原，南下龙门渡河，灭隋建唐。隋唐两代，太原以北地区一直是突厥南进和隋唐防御的交战地，其中高祖（李渊）、太宗（李世民）时期战事最多。除此以外，汾河漕运、农田水利、制铜冶铁、木构建筑均为山西值得称道之处。值得一提的是，并州治所晋阳在隋唐时期又有了进一步的发展。隋代晋阳是黄河流域仅次于长安、洛阳的第三大政治中心，隋文帝置河北道于晋阳，最高长官尚书令就是后来的隋炀帝。晋阳又是唐朝的发祥地，武则天时期曾定晋阳为北都，这一时期晋阳城由都城、东城与汾河之上的中城三部分组成，商业贸易繁盛可见。

“安史之乱”后，唐朝走向衰落，历史进入五代十国时期，又是一个分裂割据的混乱时代，又一个少数民族沙陀族进入山西。895年，沙陀首领李克用占领山西大部地区后，以太原为中心晋爵为晋王，建立了春秋时代后的又一个晋国。907年，朱温篡唐建梁，开启五代混乱历史。五代时期五个朝代中，就有三个由沙陀人建立的小朝廷（后唐、后晋、后汉）以太原为根据地，进而夺取黄河流域大部分地区。951年，刘崇又在太原建立北汉，这个北汉是北宋统一全国过程中最后被征服的割据势力。鉴于唐末五代以来，割据势力往往以晋阳为根据地，渐次坐大而争夺天下的事实，980年，宋太宗亲率大军进攻北汉，火烧水灌晋阳城，千年古城毁于一旦。从这个时候开始，太原府又改为并州，治所也由河西移置到河东，新的晋阳城就在现太原迎泽区、杏花岭区一带。

北宋统一全国后，山西不再是割据中心。虽然在抵御契丹、抗辽抗金、反元起义中山西都曾发挥过一定的作用，但比较战火弥漫烽火连天的中原地区而言，山西还是一个受战争创伤较轻的地区，也是一个经济文化较为发达的地区。已故著名历史地理学家谭其骧先生在《山西在国史中的地位》中曾列举山西人口密度、印刷、科举、商税、戏剧诸方面的事实和成就，认为“金元时代，山西高原的经济文化反而要比邻近的河北、关中平原地区发达”。

从古代山西历史的发展脉络中，我们可以发现这样一个基本的事实，那就是每逢中国历史的分裂割据时代，山西的战略地位就会发光凸显、为人注目，而统一稳定之时，也是山西经济文化相对发达之时。谭其骧先生探究其原因总结道：

> 这是因为，山西处于黄土高原的东部，它对河南、河北、陕西的关中地区而言，都是居高临下的，这在过去一刀一枪打仗时，是很占优势的地势。又因为盘踞山西的割据势力大都是强悍的少数民族，他们的武力很强，因而能攻则取

之，退则守之，长期割据称雄。[1]

我在这里还要补充的是，分裂割据时代，不仅是生灵涂炭、经济凋敝的时代，同时又是民族冲突与民族交融的时代。一部中国古代的历史就是汉族与少数民族不断冲突和交融的历史。从这个意义上来讲，山西地处汉族与北方少数民族的交接带，这样的战略地位对中国古代历史的发展也是有贡献的。

金元以降是明清，山西历史开始了新的进程。

二　明清晋商的兴衰与西方势力的侵入

按照通行的中国历史分期标准，1840 年的鸦片战争是古代与近代的分界点，但从区域而言，明初却是山西历史发展的重要界标。区域社会史的研究需要根据区域发展的实际和特性来划分必要的历史阶段，依样画葫芦地将中国"大历史"的分期套用搬用到具体的区域历史研究中来，往往难免隔靴搔痒。

之所以将明初作为山西历史的重要界标，我以为有两个历史现象特别应该值得注意。一是明初山西地区人口数量膨胀进而导致的"洪洞大槐树移民"。正是由于金元以来尤其是元末明初山西地区所受战争创伤较小，此时山西已成为华北地区经济发达，人口稠密的地区。明初，山西人口总数 403 万余，相当于河南、河北两省的总和。在这样"人稠地狭"的情况下，才有朱元璋移山西人口以实中原的大移民，才有"问我祖先来何处，山西洪洞大槐树"这句世代相传延绵神州的民谣。可以说，明初大槐树移

〔1〕 谭其骧：《山西在国史中的地位——应山西史学会之邀在山西大学所作报告的记录》，《晋阳学刊》1981 年第 5 期。

民是山西人口膨胀的明显信号。之后，山西人口除明末清初短暂的起伏外一路直升，光绪初年大灾前全省人口总数达到1640万余的历史高点，这个数字比1953年第一次全国人口普查时所得1431万余还要多出200万。我们知道，在生产技术水平比较有限的近代社会，对山西这样一个“山多地少”的内陆省份而言，一定数量的人力是最重要的生产力要素，而人口数量的不断增长，又会带来沉重的人口压力与一系列的社会问题。

明初山西人口膨胀还引发了另外一个值得注意的历史现象，那就是我们津津乐道的晋商的崛起。学界一般认为，山西商人的崛起得益于开中法，而开中法正是在明初正式实施的。所谓开中法就是商人运输粮食供给边塞军士食用，朝廷付商人以盐引，商人再凭盐引到指定的盐场和地区贩盐。盐在明代属于专利品，大同、太原又是“九边”重镇，山西商人得天时地利，捷足先登而发达。我们应当承认，开中法对晋商的崛起具有极大的推动作用，但明初山西各地普遍的经商风气实为晋商崛起的社会基础。事实上，除了盐类以外，北方的“茶马互市”、金银铜铁、绸缎布匹、皮货药材等都是那时晋商大规模经营的行当，而这种勃勃然兴起的经商风气之根源，就是“人稠地狭”的社会现实，所谓“晋省以商贾为重，非弃本而逐末，土狭人稠，田不足耕也”[1]。商业活跃的太谷县也是“以田少民多之故，商于外者甚多，中下之家除少数薄有田产者得以耕凿外，余皆恃行商为生”[2]。需要指出的是，明清两代大批晋商驰骋南北设号建业，不仅在全中国范围内留下了他们的深痕足迹，而且在外蒙古、俄罗斯、日本、新加坡等地建立了“国际贸易”，其诚信立业、开拓进取的精神足令朝野上下钦羡叹服。然而，世业常是不敌世运。明清以降，随

〔1〕 光绪《五台新志》卷二，“生计”。
〔2〕 民国《太谷县志》卷四，“生业、商会”。

着跨海而来的西方资本主义势力自东向西的步步渗入，东南沿海地区首先成为中西交冲的前哨，同时也就成为军事、外交、经济、商业、文化的中心，之前朝野注目的北部边患狼烟转化成为沿海的“坚船利炮”，晋商在这一“数千年未有之变局”中斟慎应对，山西在这一变局中已经退位。

尽管晋商是明清山西社会最可称道的历史现象，但那个时代，山西毕竟还是一个自然经济占主导地位的农业社会。在土狭人稠、田不足耕的生产力条件下，农业劳动生产率的提高空间十分有限，民人终岁耕耘劳作，能够满足基本的生产生活所需已属不易，更何况天灾人祸，尤其是频繁的旱灾简直就是雪上加霜。光绪三年（1877）山西突遭“二百年未遇”之大旱，卖妻鬻子，人相蚕食，鼠狼横行，尸骨遍野，真正的惨不忍睹。灾后全省人口亡失至少三分之一，大面积土地荒芜，商业停滞，文化凋敝，地方财政难以维持，时任巡抚曾国荃惊呼“二十年以后元气可以稍复乎”？

也就是在曾国荃赈灾的废墟上，从太行山之东走来了一拨黄头发蓝眼睛的西方人。以李提摩太为首的基督教传教士不仅带来了数万两赈银，同时带来了“四海之内皆兄弟”的基督教。传教士们有组织地深入灾区发放救济金，在晋南地区一些县份甚至超过了官府发放的银钱数量，三晋大地上第一次有规模地出现了外国人的身影，老百姓就是在这样嗷嗷待哺、命悬一线的生死线上感受到西方势力的影响。灾后，激动的灾民以中国传统的方式立碑铭记传教士们提供的帮助，甚至到“洋大人”李提摩太的住处索要他的大照片准备供奉在神庙里〔1〕。李提摩太是当时在朝廷中最具影响力的外国人士，赈灾前后，他还利用自己的身份向山西当局提出了修造铁路、开发矿产、发展教育、开办工厂和制造厂

〔1〕〔英〕李提摩太著，李宪堂、侯林莉译：《亲历晚清四十五年——李提摩太在华回忆录》，天津人民出版社 2005 年，第 124—125 页。

等建议，地处内陆、风气闭塞的山西开始感受到了欧风美雨的浸润。其实，虽然1840年的鸦片战争已经轰开了中国的大门，但直到1860年签订的《北京条约》规定天津开埠后，山西才开始了与西方势力的直接接触。李提摩太的建议在后任巡抚张之洞、胡聘之的手上渐次推行开来。19世纪的最后十年，山西开始出现了机器局、火柴局、工艺局、纺织厂等近代工业，由筹借外资开发晋东南矿产而引发的全省各界收回矿权运动直把山西历史带入20世纪的最初十年。1902年中西合璧的山西大学堂在太原成立，1907年山西境内第一条铁路——正太铁路通车，这是近代山西社会经过中西交冲不断磨难结成的正果。

近代资本主义势力进入山西后，一方面以新的生产力的代表带来了先进的生产方式和科学技术，另一方面它又以侵略者的面目带来了邪恶与血腥。《天津条约》签订后，西方传教士开始以合法的身份进入内地，他们修建教堂和住宅，兴办医院学校和孤儿院，他们禁拜神灵，侵占民田，袒护教民，欺压乡里，中西文化的冲突最终演化成为世纪之交最为惨烈的血腥冲突。1900年义和团兴起于山东，转而京津地区成为主要活动区域，而地处内陆的山西却以烧杀洋人之惨重闻名于世，以致中外人士皆惊呼“晋案为最大”。1901年清政府“庚子赔款”外，“山西另议”赔款近480万两，超出了全省全年的财政收入。巡抚毓贤及众多义和团民被杀，读书人世代借以晋升的科举取士制度被戛然停止，地方官绅民众被迫为死去的传教士修墓立碑，种种件件，撕肝裂肺。这是一个双重的悲剧，也是一个时代的悲剧。

至于说到明清以来就闻名于世的晋商，它在中西交锋的格局中也渐渐褪去了昔日的光彩。学界对晋商衰败的原因已有很多的探讨，无论是从政治、经济、军事、文化的角度，还是运用经济学、社会学、地理学、民俗学的方法，晋商衰败的原因都应该从外部的历史条件和内部的发展机制中去寻求答案，也就是要把晋商的活动放在当时中国乃至世界历史发展的总趋势下进行把握。从外部条件来讲，晋商的衰败实与清朝的衰败同步而行。康雍乾三朝是清代历史的全盛时期，也是晋商最为辉煌耀眼的时期。鸦片战争之后，西方资本主义势力步步侵入，国内民族矛盾日益突出，清政府陷入内外交困、气运衰微的历史阶段。太平天国起义、第二次鸦片战争、中法战争、中日战争、义和团运动、辛亥革命直将清朝从繁盛推向灭亡，晋商在历次内外战争中同样遍体鳞伤、江河日下。曾在平遥蔚丰厚票号做事达半个世纪的李宏龄讲道：

> 前清同治至宣统间，驻京理事，迭遭甲午、庚子、辛亥之乱。事起仓猝，为国家未有之难，亦为商界未有之奇变。方事之殷也，区区商号如一叶扁舟，浮沉于惊涛骇浪之中，稍一不慎倾覆随之。〔1〕

战争不仅阻断了国内长江南北商业贸易的线路，而且废弃了晋商起家的恰克图、外蒙古、俄罗斯“中路贸易”通道。韩毓海先生认为，这种“国际间长途贸易的衰落”是晋商和山西票号衰落的重要原因〔2〕。与之相应的是，随着物美价廉的外国商品如洋布、洋沙、百货、日用、化妆、五金、文具、食品的大量倾销，山西商人经营的传统铁业、皮毛、茶叶、土产等纷纷失去市场而一蹶不振。“方今时局，日新一日，情形迥非昔比”，李宏龄斯言堪为动中肯綮。

就晋商内部的机制而言，这个群体已经失去了创业初期那种寸积铢累开拓进取的精气神。如果说，像“学徒制”、“股份制”

〔1〕（清）李宏龄：《同舟忠告·自叙》，（清）李燧、李宏龄著，黄鉴晖校注：《晋游日记·同舟忠告·山西票商成败记》，山西经济出版社 2003 年，第 95 页。
〔2〕韩毓海：《五百年来谁著史》，九州出版社 2009 年，第 157 页。

这样的内部机制曾经对晋商的崛起和发展起到过很大促进作用的话，那么，到后期这样的制度已渐次蜕化甚而演变为钩心斗角。最典型的事例就是日升昌经理雷履泰和副经理毛鸿翙因权、利之争产生的相互倾轧，俩人矛盾激化后毛氏退出日升昌另起炉灶，互相间的仇恨更加升级。雷氏为儿子起名叫雷鸿翙，毛氏也以牙还牙为孙子起名叫毛履泰，不是你当我的儿子就是他当我的孙子，真叫人辈分难分哭笑不得。事实上，后期晋商发财致富后，大多携带资金返回故里，他们建宅置地，窖藏货币，成为不折不扣的土财主，而没有将更多的资金用于发展当地的近代工商业。所以，晋商虽有钱，但山西没发展。所以，我们今天走进昔日富可敌国的祁、太、平地区，能够感受到的只是高墙窄弄、夸富斗强、极尽考究的票商旧宅。黄鹤一去不复返，白云千载空悠悠。如此也就是一场繁华旧梦。

还有可痛的是，在新式银行蜂拥兴建的竞争局面下，老迈的晋商先生们已经不能因时变通、锐意改良，后来的弟子辈也是“饱暖思淫欲”地浑然不知天地人间，待到辛亥革命到来，晋商与清王朝一样同时走向衰败与衰亡。还是那位李宏龄曾以协同庆票庄为例痛心疾首地写道：

> 厥后继起者，大率按部就班，绝非应变之材。故不逾十稔，一误于连号之牵制，再误于庚子之铺张。轰轰烈烈之事业，竟一落千丈矣！履霜坚冰，其来者渐，岂待辛亥革命全体糜烂，而始一蹶不振哉！[1]

辛亥革命是晋商走向彻底衰败的一个关节点，也是山西近代

---

〔1〕（清）李宏龄：《票庄协同庆始末记》，（清）李燧、李宏龄著，黄鉴晖校注：《晋游日记·同舟忠告·山西票商成败记》，第 222 页。

历史的一个关节点。在晋商作为群体日渐退出历史舞台的同时，从文山汜水走出来一位日后叱咤风云的阎锡山。

三　阎锡山统治山西的三十八年

从 1911 年的辛亥革命到 1949 年中华人民共和国成立前的 38 年，是阎锡山统治山西的 38 年。

辛亥革命一举推翻清朝，建立中华民国，中国历史由此进入民国时代，民国时代又是一个军阀割据战火延绵的时代。军阀割据与民国相始终，阎锡山与民国山西相始终。在南北各地无数大小军阀争斗火并、旋生旋灭的大浪淘沙过程中，唯独阎锡山一以贯之地统治山西而成“不倒翁”，山西也曾成为全国关注的“模范省”，这个模范就模范在它在一个混乱的年代里建立了一种秩序，革命党人在全国没有做到的事情，阎锡山在山西做到了。

青年时代的阎锡山走过了一条与孙中山等革命党人一样的革命道路。18 岁以前，阎锡山在家乡读私塾、当伙计，也曾有过无业流浪的生涯。1900 年到太原，次年考入山西武备学堂。1904 年被选派赴日公费留学，同批的同学还有后来辛亥太原起义的黄国梁、姚以价、张瑜等二十人。1905 年在日本加入同盟会，随后加入革命党的军事中坚组织“铁血丈夫团”。1909 年于日本陆军士官学校第六期毕业，结束留学生活回到山西，通过为留学生准备的选拔考试晋升第 86 标标统（团长）。1911 年 10 月 10 日武昌首义告捷，12 月 29 日太原起义爆发，阎锡山被推为山西都督。次年 9 月，孙中山来晋视察称“去岁武昌起义，不半载竟告成功，此实山西之力，阎君百川之功”[1]。这就是青年阎锡山

〔1〕《孙中山全集》第二卷，中华书局 1982 年，第 470 页。

由“土娃”到都督的成长线路，也是一代先进青年立志救国从事革命的道路。

辛亥革命之后的中国社会是一个军阀混战四分五裂的社会。与直系、奉系等军阀投靠外国势力以图扩张的做法不同的是，阎锡山充分利用山西山河环绕易守难攻的地理优势，以“保境安民”相号召，专心苦心地经营山西。与那个时代多数先进的中国人一样，阎锡山也有着强烈的民族主义情结，不同的是他把民族主义的情结内化为自己的地方主义，传统的地方主义在中央政府分崩离析、尾大不掉的难局中获得了重要的政治意义。他从河边、五台走进太原和山西，在他的眼里，首先是山西而后才有国家，中国人的家国观念同样融入他的血液里。“保境安民”，也就是不参加内战，为山西人民创造一个良好的生活环境，使山西人民过上好生活。揆度历史，在一个军阀割据土匪猖獗的混乱时代，“保境安民”是为无奈亦为苦心。

直到1930年代日本帝国主义的铁蹄踏入中国后，阎锡山在日本、蒋介石、共产党三种势力面前折中斡旋，用薄一波的话说“在三个鸡蛋中间跳舞”，进而提出“守土抗战”的口号，同样也能风靡全省、流行全国。所谓“守土抗战”，用阎锡山的话来说就是“能守住就能存在，我们就当在守上努力”，“只要这块土上有一个人，也该守土抗战”。无论我们过去和现在如何评论阎锡山在抗日战争中的表现，事实上，他同中国共产党建立民族统一战线，扶植“牺牲救国同盟会”，在山西战场共同抗击了日本帝国主义的疯狂侵略。1943年，刘少奇在一份报告中讲道：

> 我们在帮助阎锡山抗战的过程中，使山西的抗战坚持了，使山西的革命前进了，也使我们前进了。[1]

---

〔1〕《刘少奇选集》上卷，山西人民出版社1981年，第262页。

阎锡山又是孙中山民生主义的实践者，他所提出并力行的“用民政治”既是基于山西积贫积弱的现实，又是出于“生长斯邦，见闻较切，惕心怵目”的切身感受。“六政三事”：水利、种树、蚕桑、禁烟、剪发、天足及种棉、造林、畜牧，适应了辛亥革命之后社会变动的潮流，在兴利除弊发展生产方面取得的成就都不可以一概抹煞。以“欲决胜于疆场，必先决胜于学校”，“国民教育为人群之生命”为出发点，阎锡山也十分重视山西的教育，普通小学、高等小学、专门学校、职业学校、高等学校、白话课本、注音字母等等在山西均着力推进、有声有色。1919年10月，鉴于山西在教育方面的成就，全国教育联合会第五届年会在太原举行，美国教育家孟禄博士在同阎的谈话中称：“贵省教育发达，久已声闻海外，今日得亲至贵省观光，实为荣幸之至。”〔1〕1920年代阎锡山在山西推行的“村本政治”，包括整理村范、村民会议、村禁约、村息讼会等措施，在那个强盗横行、土匪猖獗的世道都是为人瞩目的事情。民国土匪多，唯独山西少，也是时人比较一致的看法。正是在这个意义上，山西曾被北京政府列为“模范省”。山重水复疑无路，辛亥之后一代知识分子在苦闷彷徨中积极探索改造中国的道路，各色人等不同方案纷纷登台亮相，阎锡山在山西的实践也应该看做为这一社会潮流中的一种大胆尝试。

武装和地盘是军阀最基本的条件，在大多军阀拥兵自重、抢占地盘的厮杀火并中，阎锡山是一个注重建设者，或者说他是一面占地盘，一面搞建设。1930年中原大战前，阎锡山陆续成立山西陆军修械所、山西军人工艺实习厂、太原兵工厂、山西火药厂等军事机构，山西军事工业的生产规模、技术水平、产品数量

〔1〕 阎伯川先生纪念会编：《民国阎伯川先生锡山年谱长编初稿》(一)，台湾商务印书馆1988年，第406页。

均在全国占有一席。中原大战后，在“建设救国”、“自强救国”的口号下，重点又转向民用工业，1933年正式成立的西北实业公司，在短短几年内迅速崛起，发展成为包括钢铁、燃料、电力、机械、化学、建材、纺织、兵工、造纸、卷烟、火柴、皮革、面粉等多种行业的经济实体，奠定了山西工业的基础。清代末年就开始筹建而搁置的同蒲铁路在阎锡山的手上得以全面贯通。面对历史，阎锡山时代真正迈出了山西工业的步伐；面对现实，阎锡山时代的历史遗痕依然可寻。历史也真是有趣，阎锡山在山西的经营起始于军事工业，落脚于民用工业，目的也无外乎“强兵富国”，此与洋务运动何其相似乃尔，而此时历史已走过了半个世纪。

自从有了阎锡山，民国山西才成为一个真正意义上的区域社会。在中央政权分崩离析、地方势力四分五裂的混乱民国，阎锡山却在娘子关内自行一套治晋治民，大小军阀无法做到的阎锡山做到了，这就是一个时代和一个人物的历史辩证。抗战后期，《新民报》总编赵超构访问山西，所见所闻感慨良多：

> 山西现在正试验一套新政策，这些政策对于现社会的变动颇大。假如没有阎先生的地位，假如没有他在山西一贯领导的历史，这些办法在任何地方都将归于泡影。但是山西居然顺利实施了，这不是制度问题，老实说，还是“阎锡山”三个字的力量居多。[1]

这就是历史，我们应当面对这段历史。

抗日战争进入相持阶段后，阎锡山由联共抗日向防共妥协

---

〔1〕 赵超构：《延安一月·山西新姿》，《民国丛书》第五编，南京新民报馆1946年，第33页。

转向，向历史潮流的反向一步步滑动，直到太原城被攻破结束其在山西的38年统治。1940年代初，在阎锡山困守晋西一隅之时，中国共产党人却把山西当做抗日的前哨。八路军120师、129师、115师先后挺进敌后，在太行、吕梁的崇山峻岭里建立了晋绥、晋察冀、晋冀鲁豫抗日根据地。山西抗日根据地不仅成为陕甘宁边区东部的牢固屏障，而且成为连接各地抗日根据地的桥梁和纽带。中共中央华北抗战的指挥中枢始终转战于三晋大地，山西成为华北抗战的脊梁和持久抗战最坚强的堡垒。抗日的烽火与全国解放的号角相连，山西人民英勇献身支持革命的牺牲精神感天动地。在民族战争和人民战争的殊死搏斗中，山西人民积聚了最大的人力、物力、财力全力支援战争，直到迎来中国革命的最后胜利。

四 历史的延续及其启示

世事别来一番新。1949年中华人民共和国成立后，山西历史也进入了一个崭新的阶段。六十年一甲子，旧貌换新颜。六十年一甲子，历史仍在延续。

新中国成立伊始，建设成为工作重点，农业社会主义改造和建设优先而起、先鞭而行。1950年召开的全国战斗英雄代表会议和全国工农兵劳动模范代表会议上，早在根据地时代就已闻名的平顺县西沟村劳动模范李顺达激动地受到开国领袖毛泽东的接见。毛主席对李顺达讲道："中国山区地方很多，你们山西就有太行山、吕梁山。你住在山区，要好好建设山区，绿化山区，把穷山沟建成社会主义新农村。"[1]山西山多田少，这是大自然的禀

---

[1] 李福娥：《毛主席三次接见我父李顺达》，《党史文汇》1998年第8期。

赋，也是“地利”之限，恰是在七沟八梁一面坡的自然环境状态下，艰苦奋斗的精神成就了山西农业的发展，敢为人先的劲头造就了一代劳动模范。从根据地时代李顺达的互助组，到解放初期山西率先在全国试办初级农业生产合作社，从“模范党支部书记”陈永贵到全国农业学大寨，从西沟、大寨到杨谈、大泉山，山西可谓模范辈出，一路领先。艰苦奋斗的精神与太行精神一脉相承，它在技术进步物质相对丰富的当今社会尤为珍贵，也应该是我们建设新农村的宝贵历史财富。

建国六十年来，山西在国民经济的总体框架中一直被定位为重工业基地。重工业基地、能源基地、能源重化工基地、新型能源产业基地，定位随着时代而变化，不变的还是山西的煤炭资源。像任何自然资源一样，煤炭的价值和开发利用也经历了一个发现认识的历史过程。古代社会对煤炭只是一种简单的利用，民用烧火做饭大概是它最大的功能。山西煤炭大量发现和开发是伴随着西方资本主义势力的侵入而来的，代表先进生产力的西方侵略者首先发现了山西煤炭这个富矿，代表正义的山西人却天生地拥有它的所有权，由此而引发的争端注定是一场带有掠夺和血腥的搏斗。从19世纪后期李希霍芬等外人到山西进行地质调查大为惊讶的发现，到上个世纪之交山西各界人士以蹈海、请愿、集股的方式发动收回矿权运动，再到阎锡山时代的晋矿归公和晋矿官办，外人、民人、官方对煤炭资源的争夺愈演愈烈，煤炭的经济政治社会价值在山西愈来愈高。建国以后，尤其是1980年代以来，随着社会经济的迅速发展，煤炭不仅成为山西的支柱产业，而且在全省乃至全国经济发展中的分量越来越重。统计显示，1949年到2008年间，山西累计生产煤炭占全国总量的23%，累计出省外运煤炭占同期国内省际煤炭交易量的70%以上。黑色的煤炭不仅支撑着经济的发展，而且在关键时刻起到了缓解社会政治危机的作用，2008年冬春南方地区雨雪冰冻灾害之时，举国上下再一次将期待的目光移注山西，期待着山西，期待着煤炭，期待着电。

社会经济的发展与自然资源的消耗呈正比例，未来一个相当长的历史阶段中，煤炭注定还是重要的能源。三晋大地上丰富的煤炭储量，是大自然赋予三晋人民的巨大财富，也是三晋人民的命脉所在，如何在世界经济一体化快速发展瞬息万变的当今社会，合理地兴利除弊，可持续地而不是短视地开发利用煤炭资源，是摆在三晋人民面前的一道历史难题，也是一道未来必须回答的难题。

山西之长在于煤，山西之短在于水。借用经济学上的“木桶原理”来说，煤之于山西就是那个木桶的长板，而水却是那个短板，这个木桶最大的容量不取决于长板，而恰恰取决于那个短板，短板是一个限制因素，一定程度上也是一个决定因素。其实，历史时期山西并不太缺水，许多地区甚至是雨量充沛水草丰茂。境内最大的河流汾河水量甚大，汉武帝坐楼船泛舟而行，唐王朝利用汾河水输送山西粮食以实关中，宋太宗引汾水灌晋阳城，都是历史上三晋大地上发生过的事情。明清以降，随着人口数量的不断增长，垦荒增田不断扩大，森林植被不断摧残，汾河的水量也在不断减少。新中国建立以后，汾河的水量虽然比历史时期已大量减少，但仍有“汾河流水哗啦啦”的景象可见。1980年代以来，随着经济发展和城市化步伐的加快，汾河沿岸生产生活用水急剧加大，特别是大批化工、水泥、焦化、造纸、冶金等企业的上马，不仅使汾河流量迅速减少甚至常年断流，而且增加了河水污染的严重问题。氰化物、硫化物、氟化物、氨、氮、酚等人们还分不清子丑寅卯的现代污染物，已经严重地影响着工农业生产，甚至影响到人们的健康。

水是生命之源，也是生活之源，在一个社会经济和人民生活日益快速增长的时代，在山西这样严重缺水的内陆省份，水资源短缺与社会发展的矛盾仍是一个短期内难以彻底解决的问题，如何进一步合理地开发和利用有限的水资源是我们需要面对的严峻问题。“煤与水是山西社会发展的两大巨轮，不能只顾挖煤，忽略治水。只有煤和水两大巨轮取长补短，才能加速发展，协调发展。”[1]我想，这也是山西科学发展、可持续发展的题中应有之义。

毛泽东曾经讲过，世间一切事物中，人是最可宝贵的。同样，资源在社会发展过程中也是最可宝贵的。历史不仅是人与社会的历史，还有人与自然的历史。在历史变迁的长河中，政权、制度、军事、战争、外交、交通等等都在新陈代谢的过程中快速嬗递演进，相对不变或者缓慢变迁的是大自然赋予的天然资源。现代社会，资源的合理开发利用对人类社会的发展至关重要，同样对山西社会的发展至关重要。

兴废由人事，山川空地形。曾几何时，山西以其表里河山，地形“最为完固”的地理优势，成就了晋国霸业，演绎了民族融合，见证了分裂割据，甚至阎锡山也利用这种“地利”做出了一番事业。然而，山中方十日，世上已千年，在一日千里飞速前进的现代社会，地理环境的优势也可瞬即转化为劣势，古代与现代毕竟不可同日而语。封闭被开放取代，守旧为革新让路，这是历史的潮流，也是时代的潮流。

我们尽可以从多种角度去解释“山西何以失去曾经的重要地位”，我们也可以为曾经的重要地位发一点幽思，但我们必须面对历史、面对现实。

---

〔1〕 行龙：《汾河清　山西盛》，《山西日报》2008 年 5 月 20 日。

从“治水社会”到“水利社会”

近读王铭铭先生《“水利社会”的类型》一文，[1]即有“有话要说”的感觉。

提起“治水社会”，自然会与那位出生德国、继入美籍的犹太人魏特夫联系在一起，而魏特夫总是与“东方专制主义”联系在一起。这样一个三点一串的人和理论影响西方包括日本汉学界半个多世纪，至今余音犹绕。魏氏早年先后在德国莱比锡、柏林、法兰克福等大学攻读中国学和社会经济史，获得经济学博士学位。1935 至 1937 年曾来中国，搜集有关社会经济和历史资料，1937 年 2 月国内有名的《食货》半月刊曾全文译载其《中国经济史的基础和阶段》。1939 年魏特夫入美国籍，又先后在哥伦比亚大学、华盛顿大学任教。魏氏 1924 年开始发表有关中国问题的论著，尤其是 1957 年出版的《东方专制主义——对于集权力量的比较研究》（以下简称《东方专制主义》）一书，更使魏氏名声大振，声誉日隆。西方学界认为，魏特夫的理论“对于了解人类社会是一个重大贡献”；或认为该书“是所有研究人类社会的严肃学者的一本必读书籍”；甚至有人将《东方专制主义》与马克思的《资本论》和韦伯的《经济与社会》相提并论，认为“确高于马克思和韦伯”（《东方专制主义》中译本出版说明）。日本

〔1〕 王铭铭：《“水利社会”的类型》，《读书》2004 年第 11 期。

学界对中国水利史的研究起步较早，其薪火相传、成果迭现更为汉学界称道。综观日本有关中国水利史的研究，最早即是围绕魏特夫的东方专制主义而展开，以此衍生扩展的有关明清水利共同体的论争至今仍难说是烟消云散。当然，反面的意见也是有的，英国著名汉学家李约瑟在魏著出版两年后，即 1959 年，在其《科学与社会》中就结合中国历史的实际来说明魏特夫的“失实”和“偏见”，李约瑟评论道：“不幸的是，我们现在手头所有的是一本后人只能与‘冷战’时期具体情况相联系才能理解的政治读物，而不是一种成熟的、经过深思熟虑的学术著作。”〔1〕

如果说，魏特夫及其东方专制主义理论在西方和日本得到高度评价，那么，在前苏联和中国则是另外一番遭遇。按照魏特夫的说法，早在 1929 年，魏氏《地缘政治学，地理唯物主义和马克思主义》在俄文版《在马克思主义的旗帜下》杂志发表，编者即表示不同意作者的某些看法。次年，该杂志拒绝发表魏氏进一步分析亚细亚社会自然基础的文章的续篇。魏氏的另一部著作《中国的经济和社会》曾被译成俄文，打印稿在许多俄国专家中传阅，他们被要求写一篇批判性的序言。但是“这样一篇序言始终没有写出来，俄译本也始终未曾发表”（1957 年导论，见《东方专制主义》）。当然，后来的《东方专制主义》自然更不会有俄文版。应该说，《东方专制主义》出版后，在中国也引起了一定反响。早在 60 年代初期，徐式谷、奚瑞森等人即根据耶鲁大学出版社第三版英文本翻译成中文，但“由于种种原因，一直未能出版”。更多的中国读者了解和研究《东方专制主义》是邹如山根据美国文塔奇出版社 1981 年版英文本进行校订的中文本。此中文本 1989 年由中国社会科学出版社出版，此时距本书初版已二十多年。

《东方专制主义》中文版面世后，国内史学界高度重视。主

〔1〕〔英〕李约瑟：《科学与社会》，1959 年第 23 卷。

流的话语是："对于这样明显有反动政治意图的书，如果任其流行，不加批判，那显然是不对的。"但"对任何涉及理论问题和学术问题的批评都应该是实事求是的，都需要花力气认真对待"。"即使像魏特夫，也还是应承认他是一位学者、一位汉学家。他对中国问题是花了工夫的。即使是《东方专制主义》这样有明显反动政治意图的书，它的整体倾向和基本结论都是错误的和反动的，但也不排斥在个别的地方有合理的成分或值得引起注意之点。"据载，自1990年开始，有关方面就组织文章，并陆续在一些书刊上发表。其间于1990年和1994年分别在北京和上海举行过两次专题讨论会，"主要集中于从理论上和学术上"对魏氏著作进行批判。于是有了季祖德、陈启能共同编辑，1997年中国社会科学出版社出版的《评魏特夫的〈东方专制主义〉》一书，集国内学者十九人、多学科专家撰写的集体著述。

魏特夫《东方专制主义》的核心观点是：东西方社会是两个完全不同的社会形态，东方社会的形成和发展与治水是分不开的。由于大规模修建水利工程和有效地管理这些工程的需要，必须建立一个遍及全国至少是遍及全国人口中心的组织，"因此，控制这一组织的人总是巧妙地准备行使最高统治权力"，于是便产生了专制君主，东方专制主义。"治水社会"又可以划分为核心地区、边缘地区和次边缘地区，而中国正是这样一个"核心地区"，"治水社会"的一切本质特征在中国便得到集中而充分的体现。应该引起人们充分注意的是，魏特夫早年曾经是一位德国共产党员和第三国际的工作人员，上世纪30年代中期，他与共产主义运动"分道扬镳"，学术的研究便唤来了明显的政治意图。读一下魏氏1957年该书初版时所写导论的最后那段话，至今仍令人毛骨悚然：

赤手空拳不能进行战斗。在危机的时候，任何理论上的真空犹如权力上的真空一样，招致灾难。当我们自己方面拥有无穷的强大潜力时，没有理由听任敌人为所欲为。没有任何理由听任极权主义的战略家们在理当属于我们的地盘上，炫耀他们制造的教条。也没有理由听任他们因我们不参加而取得思想战线上的胜利。[1]

有意思的是，随着斯大林时代的结束，前苏联有关《东方专制主义》及“亚细亚生产方式”的争论已成历史。90年代国内学术界集中批判魏特夫及其“治水社会”和“东方专制主义”，如今对“亚细亚生产方式”的争论已声势不再。一切都在远去，一切都似乎没有结束，也没有结果。学术和政治的关系在这个问题上又一次促使我们去深思。

撇开魏特夫的“治水社会”，我们来谈谈中国的水利史研究。应该说，中国的水利史研究犹如中国的长江黄河一样源远流长。“上善若水，水善利万物而不争”，古人对水总是给予最美好的期待甚至是顶礼膜拜，“大禹治水”、“水母娘娘”及各地不同版本林林总总的类似神话般的传说在民间可谓妇孺皆知。在二十四史中，自《史记》立《河渠书》以降，《河渠志》、《沟洫志》、《食货志》乃至《五行志》成为记载有关水及水利事业的固定话语文本。郦道元的《水经注》以及后来的《行水金鉴》、《续行水金鉴》则是专门记录水利、治水、水利工程和水利事业的专书，且不说大量一统志、省志、府志、县志及各种地理书中的水利记载。近人对中国水利史的研究也有两种颇有价值的著述：上世纪30年代，商务印书馆出版的一套四十本涉及学科甚广的丛书中，就有一本郑肇经的《中国水利史》（1939），该书分黄河、扬子江、淮河、永定河、运河、灌溉、

〔1〕〔美〕魏特夫：《东方专制主义》，“1957年导论”，中国社会科学出版社1989年。

海塘、水利职官八章，叙述自古以迄民国时代的水利事业，并附简图及统计表，是为第一本中国水利史论著。几乎与此同时，乡贤冀朝鼎在美国用英文写成了《中国历史上的基本经济区与水利事业的发展》（中译本中国社会科学出版社 1981 年），“试图通过对隐藏于地方志、中文‘水利’专著以及正史中大量未被接触过的原始资料的分析研究，去探索中国历史上灌溉与防洪的发展”，提出了中国历史上“基本经济区”这一重要概念。著名的中国科学史家、剑桥大学李约瑟教授的巨著《中国的科学与文明》第四卷第二节专论“水利工程”（柯林、罗南简编本已由上海人民出版社出版，2003 年），对水利技术层面的河道控制、建设和维护，水力提升机械和利用水力作动力源做出了精深的研究，而李约瑟自称如果没有郑氏和冀氏的著作作为“指导”，要想写出“水利工程那一部分内容是不可能的”。新中国成立以后，水利史的研究基本处于停滞状态，期间虽对清代故宫档案，包括水旱、防洪、航运、灌溉等资料进行过整理，但主要停留在整编阶段。近十几年来，以中国水利水电科学研究院水利史研究室为龙头单位的中国水利史研究又取得了新的进展。1987 年，姚汉源先生的《中国水利史纲要》由水利电力出版社出版，该书提纲挈领地论述自三代以迄民国历代兴修水利的史实，并对水利史研究的意义、某些发展规律及分期提出看法，但“本书比较注意工程之兴废，……稍及政治经济与水利之互相制约，互相影响，为社会发展的一部分，但远远不够，不能成为从经济发展看的水利史，仅能为关心这一问题的专家提供资料而已”（作者自序）。与姚汉源先生为代表的水利史研究相呼应的另一端是中国水利史资料的进一步发掘整理。继康熙《行水金鉴》、道光《续行水金鉴》后，《再续行水金鉴》最近问世，水利专家周魁一介绍说，该书汇集了黄河、淮河、长江、永定河等流域及运河的水道变迁、水利工程与水政管理的情况，第一次将上古到嘉庆末年上述水系的源流、分合、沿革、水情、治理等情况系统地予以记录，并胪陈利害得失，轻重缓急，填补了治河档案和文献的空白（《光明日报》2004 年 12 月 16 日）。不无遗憾的是，水利史的研究虽然取得了相当的成就，但主要成果或主流话语仍限于少数水利史专家。水利史研究依然没有脱出以水利工程和技术为主的“治水”框架，姚汉源先生期望的那样一种将水利作为社会发展的一部分，从政治、经济、社会等多角度探讨水利及其互动关系的研究局面仍然没有显现。

其实，姚汉源先生期望的就是铭铭兄提及的“水利社会”。从“治水社会”转换到“水利社会”，进入我们视野的是一片广阔无垠的学术领域。

水利社会就是“以水利为中心延伸出来的区域性社会关系体系”。中国幅员辽阔，既有干旱困扰的缺水区，又有洪涝肆虐的丰水区（王文误为“风水区”，当为笔误）。大江南北，朝野上下，古往今来，纵横千年，如何合理配置和利用水资源；如何“治水”，如何抗旱；如何泄洪，如何节水；都是挥之不去难以解决的持续性问题。在努力解决这些问题的过程中，国家层面上不同派别有过争论，封建时代与当今社会有所不同；社会层面上从地方官府宗族士绅恶霸的仗势攫夺，到普通民众的所谓“滴水如油”、“洪水猛兽”，甚而为争水防洪械斗惨死；技术层面上从手摇罐提到机械抽取，从堵堰截流到水库大坝；中国人为水可谓励精图治竭尽全力。如果我们把以水利为中心的区域性社会关系再扩展开来，它与区域社会政治、经济、军事、文化、法律、宗教、社会生活、社会习俗、社会惯习等等都有直接或间接的关联。笔者生于斯、长于斯的黄土高原山西，大概可以算做是“缺水区”。一部山西社会发展史，哪个历史时期不是与水纠缠在一起？中国古代最有名的传说之一“大禹治水”就是以山西为中心，临汾尧庙至今仍有据说是“天下第一井”的遗迹。春秋战国时代，境内最大的水利工程晋水渠系已经形成。公元前453年，晋世卿智伯引晋水以灌晋阳城，韩赵魏媾和反攻智氏，三家分晋——战国纷争的局面由此拉开了序幕。宋初，赵光义为取晋阳又一次上演智伯旧剧，古晋阳城失而新太原城出，政治中心由河西漂移到河东。与古晋阳城南北相应的蒲州城（今永济县蒲州旧城）地处黄河干流东岸，汉唐以来一直因与咸阳、长安一河之隔而繁盛于世，黄河的摇摆不定带来了“三十年河东，三十年河西”的谚语。唐宋以来，为保护州城和蒲津浮桥打河桩、筑石堰、填土石、修石堤，谁能计算出耗费了多少劳力和财宝！物换星移，城南著名的鹳雀楼不见踪影，黄河铁牛近千年后成为锈迹斑斑的“出土文物”。光绪《山西通志》载，开挖护城河、修筑护城堤防类似的工程分布在省内十六府州四十个县城。这就是“缺水区”的防洪工程。

当然，对于黄土高原上的山西而言，缺水肯定是社会生活的主要问题。正因为缺水，历代所建中小型引水溉田工程并不比丰水区见少。冀朝鼎在统计比较各省的情况后谈到，明清两代，“纵观中国本土十八个省的全部地方志，山西似乎是私人水利工程繁多的一个省。这也许是因为该省在最近五六百年中商业高度发展的结果”（冀朝鼎《中国历史上的基本经济区与水利事业的发展》，第42页）。我看，与其说商人赚足了钱财来兴修水利，倒不如说是缺水的环境迫使人们引水灌田以饱肚腹。明清以来在三晋大地上因争夺水的所有权和使用权而上演的一幕幕“水案”悲剧就是这一缺水区水资源匮乏的集中表现。从现有文献看，“水案”几乎遍及全省南北各地。境内主要河流如汾河、潇河、文峪河、阳武河、桑干河、滹沱河等流域都发生了程度不同的各类水案。水案中涉及争水双方的范围相当复杂而广泛，所谓“晋省以水起衅，诣讼凶殴者案不胜书”，“小者关乎数村，大者联于异县，使灌稍不均或有背其习惯以自利者，则千百之众群起以相争。同渠者，村与村争，异渠者，渠与渠争。联袂禳臂，数十百人相率而叫嚣于公庭者，踵相接焉”。[1]讲的都是实情。其实，大大小小的水案背后还蕴藏着十分丰富的区域社会生活史内容。水案的频发，不仅反映出区域内人口与水资源之间的紧张关系，而且反映出区域间国家与社会，官府与绅民，绅士、商人、宗教、家族、恶霸等势力与一般用水民众，乃至于此民众与彼民众之间的复杂互动关系。山西南北各地普遍流传的“三七分水”、“跳油锅捞铜钱”以及方式各异的祈雨、储水、用水习惯，都与缺水、惜水、争水有关。不仅如此，水案前后，往往伴随着祭祀、发动、兴工、罚款、罚工、罚戏、请宴等名目繁多的精神和物质活动，耗费大量人力、财力和物力。一旦水案发生，昔日“鸡犬之声相闻”的普通乡民立即成为“避道而行，不共戴天”的仇敌。官府在每次水案发生后，总是强调若不从严惩办、永杜争端，后果何堪设想，反映的正是水案背后潜伏的巨大社会动荡。

如果说“水案”反映的是山西地区“丰水区”的情况，那么，在那些严重缺水，甚至是无水的地方就是“视水如命”。在山西除河谷地带外的大部分山区和丘陵区，人畜吃水历来是难以解决的问题，遑论引水灌田。笔者故乡地处晋西南峨眉山区，记得小时候本村千数人口只有七口水井，每口都在百米深以上，汲水用的井绳一个农村壮汉竟难以挪起。吃水是按户依次轮流，由成年人不分昼夜地手拖臂摇，将一桶桶摇起又一桶桶倒入各户的水缸。稍遇干旱，水井干涸，壮劳力就得从数百米深的沟里深井中汲水挑回，没有壮劳力的家户，也就只好俩人抬上一桶水。更壮观的场面是干旱季节全村老太太头戴柳条手提水罐成群结队呼朋唤友地去沟里祈雨，那真是叫“男女老少齐上阵”。牲畜饮水、洗衣用水一般在共用的池塘（晋南俗称泊池），雨季洪水夹杂淤

〔1〕孙奂仑:《洪洞县水利志补》，山西人民出版社 1992 年。

泥粪土汇流池塘，一年四季牲畜饮用、女人洗衣、小孩游泳全赖于此。“宁叫吃个馍，不叫喝口水”，这句流行的谚语就是晋南地区民众缺水惜水生活的写照。

至此，也想对那个“从前认为华北地区缺乏水利资料”的“误会”啰唆几句。以笔者有限的知识，这样的“误会”其实根本就不应存在，愈是惜水如油的地区，愈会形成细致严密的用水惯习；愈是有细致严密的用水惯习，愈有可能保存更多的碑刻渠册等资料。我并不敢肯定像山西这样的华北缺水区就比江浙那样的丰水区水利资料相对丰富，但山西有大量丰富的水利资料却是不争的事实，而且这个事实并不是后来才形成的。即以蓝克利等中、法学者合作的《陕山地区水资源与民间社会调查资料集》第三集《洪洞介休水利碑刻辑录》之洪洞为例，该书仅录水神庙霍泉水利碑刻三十五种，就“洪洞水利碑刻”而言实在是太有限了。我们知道，水神庙地处霍山脚下，霍山脚下有终年不涸，水量甚大的霍泉。此地以广胜寺闻名，广胜寺又分上寺和下寺两部分，水神庙实属下寺的一部分。元代建“明应王殿”供奉霍泉水神，水神庙因此得名。除水神庙外廊庑中保存的水利碑刻外，上寺也有一些有关霍泉水利的碑刻。更为重要的是，霍泉流域广阔，波及洪洞、赵城，临汾三县数百村，大小渠道数十条，历来争水成讼，不胜枚举。几乎每一个村庄都有不同时期的渠册和碑刻，而这些散失在民间的宝贵资料，需要我们“走向田野与社会”去发掘，去搜集。山西大学中国社会史研究中心近年来就在此地搜集到大量这样的资料，仅以碑刻而言，除上举蓝氏资料辑所收的以外，我们至今搜集到的还有四十通以上，相信随着田野工作的进一步展开，这种资料还会陆续出现。

“水利社会史”探源

——兼论以水为中心的山西社会

2004年盛夏，山西大学中国社会史研究中心与中国人民大学清史研究所在太原联合主办“区域社会史比较研究”学术讨论会，“水利社会”的相关论文成为会议的一个焦点。会后，王铭铭先生和我分别在《读书》发表了题为《“水利社会”的类型》和《从“治水社会”到“水利社会”》的文章，其目的都在于倡导“水利社会史”的研究。应该说，水利社会史研究已经受到学界关注，水利史、经济史、地理学、人类学、民俗学、历史学等学科的专家学者都对此表现出浓厚的兴趣，而且已有很好的成果问世。可谓方兴未艾，生机勃勃。

在这样一种学术背景下，我在反思近年来开展的以水为中心的山西区域社会史的研究路径的同时，欲对“水利社会史”的源头进行一点探讨。本文试图通过梳理该专题的学术发展脉络，检讨我们自己的研究实践，以期进一步把握方向，推动研究。

一　“治水社会”与“水利共同体”

有关水利史的“学术谱系”，时下大多谈到美国学者魏特夫的“水利国家”，“治水专制主义”和日本学界的“水利共同体论”。[1]中国水利史研究，也是将与魏氏过从甚厚、深受其思想影响的美籍华人学者冀朝鼎有关“水利与基本经济区”关系的论述视作起点。[2]从学术史来看，尽管我们难以抹杀魏特夫及其同时代学者之水利学说的重要影响，但其并非水利社会史研究之滥觞。从“治水社会”到“水利社会”是一种研究路径的转换，水利社会史的研究当有其自身的学术脉络。这种溯源式的工作采用由近及远的方法可能较为便利。

近年来，一项由法国远东学院和中方北京师范大学民俗典籍文字研究中心的15位历史学、人类学、民俗学、地理学、考古学、水利学和金石文字等学科的学者共同完成的国际合作项目“华北水资源与社会组织”在中外学界引起极大反响。从1998年至2002年历时四年，完成了《陕山地区水资源与民间社会调查资料集》四部专集，涉及陕西关中东部和山西西南部的灌溉农业区和旱作农业区共计六个县份。这套资料集于2003年起已由中华书局先后出版。

在我看来，这套资料集至少在三个方面值得称道：一是较好的切入点和问题意识。该书总序称这一研究的目标“是由县以下的乡村水资源利用活动切入，并将之放在一定的历史、地理和社会环境中考察，了解广大村民的用水观念、分配和共用水资源的群体行为、村社水利组织和民间公益事业等，在此基础上，研究华北基层社会史”[3]。这一定位与时下国内社会史学界正在进行的水利社会史研究意图颇为契合，具有借鉴价值。二是比较娴熟地

---

〔1〕 有关水利共同体的论文，日本《历史学研究》杂志自1956年起至1970年代间发表多篇论战性的论文，可参阅森田明：《清代水利史研究》，亚纪书房1974年，第4—9页。

〔2〕 冀朝鼎著，朱诗鳌译：《中国历史上的基本经济区与水利事业的发展》，中国社会科学出版社1981年。

〔3〕 董晓萍、〔法〕蓝克利：《不灌而治——山西四社五村水利文献与民俗》，中华书局2003年，总序第1页。

运用了民俗学、人类学的田野调查法，观察细微，调查全面。尤其在《不灌而治》一书中，还增加了田野调查报告，保存了珍贵的口述文本，便于解读看似孤立的民间历史文献，具有示范性和方法论意义。三是抢救和整理了大量未公开的民间水利碑刻和文献资料，扭转了学界一般所认为的华北地区缺乏水资料、水利系统不够发达的“偏见”。

这一特点也同样得到了以研究中国水利史见长的日本学界的高度重视。据笔者了解，研究中国水利史成就斐然的日本学者森田明教授、好并隆司教授等，最近已利用该资料集撰写论文多篇，并积极地向日本学术界译介这一最新成果。众所周知，日本的中国水利史研究自“二战”前就已展开，以研究中国农业史著称的天野元之助的系列著作中就曾大量涉及我们今天所关注的中国水利社会史的有关内容。而天野的研究则是建立在其本人亲身参与的华北满铁调查基础上。与天野类似，其他一些满铁调查员也以此为基础，通过探讨水利组织及其特性、水利组织与国家权力、村社组织的关系等，进一步认识中国社会。可以说，“二战”前后日本的水利史研究，很大程度上受到魏特夫东方专制主义学说的影响，当时的讨论基本上围绕亚洲社会“停滞论”展开，其研究也有为日本军国主义服务的色彩。战后日本学界对此进行了反思，抛弃了停滞论，转而深入探讨中国社会自身的特性及其变革的因素。到上世纪60年代，围绕华北水利共同体是否存在的问题展开了著名的论战，参与论战者多为具有满铁调查经历的中国问题专家。这一讨论前后长达十余年，研究者摆出各自所掌握的证据证实或证伪水利共同体的存在。这一时期可以看做日本学者在努力摆脱魏氏学说影响后进行的学术努力，尽管论战结果难分胜负，却极大地推动了日本的中国水利史研究，达到了较高的研究水平，深刻体现出了日本学者的研究特色。时至今日，日本的中国水利史研究从总体上并未超越这一时期的研究水平。

我们不难发现，日本的中国水利史研究是在继承和批判魏特夫治水理论基础上发展而来的，而且受魏氏学说影响较深。日本学界上世纪六七十年代有关水利共同体的讨论，也是受到欧洲史学思潮的影响，因为共同体的提法最早始于德国的社会历史学家滕尼斯。明治前后日本的农村社会因与中世纪欧洲的农村具有相似的特点，因而在本国社会研究中，日本学者也使用并推广了共同体理论，形成了村落共同体的学说。之后，日本学者在对中国村落社会的研究中，也习惯性地使用了村落共同体理论来进行分析和求证，并在中国水利史研究中试图运用共同体理论来解释中国社会变迁。概而言之，日本学界有关中国水利史的研究大致可归类为我们所说的“治水社会”研究。

二　法国与“水利社会史”研究之滥觞

那么，由法国学者蓝克利倡导和组织的这一国际合作项目，究竟遵循的是何种研究路径，其学术渊源到底在哪里？

先从蓝克利发起“华北水资源与社会组织”这一项目的缘由说起。事实上，蓝克利在进行该研究之前已对中国水利史有过精到的研究。1993年，台湾著名环境史专家刘翠溶教授和伊懋可（Mark Elvin）教授共同主办了首届中国生态环境史学术讨论会。在参会的十余位从事中国环境史研究的外国学者中，法国学者蓝克利（Christian Lamouroux）和魏丕信（Pierre-Eti-enne Will）均在其列，二位学者后来均参与了华北水利研究项目。著名环境史学者伊懋可盛赞“魏丕信教授是研究中国帝制后期官僚及其在经济与福利方面之角色的权威。蓝克利博士是一位水利史家和分析地理学家，专精于研究宋代的淮河水利”。在这次会议上，蓝克利发表了“黄淮水系新论与1128年的水患”，魏丕信发表了“清流对浊流：帝制后期陕西省的郑白渠灌溉系统”。尽管蓝文研究的是宋代的黄河水患，魏文探讨的是清代的关中水利，但二人的研究视角、行文风格和最后落脚点却如出一辙，气势非凡。二人均未单纯就水言水，而是将水利及环境问题与历史时期的政治、经济、军事问题有机地融合在一起进行综合考量。蓝克利在结论中明确提出“我自己的意图在于指出政治史和财政史是怎样完全得以确定可以影响环境的选择”；魏丕信则针对帝制后期陕西历届官员试图恢复郑白渠灌溉系统的努力屡屡失败的现象，敏锐地指出“那是因为几世纪以来（官员们）尝试驾驭不再能够‘自然地’为农业服务的资源，已使环境、技术、经济、社会和政治因素的全面结合在郑白渠的等式中失去了平衡”。这种整体史的视角，紧密结合时间与空间尺度，将人的思想与行为置放于政治、经济、军事、社会诸问题背景下进行综合考察的学术风格，明显具有年鉴学派的影子。可谓蓝克利和魏丕信等法国学者水利史研究中的一个重要学术路径。

事实上，对区域专题包括水利问题的研究是法国人文地理学的一个传统。法国人文地理学在近代地理学肇兴阶段发挥了重要作用，该国地理学主要是按照维达尔·德·拉·布拉什（P. Vidal de la Blache，1845—1918）的思想发展下来的。作为法国近代地理学研究的先驱者，维达尔著有《人文地理学原理》（1922）一书。在该书中，他针对18世纪以来地理学界流行的地理环境决定论提出了不同看法，认为自然为人类的居住规定了界限，并提供了可能性，但是人们对这些条件的适应，则由于自己的传统生活方式而有所不同，进而形成了人地关系研究上的维达尔学派。不仅如此，在研究地理学的三十多年中，维达尔还坚持地理学研究应该集中在个别区域上的观点，“这些区域要小和容易进得去到这样的程度：人们能够在野外、群众中间和档案馆的书架旁进行彻底的研究。只有这样，才能对地球上的土地和居民归纳出准确有据的概括”。在这一思想指导下，他鼓励并督促学生撰写了一批“区域专题论文”，从而使小区域研究成为法国地理学的一大特色。其中，让·布吕纳以其在西班牙旅行考察的经历，完成《水利灌溉：伊比利亚半岛和北非的地理条件、方式和组织》一文，并于1902年发表。该文与1902年德·马东男关于瓦拉奇亚的研究，1905年阿·德芒戎关于皮卡迪的研究和1906年拉乌尔·布朗夏尔关于佛兰德的研究构成了维达尔区域地理学思想的第一批研究成果。

此后在两次世界大战期间，又涌现出许多学术性区域专论，其中很多涉及水利问题：如D. 福歇的《罗纳河中游的平原和盆地》(1927)，德方丹的《加龙河中游各地的居民及其劳动状况》(1932)，罗歇·迪翁的《卢瓦尔河流域》(1933)，皮埃尔·乔治的《罗纳河下游区域》(1938)等等。在此，我们仅以罗歇·迪翁的《卢瓦尔河流域》为例来说明法国人文地理学的这一传统。该书共三册，第一册研究卢瓦尔河谷的自然特征、面积、气候、地形和河流，特别是河流平原和水文变化的特殊性质。第二册研究人类改造河流平原及其与变化无常的洪水作斗争的历史，因而对从中世纪以来的几个世纪中建设的控制河水的堤坝作了重点介绍。第三册通过古代农村传统、19世纪的农业革命和今天的农业类型——特别是葡萄在经济中的作用等方面的证明，来研究河谷地区的农村生活和组织。这一风格显然与蓝克利和魏丕信二人的研究具有很多相似特征，反映了一种学术传承和辐射关系。可见，作为区域专题的“水利”问题，自布吕纳开始就有极高的学术起点，并有着丰富的学术积淀，形成了成熟的研究风格。这一风格对后来从事汉学和中国史研究的法国历史学家产生了重要影响。

法国的年鉴学派与该国的人文地理学之间原本就有极深的渊源。法国史学界非常善于从本国地理学中汲取理论养分，并受到了具有鲜明特色的法国地理学的影响。熟悉年鉴派史学的人都知道，年鉴学派的三代人物及其著作中，自始至终均贯穿着区域研究的特点。吕西安·费弗尔多次倡导人文地理学与历史学之间的结合。1922年，应法国新史学的先驱贝尔之邀，他撰写出版了《大地和人类演进：历史学的地理引论》，该书成为沟通历史学与地理学的桥梁。布洛赫在《朗格多克地区的农民》一书中，则以大量篇幅叙述当地的自然环境。年鉴学派第三代领军人物勒高夫提道："年鉴学派从其他学科受益良多，其他社会科学，首先是指地理学。"[1]他承认法国的地理学对"年鉴学派的领袖人物吕西安·费弗尔、马克·布洛赫和费尔南·布罗代尔有过很大影响"。[2]由此可见，法国历史学者蓝克利和魏丕信所从事的中国区域水利史研究，乃是法国人文地理学传统和年鉴派史学传统共同作用的结果，水利社会史的学术源流至少可以追溯到19世纪末20世纪初的法国人文地理学，其研究路径即滥觞于法国近代地理学创始人让·布吕纳对伊比利亚半岛和北非水利灌溉问题的研究。

三 山西与中国的"水利社会史"研究

在此基础上，让我们再来回眸国内目前的水利社会史研究。应当说，国内的水利社会史研究一开始主要是受到社会史兴起和繁荣的影响，尤其是受到20世纪90年代中期以来"从社会史到区域社会史"这一重大转变的影响。[3]近些年来，笔者呼吁"从

〔1〕〔法〕雅克·勒高夫：《〈年鉴〉运动及西方史学的回归》，《史学理论研究》1999年第1期。

〔2〕〔法〕雅克·勒高夫等主编，姚蒙译：《新史学》，上海译文出版社1989年，第3页。

〔3〕 乔志强、行龙：《从社会史到区域社会史》，《山西大学学报》1998年第3期。

社会史角度开展中国人口资源环境史”研究，[1]我们在实践中率先开展的就是以山西各地水资源开发利用为中心的区域社会史研究。这一研究工作开始于1999年，几乎与蓝克利等人对山陕水资源的研究项目同步。可惜的是，双方当时并未就此进行过任何接触，而是处于“各自为战”的境地。在今天看来，也许正是这一遗憾，使我们能够从本土经验事实出发，通过开展一系列的田野考察和实证研究，试图摸索出一种从区域社会史角度出发开展以水为中心的山西社会研究的路径。

从资源时空分布的角度而言，山西有两大特征：

一是水少，二是煤多。在前近代社会生产力条件和社会经济结构中，水资源的稀缺足以影响到区域社会的政治、经济、文化各个方面，是一个相当关键的制约因素。为此，以水为中心，勾连起土地、森林、植被、气候等自然要素及其变化，进而考察由此形成的区域社会经济、文化、社会生活、社会变迁的方方面面，理应成为解释山西区域社会发展变迁的一条学术路径。这也是我主张从社会史角度开展中国人口资源环境史研究的主要动因。目前，我们有关山西水利社会史的研究主要从以下四个方面展开。

首先是对水资源的时空分布特征及其变化进行全面分析，并以此作为划分类型和时段的基本依据。

水资源类型不同，其开发利用的模式、对应的社会组织、经济发展水平、文化发达程度也会有所不同。为此，我们从类型学角度出发，将河流、泉水、山洪、湖水四种水源形态对应的区域社会初步称做为“流域社会”“泉域社会”“洪灌社会”“湖域社会”，试图以此作为分析工具，进一步开展“水利社会”史研究。

---

〔1〕 行龙：《要重视从社会史角度研究中国人口资源环境史》，《光明日报》2001年12月4日。

在山西，引泉、引河、引洪灌溉三种类型比较普遍，而自宋金至明代期间，晋中地区的围湖造田和湖水灌溉也较普遍。这四种类型基本上可以涵盖中国水利开发的主要类型，因此，就其中任何一种类型开展历时性研究或就共时条件下不同类型的差异性进行比照研究，对于理解区域社会特征及其变迁无疑具有重要作用[1]。目前，我们已分别就山西泉域社会（晋水流域、霍水流域等）、洪洞水利社会的发展变迁做了一些研究。[2]

确定区域社会人口资源环境关系发生重大变化的时间节点，即历史的分期问题也是区域社会史研究中需要特别重视的问题。结合山西的历史和相关研究成果，我们认为：明清时期尤其是明中叶以来是山西区域社会发展中的一个重要分水岭。[3]山西水资源的开发利用在唐宋时代即已达到传统生产力条件下的最高规模，明中叶以来已无法恢复到历史时期的最大效益，人口资源环境的压力却在明中叶以后越来越大。

第二，是对以水为中心形成的社会经济产业的研究。

对北方干旱半干旱地区而言，水资源的丰歉程度以至水利的有无，不仅关系民生，也关系到社会经济乃至区域社会的整体发展水平。自古以来，人类为了生存与发展，逐水而居，凿泉挖井，修渠引河，解决人畜吃水和用水困难成为必须面对的问题。围绕水资源的开发利用，形成了具有明显区域特征的水利型经济。就山西而言，在水资源丰富的诸大河和泉域，水稻种植、水田灌溉、水产养殖、水磨业、造纸业、制香业、制瓷业的发展就

---

〔1〕 张俊峰：《明清时期介休水案与泉域社会分析》，《中国社会经济史研究》2006年第1期。

〔2〕 张俊峰、行龙：《公共秩序的形成与变迁：对唐宋以来山西泉域社会的历史考察》，陕西师范大学西北历史环境与经济社会发展研究中心编：《人类社会经济行为对环境的影响和作用》，三秦出版社2007年。

〔3〕 行龙：《论区域社会史研究的理论与方法——山西明清社会史研究》，《史学理论与方法》2004年第4期。

极具普遍性。而在水资源极度缺乏的地区，也形成了独具特色的合作用水形式和用水观念，推动着传统农业社会的缓慢发展和进步，这也正是我们在研究中需要重点关注的内容。其实，对水在北方中国农业发展中的中心地位，已有多位学者作了出色的分析。早在上世纪二三十年代，日本学者天野元之助、和田保分别以专题论文和论著的形式，从农业技术和自然条件的角度，阐述了水利灌溉对于北部中国的意义。[1]国内学者应廉耕也很早就从技术角度剖析了以水为中心的华北农业的特点，尤其对井灌、泉水灌溉等形式做了详细的探讨。[2]

在此基础上，我们对山西不同水资源特点的区域类型研究中，重点探讨水利型经济的形成、特点、规模和效益；水利型经济产业之间的相互关系；水利型经济对周围地区的辐射和影响力；由于水资源禀赋的变化，水利型经济的衰落和消失等。这些水利条件较好的地方，往往是一个地方经济、文化相对发达的区域，大型集市、庙会和各种物资交流活动较其他区域频繁，是一个地方的中心聚落，发挥了极强的辐射作用。前揭蓝克利等调查的山西四社五村则提供了一个极佳的反面例证。在水资源严重不足的条件下，地方社会围绕吃水、用水问题，形成了不灌溉的水利传统和村社组织，但是“不灌溉村社的水利活动照常活跃，水利系统也十分严密，水利管理的观念也很突出，这些都不亚于灌溉水利乡村。农民以节水为主导水利观念，视节水为供水的基本条件”。“水利管理成为支配性的制度因素，直接影响了当地人与自然界的关系，也影响了当地的社会关系。”[3]由此可见，即使长期奉行不灌溉传统的四社五村，也存在水利经济，只不过是一种

〔1〕〔日〕和田保：《以水为中心看北支那农业》，东京成美堂书店 1942 年。

〔2〕 应廉耕、陈道：《华北之农业：以水为中心的华北农业》，北京大学出版社 1948 年。

〔3〕 董晓萍、〔法〕蓝克利：《不灌而治——山西四社五村水利文献与民俗》，中华书局 2003 年，第 3 页。

极端的用水形式，反映了人对恶劣生存环境的主动适应。不过，从社会变迁的角度而言，由于水资源紧张的制约，四社五村的经济文化水平和社会发展程度长期维持在一个极低的水平，与周围其他地区差别甚大，人口数量较少，村庄规模也不大，且具有极严重的封闭性和落后性。从现在的发展情况看来，这类区域正在受到外部世界的不断干扰，其社会机体内部已经在由慢到快地发生微妙变化，这一变化是朝向瓦解原先长期保持不变的社会关系体系方面的，其动力则来自于那些历来水利发达、社会经济繁盛的地区。这种结构性的区位差异，正是我们在区域社会史研究中需要着力关注的问题。

第三，是以水案为中心，对区域社会的权力结构及其运作、社会组织结构及其运作、制度环境及其功能等问题开展系统研究。

水案是我们在山西水利社会史研究中的一个切入点，它为我们动态地了解区域社会变迁提供了可能。水案的核心内容其实就是对水权的争夺，传统时代水权主要是指水的所有权和使用权，多数水案中争夺的主要是水的使用权而非所有权。山西水案自唐宋时代开始就已出现，但当时只是通过国家权力和地方社会默认的非正式制度来界定合法的水使用权，并由此形成了一套制度安排。加上水量的相对富足，水资源总需求量不高，因此当时对水的争夺只是局部和少量的。自明中叶以来，随着山西水环境的日益恶化，水资源需求量的成倍增长，对水使用权的争夺才变得日益显著。在山西介休、太原晋祠等泉域，还出现了水权买卖的现象，在这种水权交易中，存在的一个严重弊端是“卖地不卖水，卖水不卖地”，其后果是导致水地分离，一些种水地纳水粮的农户长期得不到水，而一些种旱地纳旱粮的农户却能得灌溉之利，出现了严重的不公和紊乱现象，由此导致水利纠纷不断。

再者，传统用水体制下的水资源配置方式，在水资源日益匮乏的条件下，已无法适应现实需求，需要重新进行资源配置，提高资源利用效率。但是，新旧体制的变革并不容易。对于变革现实用水制度所要承担的风险，明清时代的官员都有清醒的认识，由于政府缺乏足够的人力、财力和相应的制度保障，历届官员在水利争端的处理上采取了一种传统主义的行为，即一切“率由旧章”，力图以最小的风险维持稳定的社会秩序和赋税征收。这样，就无法从根本上消除资源紧张压力下的社会冲突，水利纠纷因此难以避免。从地方社会内部而言，在重新界定水使用权的问题上也存在矛盾的方面，维护现有水权分配格局和重新进行水权分配两者之间的斗争从来就没有停息过。从传统延续而来的水权制度和惯习，对社会变迁产生了阻碍作用。只有依靠暴力手段进行的争夺，才能打破这一对峙局面。因此，以水案为中心进行的权力分配、社会组织、制度变迁的研究，对于解释水利社会等历史现象也是最具启迪意义的。

第四，是对以水为中心形成的地域色彩极浓厚的传说、信仰、风俗文化等社会日常生活的研究。

应该说，这种所谓的“水文化”研究，是形成“以水为中心”这一解释体系的外部特征，反映了一种文化安排，与前述三个方面融为一体，成为维护传统时代水权分配格局的内在力量，具有极强的延续性。就水利传说而言，在山西众多泉域，以“跳油锅捞铜钱”和“少妇坐瓮”的传说最为普遍流行，其背后所指向的则是对特定村庄集体水权的认定和表达。通过油锅捞钱方式确定的三七分水格局在最初的水权分配中具有合理性。但是随着水资源的紧缺，用水量的增加，不同行业之间对水的竞争，这种分水局面就有必要打破，否则很难满足现实用水需求，实现资源的高效配置。与之相应，多层次的水神信仰和祭祀活动，同样表达了不同利益群体对水权的合法性占有。比如我们对太原晋水流域的研究中，就发现了这种多层次性：晋祠主神由唐叔虞祠转变为圣母邑姜的过程，就反映了水资源在地方社会重要性的不断提升；代表官方意志的圣母邑姜与代表民间意志的水母娘娘共处同一空间，则反映了在水资源分配和管理上国家与地方社会的分庭抗礼；争水英雄和水母娘娘两种不同形象，则代表了晋水流域不同村庄集团采取不同手段获取水权的不懈努力。这一切都整合于晋祠这样一个公共空间，正是地方社会不同权力组织和用水主体在水权问题上斗争与妥协的结果。〔1〕晋祠而外的山西其他泉域，无一不具有类似特征。作为一种象征符号，不同类型的水神信仰均可在现实社会中找到相应的利益群体，代表了一种文化安排。要改变前近代的水权分配格局，也必须改变与之对应的文化和制度。

相比之下，水利条件较差的区域，虽然没有这种类型的文化特征，却也存在大量与水相关的民间信仰和日常习俗，表达了民众对水的渴望和期待，我们对山西民生用水，即水井和泊池的研究中就有这样的特点。〔2〕遍布于山野乡村的井神牌位、龙神信仰等大大小小的庙宇数不胜数；旱时形式多样的具有固定场合、固定线路、固定参加村庄的各种祈雨游行活动，也具有相当的普遍性。所有这些都是以水为中心的山西乡村社会的重要外部特性，也是我们在研究中非常重视的问题。

上述四个方面，构成了我们研究以水为中心的山西乡村社会的主要内容，也是我们从实证出发研究水利社会史时所遵循的一条基本路径。与中法学者完成的山陕调查和研究相比，我们对山西水利社会史研究中，更注重综合考察生存环境、资源禀赋及其类型、水权、水神、社会组织、制度体系、文化安排等方面的内容，并以此提出一个本土化的区域社会史理论分析框架。同时，

〔1〕 行龙：《多村庄祭典中的国家与社会：晋水流域36村水利祭祀系统个案研究》，《史林》2005年第4期。

〔2〕 胡英泽：《水井与北方乡村社会——基于山西陕西河南省部分地区乡村水井的田野考察》，《近代史研究》2006年第1期。

我们认为，要实现这一目标，必须走向田野与社会，尽可能地搜集和整理民间文献和口述史料，并努力将官方文献与民间文献相结合、将自下而上与自上而下相结合，将小地方与大历史相结合，由此推动区域社会史研究的不断深入和创新。

水利社会史作为国内目前新兴的一个学术领域，已吸引了包括历史学、人类学、民俗学、地理学等多学科学者的高度关注。从已有的研究中我们可以看到魏特夫的治水学说和日本学界的水利共同体论已经被普遍提及，针对这些学说进行的争辩和质疑也已不少，[1]这些理论和相关的辩难对于我们廓清水利社会史的理论渊源和发展脉络无疑具有重要的意义。但是，对法国人文地理学和年鉴学派在水利社会史研究领域中的学术贡献并没有引起应有的重视。

从社会史到区域社会史，是近些年来中国社会史领域最显著的特征之一。水利社会史正是我们从事区域社会史研究时的一个主要切入点，通过水利这一农业社会最主要的纽带，可以加深对社会组织、结构、制度、文化变迁等方面的理解。在这一研究过程中，只有准确地把握国内外研究水利社会史的基本路径，才能在进一步的实践中，从实证研究出发，提炼出具有本土化色彩的理论分析框架。在这一学术努力中，我们依然主张“走向田野与社会”。唯其如此，社会史理论本土化的目标才不会成为一句空谈。

---

〔1〕钞晓鸿:《灌溉、环境与水利共同体——基于清代关中中部的分析》,《中国社会科学》2006年第4期。

晋水流域36村水利祭祀系统个案研究

国家与社会的关系是一种复杂的互动关系，除了理论上的探讨之外，从不同角度进行实证的个案研究实在是十分必要的。

本文以晋水流域36个村庄对晋祠神灵的祭祀为主要线索展开研究，试图从多村庄祭典的角度探讨国家与社会的复杂关系，这无疑属于一种典型的区域社会史个案研究。因而首先要求我们利用人类学田野调查的方法，广泛搜集反映“地方性知识”的文本资料，并切身体验当地民众的生活和思想。本文主要利用了生活于毗邻太原晋祠的乡村名人刘大鹏先生所著皇皇上千万字的《晋祠志》及其稿本《晋水志》[1]以及明清以来各种版本的地方志。同时，近些年来在晋水流域的多次田野调查也使我们获得了更为深刻的“乡村感受”，有裨于对文本资料的进一步解读。

一　晋水流域水利开发史

晋水流域36村祭祀系统以晋水灌溉体系为基础，概略性地

[1] 《晋水志》，刘大鹏著，光绪三十三年成书。全书十三卷，现有四卷，为先师乔志强先生所得。此书与《晋祠志》相较，“体例虽殊，而事实则同，……有《晋祠志》未载而始补登之者”（《晋水志·凡例》）。

了解晋水流域水利设施及其水利开发的历史进程，对本研究应是至为重要的。

晋水发源于距太原市西南25公里的悬瓮山下，悬瓮山系吕梁山脉边沿名山之一。明嘉靖《太原县志》云："山腹有巨石，如瓮形，因此得名"，《山海经》则有"悬瓮之山，晋水出焉"的记载。晋水源头即在三晋名胜晋祠，计有难老、鱼沼、善利三泉，其流量则以难老泉为最。有研究表明，宋代晋水流量最高达 $2.5m^3$/秒，[1]昔日滔滔晋水东至古晋阳（今古城营）南六里汇入晋阳沼泽地，东南注入贯穿山西南北境的汾河。如今鱼沼、善利二泉均已干枯，晋水流量可谓微乎其微，十年前甚至出现断流现象。睹物赏景，能不令人浩叹！

晋水的开发和利用历史悠久，渠系的初步形成当在春秋战国之际。史载，周贞定王十六年（前453），晋国世卿智伯联合韩魏欲取赵氏晋阳城，然晋阳城固若金汤，"三月不拔"，于是智伯开渠引晋水以灌之。后赵襄子与韩魏媾和反攻智伯，智伯兵败身亡，晋阳解围，三家分晋，战国纷争的局面由此拉开序幕。因晋水渠系最早为智伯所开，"智伯渠"亦由此得名。

时至汉代，当地民人开始利用"智伯渠"渠道旧迹，修整疏浚，灌溉田亩。《后汉书·安帝纪》载：元初三年（116）"修理太原旧沟渠，灌溉官私田"。此时晋水渠道仅有此一渠——"智伯渠"，亦即后来所称之北河。北河首次灌田兴利，所经之处如安仁、贤辅、古城、金胜等村皆年丰稔熟，农业遂得以发展，《汉书》谓"太原年谷独熟，人庶多资"，描述的正是这一情形。

隋唐时期，晋水进一步得到开发利用。隋开皇四年（584）新开中河、南河，其中南河又分为三河："其中派入大池流经南神桥晋源都东庄，为中河。又一派为陆堡河，流入大寺等村。其

〔1〕 王天庥：《晋水历史流量的探讨》，《山西水利史料》第5辑。

南派流入索村等地，为南河。”中河、南河的开凿，使晋祠东南部“周回四十一里”的土地得以灌溉，晋水的利用率进一步提高。唐代晋水水利工程主要是两次修建跨越汾河的渡槽工程，将晋水引入对岸的东城。原来，东城地区地多碱卤，井水苦不可食。贞观十三年（639），唐北都太原，长史李绩“架汾引晋水入东城，以甘民食”。[1]德宗时期第二次修建跨汾渡槽工程，且“环城树以固隄”，不仅解决了城东居民饮水问题，而且扩大了农田的灌溉面积，该时期晋水溉田面积已达112顷有余。李白游晋祠有“晋祠流水如碧玉”，“百尺清潭写翠娥”等诗句，正是对唐时晋水景观的真实写照。

宋代晋水灌溉系统进一步完善，溉田面积达到鼎盛时期，此举时任太原尉陈知白功莫大焉。刘大鹏《晋祠志·陈大夫知白传》特表之：

> 宋嘉祐五年，（知白）为太原尉，时晋水奔流，溉田无多，诸多田畴，水虽能及，乃民皆惧以水增赋，悉不敢溉之为用，水竟付之东流。公悉其弊，思利导之，剀切晓谕，民始释然于以水加赋之说为欺罔。郭公京亦为太原尉，助公设法兴水利。于是浚其源为十分。……凡溉田数万亩，水利遇事大溥。[2]

陈知白和郭京此次治水，浚水源为十分，修建分水石塘，划定三七配水比例，设立渠长水甲管理水渠，使晋水管理有了简而易行的制度。后神宗时期，又经太原人氏史守一进一步兴利除

[1]《新唐书》卷四十三，志第二十九，地理三。

[2] 刘大鹏：《晋祠志》卷十八，流寓一，山西人民出版社1986年，第478页。以下仅以《晋祠志》出之。

弊，健全配套渠闸桥涵，使宋代晋水溉田面积最高达到六百余顷，所谓“晋水之水利无复有遗，倍加于昔矣”。陈知白因此被乡民喻为西门豹，此后晋水流域百姓于每年祭祀水神之时必附祭陈公牌位，以示不忘。

宋金之际直至元末，太原城郊成为中原统治者与北方少数民族政权长期争夺混战的重地，宋太平兴国四年（979），经营千年的古都晋阳被赵光义放火焚烧，霎时间全城化为灰烬，次年，赵光义又引汾、晋二水狂灌晋阳废墟。晋水流域因迭遭战乱，渠系破坏严重，争水冲突日趋激烈，所谓“水利虽云溥博，而水争则极纷纭”。〔1〕

明清两代，随着人口数量的明显增长，晋水流域水利资源日趋紧张，以争夺晋水所有权和使用权的水利纠纷在晋水流域36个村庄和不同渠系间不断发生。与此同时，晋水水利管理制度在“国家与社会”的不断调整中日趋严密。明初太原为九边重镇之一。朱元璋统一全国后，封三子朱棡为晋王，古晋阳城废墟及周边成为明初军屯的重要场所，流域内的古城营、五府营、小站营、马圈屯、河下屯、西寨、旧寨等村庄名称本身就与军屯直接相关，至今仍有所谓明初军屯“九营十八寨”之说。按太原驻屯一卫三千户所，粗略估计屯田数和军户数均在两万以上，占到当时太原县耕地面积和人口总数的三分之一。〔2〕明政府为鼓励军屯，将部分民地充公，改为晋府用地，并按“军三民三”的分配办法重新配置水资源，致使“王府与民间参错相连”〔3〕。明孝宗时，开始出现北河渠长卖水与王府的现象，嘉靖年间山西市政使司分守冀宁道苏皋“亲履各渠查访审验”，进一步整顿渠长水甲。后万

---

〔1〕 刘大鹏：《晋水志》卷二，旧制。

〔2〕 袁汉城：《九营十八寨与明军屯考》，载《晋阳文史资料》第6辑。

〔3〕《申明水利禁例公移碑记》，见《晋祠志》卷三十，河例一，第794页。

历年间，北河下游金胜村又因水程不足要求变更旧例，再次与王府发生严重冲突，结果亦以“维持旧例”告终。

清代晋水流量已明显减少，尤其是在人口和溉田面积增加的背景下，水利冲突愈加激烈，因此水利管理愈加严密，此所谓“利愈溥而法愈密矣”。[1]清初晋水管理制度最大的变革是晋水总河制度的建立。先是因晋祠、赤桥、纸房三村位居晋水发源地界，晋水流及下游村庄必经过此三村田畔，“故三村之田有例无程，历年久远，无人管辖”，[2]在水资源日趋紧张的局势下，“远村人等常欲破此常例”，且越界“强霸”三村之田，使其不得照例灌溉，由此引发了晋水南河与总河三村之间长期激烈的水利争端。雍正七年（1729），太原知县龚新特设晋祠总河渠甲一名，除经营晋祠、赤桥、纸房总河有例无程田亩外，兼管晋水全河事务。与此同时，增定禁饬事宜七款，从各方面限制规范渠甲权力，并通令四河一体执行，至此晋水流域各河渠及村庄普遍丈量田亩、清造《河册》，管理体系进一步完善。之后，虽有乾隆年间金胜、董茹与花塔、县民争水，道光末年王郭村与晋祠争水等事件发生，但大多依《河册》为据，“以旧章相质”。世居总河界内的赤桥村人刘大鹏显然对雍正年间此次整顿深为赞许，光绪末年刘氏完成《晋祠志》，论及四河分水时写道：“迩年河务和平，总河之人柔恤四河，而四河之人亦皆尊敬总河，故上下相安无事，不至如昔年争水之纷如也。”[3]

时代进入民国，晋水流域东有汾河泛滥之忧，西有山洪暴发之患，晋水灌溉面积及受益村落明显减少。1921 年晋水《河册》载，晋水灌溉村庄已减少到 31 个，灌溉面积只剩下 260 顷

---

〔1〕 刘大鹏：《晋水志》卷一，晋源。

〔2〕 刘大鹏：《晋祠志》卷三十二，河例三，第 825 页。

〔3〕 同上书，河例二，第 804 页。

16 亩；晋祠、纸房、赤桥、金胜、索村、王郭、南张、北大寺等 8 村共减少水地面积 13 顷 20 亩；小站营、小站、马圈屯、五府营、万花堡、东庄、东庄营 7 村减少灌溉面积计 49 顷 28 亩，最后不得不“退出晋祠水例”。[1] 建国初期，难老、鱼沼、善利三泉总和流量在 $2m^3$ / 秒左右。随着工农业生产的发展，尤其是晋水源泉上游西山一带大量采矿挖煤，加之晋祠附近深井数量不断增加以及气候、生态等多重因素的影响，晋水流量逐年下降。笔者在 1980 年初到晋祠时，其流量已不足 $1m^3$ / 秒，但难老泉水的突涌、鱼沼飞梁的垂滴、智伯渠水的畅流仍然可睹。怎能想到，事隔仅十余年，造福千年的晋水竟然断流。笔端至此，又不禁怅然。

综上所述，自春秋战国时代以迄不远的过去，晋水灌区就是三晋乃至全国最古老的水利系统之一，素有“晋阳第一泉”的晋水曾以其甘甜的乳汁浇灌了源远流长的三晋文明，晋水流域 36 村更是“近水楼台先得月”。更值得注意的是，在春秋肇始，宋代鼎盛，明清法密这些晋水开发利用的历史关节点上，晋水流域 36 村对晋祠神灵的祭典也逐渐形成了一套系统完整的运作体系。晋阳之盛得益于晋水，晋祠祭祀基源于晋水，对此加以深入探讨甚为必要。

二　晋祠主神三易其位

三晋之胜，莫逾于晋祠。“谓之晋者，指晋国非指晋水；谓之祠者，祀晋侯非祀晋水神也。”[2] 晋祠最初即为奉祀周初晋国第

〔1〕《晋祠水利志》，山西古籍出版社 2002 年，第 18—19 页。

〔2〕 沈巍皆：《晋祠圣母庙辨》，见刘大鹏：《晋祠志》卷一，祠宇上，第 22 页。

一代诸侯唐叔虞的祠堂，然岁月可以改变旧貌，自周初以迄明清，关圣帝、玉皇大帝、三官大帝、东岳大帝、真武大帝、文昌帝、太阳神、土地神、山神、苗裔神、财神、至圣孔子、亚圣孟子、老子、公输子、释迦牟尼、弥陀佛、华严佛、仓王、吕洞宾、药王、五道神等各路神灵云集此名胜佳境，晋祠成为集儒、道、释各家于一体的奉祀祠庙。值得注意的是，晋祠主神在历史长河中亦曾三易其位，周代唐叔虞、宋代圣母、明代水母的渐次嬗变，都与关乎民生的晋水紧密相连。透过这一现象，我们不仅可以感受到水在这一地区的重要地位和作用，更可以从中体会到国家政权与地方社会的微妙互动。

唐叔虞祠创建年代虽不可稽考，然至迟在魏晋时期即已见诸文献。郦道元《水经注》云："昔智伯遏晋水灌晋阳，其川上溯，后人蓄以为沼。沼西际山枕水，有唐叔虞祠。"《魏书·地形志》也有"晋阳西南有悬瓮山，一名龙山，晋水所出，东入汾，有晋王祠"的记载。至于晋祠何以为唐叔虞祠，其最早的传说就是太史公《史记·晋世家》中有名的"剪桐封弟"故事：

> 晋唐叔虞者，周武王之子而成王弟。初，武王与叔虞母会时，梦天谓武王曰："余命女生子，名虞，余与之唐。"及生子，文在其手曰"虞"，故遂命之曰虞。武王崩，成王立，唐有乱。周公诛灭唐。成王与叔虞戏，削桐叶为珪以与叔虞，曰"以此封若。"史佚因请择日立叔虞。成王曰："吾与之戏耳。"史佚曰："天子无戏言。言则史书之，礼成之，乐歌之。"于是遂封叔虞于唐。唐在河、汾之东，方百里，故曰唐叔虞。姓姬氏，字子于。唐叔子燮，是为晋侯。

"剪桐封弟"的传说可能也仅是个"故事"，柳宗元就曾有名篇《桐叶封弟辨》对其提出质疑，然晋祠最初的主神为唐叔虞却是毫无疑问的。从《水经注》和《魏书》记载来看，魏晋时期唐叔虞祠已初具规模。据云东魏武定年间，文士祖鸿勋作《晋祠记》，对其山水风光和祠宇楼阁极尽赞美，一时间河东文士竞相传抄。尤其是北齐以晋阳为别都，高欢、高洋父子又崇信佛教，在广建晋阳宫、大明宫、十二院及天龙、开化、童子、崇福等寺院的同时，在晋祠也“大起楼观，穿筑池塘”，祠内读书台、望川亭、流杯亭、涌雪亭、仁智轩、均福堂、难老泉亭、善利泉亭次第兴建，后主高纬天统五年（569）又改晋祠为大崇皇寺。《序行记》谓“自洋以下，皆游集焉”[1]，足见当日之盛况非凡。

隋、唐两朝是晋阳建城史上的黄金时代，也是唐叔虞祠名声昌隆的时代。隋炀帝未称帝前，长期在晋阳任晋王，开皇年间就曾在晋祠南面建造舍利生生塔。唐开国皇帝李渊晋阳起兵反隋前，曾祈祷于唐叔虞神像前，又因起家于唐叔虞封地古唐国，因名国号为“唐”。唐代诸帝对“王业所基”之晋阳崇爱有加，先后在晋阳设北都、北京，使晋阳成为当时仅次于长安、洛阳的第三大城市。贞观十九年（645）十二月，唐太宗李世民东征还师途经晋阳，曾逗留数月，次年正月撰写《晋祠之铭并序》“树碑制文，亲书之于石”，感恩之情溢于碑碣：

> 昔有隋昏季，纲纪崩沦，四海腾波，三光戢曜。先皇袭千龄之徽号，膺八百之先期，用竭诚心，以祈嘉福。爰初鞠旅，发迹神祠。举风电之长驱，笼天地而遐捲。一戎大定，六合安家。虽膺箓受图，彰于天命；而克昌洪业，实赖神功。[2]

唐太宗驾幸晋祠，树碑祭祀，是唐叔虞祠最为煊赫的时代。

---

〔1〕 刘大鹏：《晋祠志》卷一，祠宇上，第16页。
〔2〕《晋祠铭碑》，见刘大鹏：《晋祠志》卷十，金石二，第232页。

然而好景不长，继唐之后的五代十国，北中国几乎是以晋阳为根据地的割据势力与建都中原的中央政权长期激战厮杀的场所。宋初太宗赵光义三下河东，火焚水灌晋阳城，位于晋水源头的唐叔虞祠与晋阳百姓一样，劫后余生，旧貌难现。此后虽有宋、元、明、清历朝修葺或重修，然唐叔虞祠一直处于尴尬难堪之境地。现存元初《重修汾东王庙》碑描写当时唐叔虞祠，只见“庙宇摧毁，神位迫窄”〔1〕。元末，唐叔虞祠方位由原来坐西向东，“际山枕水”（今圣母殿位置）突然改变为“北面南向”，亦即今日所见之唐叔虞祠，〔2〕然此祠与前祠已不可同日而语，康熙年间太原知县周在浚来祠所见仅“破屋数楹”，“屋之宇颓弊，较昔尤甚，瓴甓积于中堂，蔓草侵阶，荒秽不治，不可着足”。乾隆三十六年（1771）在上自督抚，下至乡绅，包括梁国治（湖北巡抚兼湖广总督）、朱圭（山西布政使）、徐浩（冀宁道）、周亮（太原县令）、杨二酉（翰林、晋祠南堡人）等人的通力合作下，又一次重建叔虞祠。此次重建在原有三间小殿的旧址上，拓宽增高，改建享殿，新建配殿，并“属以长廊，绕以周垣，门阙岿然，登降翼如”，亦即今日偏于齐年柏和善利泉亭东侧的“唐叔祠”。刘大鹏概括此次重修之前的情形是：“历代以来虽屡修葺，要皆因陋就简，聊为重新而已。卑微湫隘，究不足以壮观瞻”〔3〕，可谓的评。

可以肯定的是，无论唐叔虞祠经历了怎样的风雨荣衰，宋以前唐叔虞祠为晋祠正祠，唐叔虞为晋祠主神确是无疑的。宋以后

---

〔1〕《重修汾东王庙记碑》，见刘大鹏：《晋祠志》金石二，第249页。

〔2〕关于唐叔虞祠的移位重建历来不得其详。康熙年间周在浚《重修唐叔虞祠记》即有“岂今日之圣母殿实唐叔虞祠耶”的疑问。今人郭怨舟先生也多有探讨，似难定论。参见《晋祠轶事》，山西人民出版社1992年，《晋阳文史资料》第1辑，政协太原市晋源区委员会1999年印刷。

〔3〕刘大鹏：《晋祠志》卷一，祠宇上，第19页。

唐叔虞祠虽“不足以壮观瞻”，然仍以“事关祀典”而享正神之礼，尤其是明“洪武四年改称唐叔虞之神。岁以三月二十五日有司致祭，载在祀典”[1]，唐叔虞一直被视为国家正统主神。《晋祠志·祭赛》“祀唐侯”条记载，每年三月二十五日，“太原县知县致祭唐侯于叔虞祠，荐以柔毛刚鬣，拜跪如仪”。嘉靖年间山西巡抚苏祐作“迎降送神祠三章”亦一并收录，其祀文无不透露着官方正统信息：

> 维某年岁次甲子三月二十五日甲子，承祭官太原县知县某（典史代，则称典史某）致祭于唐侯之神曰：惟神剪桐封晋，克绍周德。播王室之恩泽，千古贻庥，保唐地之疆圉，万民受福。声灵于以丕昭，祀典因之天戳。兹当春暮，恭逢诞辰，谨具牲醴，式肇明禋。仰祈神鉴，享此清芳。尚飨。[2]

宋代以来，唐叔虞及唐叔虞祠地位在晋祠地位的下降，与圣母殿的创建密不可分，而圣母殿及圣母地位的上升与水的关系亦密不可分。虽然圣母殿具体建于何时仍有争议，但至迟在熙宁（1068—1077）年间，加号“昭济圣母”则是可以定论的。此后，圣母及圣母殿屡受加封并重建重修：崇宁初敕重建；元至正二年重修；明洪武初复加号“广惠显灵昭济圣母”；四年改号晋源之神；天顺五年重修；万历壬午年（1582）又“焕然一新”；清后期同治、光绪二帝分别叠加封号；慈禧太后、山西巡抚曾国荃、著名晋商渠本翘等分别赐匾题额，圣母殿可谓隆极一时。

圣母乃唐叔虞母亲邑姜。晋祠初以唐叔虞封地建祠，以子为母屈，母为子贵并建其母之祠，合而记之，母子并隆，也在情理

[1] 苏祐：《重修唐叔虞祠记》，见刘大鹏：《晋祠志》卷一，祠宇上，第 17 页。
[2] 刘大鹏：《晋祠志》卷七，祭赛上，第 161 页。

之中。但圣母的地位日隆，以至明代视圣母为晋源之神而成为晋祠主神，完全是人们“误将邑姜视水神”了。熙宁年间圣母首次加号即“以祷雨应”为由头，明万历年间最后一次大修仍以此而终。马朝阳《重修晋源圣母祠记》道：“万历壬午年，自春徂夏不雨，穑人焦劳，嘉谷用虐。郡伯麓阳孙公日走群神雩祀之，罔应。或言晋源圣母灵赫，徒步涉汾津以身祷，邑侯向公从焉。礼未告成，大雨沛作竟日夜，神人之感其捷影响。既睹庙貌就颓，非徒以祀报也。”于是，“故者革，废者举，不三月，焕然一新”。[1]至清初，朱彝尊作《游晋祠记》有“圣母庙不知何所自始，土人遇岁旱，有祷辄应，故庙巍奕，而唐叔虞祠反而居其偏者”的疑惑。[2]顾亭林更有“今人但知圣母，而不知叔虞”的感叹。水神圣母日隆，正神叔虞日颓，充分说明官府与地方社会对关乎民生的晋水资源的重视，刘大鹏概括历代加封圣母“皆因祷雨应也”。[3]而乡村百姓在这样一个以农业为主导产业的经济生活中，水对他们而言就是生活和生命之源，国家正统意识形态在实际生活中显得是那样无足轻重，甚至可以说是微不足道。难道这真的就是那种民人重利轻义意识的表现？这里还应该引起重视的是，宋代开始建造圣母殿，圣母的地位后来甚至超出唐叔虞，与嘉祐四年（1059）知县陈知白创三七分水之制，甚至后来衍生出“跳油锅捞铜钱”的民间传说或许不无关系。唐代两次修建跨汾渡槽工程后，晋水开始引入东城，五代十国时晋阳又成为各方政权激烈争夺的重地，加之宋统一全国后，各地人口数量大多出现逐渐增长的趋势，这里就有一个重新分配有限的水资源的问题。圣母“以祷雨应”而加封，民间因争水而跳油锅，二者均发

---

〔1〕 马朝阳：《重修晋源圣母祠记》，见刘大鹏：《晋祠志》卷一，祠宇上，第21—22页。

〔2〕 道光《太原县志》卷十三，艺文二。

〔3〕 刘大鹏：《晋祠志》卷八，祭赛下，圣母出行，第194页。

生在宋代中叶，应当不仅是一种巧合。

如果说唐叔虞、圣母都属于国家正祀系统的神灵，那么“水母”就是一个被民间社会缔造出的地方神了。水母楼位于难老泉水源之上，俗名梳洗楼，其创建年代《晋祠志》记以嘉靖四十二年（1563），但为何而建，何人创建均不得其详，刘大鹏叙其起因以为“欲人知为晋源水神，而圣母非水神也”，[1]我看也是牵强附会。至于水母楼上下层神案上之磬与香炉均系嘉靖十一年（1532）、十三年造，岂有庙未建而有预铸炉磬之理，刘氏也断然认定为他庙移置之物。更为明显的是，楼中所塑水母像，座为瓮形，一派农庄少妇装饰，红颜淡妆，青丝半垂，头发上还挂着一只篦梳，呈未梳妆完毕之状。其塑像高仅1.06米，周长1.1米。至道光二十四年（1844）重建后呈两层楼阁，楼下三间石洞，极似农舍式样。很显然，从水母塑像及其楼之规制看，水母肯定不是官方首先认可的神灵，而是根据民间传说的“水母娘娘”的故事建造的。虽然至今当地民人已对水母娘娘附会甚多，但最早的版本还应是《邑志》所载：

> 俗传晋祠圣母柳姓，金胜村人。姑性严，汲水甚艰。道遇白衣乘马者，欲水饮马，柳与之。乘马者授以鞭，令置瓮底曰：“抽鞭则水自足。”柳归母家，其姑误抽鞭，水遂奔流。急呼柳至，坐于瓮，水乃止。相传圣母之座，即瓮口也。[2]

对晋水流域“水母娘娘”这一传说，明代太原知县高汝行则认为：“坐瓮之说，盖出田夫野老妇人女子之口，非士君子达理

〔1〕 刘大鹏：《晋祠志》卷一，祠宇上，水母楼，第35页。
〔2〕 转引自《晋祠志》卷四十二，杂编，第1058页。

者所宜道也。”[1]对于俗传柳氏为金胜村人，嫁于晋祠村的说法，世居晋水总河的刘大鹏更斥之为“妄诞至极，断不可信”。[2]

事实上，水母娘娘的传说，是现实社会中晋水北河中心村落花塔、古城营与下游村庄金胜村争夺晋水水权的一种反映。金胜村，又称大佛寺，属晋水北河最末端的村庄，历来用水不足。按照惯例，北河水例军三民三，六日一程，昼夜轮水。万历年间，金胜村人氏柳桐凤以北河渠长将夜水献于晋府，前水不能遍及下游金胜、董茹等村，欲争夜水而起讼，其中一个重要理由就是“晋祠圣母柳氏源头金胜村娘家回马水，军民轮流浇灌禾田，与王府并不相干”。享有用水主动权的花塔、古城营当仁不让，坚持维持现状，此案最后仍以“王府与民间分定日期轮流使水，相传年久，难以更变，应合照旧，将桐凤取问罪论”告终。[3]乾隆四年（1739）起，金胜、董茹为争春秋水例再与花塔村大兴水讼，在官府的介入下，此次两村共获得三程春水，算是争得部分水权。[4]处于北河末端不利地理位置的金胜村，在同样性质争取水权的两个回合中，一输一赢，最终取得部分水权，所以金胜村人强化并神化“水母娘娘”在晋水流域的地位也势在必然。至今在36村祭祀水母的盛大活动中，仍然保持着金胜村人不到，祭祀活动不得开始的习俗，充分说明民间传统的坚韧性。

往事越千年。晋祠主神在历史长河的洗练中，由唐叔虞而圣母邑姜，再由邑姜而“水母娘娘”。如今，圣母殿以宏大雄伟的建置，际山枕水而居晋祠主轴的突出地位。初受封侯，肇始晋国的唐叔虞却安然偏居晋祠北隅。更有意思的是，民间创造的那位“水母娘娘”选中“永赐难老”的名泉背后，其建置虽似农舍而

---

〔1〕 转引自《晋祠志》卷四十二，杂编，第1058页。

〔2〕 同上。

〔3〕《水利禁例移文碑》，见《晋祠志》卷三十，河例一，第800页。

〔4〕《晋祠北河水利碑》，见《晋祠志》卷三十三，河例四，第862—866页。

不足观瞻，但其动人的故事却弥足长远。再套用一句古话，那真是“化荒诞为神奇！”

然而，正是这位民间创造的水母娘娘，受到了晋水流域36村子民们盛大而虔诚的群体祭典。

三 “水母娘娘”

在晋祠每年所有神灵的众多祭典活动中，民间创造的地方神——水母祭典活动，无论其规模、时间都是当地祭典之最。晋水流域祭典水母的活动自农历六月一日至七月五日，连续月余，而且按照晋水四河的用水制度，各村庄依次祭典，渠甲致祭，众民齐集，演剧酬神，宴于祠所，“历年久而不废”。兹据《晋祠志·祭赛》“祀水母”条，罗列如下：

> 初一日，索村渠甲致祭水母于晋水源。祭毕而归，宴于本村之三官庙。
>
> 初二日，枣园头村渠甲致祭水母于晋水源。祭毕而宴于昊天神祠。以上为南河上河。
>
> 初八日，小站营、小站村、马圈屯、五府营、金胜村各渠甲演剧，合祭水母于晋水源。祭毕而宴于昊天神祠。以上金胜村为北河上河，余皆北河下河。金胜使水属下河，故八日同祭。
>
> 初九日，花塔、县民、南城角、杨家北头、罗城、董茹等村渠甲演剧，合祭水母于晋水源。祭毕而宴集昊天神祠。
>
> 初十日，古城营渠甲演剧致祭水母于晋水源。祭毕而宴集文昌宫之五云亭。以上为北河上河。
>
> 十五日，晋祠镇、纸房村、赤桥村渠甲合祭水母于晋水

源。演剧凡三日。宴集于同乐亭。以上为总河。

二十八日，王郭村渠甲致祭水母于晋水源。祭毕而归宴于本村之明秀寺。同日，南张村渠甲致祭水母于晋水源。祭毕而宴于待凤轩。以上为南河下河。

七月初一日，北大寺村渠甲致祭水母于晋水源。祭毕而归，宴于本村之公所。北大寺村属陆堡河。

初五日，长巷村、南大寺、东庄营、三家村、万花堡、东庄村、西堡村等渠甲合祭水母于晋水源。以上为中河。

除此之外，阖渠渠甲尊敬水神甚虔，除六、七两月致祭外，先有祭事者四：

一、惊蛰日，阖河渠甲因起水程均诣祠下，各举祀事。

一、清明节，北河渠甲因决水挑河，均行祭礼。而花塔都渠长另设祭品于石塘东致祭。

一、三月朔，北河渠甲因轮水程各举祀事。

一、三月十八日，董茹、金胜、罗城三村共抵祠下献猪。〔1〕

值得重视的是，晋水流域36村在如此宏大的祭典水母活动中，“凡祭水神必兼祭圣母”，刘大鹏认为此“即是敬叔虞耳”。紧随其后的是七月初四直至十四日连续十天的“圣母出行”，虽然这也是一年一度晋水流域众村庄参与的大型祭典活动，但其中的官方正统色彩却隐约可见。《晋祠志》“圣母出行”条载：初四日，“在城绅耆”执抬搁（俗名铁棍，当地一种抬轿的杠物）抵晋祠恭迎圣母出行神像。在城人民则备鼓乐旗伞栖神之楼，中午时分齐集南关厢，随后西南行经南城角村、小站村、小站营，由赤桥村抵晋祠。迎请圣母出行神像的八抬大轿出晋祠另行一路，由赤桥村经南城角村抵西关厢，此时日之将夕，抬搁皆张灯结

〔1〕 刘大鹏：《晋祠志》卷八，祭赛下，第189—191页。

彩，再入县西门至城中央不偏不倚之十字街，折而南行，出南门抵南关厢，恭奉圣母于龙王庙，此为四日圣母安神礼。

五日，“仍行抬搁，舁神楼，游城内外。人民妇女填街塞巷以观之，官且行赏以劝”。中午时分仍齐集南关厢，先入南门，进县署领赏，官赏搁上童男童女银牌，官眷则赏彩花。然后又出西门返城，再出北门返城。日落后出东门，由东关厢河神庙迎龙王神像十七尊仍返入城，最后出南门奉龙王神像于龙王庙。初五日整天就是周游城内外安龙王之神。十日由南关厢龙王庙迎圣母至古城营九龙庙，十七龙王随之而至，众民虔诚致祭。次日古城营演剧赛会。十四日由古城营恭送圣母归晋祠，整个“圣母出行”的活动在晋水流域“巡回”一圈后始告结束。圣母出行活动的中心在县城，且“进县署领赏”，十七龙王随圣母汇于古晋阳城（古城营），最后由古城营送圣母归晋祠，这一群体祭典活动的国家意识形态味道显然不同于祭典水母的民间化依村祭典。

从“渠甲祭资出于众农”的制度中，我们不难发现晋水流域36村祭典水母活动的民间化色彩，而总河晋祠、纸房、赤桥三村及花塔村的特殊性，又会使我们从祭典活动的外表看到其背后水资源争夺的实况。

晋祠、纸房、赤桥三村于十五日合祭水母，“演剧凡三日”。祭典之日在六月望日，恰居持续月余的祭典活动中间，且一般村庄仅在祭典当日演剧一日，或有多村合祭而未演剧者，而三村连续三日演剧，如此安排的深意在于突出晋祠、纸房、赤桥三村的“总河”地位。如前所述，晋祠等三村因地处晋水源头地界，本无渠甲，向来属有例无程，随时浇灌，既不出夫，亦不纳粮。随着水资源在本区域的日趋紧张，“远村人等常欲破此成例”，[1]尤其是渠甲制创设之初选人良莠不齐，渠甲成为不同村庄争夺水权

〔1〕 刘大鹏：《晋水志》卷四，总河北河口。

的关键人物。刘大鹏讲道“充应渠甲者为善良，不愆不忘，率由旧章，自无河案之可虑；渠甲若狡猾，或恃强凌弱，或卖水渔利，或违旧章以争水，或肆贪心以启讼端，种种不一而足”。[1]雍正初年爆发的南河与总河之争就是一个典型的例子。南河渠长由位居南河末端的王郭村人充任，名为经制渠长，统辖包括南张村、索村、枣园头村、王郭村四村在内的南河事务。时至雍正七年（1729），王郭村人王杰士已把持南河渠长职位达十六年之久。在此期间，王“把持需索，无弊不作”，进而更以晋祠稻地无例，无钱不许浇灌，与总河发生严重冲突。太原县知县龚新借此“除王杰士结党把持水利另案归结外”，特在原晋水四河的基础上，将晋祠、赤桥、纸房三村划为渠首范围，并设立晋祠渠长一名，经管南北两河有例无程地亩。尤其是此次整顿以南河推及晋水四河，制定“禁饬事宜七款”规范渠甲：宜按年更换；宜选择良民；宜派定工食；宜秉公派夫；宜永禁卖水；宜各守界限；宜官给印照并分地稽查。[2]雍正初年此次整饬不仅树立了晋祠总河渠长的绝对权威，解决了“南北两河渠甲，由下流而侵及上流，越界强霸，致使总河稻粟田亩不得因时灌溉，因启讼端”[3]的问题，而且在36村祭典水母的象征性仪式中出现了“地主”与“宾客”之名分。《晋祠志》“祀水母”条载：“凡总河祭期，四河各渠长肃衣冠，具贺仪，诣同乐亭庆贺，而总河渠甲待以宾礼。凡四河祭期，总河渠长亦肃衣冠，具贺仪，为之庆贺，以尽地主之礼。”[4]

花塔村在祭典水母的活动中也很特殊。据载，六月初八、初九、初十为北河各村庄祭祀水母之日，要连续演剧三天。然“所

---

〔1〕 刘大鹏：《晋祠志》卷三十一，河例二，第803页。

〔2〕《晋水碑文》，见《晋祠志》卷三十二，河例三，第845—850页。

〔3〕 刘大鹏：《晋祠志》卷八，祭赛下，第190页。

〔4〕 同上书，第191页。

演之剧，系花塔村都渠长张某写定，发知单转达古城、小站、罗城、董茹村、五府营，届期各带戏价交付”。[1]《晋祠志·河例五》又专设“祀晋源水神”条，载“演剧酬神知单：晋水北河都渠长张某为酬报神恩事，特转某村把总知悉：本月初八、九、十日晋祠庙圣母尊前献戏三期，戏价钱几十几千文，至日早到拈香，不可失误。轮流转送，勿得迟延”。[2]花塔村之所以有如此突出的地位，主要原因有二：其一，北河渠长为花塔村张姓世袭，北河又是整个晋水流域四河中用水量最大的村落群体，晋水流域 36 村中北河流域即占到 19 村，而“南三北七”的水权分配使北河明显占据主流。其二，花塔村地处北河咽喉，下游使水必经花塔。加之北河自明初以来，与王府使水“军三民三”，花塔遂成为与总河、王府、北河下游各方争水的焦点村庄。明之嘉靖、万历，清之雍正、乾隆、光绪年间花塔与前述三方均发生过不同程度的水权纠纷。花塔村的作用既如此重要，花塔村张姓世袭的北河都渠长自是当仁不让。按北河常因西边山峪洪水泛滥，河床堵塞淤积，以致有碍渠路，水不畅流，每年清明节、霜降节北河各村决水挑河，破土开渠，担河渣，割河草均按村派夫，届时花塔都渠长统领其事，特制破土知单（有破土行礼仪节，破土口诀，破春土祭文，破秋土祭文）、挑河知单、担河渣知单、割河草知单轮流转达知会各村渠甲，并要求各村“切勿迟误”，都渠长的权威形象俨然可见。与此俨然形象相对应的是都渠长于每年三月初一北河起程溉田前群宴各渠甲的慈然形象：

北河上两河轮程溉田，岁以三月初一日起程。是日，花塔都渠长率各村渠甲恭诣晋祠，净献刚鬣（都渠长备）柔毛

〔1〕 刘大鹏：《晋祠志》卷八，祭赛下，第 190 页。
〔2〕 刘大鹏：《晋祠志》卷三十四，河例五，第 875 页。

（罗城村水甲备）祭祀晋水源神。

起程祭神之次日，都渠长于其家设筵张乐，以待贺客，名曰贺渠长。北河一切渠甲各备贺仪，皆抵达花塔跻堂拜贺，燕饮为乐。[1]

在整个晋水流域36村水利祭祀系统中，祭典“水母娘娘”是民间社会最为看重的盛大活动。晋祠总河渠长、花塔都渠长能够在此活动中占尽风光，与其在水资源争夺的各个回合中常常处于优势地位的情状是紧密相连的。令人思考和回味的是，晋祠总河渠长因官方介入而确立，花塔北河都渠长的确立却与“水母娘娘”的传说一样，也埋伏着一个悠久的民间故事。正是这种无证无据，又难以考定的民间传说，构成了晋水流域水利祭祀系统不可或缺的重要环节。

四 “张郎”及其他

犹如晋水流域36村在晋水分配和使用中有总河、北河、南河、中河、陆堡河之分，渠甲有总河渠长、都渠长、渠长、众水甲一样，晋水流域水利祭祀活动也有主神与“村庄神”的层次区别。如果说唐叔虞、圣母邑姜、水母娘娘都是全流域各村庄共同祭典的主神的话，那么，取材于跳油锅捞铜钱的花塔村英雄张郎就是一个“村庄神”了。至今流传在晋水流域的“民间话语”如此描绘这一故事：

相传数百年以前，晋水南北两河因争水屡起纠纷，甚至每每械斗以至酿成人命事故。有一年清明时节双方又起争端，并

〔1〕 刘大鹏：《晋祠志》卷三十四，河例五，第873页。

且抬着棺材要拼个你死我活。后来县官出面调停，在难老泉边置一大油锅，底下燃起柴火，待油锅沸腾后投入铜钱十枚，代表十股泉水，双方同时派人捞取，捞取几枚铜钱便可得到几股泉水，以此定例，永息争端。参加争水的两河民众面面相觑。此时，北河人群中闪出一位青年，跃入沸腾的油锅捞出七枚铜钱，而后壮烈牺牲。于是县官判定北河得晋水十分之七水量。难老泉前面石塘中石堤和人字堰就是这样建立起来的。据说，北河人群中跃入油锅捞铜钱者为花塔村人，因年久失名，乡人呼为张郎，现“金沙滩”中高两米多的分水石塔，就是后人为纪念张郎而建的“张郎塔”。

对于这样一个附会甚多的动人故事，光绪年间的刘大鹏即断言“荒唐不可信也”。且“询之父老，众口一词，不知其所以然，亦惟讹传讹而已”。[1]事实上，张郎跳油锅捞铜钱的故事正是宋代嘉祐初年知县陈知白定三七分水之制的直接反映。虽然我们无从判断张郎的故事起于何时，但花塔村人正是利用（或曰自造）这一传说强化了自己北河都渠长的地位，无中生有的争水英雄张郎成为花塔村张姓都渠长世袭不更的依据。于是，每年清明节代代相传的花塔张姓渠长引朋呼类，设坛祭典张郎便成为晋水源头的一道风景。年深日久，故事变成“真事”。笔者大学时代的一位刘先生曾有“智伯渠头游人过，犹闻乡老叹张郎”的诗句，也可说是画龙点睛了。

在不同的水利集团村庄及单个村庄的“村庄神”中，除了“水母娘娘”、“张郎”这类纯属子虚乌有而被有目的地“创造”出来的神灵外，晋水流域水利祭祀系统中，还有许多先前为争取本村庄水利权益有过功业，而死后被视为神灵受到顶礼膜拜者，此类神灵至同治年间在晋祠总河界内竟多达九位：太原府、阳曲

---

〔1〕 刘大鹏：《晋水志》卷二，旧制。

县、太原县历任知府、知县陆应谷、陈景曾、靳廷钰、龚新、黄捷山、戴广仁；晋祠村乡绅杨家三代杨廷璿、杨二酉、杨云涵。前六位为雍正年间最终订立晋水总河渠甲制度之地方官吏，后三位“为桑梓争利弊”而得崇祀。总河制确立后，赵发善等十四位总河渠甲特立《晋祠水利纪功碑记》，“略纪其梗概，使后人闻风奋发”。[1]世居总河界内的刘大鹏在《晋祠志》中特为上述数人立传，崇奉之意溢于言表。在36村祭祀水母的盛大活动中，每年六月十五，晋祠、纸房、赤桥渠甲合祭水母，并“将有功于总河之官绅，设木主于献殿，以配享之”，[2]遂成惯例。不仅如此，雍正间有“晋祠豪杰之士，惟杨封翁足以当之”的说法。因杨氏家族维护渠众利益，总河流域村民“群以为德，共议于杨公宅侧开口，俾杨公家易于汲水以酬之，因之名曰‘人情口’”。[3]真可谓是人神共享了。

然而，就是上面提及的那位被官方和刘大鹏斥之为把持水利无弊不作的“河蠹”王杰士，却在本籍王郭村受到赞誉。现存王郭村《王氏家谱》稿本中王杰士简直就是一位英勇善斗的传奇人物：

> 其本性刚毅，强悍好斗。一年北河总渠，在古城营满汉武举带领下，强行淘河，并无理垫高南河水平石。王杰士知道后，毫不示弱，终于在他的唆使下，枣园头村民雷四奋勇当先，趁人不备，将武举推下河去，用镰刀砍死。然后投案自首。事后南河五村，共同出钱厚葬雷四，并赡养老母直至百年。

---

〔1〕《晋祠水利纪功碑记》，见刘大鹏：《晋祠志》卷三十三，河例四，第851—852页。

〔2〕刘大鹏：《晋祠志》卷八，祭赛下，第190页。

〔3〕刘大鹏：《晋水志》卷四，南总河水口。

> 太原知县，因惧进士（晋祠杨二酉）权威，只听一面之词，修改晋祠水程……王杰士自感执拗不过，遂迁全家至介休县改名换姓，自后下落不明。[1]

对于河神、龙神这样各地普遍祀奉的水利神灵，晋水流域各村也采取了群体活动的形式。六月二十四日为河神诞辰，“凡沿河人民均于河神庙陈设祭品以祀之”，[2]《晋祠志》以此简单一句概括祭祀河神事，可以想见，祭祀河神比起祭祀水母娘娘的宏大场面真是太相形见绌了。个中原因也很简单，那就是，流经晋水36村流域东界的汾河常常泛滥成灾，民众祭典河神首先是祈祷河神不再给沿河流域带来灾害，而对水母娘娘的祭典则首先是祈望能够更多地兴利益众。祸福之间，利害之间，在民众的价值观念里其实是很明晰的。

晋水流域36村祀奉的龙神名曰黑龙神。民间相传，天龙山龙洞中有黑白二龙王，两相争斗，白龙最后战胜黑龙，远近各村因白龙行云布雨，给民间带来雨沛丰年，遂在白龙洞旁修建白龙庙。但也不敢得罪那位黑龙，于是在修建白龙庙的同时，也在南山洼为黑龙造了一座黑龙王庙。刘大鹏《柳子峪志》载“黑龙王灵感所著，不亚白龙王神，凡到白龙王庙祈雨者，必到黑龙王洞虔诚拜祀”。[3]晋水流域对黑龙神的祭典也很隆重。《晋祠志》载，每年三月初，地处天龙山入口处的纸房村人赴天龙山迎请黑龙王神至该村真武庙祭祀，之后是流域各村依次致祭，直至秋收已毕，晋祠村自纸房村恭迎黑龙王神像至献殿，然后，流域十数村农人合集文昌宫，公议送黑龙神入山之期，次日张报于晋祠南

---

〔1〕 王树人、王锡寿主修：《太原市南郊区王郭村王氏族谱》，1992年内部自印本。晋祠二中教师武炯生提供。

〔2〕 刘大鹏：《晋祠志》卷八，祭赛下，第193页。

〔3〕 刘大鹏：《柳子峪志》，见《晋祠志》下册，第1283页。

堡，以便众人周知。送神入山前一日，各村抬搁齐集晋祠北门外，由关帝庙请神游行各村，纸房、赤桥、晋祠、索村、东院、三家村、万花堡、濠荒、东庄、南大寺、长巷村、北大寺、塔院13村巡行一圈，仍至晋祠北门外安神始散。农历九月初三日，“晋祠纸房等十数村各备旗撒抬搁恭送黑龙王神入天龙山”。[1]一生喜好舞文弄墨的刘大鹏对“天龙山祷雨”的艰辛和虔诚也有诗句形式的表达：

乡邻祷雨届新秋，不怕高山在上头。
扳薜方才跻险岫，转弯却又越深沟。
穿林踏磴踵虽破，觅寺寻僧步勿休。
既到天龙时已午，拈香献膳向神求。[2]

事实就是如此，虽然在地处干旱区的黄土高原，有晋水这样的自然水源对流域来讲已是至大的福祉，但民间社会在重视晋水的同时，又渴望得到龙神的赐福，以使风调雨顺，五谷丰登。按老话讲，具有迷信色彩，不会带来任何实际利益的龙神也受到了民众虔诚的祭拜，或许，这正是“尽人力而后听天命”这一民间传统文化的内蕴所在。

余　论

国家与社会的关系不仅是一种非均衡的、错综复杂的关系，也是一种交互作用，不断互动与调整的关系。在此范畴中，西方

〔1〕 刘大鹏：《晋祠志》卷八，祭赛下，第203页。
〔2〕 刘大鹏：《晋祠志》卷二十八，文艺上，诗，第734页。

与中国应该会有共性的东西，而更多的可能是基于不同经济文化乃至生产生活方式而表现出的特殊性，即使在传统中国范围内，不同的区域空间，不同的具体事件都会有不同的，甚至可能是截然相反的国家与社会间的运作模式。晋水流域36村水利祭祀系统的历史演变过程，可能会对我们相关的讨论提供一个独特的个案。

在晋水流域36村水利祭典系统中，从唐叔虞、圣母邑姜、河神、黑龙神到水母娘娘、张郎乃至于实际生活中的王杰士、杨氏父子等，他们或为国家和官方屡加赐封的神灵，或为完全由民间不同村庄共同体“创造”出的地方神，甚至干脆就是“村庄神”；他们或受到晋水流域36个村庄一致的祭典，或受到某些村庄的膜拜，或单个村庄视为神灵，其他村庄则弃之不顾；唐叔虞、圣母起初虽为官方认可和赐封，而晋水流域村落也对此虔诚祭典；水母娘娘最初并不为官方所封，但就是这样一个由单个村庄“创造”的少妇神像却受到全流域最为隆重和持久的祭拜。国家与社会的界限实在是模糊不清的，二者的关系不是简单的对立和汇合，而是多重的互动和多元的建构。要之，在各种不同祭祀活动的背后，存在着不同水利共同体的现实需求。物质生活决定精神生活，仍然是一条永恒的法则。

从晋水流域36村水利祭祀系统演进的过程审视国家与社会的复杂关系，同样促使我们进一步思考“中心”与“边陲”之间的关联。在对中国社会空间的多种论述中，美国学者施坚雅（Skinner）区域体系理论（regional system theory）或许是对目前中国研究中影响最大的理论模式。在施坚雅看来，按照河流系统从支脉到干流的层次，中国可分为九大区域，而每一个宏观区域内都包括中心和边际两大部分，各个区域间以及每一个区域内部的中心地带和边缘地带之间，在空间和时间上都存在着差异，基层社会的中心地就是星罗棋布的集市。晋水流域36村水利祭祀系统的实际告诉我们，村庄作为一个具有共同利益的公共团体，在地方社会事务中有着不可忽略的地位。晋水天然地赋予流域各村程度不同的恩惠，因而产生了共同顶礼膜拜的水神，而位居晋水上游的中心村庄与地处下游的边缘村庄，由于空间的不同导致利益的不同，因而有了“村庄神”的出现。再有，与中国南方及其他区域不同，宗族势力、乡绅集团在晋水流域水资源的争夺和祭祀活动中并没有显现出特殊的角色功能，而各村庄推举出的渠甲却有着无可替代的、举足轻重的地位和作用。重要的是，渠甲并不是宗族和乡绅的代表，相反则是某一村庄利益公共体的代表，即如水母娘娘、张郎分别代表金胜村、花塔村利益，杨廷璿、杨二酉这样本身具有功名的乡绅也是代表着晋祠总河的利益。以村庄为共同利益的公共团体，才是晋水流域多村庄水利祭典中最重要的实际角色，村庄在地方社会中的地位和作用不可小觑。换言之，村庄或可说是国家与社会的关联体。本文对晋水流域 36 村水利祭祀系统的考察，可否对此再提供一个内陆地区个案的例证？笔者最后还想再次强调的是，晋水流域 36 村水利祭祀系统的背后，隐藏的是多村庄争夺有限水资源的激烈冲突，而这种冲突又是明清以来该区域人口、资源、环境状况日益恶化的表征。只有将晋水流域祭祀系统纳入整个中国社会的总体变迁趋势中，才有可能揭示祭祀背后丰富的历史内容。

明清以来晋水流域的环境与灾害

——以“峪水为灾”为中心的田野考察与研究

引言　“时过境迁”环境史

全球范围内的环境和生态危机使现代意义上的环境史学科应时而生。

然而，环境史的学术渊源却比环境史要早了许多。伊懋可（Mark-Elvin）认为：“作为一个有自我意识的研究领域，它的（指环境史。——笔者按）学术思想渊源也许可以追溯至17和18世纪的西欧，尤其是自然主义者、医官和行政官员，他们关心全然不熟悉的热带环境，以及西欧人对这些环境之破坏。”[1]德国学者约阿西姆·拉德卡则认为：“对历史学家来说，历史和自然的统一依然是一个古老而又十分有趣的梦。早在19世纪的历史著作中，生物自然主义（Koselleck）就已经蔓延。批判的环境史恐怕开始于历史著作中早已存在的野史中。”[2]如此看来，中国环境史的学术渊源更加悠久，即以第一部真正系统的史书《春秋》算起，至今也有两千多年的时间，遑论难以胜计的神话传说

---

〔1〕 伊懋可《导论》，载刘翠溶、伊懋可主编：《积渐所至——中国环境史论文集》（上），台北，“中央研究院”经济研究所2001年，第1页。又，本书受赠于“中研院”经济研究所，特此致谢。

〔2〕〔德〕约阿西姆·拉德卡著，王国豫、付天海译：《自然与权力——世界环境史》，河北大学出版社2004年，第1页。

和“稗官野史”。如果将环境史的视野放得更加宏阔一点，我们是否可以说，自有文字记载以来，有关环境变迁以及人与自然的关系就已成为史书的内容之一，中国环境史的学术渊源其实比西欧要早得多。“大禹治水”、“精卫填海”这样的传说故事在后现代主义者看来不也是非常重要的“文本”吗？

学科的产生其实是对现实的回应，亦即时代的产儿。现代学科意义上环境史的出现实在是日益严重的环境和生态危机催生的结果。第二次世界大战后，随着西方大国经济高速持续的增长，发展和破坏结伴而生：一方面是工业化和城市化的飞猛推进，一方面是由此而来的资源和原料的大量消耗。空气污染、水体污染、物种缩减、疾病增多、土地紧张、森林萎缩等等环境和生态问题日益成为社会经济繁荣背后的隐患，一种缺乏安全，甚至是危机四伏的焦灼感笼罩着地球上最发达的区域。就是在这样的社会现实氛围中，人们开始反思自己赖以生存和习以为常的工业文明，以及这种文明带来的幸福与不幸。由是，席卷西方的“环境主义运动”越卷越大，以环境主义为理论指导研究历史上人与环境的互动关系的环境史应时而生。就像工业化的浪潮由西而东一样，环境史首先在美国呱呱坠地。包茂宏认为，以人类和环境相互作用为研究对象的环境史最早于20世纪60年代在美国出现，其标志是海斯《保护与效率主义》（1959）和纳什《荒野和美国思想》（1967）两部著作的出版。[1]对中国环境史有组织的合作研究始于1993年年底由台北“中央研究院”经济研究所和澳洲国立大学太平洋研究学院联合在香港举办的“中国生态环境历史学术讨论会”，此会的成果便是刘翠溶、伊懋可主编的《积渐所至——中国环境史论文集》。近年来，大陆史学界对环境史研究也开始重视起来，管见所及，师兄夏明方用力甚勤，朱士光、萧

〔1〕 参见包茂宏：《环境史：历史、理论和方法》，载《史学理论研究》2000年第4期。

正洪、王利华等人也有相关成果问世。2005年似乎是中国史学界的“环境史年”，笔者所知相关学术会议就有四个：“中国历史上的环境与社会”（南开大学）；“人类社会经济行为对环境的作用与影响”（陕西师范大学）；“清代灾荒与中国社会”（中国人民大学）；“明清以来人口资源环境与社会变迁”（山西大学）。

然而，环境史是什么？环境史研究的范畴又是什么？对于这样一些关涉学科创立的基本问题事实上仍是众说纷纭，难有定论。梅雪芹在新近出版的《环境史学与环境问题》中这样评断：“由于其作为一门学科的历史不长，因而尚难对环境史做出全面的总结和定论。即使环境史学家对于什么是环境史、如何界定环境史的对象等，也有各自的理解。”〔1〕1979年推出《尘暴——1930年代美国南部大平原》并获美国历史学最高奖、近年来在中国国内也颇受推崇的美国环境史学家唐纳德·沃斯特曾诙谐地说：“在环境史领域，有多少学者就有多少环境史的定义。”〔2〕这里我们不必过多地去讨论学科意义上环境史的定义和范畴，看看实践层面上布罗代尔那部享有盛誉的《菲利普二世时代的地中海和地中海世界》，环境史之“宏阔”也足以让人“头晕目眩”。众所周知，这是一部体现布氏“三时段”历史观的代表作，其中“第一部分　环境的作用”，“论述一种几乎静止的历史——人同周围环境的关系史。这是一种缓慢流逝、缓慢演变，经常出现反复和不断重新开始的周期性历史”。〔3〕这里涉及的“环境”包括山脉、山区、高原、山坡地、丘陵、平原、大海、海峡、陆地、岛屿、沙漠、绿洲、大西洋、气候、灾害、季节、流行病、交通、航运、

〔1〕梅雪芹：《环境史学与环境问题》，人民出版社2004年，第9页。

〔2〕参见包茂宏：《唐纳德·沃斯特和美国的环境史研究》，载《史学理论研究》2003年第4期。

〔3〕〔法〕费尔南·布罗代尔著，唐家龙等译：《菲利普二世时代的地中海和地中海世界》（上卷），商务印书馆1998年，第8页。

道路等等，甚至还有资源、山民、水利、迁徙、城市、贫困、商队、侨商、经济、人口、粮食等内容。国内的环境史研究也相当宽泛，一篇综述“生态环境变迁史”的文章就涉及区域经济发展与环境变迁之关系、古代都城与生态环境之关系、动植物变迁与区域沙漠化、灾害与疾疫问题、气候变迁五个方面。[1]可以说，“很久以来，环境史常常以色彩斑斓的大杂烩的面目展现在世人面前”，[2]也可以说，现代意义上的环境史学科尚在成形的过程中。“草鞋无样，边打边像”，环境史只有在研究的实践中才能逐步形成自身的学科理论体系，并且确定其在史学园林中的地位。

环境史首先是一种“时过境迁”的环境史。结合国内环境史研究的现状，笔者以为，在环境史研究的起步阶段，以下几个问题尤其应当引起研究者警觉。第一，环境史应当“走向田野和社会”。“环境史的主要魅力在于，它激励人们不只是在‘历史的遗迹’，而是在更广袤的土地上发现历史。”[3]环境史研究需要“流浪者的目光”，需要研究者有敏锐的“问题意识”去发现、去体验环境变迁的历史。如果说，有些学科，包括历史学的一些专门领域可以在书斋和图书馆做出一流学问的话，环境史这样的实证性学科脱离开田野和实践是不太可能的。我们很难想象一个连现实环境状况都没有亲身体验，甚至“两耳不闻窗外事”的学者，怎样悬想和构筑出优秀的环境史著述来。第二，环境史研究要从区域史做起。环境几近无所不包，一个地区与另外一个地区也许有着迥然不同的自然环境条件，何况中国又是一个幅员辽阔、各种自然环境条件错综杂陈的国度。所以，“环境史的真正突破恐怕只有通过对各地区的实地调查研究才能实现”。[4]选择一个具

〔1〕 佳宏伟：《近十年来生态环境变迁史研究综述》，载《史学月刊》2004 年第 6 期。
〔2〕〔德〕约阿西姆·拉德卡：《自然与权力——世界环境史》，第 6 页。
〔3〕 同上书，前言第 2 页。
〔4〕 同上。

体的区域进行田野考察和研究，也许是起步阶段中国环境史研究的正途之一。第三，环境史研究要有“长时段”的眼光。环境变迁是一个长期复杂的缓慢过程，现实环境的恶化是长期积累和演变的结果。环境变迁过程中虽然不排除有地震、火山爆发等突发的灾难，但此类生态灾难往往会带来深远的环境影响。因此，环境史研究应关注自然环境长时期的演变过程，布罗代尔的“长时段”视角在环境史研究中应当是很好的借鉴。

基于以上对环境史的初步认识，本文试图在田野考察和文献解读的基础上，对明清以来晋水流域的环境变迁与水灾，特别是“峪水为灾”现象进行个案研究。不妥之处，尚祈指正。

一 “枕水际山”：晋水流域的环境要素

“环境”几乎是一个无所不包的概念，它既属自然，又属人文。气候、土地、山脉、海洋、河流、森林、矿产、生物、作物、灾害等等都与之直接或间接相关。然而，对于一个具体的区域而言，除了气候这样的大环境变迁之外，每一个不同的区域都有其自身的环境特性，亦即决定区域社会经济发展的环境要素。环境史的研究应避免罗列各种环境因素的弊端，而应抓住区域环境要素，凸显区域特征，真正找出环境与区域社会变迁的脉络。“南涝北旱”本是一般意义上中国南北方的主要差异，但在北方也不排除发生严重水灾的可能。地处北方黄土高原的晋水流域历史时期也曾发生过严重的水灾，其环境要素就是方志中历来引以为豪的“枕水际山”的描述。

晋水流域以晋水得名，晋水即至今仍颇负盛名的晋祠园林中以难老、鱼沼、善利三泉汇合而成的泉水。此区域地处山西省会太原西南部，今属太原市晋源区，包括金胜、晋祠、姚村三镇和晋源、罗城、义井三个街道办事处。鸟瞰太原市区图，汾河自北而南贯穿其中，西南部晋水流域背靠西山，中有晋水四河穿流其间，再东即濒临汾河。“枕水际山”四字确是其地形特征的简要概括，同时也是决定当地社会经济发展的环境要素。

晋水的开发和利用历史悠久。史载，周贞定王十六年（前453），晋世卿智伯联合韩魏欲取赵氏晋阳城（今古城营村遗址），然晋阳城固若金汤，“三月不拔”，于是开渠决晋水而灌之，城中“悬釜而饮，易子而食”。后赵襄子与韩魏媾和反攻智伯，智伯兵败身亡，晋阳解围，三家分晋，战国纷争的局面由此拉开序幕，“智伯渠”也由此得名。汉代以后，当地民人开始利用“智伯渠”渠道旧迹，灌溉田亩。隋唐时期，晋水进一步得到开发，溉田面积进一步扩大，又两次修建跨越汾河的渡槽工程，将晋水引入对岸的东城。至此，北河、南河、中河、陆堡河四河渠系基本形成。同时，晋阳城经历代增充扩建，至唐代已形成横跨汾河两岸，由都城、东城、中城组合而成规模宏伟的“龙城”。

宋代晋水灌溉系统进一步完善，溉田面积达到鼎盛时期。其时太原尉陈知白鉴于“晋水奔流，溉田无多，诸多田畴，水虽能及，乃民皆惧以水增赋，悉不敢溉之为用，水竟付之东流”的现状，剀切晓谕，浚晋水水源为十分，并划定三七配水比例，使晋水管理有了简而易行的制度。于是，“凡溉田数万亩，民利于是大溥”。〔1〕

唐宋以后直至元末，太原城郊成为中原统治者与北方少数民族政权长期争夺交战的重地。公元923年李存勖建后唐定晋阳为“西京”；936年石敬瑭建后晋在晋阳称帝；947年刘知远建后汉又称帝于晋阳；951年刘崇建北汉也在晋阳。少数民族政权一溜

〔1〕刘大鹏著，慕湘，吕文宰点校：《晋祠志》（上册），山西人民出版社1986年，第478页。以下仅以《晋祠志》出之。

烟地南下称雄，晋阳城郊一系列的建设与毁坏，真应了那“城头变幻大王旗”的名句。尤应指出的是，宋太平兴国四年（979），宋太宗赵光义第三次征讨北汉，竟放火焚烧经营千年的晋阳古城，次年又复演智伯旧剧，引晋水、汾水狂灌晋阳废墟，晋水又一次扮演了变利为害的角色。连绵不断的战事，使晋水渠系遭到严重破坏，争水冲突日趋激烈，所谓“水利虽云溥博，而水争则极纷纭”也。[1]

宋毁古晋阳城后，筑平晋县城于今汾河东岸小店区城西村之东，明洪武初年平晋县城又被洪水所没，复徙县治于汾水以西晋阳古城遗址。洪武八年（1375），太祖朱元璋废平晋县为太原县，清代仍袭之。在晋水利用方面，明清两代用水制度更加严密，尤其是清雍正七年（1729），太原知县龚新特设晋祠总河渠甲一名管理晋水全河事务，同时增定禁饬事宜七款，从各方面限制规范渠甲权力，并通令各河一体执行，至此晋水流域各河渠及村庄普遍丈量田亩、清造《河册》，晋水总河及四河溉田村庄进一步明确：

总　　河：晋祠、赤桥、纸房。

北河上河：西镇、花塔、硬底、南城角、沟里、壑里、杨家北头、县民、古城营、罗城、金胜、董茹。

北河下河：赤桥、硬底、小站营、五府营、马圈屯。

南河上河：索村、东院、枣园头。

南河下河：王郭、南张。

中　　河：长巷、西堡、南大寺、三家、东庄、万花堡、东庄营。

陆 堡 河：纸房、塔院、北大寺、东庄。

以上赤桥村得总河、北河下河之水，硬底村得北河上、下河之水，东庄得中河和陆堡河之水。又，新庄村地处南河末梢，濠荒

[1] 刘大鹏：《晋水志》卷二，旧制。稿本复件现存于山西大学中国社会史研究中心。

村、野场村位居四河退水的清水河畔，此三村虽无水例却沾晋水灌溉之利。这样，晋水实际灌田波及到流域共36村。晋水泱泱，惠泽三晋，历来是该地区经济发展民生富足的根本。乾隆年间以力争总河利益而“名扬乡里”的杨廷璇曾作一长联，表达的正是乡民对晋水恩泽的无限情怀：

溉汾西千顷田三分南七分北浩浩同流数十里淆之不浊
出翁山一片石冷于夏温于冬渊渊有本亿万年与世长清

杨氏这里所谓的“冷于夏温于冬”确是晋水的特质。现代科学测量表明，晋水水温常年为17.5℃，并含有丰富的钾、矾等矿物质，加上晋水流域土壤肥沃而略带碱性，是北方地区少有的宜于农耕的“水田沃土”。晋水浇灌了源远流长的三晋文明，同时赐给了晋水流域特有的水利产业。

晋水流域最负盛名的农作物是由晋水浇灌的晋祠大米。晋祠大米在此特定区域水土的滋润下，洁白纤长，“味殊精美”。至今乡民仍称它与天津小站大米一样同为华北地区的米中珍品，甚至一度曾作为“贡品”。按《元和郡县志》“隋开皇六年，引晋水溉稻田，周回四十一里”[1]的说法，晋祠大米至少也有1400年以上的历史。当地人称稻田为水田，又称稻畦。四周筑埂排列整齐依次灌水的一块块稻畦在晋水流域远看不可望极，刘大鹏说：“晋水所溉稻畦甚多，无虑数千百亩。”[2]据载，1936年，晋祠大米种植面积共4319亩，平均亩产125公斤，总产量达100万斤以上。[3]

---

〔1〕《元和郡县志》晋阳县。

〔2〕刘大鹏：《晋祠志》（上册），第125页。

〔3〕太原市南郊区地方志编纂委员会编：《太原市南郊区志》，生活·读书·新知三联书店1994年，第196页。

与晋祠大米一样得益于水土而闻名的是大寺莲藕。大寺以北齐创建的崇福寺得名，分南大寺、北大寺两个村庄，毗邻晋祠，中河、陆堡河分别灌之。“大寺荷风”为晋祠著名的外八景之一，清代杨二酉“莲村千顷色，真作万荷庄”的诗句，描写的正是大寺莲藕景色。据称，大寺莲藕切开后丝长尺余，可谓“藕断丝连”，制成凉菜可存放七八日而色香味不变。旧时祁县、太谷、平遥一带商家字号逢年过节总要专程前来购买，甚至远销张家口、内蒙古、北京、天津等地。[1]大寺莲藕通常在春季芒种前后埋莲秧于稻田，故而有“水地则种稻与莲”之说。[2]

水磨业是得晋水之利的一大产业。据嘉祐八年《重广水利记》“碾竖之具鳞次而动”推断，晋水流域的水磨业至迟在宋代已经出现。晋水流域地势西高东低，水流湍急，利用水流的重力势能带动石磨加工粮食的水磨业由此形成。刘大鹏《晋祠志》载，晋水流域计有水磨65盘，其中北河13盘，南河10盘，中河28盘，陆堡河15盘。水磨加工粮食需经过水洗、去皮保持纯净，食品品质不易破坏，且有营养高、味道正、口感柔软香醇等特点，加之明清以来晋祠地区商业繁盛，人口集中，水磨业也有很大的市场需求，粮食和米面遂成为晋祠商业交易中的重要部分。“晋水之俗，富者以有水磨为美产，商人以守水磨为良业”，[3]且“凡磨系面商居之，生意兴隆者，多日日磨面”。[4]若按每盘水磨每天加工两担面，碾三担米，大磨可磨面四到五百斤计算，[5]65盘水磨每年加工面粉至少当在500万斤以上，其数量也

[1] 胡克毅、魏民主编，张德一撰稿：《晋源史话》，北岳文艺出版社2003年，第340页。
[2] 刘大鹏：《晋祠志》(上册)，第127页。
[3] 同上书，第138页。
[4] 刘大鹏：《晋祠志》(中册)，第953页。
[5] 按，晋祠地区一担面约有168市斤。参见郝润川：《晋祠水磨》，见杜锦华主编：《晋阳文史资料》第5辑，第246页。

不可谓不大。

晋水流域另一个水利产业是传统的造纸业。由于造纸的原料主要是当地的稻秸和麦秸，故又称草纸。这种草纸的制作一般要经过石灰水浸泡原料、蒸草、洗草、粉碎制浆、水洗纸浆、手工捞纸、室外晒纸、整纸成型八道工序。〔1〕可以看出，造纸的整个工序需要充足的水量来保证。这样，在晋水流域拥有特殊权利、地处晋水出口的总河流域便在造纸业方面有了“近水楼台”的便利，其中纸房、赤桥历来造纸业十分发达。世居赤桥的刘大鹏在其《退想斋日记》中多次提到“里人生涯资耕作者十之一，资造草纸者十之九”以及乡民忙碌于造纸的情状：

> 吾里人民，皆资造纸为生，每岁秋季，家家户户各修晒纸墙，馆之左右，其墙甚多。日来里人鸡鸣而起，即来此间挑水和泥，天晓涂抹，一家抹墙，邻人相助，每日凌晨，馆之左右即人声鼎沸，亦里中幸事也。〔2〕

民国以后，造纸业虽有衰败之象，但仍为当地农业生产之余的收入之一。1935年的一份社会调查显示：当时，纸房村制纸家数21家，占全村家数的47.73%，年收入6720余元；赤桥村78家，占全村家数的61.4%，年收入在20000余元。〔3〕造纸业虽系“小规模之手工业副业”，但一般家庭也没有足够的固定资本，“各村的资本，多数皆系他人投资，如纸房之资本，半数均系晋

〔1〕郭华：《赤桥传统造纸》，载王海主编：《古村赤桥》，山西人民出版社2005年，第179—188页。

〔2〕刘大鹏遗著，乔志强标注：《退想斋日记》（光绪二十一年九月二十四日），山西人民出版社1990年，第46—47页。

〔3〕刘容亭：《兰村、纸房、赤桥三村之草纸调查》，载《新农村》第三、四期合刊。

祠商人、农人所投”[1]。“赤桥村里没闲人，春夏秋冬生意浓。刮风下雨不能息，男女老幼作纸忙。”这首流行在当地的民谣，既道出了造纸人的辛劳，又蕴含着温饱生活的惬意。

“枕水际山”的晋水流域，西面背靠的是吕梁山脉的东翼云中山。云中山所属太原地区的大小山脉，自南而北依次有苇谷山、蚕石山、尖山、象山、悬瓮山、天龙山、卧虎山、龙山、太山、婴山、蒙山等，当地人呼为“太原西山”，海拔一般在800—1800米之间，其中婴山石千峰1860米，系西山最高峰。西山诸山脉皆东北西南走向，由此形成大致呈东西走向线性排列的九条山峪，当地人又称“西山九峪”。西山九峪自南而北依次是南峪、黄芦峪、柳子峪、马房峪、明仙峪、风峪、开化峪、冶峪、西峪，其中柳子峪、马房峪、明仙峪、风峪四峪位居晋水流域正西面。步入晋祠，拾级而上，对面群山耸立，一望无际，山与山之间宽度不一的深沟，即民人所称之“峪”。

西山诸峪富有矿藏，尤以煤、矾、铁、硫黄等矿产闻名。道光《太原县志》有卧虎山出“石炭”，尖山“产矾出石炭”，风峪“出石炭石灰”，明仙峪“出石炭”，马房峪“出矾”，柳子峪“出石炭出矾”的记载。[2]位居晋水流域的西山四峪除马房峪稍短外，其他三峪一般在10公里以上，峪底宽度在40—100米，其实也是一种季节性的河流。

枕水际山的特定自然环境，长期以来是晋水流域乃至整个山西境内最美的胜景之一，它带来了美景，也带来了富足，其景其状历来为文人墨客赞叹不已。明代曾官至尚书的太原人王琼有一首《刘大尹邀游晋祠次韵》的诗篇，道出的就是乡人的满足与快乐：

---

〔1〕 见刘容亭：《兰村、纸房、赤桥三村之草纸调查》。

〔2〕 道光《太原县志》卷二，山川。

山城西去未千里，风景翛然趁野心。
古寺楼台行处近，前村烟树望中深。
闲情似可忘声利，世事何劳问昔今。
珍重吾邦贤令尹，四郊春雨布棠荫。[1]

然而，特定的环境既可造福人类，也可以给人类带来灾难，利弊之间其实也只是在特定的时空之间。如果说，宋元以前晋水流域或占地肥水美之位，或得政治中心之利，大体是处于相对繁盛上升时期的话，那么，明清以来“枕水际山”的环境要素就给晋水流域社会经济的发展带来了一定的消极影响，特别是频仍不断的“峪水为灾”日益成为人们日常生活中的大患。

二　“峪水为灾”：明清以来的环境恶化与灾害

光绪三十二年（1906），毗邻晋祠的赤桥村士绅刘大鹏在太谷南席村票号商人武佑卿家塾中完成了洋洋上千万言的《晋祠志》，其中第四十一卷“故事”有一则标题即“峪水为灾”，读之不禁令人悚然：

同治十三年甲戌夏四月二十三夜半，大雨如注，倾盆而至，雷电交加，势若山崩地塌。明仙、马房两峪，水俱暴涨，马房峪更甚。晋祠南门外庐社田园，淹没大半。淹毙男女五六十口，骡马十余匹，猪羊鸡犬数十头，他乡载煤车夫六七口，又有许多骡马牛驴。明仙峪淹毙者惟他乡之车夫五

〔1〕 刘大鹏：《晋祠志》（中册），第718页。

口，骡马十数匹而已，佥谓山中起蛟，致有此患。[1]

接着，刘大鹏描述了自己亲眼目睹的灾后惨状：

当是时，余年十八，诘朝偕二三父老抵里南涧河，睹淹毙之车夫，脑浆迸裂者二，死尸未损者三，且有死牛死马数头。既而诣晋祠南门外，目击死尸纵横，男女老少不一，其人有母抱幼稚子女同衾而毙者，有父子昆弟同床而殁者，有夫妇姐妹同室而殂者，有覆压于倾屋败垣者，有漂流于稻畦麦陇者。哀哭之声，惨不忍闻。百十人家只有数家被灾而未殒一命，热闹里閈，一夕遂成荒墟，令人为之怅怅。[2]

事实上，"峪水为灾"并非始自同治年间，也不限于明仙峪和马房峪。征诸地方文献，明代以前晋水流域水灾主要是由于汾水暴涨或改道所致，明清以来则是汾水峪水交相为害，尤其是之前不见史载的峪水灾害明显增多，且为害巨大。据方志记载，明洪武、嘉靖年间，清乾隆元年（1736）、十七年（1752）、三十三年（1768）、四十年（1775）风峪都曾发生过较大水灾，其中乾隆三十三年"七月初三日夜，大雨如注，风峪水暴发，浪高数丈，怒吼如雷。西郊尹公祠戏楼逐波倾圮，居民庐舍为之一空，坏西城四十余丈"。[3]当然，地处黄土高原的晋水流域明清以来也曾发生过不同程度的旱灾，但"峪水为灾"却成为愈演愈烈的灾害主流。如此状况必有其特殊的自然和社会原因。

明清以来晋水流域的"峪水为灾"现象表面上看是由于暴雨

---

〔1〕刘大鹏：《晋祠志》（中册），第1039页。

〔2〕同上书，第1040页。

〔3〕道光《太原县志》卷二，城垣。

形成的自然灾害，但其背后却是明清以来本地人口、资源、环境交互作用的结果。人口增长—资源紧张—无度开发—环境恶化—灾害频发是一个持续连环的过程，我们并不能因为人口、资源、环境三者看似简单的排列组合而去否定其历史存在。笔者四年前曾撰文呼吁从社会史角度研究中国人口资源环境史，并从区域史的角度对山西的有关问题作过简单讨论。[1]其实，晋水流域就是一个较为典型的个案。

自明初以来晋水流域就出现了一个人口持续增长的过程，此种人口增长除去当地原有人口的自然增长外，还有一股不小的外来人口迁入浪潮。有关晋水流域36村人口增长的具体数据，文献记载缺失，看看太原县的数据也是一个重要的参考。道光六年(1826)《太原县志》载明代洪武年间全县人口53719，永乐年间50228，成化年间51652，嘉靖年间79068，天启年间81200，清代顺治年间27339（丁），康熙年间31735（丁），雍正年间34762(丁)[2]，乾隆年间人口213434，嘉庆年间220928，道光初年224253。县志总结说，明代洪武至天启近三百年“所增不过三之一”，清代顺治至道光初年即“视明季几三倍之”。[3]可以看出，其间虽有明嘉靖年间的小幅波动，但整个趋势是一个不断增长且增幅越来越大的过程。

明清以来晋水流域的人口迁入首先是明洪武年间即已开始的“明初大移民”。明代初年，太原是北方重要的“九边”重镇之一。朱元璋在全国取得政权之后，即封三子为晋王，晋水流域的

---

〔1〕行龙：《要重视从社会史角度研究中国人口资源环境史》，《光明日报》2001年12月4日。《开展中国人口资源环境史研究》，《山西大学学报》（社会科学版）2001年第6期。

〔2〕清代人口统计单位前后不一，“丁”仅指16至60岁的“成丁”。一般研究者认为，丁与口的比例约为1∶5。参见行龙：《人口问题与近代社会》，人民出版社1992年，第一章“人口数量的演变”。

〔3〕道光《太原县志》卷三，田赋。

古晋阳城废墟及其周边地区成为明初军屯的重要场所，流域内的古城营、五府营、小站营、东庄营、马圈屯、河下屯、古寨、西寨、武家寨等村庄名称本身就与明初军屯直接相关，至今本地仍有“九营十八寨”的说法流传。按明代卫所制编制，太原驻屯一卫三千户所，粗略估计屯田数和军户数均在两万以上，占到当时太原县人口总数的三分之一强。[1]另外，在明初的移民浪潮中，晋水流域也吸收了不少数量的外来移民，尤其是自本省南部北上的“大槐树移民”。征诸地方文献，结合田野考察所得，我们可以判断晋水流域许多村落和地名的出现都在明清以后，其中明初洪洞“大槐树移民”占有相当数量：

王家庄位于风峪沟内，传说明永乐年间洪洞王姓男子率两个侄子来此定居，村随姓氏，遂名王家庄。

南堰村位居晋水北河下游末端西北处，村中最早的家族崔姓也在明初从河北博陵郡中转洪洞大槐树而来，随后子孙繁衍，就近迁居，又有毗邻的中堰、北堰出现。

南界冶峪沙河的吴家堡村，最早的赵姓相传也是洪洞大槐树移民。

明初白、程、李三家自外地迁至晋水南河下河的大村王郭村偏北处，遂有三家村村落的形成。

三家村附近的东庄，明代曾有高汝行任浙江按察使副使，并在村南建有花园，以此而有万花堡村。

西山九峪之最南峪即名南峪，传说明洪武年间有名阎毡片者由大槐树迁来，故此村又称阎家峪。而位居阎家峪西边的槐树底村即以大槐树移民得名。

槐树底村再往西的圪塔村，相传最初的居民也来自大槐树。

---

〔1〕袁汉城：《九营十八寨与明军屯考》，载《晋阳文史资料》第6辑。政协太原市晋源区文史资料委员会2002年印行。

此村因附近山丘犹如圪塔，故名。

与南峪诸村隔汾河相望的高家堡、大元、田村相传都是洪洞大槐树的移民，等等。

明代初年大量军屯和外来人口的迁入，加重了晋水流域的人口压力。接踵而至的便是流域内不同利益集团对有限资源的激烈争夺，其中对民人赖以生存的晋水资源的争夺达到了有史以来的高峰。系统分析晋水开发和利用的历史，我们不难发现，明代以来晋水四河范围内总河与分河、同河村庄与异河村庄、上游村庄与下游村庄为争夺水资源的所有权和使用权的各类“水案”明显增多，而且冲突的程度愈发升级。官方和民间在争夺水资源的过程中，不仅诉诸了实际的权力和武力，而且还利用了意识层面上水神的力量。〔1〕在严重人口压力下对水资源激烈争夺的同时，地处平原区的部分人口，尤其是不断迁入的外来人口开始向风峪、明仙峪、马房峪、柳子峪等附近山地进入，成为缓释人口压力的另外一条途径。正所谓“靠山吃山，靠水吃水”。

如前所述，西山诸山区富有煤、矾、铁、硫黄等矿产资源，不宜耕作却利于开采。大量人口由外地和平原地区的进入，首先开始了对这些矿产资源的土法开采。昔日少有人迹的宁静山区逐渐为“叱牛声、喝车声、刈煤声、运煤车马声”所替代，昔日鸟兽出没一片绿色的情景亦为“灯火荧荧，通宵灿烂”的煤、矾厂矿的火苗所取代。〔2〕有关西山诸峪最早矿厂的出现时间也许可能在明清以前，但具体的矿厂见诸文献的是在乾隆年间，刘大鹏在《明仙峪志》中提到一处“水窑”曰：

〔1〕 参见拙文《多村庄祭奠中的国家与社会——晋水流域36村水利祭祀系统个案研究》，载《史林》2005年第4期。

〔2〕 刘大鹏：《晋祠志》（中册），第1138页。

据山人言：乾隆年间，太谷李某携资来峪，凿山成窑，采取煤炭，矿极精良，获利甚厚，数年于兹，被众羡慕。窑内之水另穿一穴而泄，名曰水道。……水由窑出，因改李家窑之名，竟呼曰水窑。[1]

刘氏《明仙峪志》和《柳子峪志》均成书于1920年，而且亲自在两峪分别经营石门、西坪两煤窑数年，自称“与峪人相周旋，业经数年于兹，颇于峪中情形历览焉而了然于心目”。[2]所记当为信史。检索此两志，可见煤、矾等厂矿已成星罗棋布漫山遍野之状。以下便是两志所载的大小矿厂：

明仙峪：磺窑口、灰坡、水窑、矾窑崖、老窑沟、老窑、官窑坪、大小官窑、石门窑、石门沟矾厂、黄老岫煤矿、槐条沟“煤窑数座”、前当窑、后当窑、大小长沟“旧窑数穴”、造矾厂、流水泉新旧煤窑数处、前坡窑、梨树沟“煤窑两穴”、坟儿沟窑、烧饼窑、南北大青窑、得坪窑、南窑沟、悬瓮洼窑、白云窑、前后瓦窑。

柳子峪：木鸽湾窑、娃娃窑、道德窑、大龙桥铁厂“三、四处”、红渣窑、杨杞沟窑、威坡矾厂、巍坡窑“煤矿矾矿井出一窑”、桑涧窑、鹿窑、李家窑、大眼窑“煤矾并产”、大瓦沟窑、庄子坡窑、硫黄矿窑、下水窑、窑头村煤窑、矾厂、南窑、窑头、洗脸盆窑、肥美新窑、东窑、西窑、隆庆窑、核桃树沟窑、北岔“设立煤厂数处”、上岔口窑、南坪窑、大窑沟、十字河沟“煤窑颇多”、双庆窑、西坪窑、李家窑、阜财窑、康家窑、天顺窑、新筒窑、黑山窑、肥美窑、南岔沟煤窑及矾厂、义合窑、南边窑、平地窑、宏窑、崖头矾厂、小窑、四亩地矾化博窑、杨树沟窑、上灰沟窑、下灰沟窑、东沟窑、东窨窑、西窨窑、园子

〔1〕 刘大鹏：《晋祠志》（中册），第1120页。

〔2〕 刘大鹏：《明仙峪记序》，见《晋祠志》（中册），第1102页。

窑、小南窑、大观窑、黄楼村五煤窑（隆庆窑、二泰窑、后北窑、枣间窑、南湾窑）、康屹岨窑、庆成窑、洪福窑、马家窑、石成窑、永成新窑、老窑湾、继成窑、李家窑、王家窑、水巷窑、川沙河沟共计煤窑九（敦远窑、南坪窑、北大青窑、南大青窑、中屹岨窑、万成窑、南北洞儿窑、圪台窑、合成窑）、柳圈沟煤窑共三（西坪窑、东坪窑、肥美窑）、铲石沟“煤窑数穴”、井筒窑、石盒窑、永成窑、后菜坪窑、中菜坪窑、前菜坪窑、顶天窑、大顺窑。

以上所摘明仙峪、柳子峪各煤矿、矾厂早者起自乾隆、嘉庆年间，晚者在刘氏所记的20世纪20年代。在此近200年中，采矿的高潮又集中在乾嘉和清末民初两个时段。乾嘉时代是有清以来人口增长最快的时期，晋水流域明代以来又吸收了数量不少的外来移民，这是人口向山区进发的主要原因。清末民初的开采高潮则与政府鼓励有关。查清末民初各地商人在晋水流域诸峪投资煤矿者渐多，甚至有江浙一带商人“集资万金”前来开矿者，[1]正所谓“新政既兴，而矿业又盛”也。[2]特别值得指出的是，大量小煤窑的开采，不仅吸收了相当数量的矿主、矿工、运煤车夫甚至骡马牛驴，加重了山区的给养能力，而且吃水乱挖、烧饭伐薪、道路开凿等等行为又恶化了山区的环境，土法开采、屡开屡废对煤炭资源造成极大浪费，以柳子峪平地窑为例：

> 咸丰、同治年间出煤正旺，煤质亦佳，所出之炭均系大块，人争购运。至光绪初年，即露衰象。未及窑中不适，非但频遭火患，而且水满其中，遂成废窑，歇业二三十年。民国成立之初，又有人开采，竟仅在近处采取遗剩之煤，不得

〔1〕 刘大鹏：《晋祠志》（下册），第1247页。

〔2〕 同上书，第1243页。

入其煤矿实处取之。[1]

造矾与采煤相比较，其对水和木材的消耗更甚，而且制造时间较长。架锅安灶、火烧熬煮、洒硝水洗都对环境带来一定影响。这种情景在刘大鹏的一首诗中有具体描述：

太原九峪产煤优，矾矿多产柳子沟。
釜灶铺陈空谷口，池塘设置半岩中。
煎熬春季生成夏，停止冬时造作秋。
用水煮淘兼用火，加硝才使汁能稠。
柳子峪中出产蕃，厂开涧侧即逢原。
依峰靠嶂安锅灶，甃石和泥作水盆。
日日曾将硝质洒，天天竟把矿苗翻。
几经熬煮几经洗，数月方才造就矾。[2]

大量人口的涌入和煤矿、矾厂的开采，使西山地区的森林植被遭到严重破坏，许多原来生态条件良好、植被茂密的地区在不断的人为活动中日趋恶化，这样的例子在刘大鹏的著作中可谓俯拾皆是：如槐条沟“以槐树多生于沟故也。深不盈里许，而有煤窑数座”，由此“畴昔沟中尽古槐”变为“于今树木何稀少”。[3]木林沟“一沟深邃，树木成林，故以为名”，“浓荫宏深，希见曦影。鸟则为巢栖之，兽则窟宅以驻骀。峪人恐有恶虫凶兽，潜伏其身，致遭其害，将木渐次砍伐，俾树凋零，今不成林矣”，所谓“昔日成林今不林”。[4]不该忘记的是，西山地区自北齐以来

---

〔1〕 刘大鹏：《晋祠志》（下册），第1403页。
〔2〕 同上书，第1409页。
〔3〕 刘大鹏：《晋祠志》（中册），第1137页。
〔4〕 刘大鹏：《晋祠志》（下册），第1406页。

就是著名的风景胜地，此地树高林密，草木繁盛，加之山涧溪水潺潺，经年不断，元以前仍有“路转花溪不踏尘”的景况，明清以后生态环境逐渐演化成为一幅“有草无树，草亦不繁”的童山秃岭画面，思之不禁令人长叹。

西山地区环境变劣的另一个表征就是诸峪水情的恶化。可以想见，大量煤矿、矾厂的开采，尤其是井筒式煤窑的开采，必然导致地下水层的破坏。加之山区黄土极易冲刷，植被又遭破坏，一旦暴雨来临，必然形成山洪暴发，沙石俱下的状况。明清以来，为防御“峪水为灾”，各峪口普遍加修石堤，“以束峪水”。柳子峪口“盛夏大雨，山水暴涨”，“口外中为涧河，南北各甃石堤，以束峪水暴涨。石堤延袤七八里”。[1]明仙峪也是“峪口之外，左右修筑石堤，以束峪水”。[2]风峪“遇夏暴雨，每侵城郭，筑堤障之”。[3]这里的“城郭”即指明清以来的太原县城，亦即故晋阳城遗迹。此县城地势低洼，恰处西山风峪口之下，每逢夏秋汛期，风峪山洪暴发，便有被淹之虞，至今相传农历五月二十七的城隍庙会俗称“漂铁锅会”，意即每遇洪水，锅碗瓢盆到处漂起。县城西门外“乱石滩”，也以风峪山洪冲刷河卵石而名。据县志记载，明成化年间原筑防洪沙堰被毁，正德年间重修；嘉靖七年（1528）复坏又修；二十一年又坏又修；乾隆初年堰北截冲毁八十五丈，十七、十八两年南截冲毁四十五丈，直至乾隆四十一年（1776）又大修，置地扩充，运石添灰，始少纾山洪。[4]事实上，西山诸峪口都有不同程度的沙石堆积现象，以致晋水灌区各河渠道堵塞，影响灌溉，伤农误时，终无良策。刘大鹏谈及鸳鸯口的情况时感慨良多：

---

〔1〕 刘大鹏：《晋祠志》（下册），第 1214 页。

〔2〕 刘大鹏：《晋祠志》（中册），第 1107 页。

〔3〕 道光《太原县志》卷二，山川。

〔4〕 道光《太原县志》卷二，水利。

鸳鸯河为中南两河要害之区，而大小神沟所退之山水适当其处，凡遇大雨，山水暴发，二沟沙石随山水而下，遂将鸳鸯口淤塞，水莫能流，两河皆涸，甚至冲坏水平及三角尖。每岁每次挑浚疏通，费工甚巨。往往际农忙之日出此巨工，中南两河人民日趋该河口挑浚，或当需水孔急之时（稻田不可一日无水，至蓝田则时时用水），则挑浚尤不容缓，必也夜以继日。除沙石而疏水通，其害农事良非浅鲜，历年久远，无策可除。[1]

“环境问题从根本上来说很简单，即在所有的地区，如果当地居民没有能力控制资源，限制外来人口，环境就会恶化。”[2]这一结论同样适合于我们所讨论的明清以来的晋水流域。人口增长、资源紧张、环境恶化三者之间有其必然的联系存在，我们并不能以其看似简单的排列而否定其历史和现实的事实。明清以来随着军屯和外来人口的大量增加，晋水流域的自然资源、尤其是民人赖以生活和生存的水资源日趋紧张，西山诸峪进而成为开发的对象。而西山诸峪大量煤、矾矿的土法开采，又带来植被破坏、水土流失的后果，这就是明清以来西山诸峪屡次洪水泛滥成灾的主要原因。

三 “长时段”：并未完结的演变过程

同治十三年（1874）明仙峪、马房峪洪水大灾才过两年，晋水流域便同样遇到光绪初年波及秦、晋、豫等北方地区的大旱

〔1〕 刘大鹏：《晋水志》卷二，第10页。
〔2〕 参见〔德〕约阿西姆·拉德卡：《自然与权力——世界环境史》，第3页。

灾。不同的是，虽然此次灾害山西受灾最重，但太原地区、尤其是资晋水灌溉之利的平原区相对受灾较轻，而西山诸峪及山区村庄却受到严重打击。人口亡失严重，煤窑大都荒废，成为灾后山区的普遍现象。刘大鹏在《明仙峪志》中专辟户口一则，对灾前灾后户口进行比较，其问亦深切：

> 明仙峪中村庄凡四：曰明仙村，曰瓦窑村，曰上白云村，曰下白云村。昔年家给人足，生齿甚繁，煤窑、矾厂各村皆旺。至光绪丁丑（三年）岁大祲，道馑想望，晋人死亡大半，山村更甚，竟至十分之八九，而一峪人民遗留无几，数十年来元气终莫能复。辛亥（宣统三年）变后，政号共和，而峪中户口仍旧寥寥，温饱之家十之一二，穷苦之家十之八九，凋敝情形殊堪恻悯，非但无读书之士，而且无识字之人。……四村之人男多而妇少，而且有一男即为一户者。均藉开采煤矿为生计。峪中煤窑为数无多，亦无畅旺之窑，并无造矾之厂，虽有丁男，均作窑黑子，生计艰难，莫能娶妻生子，则户口何以能多，生齿何望其繁乎？[1]

应该说，山区人口灾后亡失严重且长期难以恢复，与山民只靠挖煤而无耕作直接相关。不仅如此，“峪水为灾”还给晋水流域带来了严重而长期的消极后果，这就是一些村庄的消失和大量农田的毁灭。晋祠镇和长巷村中间的西堡村就是一例。《晋水志》载，西堡村原“有数十家，后渐减少，届同治十三年仅存数家而已，是年四月二十三日夜，雷雨大作，马房峪水暴发，涧河横溢，只留一家，人仅一口。逾三岁至光绪三年大祲，一家亦亡，

---

〔1〕 刘大鹏：《晋祠志》（中册），第1177页。

村随减其河务，归并于长巷村。”[1]这样一种趋势在光绪初年自然灾害后并没有停止。1921 年，晋水《河册》保留了因峪水暴发和汾水泛滥而减少的村庄和田地数字，这里不妨抄录如下：

> 民国期间，晋水灌溉村庄三十一个，灌溉面积二百六十顷十六亩，民国期间比清代雍正七年（1729）浇地村庄减少四个，计有西堡村、野场、东庄营、马圈屯。浇地面积减少六顷四十八亩，考察其减少原因，主要有二：其一，西边山各河沟山洪暴发，冲毁水地不能耕种，有八个村共减少水地面积十三顷二十亩，其中：晋祠一顷八十四亩、纸房五十三亩、赤桥一顷五十三亩、金胜一顷四十亩、索村一顷九十九亩、王郭三顷、南张二顷二十三亩、北大寺九十七亩；其二，民国二年（1913）汾河大水泛滥，太原城郊土地被淹，十室九空，惨不忍睹。这次汾河泛滥使汾河岸边的土地大为淤高，部分土地不能引晋水灌溉，而退出晋祠水例，计有七个村庄，减少浇地面积四十九顷二十八亩，其中：小站营十顷、小站二顷五十亩、马圈四顷五十亩、五府营三顷六十九亩、万花堡二顷十三亩、东庄十一顷八十六亩、东庄营十四顷六十亩。[2]

新中国建立之后，晋祠水权统归国家所有，1951 年传统的“渠长制”为晋源县水利委员会所取代。1951 年秋，灌区开展“反水霸、反封建水规、反本位主义”的三反运动，以亩计征，按作物需水轮灌、跟水行浇的灌溉办法彻底取代了旧有的浇水轮程制。同时，灌区进行了一系列渠系改建、渠道防渗、平田整地

---

〔1〕 刘大鹏：《晋水志》卷三，水利，第 12 页。

〔2〕 转引自《晋祠水利志》，山西人民出版社 2002 年，第 18—19 页。

等工程建设，大大提高了晋水的浇地面积，扩大了晋水的受益村庄。据《晋祠水利志》言，灌溉面积由建国前的1733公顷发展到2800公顷；受益村庄由建国前的31个发展到42个。[1]然而，上世纪60年代以来，随着工农业生产的不断发展及流域区内人口数量的不断增长，晋水流域又一次出现了用水紧张的严重矛盾。1960年春，太原氮肥厂开始投产，晋祠泉水第一次大量用于工业生产，当年流域粮食即减产91万斤。1962年，氮肥厂在明仙峪、兰居寺、难老泉三处所凿七眼深井开始抽水，骤使晋水流量大幅下降。1972年，晋祠三泉中的善利、鱼沼二泉干涸。70年代后期，清徐平泉、梁泉两个自流井及洞儿沟自流井的启用，使晋水流量进一步减少。再过二十年，难老泉最终熬到老期，于1993年4月30日彻底断流。[2]如今，"晋祠大米"不仅种植面积大为减少，而且此大米已非彼大米，资晋水之利而形成的传统水磨业、造纸业也随晋水流量的减少而没落，我们只能在田野工作中寻找到零星的旧水磨和造纸工具。想想两千多年来哺育三晋文明滋养民众生产生活的滔滔晋水竟然无情断流，读读诗仙李白那"晋祠流水如碧玉"，"百尺清潭写翠娥"的美妙诗句，再瞠目定睛品味至今难老泉亭明人傅山所题之"难老"匾额，真令人徒生今昔之感！

还有不能不提的是，明清以来形成的西山诸峪植被破坏、树木减少、滥采滥挖、山洪肆虐等现象非但没有停止，且有愈演愈烈之势。上世纪20年代，刘大鹏在《明仙峪志》、《柳子峪志》中描述的许多地方仍泉水流溢、树木苍翠的情景已一去不返，甚至那些本身就富有水草之美的地名，如今乡老入山也难见其迹，或者干脆在记忆中磨灭。我们还是以当时刘大鹏眼里"九峪之最

---

〔1〕 转引自《晋祠水利志》，山西人民出版社2002年，第3页。

〔2〕 以上均见《晋祠水利志》第六章，晋祠水利大事记。

劣者”之明仙峪为例，看看八十年前一些地方的生态状况。滴水岩“其水淙淙滴滴，逾崖下泄，响答山谷”；桃沟“其中桃树可数十株”；酸枣沟“沟名酸枣气澄清，荆棘纷披不可行”；姑姑洞坪“旁则老松屹峙，如掌华盖”；明仙村“层峦叠嶂间栋宇相望，桑梓接连”；柏树岩“柏树若霁，俨如翠屏”；条子洼“嘉卉灌丛，蔚若邓林”；流水泉沟“其水清冽，饮之甚甘”；梨树沟“山高沟浅白花迷，其实离离树缀梨”；下白云村“住居枣树林中”；桃园“春则桃之夭夭，灼灼其华；秋则桃之离离，红碧错杂”；蘑菇坪“蘑菇丛生，飑飑纷纷”；香树坪“香树灌林蔚若邓林”等等。[1]显然，民国时代明仙峪生态环境已大大不如明清之前，但较之再后的岁月仍略胜一筹。民国以来，阎锡山地方政府虽将植树作为“六政三事”来抓，但明仙峪经过明清以来数百年的滥垦滥挖，宜于植树的地方竟然寥寥无几。《明仙峪志》有“树木”一则曰：

> 民国成立以来，政重森林，年年官令各处栽种树木。吾晋尤重斯政，明仙峪人家稀少，虽奉官令春季栽树，究之所植无多，而宜于植树之处，亦寥寥无几，故植数年见效未多。[2]

建国以后，虽然政府大力推进植树造林，近二十年来又有专门的“植树节”，但在西山山区及诸峪效果并不明显。如今除个别如天龙山一些山间可以看到少量松柏树木外，大部分地区已无森林可言，只不过零星灌木、荆棘、杂草而已。

更为严重的是，对西山诸峪煤、矾、石等资源的无度开采，

---

〔1〕 以上均见《明仙峪志》，载《晋祠志》(中册)。

〔2〕 刘大鹏：《晋祠志》(中册)，第1182页。

其规模程度都大大超过以往，环境恶化的后果也更加严重。以风峪为例，1958年人民公社时期，风峪八村就普遍以集体所有制形式开办煤窑，采矿的办法仍然沿用传统的“树枝状”。60年代开始使用机械采煤。80年代后，西山地区的矿产开发达到有史以来的最高峰，仅风峪一地政府批准的煤矿就有近二十家，私采私挖的小煤窑更是漫山遍野。现晋源区水务局局长在《风峪沙河水利资源》一文中也直言不讳地写道：“流域店头村以上为沙页岩土石山区，一般杂草、灌木植被较好，沟掌有少许森林，地下多煤层，沟底煤窑较多，约60—70座，沟内到处可见矿口、煤堆、矿渣、污水，又黑又脏。店头村以下为质岩土石山区，植被较差，因此石料场较多，可以说到处开山采石，植被破坏严重，石料场有20余个，石膏窑6—7个，沟内开窑开矿，往来运输，甚是繁荣热闹，嘈杂和尘土飞扬。”〔1〕可以想见，一个流域面积只有不足40公里的风峪山区，却有百余座煤窑、石膏窑、石料场分布其间，真到了千疮百孔满目疮痍的地步。还有，80年代后，太原市最大的煤矿集团西山煤矿集团所属官地矿和白家庄矿均在西山地区开始大型开采，造成严重地表塌陷和地面裂缝的后果。据2000年的一份调查显示，要子庄和周家庄两个行政村塌陷最大长度达500—600米，宽度120米左右，要子庄东南出现严重地面裂缝，在约35米宽度范围内有四条平行排列的地面裂缝，其裂缝宽度在1米左右。〔2〕地表塌陷不仅使土壤退化和土地生产力下降，而且使地下水和地表水发生不同程度的泄漏，进而影响水循环，导致井泉干涸，水源枯竭，环境恶化，居民生存生活的基本条件受到威胁。80年代后，赵家山、箱子沟、店头、

〔1〕 见《晋阳文史资料》第七辑，2003年12月“风峪专辑”。

〔2〕 王献民（晋源区国土资源局局长）：《土地复垦项目状况》，见《晋阳文史资料》第七辑，“风峪专辑”。

程家峪、王家庄、田家庄、黄冶村、要子庄、周家庄等所谓“风峪九村”至今已全部迁出山外另建新村。明清时代人口向山区进发定居开采，如今人们迫于环境的压力又不得不迁出山外，一入一出，沧桑百年。笔端至此，能不浩叹！

晋水流域“峪水为灾”的现象建国以后也没有彻底根除。实事求是地说，建国以来，各级政府从兴利除害，保护人民生命财产安全的大局出发，对西山诸峪进行过多次大规模的治理，并且取得了一定的成效。开挖新河、疏治河道、加固堤防、植树造林、小流域治理等等措施可谓应有尽有，发动组织群众，设法筹措经费，解决木材、钢材、水泥等建筑材料问题等亦可谓不遗余力。但由于山区生态环境日趋恶化，每遇山洪，尤其是特大山洪，仍不免造成严重水灾。现在明仙峪口河床已高出两岸村庄 3—5 米，柳子峪沙河下游已无固定河道，洪水漫流为三条沙河，水灾的危险仍不能免除。据新修当地方志载：1956 年 8 月暴雨，风峪、柳子峪、开化峪三条沙河 13 处决口，沿线许多村庄受灾严重；1975 年 8 月底，西山及晋祠一带两日连降暴雨，沙河决口，150 余亩土地被冲毁；1981 年 7 月，风峪沟山洪再次暴发，泥石大泄，洪流每秒 40 立方米。卷走马车两辆，拖拉机 3 台。[1]

世纪之交，科学发展观已成为举国上下的伟大实践，人口、资源、环境的协调发展开始受到社会各界的普遍重视。时值夏季，在驱车前往晋祠的太汾公路上，远眺西山，布满山野的幼嫩树木已依稀可见，难老泉的泉水据说也已开始复出。只是，人们在欣赏之余仍不免一份忐忑。

---

〔1〕 太原市南郊区地方志编撰委员会编：《太原市南郊区志》，生活·读书·新知三联书店 1994 年，第 133 页。

生态环境与自然灾害是一对互相作用的孪生兄弟。自然灾害可以造成生态环境短期或长期的危机和恶化，良好的生态环境一定程度上也可以防止或减缓灾害的发生和受灾程度。反之，生态环境的恶化可以促使或加剧灾害的发生，灾害的频繁发生又会加剧生态环境的恶化。明清以来晋水流域环境与灾害的演变过程，只是一个较小区域的个案，但它映照的却是一个普遍的历史事实。环境演变虽已“时过境迁”，历史的教训却应警钟长鸣。

三　集体化时代

从社会史角度研究集体化时代的中国农村社会

近些年来，从不同学科、不同视角展开对20世纪后半叶集体化时代的中国农村社会的研究已蔚然成风。“横看成岭侧成峰，远近高低各不同。”不同学科有不同的理论和方法，也会有不同的判断和结论，但多学科的关注和发力，无疑会推动研究的深入。稍有遗憾的是，对这样一个重要历史时代的研究，历史学本学科却基本因袭传统的框架，难有突破，这也是近些年来学界普遍感受到的问题。

本文试图提出一个新的视角，这就是以“自下而上”的社会史视角研究集体化时代的中国农村社会，意在将中国社会史的研究从古代、近代引入现当代，进一步丰富我们对中国历史和中国革命史的认识。

一　已有成果的不足

所谓集体化时代，即指从中国共产党在抗日根据地时期推行互助组，到1980年代人民公社体制结束的时代。此间约四十年时间（各地时间不一），互助组、初级社、高级社、人民公社、农业学大寨前后相继，一路走来，成为中国历史上空前的也许是绝后的独特时代。从历史发展的进程而言，这是一个难以分割的时代，也是一个难以忘却的时代。

检索多年来对集体化时代的研究成果（不包括一般性著述），可以概括为以下三种类型：

一是中国革命史或中国共产党党史的模式。自20世纪40年代延安时期六届七次中央全会通过的《中国共产党中央委员会关于若干历史问题的决议》，以及20世纪50年代初胡乔木的《中国共产党的三十年》，中国共产党党史和中国革命史的撰写形成了一个基本的框架。这一框架模式的基本特点是，它以重大事件和中国共产党历次代表大会为线索，以章节体的形式撰写这段历史。几十年来，以《中国革命史》、《中国共产党党史》命名的数百部著作，更多的是不同类别的诸多教材，大多陈陈相因，难脱此框架。因袭既久，渐成定式。公正地说，这样的历史著述，为人们认识中国共产党带领中国人民进行民主革命和社会主义建设的历史提供了基本的史实，也曾在革命和建设中起到了积极的教育作用。但是，这些著述大多限于对重大事件和上层路线方针政策的诠释，骨架虽有却缺乏血肉。革命史和党史毕竟不能代替全面的完整的历史，除了政治还有经济，除了革命还有生产，除了斗争还有生活，除了中央还有地方，除了一呼百应还有无声的反抗，除了领导人的个人生活还有百姓生活的众生相，历史本来就是有血有肉、丰富多彩的画卷。

二是海外学者有关人类学社会学的著述。海外学者对集体化时代中国农村社会的研究早在1960年代即已开始，虽数量有限，但都是在亲身经历的基础上著书立说，自有其人类学社会学的明显特色。迈德尔（Jan Myrdal）夫妇1962年即深入陕北柳林的村庄进行了为时一个多月的田野调查，1965年在美国出版《一个中国乡村的报告》，1973年又出版《中国：继续的革命》，以人类学民族志书写的方式记录了一个普通村庄在共产党领导下革命和生产的真实画面。韩丁和柯鲁克夫妇则以观察员身份直接参加根据地土改，分别成就了《翻身：中国一个村庄的革命纪实》(北京出版社1980年)和《十里店：中国一个村庄的革命》(上海人民出版社2007年)两部纪实性作品。时隔三十年，1991年弗里曼(Edward Friedman)等人的《中国乡村，社会主义国家》英文版出版(中译本社会科学文献出版社2002年)，又是一部在十余年田野工作基础上多学科专家合撰的社会人类学著作。该书考察的重点是人民公社时期的典型河北衡水地区饶阳县五公村，但理论视觉和基本判断已与前三书迥异。还有一些海外学者在1980年代初期利用能到中国乡村进行田野调查的机会，在搜集丰富的口述资料基础上撰写了这方面的著述，代表性的有黄树民的《林村的故事：1949年后的中国农村变革》(三联书店2002年)等。此类著述最大的特点是在亲身经历或田野工作的基础上，对某一个村庄的革命进程进行深入的社会人类学研究，韩丁就觉得他的作品“无论在风格上或内容上都很像一部纪录影片”。[1]但是，中国的村庄形形色色千姿百态几万万，“真实的”是否就是“全面的”？况且，尽管是亲身的经历和大量田野的工作，海外学者的关注点和眼力毕竟也是有限的，他们到底能做到多大程度“同情的理解”？这些都是后来的研究者不断追问的问题。

第三是近些年来出现的新的著述。美籍华人学者黄宗智先生继“过密化”、“内卷化”理论后，又从“表达与实践”的角度论述从土改到“文革”的农村历史，他认为中国革命应视为1946年到1976年的三十年社会结构变迁，正是因为“表达性现实”与“客观性现实”之间的偏离和这种偏离的不断加大，才导致了文化大革命如此的政治运动。[2]张乐天的《告别理想——人民公社

---

〔1〕〔美〕韩丁著，韩倞等译，邱应觉校：《翻身：中国一个村庄的革命纪实》，北京出版社1980年，第4—5页。

〔2〕〔美〕黄宗智：《中国革命中的农村阶级斗争——从土改到文革时期的表达性现实与客观性现实》，《中国乡村研究》2003年第2辑。

制度研究》(东方出版中心 1998 年),借助自己家乡浙江北部联民村 1950 年代以来的档案资料,试图以“外部冲击—村落传统互动模式”解释人民公社时代农村生活的实践逻辑。阎云翔的《私人社会的变革:一个中国村庄里的爱情、家庭与亲密关系,1949—1999》(上海书店 2006 年),以自己生活和调查的黑龙江下岬村为个案,细密地讨论了一个普通村庄的个人及情感生活,是一部典型的乡村民族志著作。清华大学郭于华等人则注重对口述资料的搜集与研究,他们对陕北农村妇女在 1950 年代的社会生活也进行了相关的探讨。[1]另外,近年来有关专题的论文也在不断发表。此类著述均以资料见长,或档案,或口述,或田野,或综合,尤其是更加注重理论的探讨,值得学界进一步期待。

历史本身与历史研究一样,时间越久远看的越清楚。几十年来,对集体化时代的研究已积累了一批成果,尤其是近些年来出现了一些新的作品,多学科的综合研究方兴未艾。稍有遗憾的是,历史学科本身对此研究仍然不能尽如人意。

从社会史的视角研究集体化时代的中国农村社会,并不是要否定现有的研究成果,而是要在吸纳现有成果的基础上,从“自下而上”的社会史角度对此进行探讨,以丰富我们对这个重要历史时代的研究。

二 前后相继的集体化时代

对于中国农村社会而言,集体化时代是一个非常特殊的时代,也是一个前后相继,不可分割的时代。互助组、初级社、高

〔1〕 代表性的成果有郭于华:《心灵的集体化:陕北骥村农业合作化的女性记忆》,《中国社会科学》2003 年第 4 期。

级社、人民公社、农业学大寨是这个时代不同阶段的表征，也是这段迭浪相逐的历史长河中呈现出的波涛。只有从社会发展的角度将此看做一个整体的历史时代加以探讨，才能看清它的面貌与特性。

中国封建经济是“自给自足的自然经济占主导地位”。其中最大的特征就是一家一户的小生产，“农民不但生产自己需要的农产品，而且生产自己需要的大部分手工业品”。[1]“男耕女织”是这种小农经济的具体表现。中国共产党领导千百万农民走向集体化的道路，就是要打破这种封建的小农经济，实现共同富裕的集体经济，这既是一种理想，也是一个伟大的社会实践。

互助组。劳动互助本来是农民在生产生活中长期形成的习惯，虽然江西时代中国共产党人就在当地有意识地组织了互助社、耕田队那种带有互助组性质的劳动组织，但后来的万里长征毕竟没有使其延续下来。当互助组织在抗日战争相持阶段在各根据地形成一个运动的时候，其性质就发生了根本的变化，这个变化不仅体现在它的有组织性、领导性，而且尤其体现在它的目的性。1943 年 11 月底，在各根据地普遍建立各类互助合作组织的基础上，毛泽东在招待陕甘宁边区劳动英雄大会上发表了著名的《组织起来》的讲话，他明确地指出，几千年来的个体经济，使农民陷入永远的穷苦，“克服这种状况的唯一办法，就是逐渐地集体化；而达到集体化的唯一道路，依据列宁所说，就是经过合作社”。[2]互助组的目标就是集体化，这是中国共产党人在根据地时代即已明确的方针。我们不能因为互助组仍然以生产资料私有制为基础，就把它和后来的初级社、高级社割裂开来。正所谓

〔1〕 毛泽东：《中国革命和中国共产党》，《毛泽东选集》第 2 卷，人民出版社 1966 年，第 586—587 页。

〔2〕 毛泽东：《组织起来》，《毛泽东选集》第 3 卷，人民出版社 1966 年，第 885 页。

“不知有汉，无论魏晋”。

互助组织的大量出现又是与大生产、减租减息、土地改革这样的群众运动联系在一起的。从这里出发，中国农民开始由一家一户的个体生产走向集体生产；妇女开始从家庭走向田间和社会；贫雇农开始成为农村社会变革的主力军；地主、富农、恶霸、懒汉、二流子成为斗争和改造的对象。互助组、合作社、供销社、信用社、妇救会、民兵、工作组、农村诊所等社会组织的大量出现，群众大会、群英会、劳动模范、冬学识字、破除迷信、土改、诉苦、村选、平等、翻身等等前所未闻的事物，广大农民都有了第一次的亲身经历。这是对千百年来沉睡的中国广大农村社会的革命洗礼，也是传统的农村社会结构开始松动并最终被新的社会结构所取代的开始。互助组时期的一整套做法合乎逻辑地延续到建国后的初级社、高级社乃至于人民公社，真有那种风大浪高不达其岸不能遏止的态势，建国之后中国共产党施政的政治、经济、军事、文化等等路线方针政策在互助组时期都已有了雏形，我们不能人为地以 1949 年为界将其拦腰截断。

初级社。1949 年中华人民共和国的建立，是中国历史上一个划时代的事件。在一系列军事斗争、政权建设、建章立制的同时，老区的互助合作组织仍是基层社会生产生活的主导，互助合作运动仍在如火如荼地进行，而新区则一如老区走过的道路一样，“分田分地真忙”，互助合作正酣。1948 年新年伊始，毛泽东为中共中央起草了《关于目前党的政策中的几个重要问题》的指示，明确指出：“平分土地以后，必须号召农民发展生产，丰衣足食，并劝告农民组织变工队、互助组或换工班一类的农民互助合作组织。”1950 年 6 月底，中央人民政府公布《中华人民共和国土地改革法》，紧接着，8 月 4 日，政务院通过《关于划分阶级成份的决定》，每一个以家庭为单位的农户都有了对号入座的地主、富农、中农、贫农、雇农所谓的“阶级成份”，全中国大江南北的广大农村社会经历了革命风暴中的结构性转换。

初级农业生产合作社是“半社会主义性质的农业生产合作社”，土地入股，统一经营，有较多公共财产为其基本特征。初级社在老区互助组的基础上发展而来，目标仍是集体化。但如何将具有社会主义萌芽的互助组提高到具有半社会主义性质的初级社，在理论和实践上都经过了激烈的争论。山西革命老区敢为天下先，率先在晋东南老区进行试点，这一举动引起山西省委和华北区，乃至毛泽东和刘少奇之间的激烈争论。毛泽东支持山西的做法。1951 年 9 月，中共中央召开第一次农业互助合作会议，通过《中共中央关于农业生产互助合作的决议（草案）》，毛泽东特为印发决议草案写下通知，指示全党“把农业互助合作当做一件大事去做”。直到 1954 年 10 月，中央连续召开四次全国互助合作会议，在争论中推动，在争论中前进。截至 1955 年春，全国初级社迅速发展到 67 万个。

初级社阶段是新中国刚刚成立，实施第一个五年计划，恢复重建、百废俱兴的时期。镇压反革命，抗美援朝，尤其是在广大农村社会进行的土地改革，形成了社会总动员的浩大声势。民族统一实现，恶霸地痞受惩，农民分到土地，农业增产增收，生活得到提高，社会控制增强，社会组织增加，思想更加统一，人口数量增长，婚姻生活自由，家庭关系松动，识字接受教育，如此等等，社会层面的变动丝毫不亚于政权的变更。那个时候，人们真诚地拥护中国共产党，爱戴新中国，热情之高，干劲之大，可谓空前。一切生产生活都是从真诚的朴素爱国情怀出发，爱国丰产、爱国公约、爱国卫生等，无不透露着建设社会主义新中国的激情和热情。

高级社。高级社阶段虽然时间短暂，但却表现出来势更猛，规模更大，速度更快的特点。1955 年 7 月底，毛泽东在中共中央召集的省委、市委、自治区党委书记会议上作《关于农业合作化问题》的报告，批评合作化过程中“小脚女人走路”的做法。

10月，七届六中全会通过《关于农业合作化问题的决议》，提出各地要有重点地试办高级农业生产合作社，分期分批地把初级社转为高级社。同年9月到12月间，毛泽东两次编辑并亲写序言出版《中国农村的社会主义高潮》，又为总计176篇材料中的104篇加写按语，中国农村的社会主义高潮到来。到1957年年底，参加高级社的农户迅速达到全国农户的98%。

以主要生产资料完全集体所有制、集体劳动、按劳取酬为基本特性的“完全社会主义性质”的高级社，较之于半社会主义性质的初级社规模更大，发展速度更快，面临的困难也更大，从中央到地方也都存在着激烈的争论，但“一九五五年，可以说是破除迷信的一年”。“现在全国农村已经出现了社会主义改造的高潮，群众欢欣鼓舞”（毛泽东《所谓落后乡村并非一切都落后》一文按语）。在这样一种形势下，高级社里的广大农民生产生活发生了不同以往的变化：土地、耕畜、农具全部为合作社所有，使他们远离世代相依的基本生产资料；集体劳动，“上工一条龙，干活大呼隆”，“地里歇的多，活儿干得少”成为生产常态；按“大概工”的工分分配，干多干少一个样，干好干坏一个样，出工不出力成为普遍的现象；干部独断专行，作风粗暴，“合作社是阎王殿，社主任是阎王爷，队长是小鬼”，类似的牢骚和抱怨在各地开始出现；粮食统购统销后，粮食、棉花、油料等主要农产品及糖料、烤烟、生猪、桐油、木材、茶叶等其他农产品均由国家来统一收购统一销售，农民失去了处理余粮和农副产品的自由，割断了他们与市场的联系；自留地、传统的集市被限制甚至取消，自由散漫的农民成为一个集体的人。如此等等，对于小农而言都是第一遭。于是，1956年秋收前后开始一直到1957年春夏之交，全国各地普遍出现了以富裕中农为主体的“闹社退社”风潮，集体请愿、集体查账、集体讨饭、罢工集会、游行示威、联名告状、围攻干部、殴打干部，形形色色，好不热闹。为了平息这场风潮，1957年夏季开始，便有了全国范围的“整风整社”，便有了在农村进行一场大规模的社会主义教育运动的准备与动员。

1957年7月，毛泽东在青岛召开的省市委书记会议上，在布置全国范围的反右斗争的同时，明确表示要在农村进行一场大规模的社会主义教育运动。1958年8月8日，中共中央正式发出指示，要求对合作化过程中出现的主要问题进行大辩论，具体的做法是提问题、摆事实、讲道理、对比回忆解放前后和合作社前后的变化，以解决“农村两条道路谁战胜谁”的问题。大辩论的形式如同城市反右运动一样“大鸣大放大争”。其结果是，对合作社生产管理方面有意见、主张包产到户的干部群众被视为“企图走资本主义道路”。富裕中农被视为农村资本主义自发势力的代表力量受到指责，平均主义成为大行其道的流行意识和行为。

高级社阶段虽然仅有三年时间，但它从争论、发动、一窝蜂到“闹社退社”、“鸣放”、“社教”，确是一个“革命运动”的完整轮回。以往的研究过多地关注中央高层的有关争论，而对基层农村社会，尤其是下层干部群众的思想和行为，以及由此导致的政治、经济、社会、文化等方面的深远影响缺乏应有的研究，而这些恰恰是农村和农民的“深层记忆”。

人民公社。如果说初级社、高级社的启动还经过了一些争论，甚至是激烈的争论的话，在经过了高级社阶段的运动轮回后，人民公社化就成为顺利推进顺理成章之事。1958年5月，经过成都会议、南宁会议对反冒进的批评后，八大二次会议通过了“鼓足干劲，力争上游，多快好省建设社会主义”的总路线，在一片“破除迷信”的声浪中，“大跃进”在神州大地全面铺开。8月初，毛泽东视察冀、鲁、豫乡村，称赞河南新乡七里营人民公社好，一夜之间，由高级社合并而成的人民公社遍地开花（8月12日，山西省第一个人民公社成立，9月13日，全省实现人民公社化）。8月底的北戴河会议通过《中共中央关于在农村建立人民公社的决议》，接着就是全民动员大炼钢铁，大办公共食堂，大办农田水利基本建设，放卫星，大跃进，“敢教日月换新天”。

初期人民公社体制的最大特征是“一大二公”和“一平二调”。生产资料和生活资料全部为集体所有，分配采取供给制，即在公社范围内实行贫富平均分配，公社以上各级政府可以无偿调拨生产队乃至社员的人力物力。在还来不及回味高级社的滋味时，广大农民已开始品尝人民公社“共产主义天堂般”的生活。打破社、乡甚至县界的大兵团水利工程建设；贡献小家庭内的锅碗瓢盆土法炼钢，甚至徒步数十里外的上山找矿、挖煤、砍树烧炭、炼钢；深翻土地，开荒种田；妇女脱离家庭劳动，投入生产第一线；公共食堂集体大锅饭，田间地头份饭送饭等，整个一个生产集体化，生活社会化，行动军事化，分配平均化的“共产主义大协作”。

人祸与天灾相连。大跃进和人民公社运动烟尘未消，1959年遭受了大面积的自然灾害，国民经济和人民生活遇到了建国以来前所未有的困难。于是有了1962年9月十届十中全会通过的《农业六十条》：公社、大队的规模开始缩小；基本核算单位由原来的生产大队下放到生产小队；分配制度上取消供给制和公共食堂；允许社员经营一定数量的自留地和家庭副业。农民、农村、农业在经过一番“共产”和困难后稍有舒缓。困难时期对农村社会带来很大影响的另一个政策是2600万城镇人口下放农村，它既是全民大炼钢铁大办工业，增加生产任务而大招工所必需，又是面对困难不得不采取的措施。正式工、合同工、临时工开始在那个时候出现，“六二压”成为一批特有的群体。接着就是继高级社后期“整风整社”为主的社教运动后，1963年开始的以“四清”为主的整风整社的第二次农村社会主义教育运动，资本主义和社会主义的两个阵线在农村社会更加分明，“山雨欲来风满楼”的大气候日益逼近。

十年文化大革命中，农村社会最引人注目的就是农业学大寨运动。农业学大寨仍然属于人民公社体制内的事件，但其严重的政治化倾向同时带来了严重的社会后果。平心而论，大寨自力更生、艰苦奋斗的精神并没有什么过错，但大寨的一些所谓经验，如没收或者减少社员自留地，限制农民所有家庭副业；自报公议，评工记分的计酬办法；坚持以生产大队为基本核算单位的社队合并等等做法，在那个年代却成为阶级斗争的附属物，大寨经验成为不得违背的金科玉律，一刀切地向全国各地推广，甚至后来发展到“普及大寨县”，使得农业学大寨染上了浓厚的“左”倾色彩。大寨所属的山西省，在树立典型、推广经验的整个学大寨运动中，更是不甘人后，直到1980年联产责任制才在最为落后贫穷的吕梁山区出现，经验教训耐人寻味。

人民公社体制下的农村社会是高度集体化和贫困化的社会，农民生活也是高度统一和简单化的生活。困难时期农村人口大量流失，甚至出现饿死人的现象，人口出生率相对减缓，死亡率相对提高；婚姻家庭生活受到严重限制，运动中夫妻反目，家庭解体不在少数；物质生活领域衣食住行等方面十分贫乏，有限的物资需要严格的平均发放供给；精神生活方面高度统一，阶级斗争政治挂帅统领一切，人们不能也不敢有任何异于主流意识形态的语言和行为，各种各样的政治性学习和集会充斥日常生活；集市贸易和自留地被取消，尚未取消若去经营即被视为“资本主义尾巴”；大兵团密集型的劳动力投入，换来的却是低效率的农业生产率，如此等等，最终只能是它在1980年代的解体。

人间正道是沧桑。从生产资料私有制为基础的集体劳动的互助组，到土地入股、统一经营的半社会主义性质的初级社，再到生产资料完全集体所有，集体劳动，按劳取酬的完全社会主义性质的高级社，最后是“一大二公”、“一平二调”的人民公社被联产承包责任制取代。四十年时间，中国共产党人领导亿万农民走完了集体化道路的一个轮回，我们不能把它看做是历史回到了原点，但却是一个付出了沉重代价的历史过程。完全的轮回已不再可能，历史的过程却令人感叹、耐人寻味。

三 “自下而上”的社会史视角

从“自下而上”的社会史视角研究集体化时代的中国农村社会，就是试图突破现有“自上而下”的研究框架，换个角度看中国，换个角度看农村，换个角度看农民，期望进一步丰富和完善我们对这个特殊时代的研究与认识，进而丰富对中国革命的认识。

我们不能不承认，长期以来形成的中国革命史、中国共产党党史的研究框架，更多的是研究上层领导或者是高层领导的思想与活动，重大历史事件，尤其是中国共产党为主体的历史事件，甚至中国共产党的历次代表大会成为党史和革命史的叙事主线，说到底是一条政治史的主线。经济、军事、文化在这种历史研究中只有附带的笔墨，基层农村社会，尤其是以芸芸众生身份生存的亿万农民，他们的生存环境，他们的衣食住行，他们的人际交往，他们的精神心理状态，他们的日常生活等等，我们了解和研究的仍然十分有限。“自下而上”地研究这个时代的历史，就是要给基层农村和广大农民更多地关注，从农村和农民的角度，从“理解的同情”出发，站在地下看天上，站在地方看中央，上下贯通，左右相连，整体的全面的了解和认识这个特殊的历史时代。

从社会史的视角研究集体化时代的中国农村社会，就是要从农村社会发展变迁的实际出发，而不是仅仅从政权更易的事件出发，人为地割裂这个完整的历史时代。1949 年新中国的成立无疑是中国历史上可以彪炳史册的事件，也是重要的历史分期年份，也就是我们通常所说的中国现代史的开端。但从“自下而上”的农村农民的角度来看，互助组、初级社、高级社、人民公社是一脉相承，前后关联，不可分割的历史时代，直到建国以后中央召开的有关农业的四次会议，仍然称为“农业互助合作会议”，毛泽东更明确地说：“一般规律是经过互助组再到合作社”，“办好农业生产合作社，即可带动互助组大发展”。[1] 互助组的目的就是引导农民走向集体化的道路，具有半社会主义性质的初级社正是在互助组的基础上转变发展而来，这是一个逻辑的存在，也是一个历史的存在。与此同理，“文革”后期的全国农业学大寨运动，也是在 1958 年开始的人民公社体制内进行，只不过它另有了严重的政治化运动化的色彩而已。社会史的研究有其自身的研究对象与内容，具体历史时段的划分也要从它的研究对象和内容出发，而不是以政治史或党史革命史的划分为准绳，生搬硬套简单借用。从“自下而上”的社会史视角出发，从农民和农村社会实际的变迁过程出发，从互助组到人民公社期间四十年时间，就是中国共产党带领亿万农民走向和实现集体化的过程，这是一个特殊的不可分割的历史时代。

从“自下而上”的社会史视角研究集体化时代的中国农村社会，就是要在研究上层的同时，更多地关注下层农村社会的实态。平心而论，现有研究更多的是对上层中央领导和重大事件的研究，研究的资料基础大多是业已公布的领导人文集、报章杂志、少数档案、统计数字，且不说这些资料离全面利用仍有很大距离，即

〔1〕 毛泽东：《关于农业互助合作的两次谈话》，《毛泽东选集》第 5 卷，人民出版社 1977 年，第 116—117 页。

使有一定数量，它的全面性真实性又如何考量？中央下面仍有省、市、县、公社、生产大队、生产小队，即如当今的流行语一样，“上有政策，下有对策”，中央的路线方针政策在各级政府和基层农村社会有没有争论，执行得又如何？汇总上来的数字、公布出来的数字是否就是真实的数字，基层生产队是否真有“两本账”？除了“两报一刊”类的主流话语，是否还有不同的声音，除了一呼百应是否还有抵触抱怨“众声喧哗”？事实上，瞒产私分，小偷小摸，“偷奸要滑”等等无组织的、非系统的、个体的、长期的无声反抗在在皆有，高王凌说这是人民公社时期中国农民的“反行为”，[1]斯科特（James C. Scott）则把它称做为“弱者的武器”[2]。在斯科特看来，这样的日常反抗才是农民最经常的反抗手段，它是一种相对平静的、日常的、微妙的和间接的表达，地方官员往往对此“睁一只眼，闭一只眼”。要之，这种去集体化的过程，往往首先从地方开始，从村落开始，而且是从村民开始。我们可以进一步引申斯科特的说法，正是因为这种日常的、长期的、无声的反抗，才导致了人民公社制度在中国农村的解体，解体之后便有了性质不同的联产承包，安徽小岗村包产到户的手印就是如此产生的。历史的研究不能只停留在上层人物和重大事件的表面，只有“从政治形式的外表深入到社会生活的深处”，才能“取得现代历史著述方面的一切真正进步”。[3]在高度政治化的集体化时代，基层农村社会和亿万农民仍有其自身的生存环境和生活方式，大势所趋的汹涌波涛底下仍会有潜流或暗流的涌动，全面地完整地看待历史，这是“自下而上”的社会史研究的基本要求，也是我们更加全面地完整地认识这个时代的基本出发点。

---

〔1〕参见高王凌：《人民公社时期中国农民“反行为”调查》，中共党史出版社 2006 年。

〔2〕参见〔美〕詹姆斯 .C. 斯科特著，郑广怀等译：《弱者的武器：农民反抗的日常形式》，译林出版社 2007 年。

〔3〕《马克思恩格斯全集》第 12 卷，人民出版社 1962 年，第 450 页。

从社会史的视角研究集体化时代的中国农村社会，需要我们对农村和农民的日常生活给予更多的关注。从互助组、初级社、高级社到人民公社，集体化时代的这些不同时段和事件，本身都有不同程度的运动成分，政治化的色彩十分浓厚。也许正因为如此，我们从现有著述中了解更多的是这些运动如何由发动、辩论、推进、高潮，再到另一个高潮，以及有关的会议、方针、路线、政策。农村社会的反应如何，农民的切身感受和日常生活怎样，往往多是轻描淡写或湮没不彰。从“自下而上”的视角出发，农村人口的消长与流迁，耕地水利，婚姻生活、夫妻生活的状态，家庭结构、家庭关系的变化，宗族势力的消长，阶级成分划定，职业结构变化，集市贸易，副业生产，服饰的质料式样，食物的多寡、结构及其制作，收入分配及其形式，住房面积和结构，交通工具及利用率，日常生活用具，家具、农具、照明等，不同年龄段农村成员的文娱活动，戏曲小调，标语口号，基础教育，卫生医疗，鳏寡抚养，宗教信仰，自然灾害，社会治安，集团冲突，党团妇青民兵组织，工作队，巡逻队，斗争会，汇报会，学习班，外调上访等等，都应该从社会史的角度引起重视并加强研究。已有研究者指出，对于当代社会史的研究，“先分门别类地研究专题史，然后再在这个基础上综合地研究总体史，那么，大型的、权威的当代社会史便指日可待了”。[1] 我不敢奢望那样的当代社会史在短时间内可以出现，但这些基本的社会史研究内容，这些农村和农民的日常生活应当是社会史研究的出发点，也应该是全面的完整的中国当代社会史的基础。

从“自下而上”的社会史视角研究集体化时代的农村社会，还有一个基础的、也是很重要的工作就是对基层农村资料的搜集和整理。研究集体化时代的中国农村社会，学界最缺乏的就是基

---

〔1〕 田居俭：《把当代社会史提上研究日程》，《当代中国史研究》2007 年第 3 期。

层农村的档案资料。就现代史的档案而言，南京第二历史档案馆存有大量民国时代的档案，各地省级档案馆主要收藏建国以前的官方档案，县级档案馆则收藏县一级，少量是乡（公社）级建国前的档案，最基层的农村，也就是集体化时代的生产大队和生产小队的档案基本处于随意留放和散失的状态。随着近年来农村社会经济的发展，旧房重建或者再建不断加快，大批档案散失或者干脆送往造纸厂，一些发达地区的农村已经很难见到此类资料，抢救这批档案资料的工作显得十分迫切。然而，数量在减少，并不等于完全没有，只要肯下功夫，坚持不懈地到农村去调查搜集，仍然可以有些收获。近些年来，山西大学中国社会史研究中心全体师生，不避寒暑，栉风沐雨，坚持"走向田野与社会"，广泛搜集散落在全省各地农村的基层档案，目前为止，已经搜集到涉及全省南北各地一百余个村级历史档案，如果按每一件内容不同的就是一件档案的标准来计，总量当在数千万件以上。这批档案最早的是明清时期，绝大部分则属于集体化时代，内容包括农村总账、分类账、分户账、日记账、工分账、社员往来账、实物收付账、现金收付账、实物明细账等等各类纷繁多样的账册；中央、省、地、市、县、乡（公社）、生产大队、生产小队各级政府的文件、计划、总结、制度、方案、意见、报告、请示、指示、通知、讲话等各类文书，政治、经济、军事、文化、宗教、教育、社会方方面面无所不包；大量阶级成分登记表、斗争会、批判会记录、匿名信、告状信、决心书、申请书、判决书、悔过书、契约、日记、笔记等等个人与家庭档案无奇不有；宣传画、宣传册、领袖像、红宝书、红色图书、各地不同时期各种小报、各类票证等也有一些收藏。[1]黄宗智先生曾在不久前发表的

〔1〕 详细一点的介绍见行龙、马维强：《山西大学中国社会史研究中心"集体化时代农村社会基层档案"述略》,《中国乡村研究》2007 年第 5 辑。

一篇专题论文中说：“关于单个村庄的客观阶级结构的资料相当有限。现存关于每个村庄的阶级成分详细而准确的资料，多是在土改时收集的并在四清中被系统核实过的。然而这些资料并不容易获得。”“直到现在，我们能够掌握的确实可靠的资料只有几十个村庄的数据，这些数据主要来自于解放前完成的人类学实地调查。”〔1〕我想，黄先生若再来敝中心访问（2006 年 6 月初访），一定会修正这一看法。

陈寅恪先生在为陈垣《敦煌劫余录》一书所做序言中讲道：“一时代之学术，必有其新材料与新问题。取用此材料以研究问题，则为此时代学术之新潮流。”系统深入地研究集体化时代的中国农村社会，需要我们有一种抢救和保护历史资料与文化遗产的责任感和职业感，我们不能眼睁睁地目睹资料的流失而无动于衷、袖手旁观，“走向田野与社会”，甚至“集体调查”地毯式的收集都是我们应该非常重视的。事实上，年鉴派大师费弗尔就十分重视这种“集体调查”，并将此看做“史学的前途”和“指导性的史学”：“它是指以集体调查为基础来研究历史，这一方向被费弗尔认为是‘史学的前途’。对此《年鉴》杂志一开始就作出了榜样：它进行了对土地册、小块田地表格、农业技术及其对人类历史的影响、贵族等的集体调查。这是一条可以带来丰富成果的研究途径。自 1948 年成立起，高等研究实验学院第六部的历史研究中心正是沿着这一途径从事研究工作的”〔2〕。从社会史的角度研究集体化时代的中国农村社会首先应当从资料的收集做起，这是深入研究的基本出发点。

还要提及的是，目前也有一些学者采用口述记录的方法开展

〔1〕〔美〕黄宗智：《中国革命中的农村阶级斗争——从土改到文革时期的表达性现实与客观性现实》，《中国乡村研究》（第二辑），商务印书馆 2003年。

〔2〕〔法〕雅克·勒高夫等主编，姚蒙编译：《新史学》，上海译文出版社 1989 年，第 14—15 页。

集体化时代的农村社会研究，应该说口述史也是历史著述的一种形式，但在仍有文献资料存世的现时代，把历史档案文献和口述结合起来不是更有利于事实的把握和客观的研究吗？

四　余论

中国社会史研究复兴二十多年来，已经取得了令人瞩目的成绩。将历史研究的聚焦点由精英人物和重大事件转移到普通民众和下层社会；将单纯的政治史、军事史、外交史扩展到社会生活的方方面面；将“自上而下”转换为“自下而上”的视角，从而构建整体的历史，正是社会史研究的魅力所在。遗憾的是，二十多年来，中国社会史研究的焦点主要集中在中国古代史和近现代史领域，虽有研究者呼吁从社会史角度开展中国现当代史研究，但有分量的著述依然不多见。

社会史是一门“问题史学”，“通过过去来理解现在，通过现在来理解过去”，正是年鉴派史学的信条。第三代年鉴派代表勒高夫明确地指出，社会史“比任何时候都更重视从现时出发来探讨历史问题”。[1]现当代史距离我们当今的现实社会最近，现实社会中的许多问题与过往不久的中国历史紧密相连不可分割，把社会史研究引入中国现当代史，是中国社会史研究必须引起重视的问题，也是社会史研究者应当持有的一份社会关怀。

集体化时代是中国社会历史发展过程中一个特殊的不可分割的历史时代，从“自下而上”的社会史视角研究这一重要的历史时代，并不是要否定现有的研究成果和各种方法模式，更不是要否定那个光荣与梦想交织的时代。“存在的就是合理的”，历史自

〔1〕〔法〕雅克·勒高夫等主编，姚蒙编译：《新史学》，上海译文出版社1989年，第13页。

有其自身发展的客观规律，后人可以不断地、多角度地去认识和研究集体化时代的中国农村社会，正是为了更加全面地完整地理解这段历史。

中国自古就是一个农业大国。今天，三农问题已成为全面建设小康社会、构建社会主义和谐社会的难点和重点。中国乡村社会发展道路及其走向，关系着国家的发展和民族的命运。事实证明，中国的问题不能靠西方的经验和理论去解决，这里没有先验之谈，也没有一定之规。中国农村发展之路，必须从中国的国情出发，也必须从中国的历史出发，这就是我们从社会史的角度研究集体化时代农村社会的出发点。

集体化：中国社会变迁过程中一个不可淡化的时代

一　从"问题史学"谈起

作为一门古老悠久的学科，历史学凭借其固有的人文关怀和现实功能在人类社会的复杂演绎进程中不断地寻求前进的动力、鲜活的源泉，以求搭建"资治通鉴"的舞台。纵观中西历史学的生成轨迹，大体地经历了传统史学以及以传统史学为批判对象的新史学两个阶段。笼统地讲，传统史学一个根本性特征即求实证，"如实直书"，以政治史、军事史和外交史为中心的宏观历史叙事；而新史学则追求一种"自下而上"的史学路径，它不再将自己的视野局限在上层人物的喜怒哀乐和大事件的复原上。我们知道，前者以德国实证史学之父兰克为代表，与此类似的则是中国史学中以考据、求证史实为宗旨的"乾嘉"学派；后者则以19世纪末20世纪初期西方学者鲁滨孙倡导的《新史学》和梁启超在中国学界掀起的"史学革命"为取向。就在中西史学者奔走于传统史学向新史学转型的探索实践过程中，一个至今仍活跃在西方史学界并占据主导地位的学派诞生了，即众所周知的法国年鉴学派。在年鉴派学者看来，传统史学作为一种"叙述史学"，在叙述的单一史学表述形式下把丰富多样的历史化约殆尽，这种缺乏假设、分析、解释和论证的路数显然阻碍了新史学学者的历史使命。因此，年鉴学派试图以"问题史学”取代“叙述史学”，将历史研究建立在一个更科学的基础上，强调分析、提问对史学研究的重要性。费弗尔也曾明确指出：“提出一个问题，确切地说来乃是所有史学研究的开端和终结。没有问题，便没有史学。……‘在科学指导下的研究’这个程式涉及两个程序，这两个程序构成了所有现代科学工作的基础，这就是：提出问题和形成假设。”[1]于是倡导“问题史学”的历史观念在年鉴学派中间具有方法论的指导意义。可以说这一方法论的构建在由政治史、军事史、外交史等事件序列的领域转入社会史、经济史、文化史、心态史等新史学领域起到了关键性作用。而史学的“经世致用”之功能亦在历史与现实的智性构建和解读中不断得以凸显、认可。

笔者在本文中有关集体化时代的反思就是由“问题史学”的治史观所引发的。集体化时代在中国社会发展史上是一个极为重要并具有鲜明特征的历史时期，尽管它只延存了三十多年，但其演绎的有关政治、经济、文化、教育、科技等持续不断的社会运动以及扮演了不同角色的国家、地方社会、基层百姓等行为主体的生存图景并没有随着社会体制的转型而即刻消逝。相反，在当下的现实中，我们时而看到集体化实践逻辑在现时社会改造中的再现和重演，比如土地问题、城乡关系、权力实践、农民负担、乡村教育、社会心理和文化认同等。尽管中国历史研究中有着当代人不修当代史的治史规约，甚至有“百年之内无信史”之说，但历史和现实的密切关联以及由此而产生的新领域和新问题则是每一个史学研究者不能弃之不顾的。“问题史学”就是要从现实和历史的交汇点上提出假设，并在社会历史变迁中寻求解释和论证，进而体现出历史对现实的资鉴功能，无论是现实关怀还是人

---

〔1〕〔法〕费弗尔：《为史学而战斗》，第22、30页。转引自何兆武、陈启能主编：《当代西方史学理论》，上海社会科学院出版社2003年，第396页。

文关怀。集体化体制随着1949年中国共产党取得政权后的一系列社会改造工程日渐确立，并在80年代初期人民公社制度终结后渐趋瓦解。在此期间，以国家话语为中心的土改、互助组、初（高）级农业生产合作社、“大跃进”和人民公社、“三年困难时期”以及遍及城乡的“四清”运动和文化大革命，还有持续十多年的“农业学大寨”、“工业学大庆”等地方实践，为世人展现了一幅幅意味深长的社会画面。关系、责任、权利、义务、强制、抗争、性情、教化等时代主题均得到了充分的展示，而这些也正是我们构建一个和谐社会必须加以关注和平衡的因子。但是，目前史学界有关集体化时代的中国社会研究仍旧局限在共和国史和中共党史的单一二元语境中，或者说这一宏观的二元史学题域无法涵盖集体化三十多年丰富深远的历史画面。因此，本文即是在结合自身实践的基础上对集体化历史研究的“灰姑娘”形象进行反思，并试图从社会史学的角度对此提出假设和构想，以期推进这一“总体史”构建的实现。

二　三种模式：集体化时代研究的反思

严格意义上来讲，集体化时代中国社会研究起始于20世纪70年代末期，即中国社会体制再次转型，渐趋实施对内搞活对外开放的时期。可以说集体化制度的瓦解和改革开放的推行，不仅为中国经济社会的复苏、振兴提供了历史契机，而且也给关注中国社会变迁的国内外学术界带来了春天。众所周知，1952年高等院校学科体系调整中粗暴地以所谓“资产阶级伪科学”的名义将社会学、人类学、政治学、法学等社会科学取缔，就连具有悠久传统的历史学也被蹂躏的面目全非，俨然成了一种回应政治和意识形态斗争的“影射史学”。与此同时，几乎封闭了所有信息渠道，中国与外界“隔绝”了。尽管当时身处中国大陆的一些异域学者幸运地目睹了中国共产党执政后社会的大变革，并依据有限的田野调查工作进行了新中国的民族志书写，但对于那些急切地想了解社会主义建设的前三十年巨变的大多数西方学者（也包括部分国内学者）而言，一直到了改革开放以后才逐渐成为可能。

简·迈德尔即是一位当时在陕北地区一个名为柳林的村庄进行人类学田野工作的瑞典人类学家。1962年的秋季，他和妻子昆·凯瑟尔想方设法以打破惯例的方式被允许到柳林村居住下来进行一个多月的田野调查研究。迈德尔和村民每天居住在一起，访谈、拍照，并详细地记录下了村民讲述他们过去和当时的生活情景。《一个中国乡村的报告》一书便是迈德尔关于柳林村民生活变革的民族志记录。作为一个西方人类学家，迈德尔捕捉到了发生在柳林村的革命性变迁。可以说，书中的每一章节都在讲述一个村民自己的故事。诸如在中国共产党的领导下，贫雇农获得了土地，实现了耕者有其田，而那些“反革命分子”则失去了他们的土地；妇女也因为放足和买卖婚姻的废除而谈论她们自己的“革命”和解放；还有小校教师和村干部，以及老年人和青年人的经历和感受。此外，迈德尔还详细地记述了柳林村小学、村民日常生活在新旧社会里的对比，以及他们对中国革命胜利的想法和认知。[1]时隔几年之后，1973年迈德尔又以《中国：继续的革命》一书用人类学家的手法记录下了柳林村文化大革命的历史。正如作者所言，单纯地“从外界、自上而下”地去审视村庄的文化大革命，得到的只是“一种被扭曲的图景”，而且“那些有关‘文革’的报道也不真实可靠，他们只是为了荣誉和政治的需

〔1〕 Jan Myrdal，1965. *Report from a Chinese Village*. Pantheon Books. A Division of Random House. New York.

要”。因此，迈德尔想通过他在柳林村的亲身体验与田野调查试图回答一个问题，即“农村社会究竟在多大程度上真正地受到了文化大革命的影响？”[1]可以看出，迈德尔幸运地目睹了集体化时期中国农村社会的系列改造和变革，并以人类学民族志书写的方式构建了一幅内地乡村在中国共产党领导下革命和生产的真实画面。

不过，有关中国集体化社会研究一直到了改革开放之后才得以广泛展开，尤其以西方学者为多。他们对毛泽东时代中国社会的学术探讨也直到这时才有一种身临其境的“体验”。1972年，随着中美关系正常化，美国学者爱德华·弗里曼、毕克伟和马克·赛尔登成了最早的一批到中国访问的西方社会科学家。弗里曼等人从1978年5月至1991年这13年时间里，长期地对河北饶阳县五公村的历史变迁进行详细的考察和调查研究，并以《中国乡村，社会主义国家》的研究成果于1993年荣获美国亚洲研究协会的约瑟夫·列文森奖。该书通过构建五公村的一些家庭、村民和当地干部如何在新生的社会主义国家之中的生存图景，“集中阐述了新政权的领导者们如何在中国革命时期，开始进行改革，这些改革创造了一个十分平等的社会，把分裂的家族和村庄重新联结起来；并进一步研究一个新体制建立时，限制其取得更大成果，甚至损毁早期成果，或前功尽弃的因素”。[2]因此，该书也被看做是美国学者研究中国集体化社会的最新成果之一，并代表了一种中国问题研究的新趋势。当然，大约在同一个时期，陈佩华（Anita Chan）、孟德生（Richard Madsen）和安戈

---

〔1〕 Jan Myrdal and Gun Kessle，1973.*China*：*The Revolution Continued*. Published in Pelican Books（Penguin Books Australia Ltd.，Ring Wood，Victoria，Australia.）

〔2〕〔美〕弗里曼、毕克伟、赛尔登著，陶鹤山译：《中国乡村，社会主义国家》，社会科学文献出版社2002年。

（Jonathan Unger）三人通过对移民香港[1]的陈村村民的访谈，深入地分析了人民公社时期陈村的政治与经济状况。之后，又于1992年得以进入陈村实地考察了陈村在邓小平时代的生活变化，并出版了《当代中国农村历沧桑：毛邓体制下的陈村》。它讲述了华南农村近四十年的沧桑历史，并且认为陈村四十年来一直是紧缚在由国家所编织的经济与政治关系的巨网中。另外，20世纪80年代初期，台湾人类学者黄树民先生则采用生命史的研究方法，描述了林村在1949年后的35年的社会变迁。通过林村党支部书记叶文德的个人经历，作者记述了林村的故事，“由此侧见中国历史上骚动不安的一页重要篇章”。[2]

相比较而言，国内学者对于集体化时期中国社会研究一直到20世纪90年代后才逐渐形成一些“气候”。张乐天的《告别理想——人民公社制度研究》一书就是国内集体化研究的代表作之一。作者以自己的家乡——浙江北部一个普通村庄——联民村为研究对象，借助该村1954年至1995年间保存完好的档案资料，在前后长达五年的时间里倾注了巨大的心血，为世人提供了有关中国地方社会的一个典型、完整的集体化经验文本。而且，张乐天在书中所构建的“外部冲击—村落传统互动模式”的理论架构为我们解释人民公社化时代中国社会的实践逻辑提供了重要的参照系，即“公社制度与村落传统之间有融合的地方，融合可以为公社的延存与稳定提供依据；公社制度与村落传统之间存在着张力，张力可以为持续不断的阶级斗争的必要性提供理由”。[3]另

〔1〕由于中国与外界联系的严密封锁和隔绝，对于那些急切地想了解中国内地集体化时期城乡社会状况的外国学者而言，香港、台湾以及新加坡等地曾是他们观察和研究中国社会问题的重要窗口。

〔2〕黄树民著，素兰、纳日碧力戈译：《林村的故事：1949年后的中国农村变革》，生活·读书·新知三联书店2002年。

〔3〕张乐天著：《告别理想——人民公社制度研究》，东方出版中心1998年。

一有关中国集体化社会的代表性研究便是孙立平、郭于华等人主持的“20世纪下半期中国农村社会生活口述资料收集与研究”。其阶段性研究成果有陕北农业合作化运动中的女性记忆、民间社会与仪式国家——陕北骥村的仪式与社会变迁研究、“无事件境”与生活世界中的“真实”——西村农民土地改革时期社会生活的记忆以及事件与过程：一种中国国家与农民社会关系互动等。他们由此对陕北乡村口述资料的解读，以及其理论范式的构建为集体化时期中国社会研究起到了一定的典范作用。

此外，对中国集体化社会研究有着重要参考价值的两部著作则是韩丁的《翻身：中国一个村庄的革命纪实》和柯鲁克夫妇的《十里店：中国一个村庄的群众运动》。[1]前者是韩丁先生于1948年春天以观察员的身份参加山西潞城县张庄村的土地改革复查运动，并借此深入进行了调查研究，在广泛搜集资料的基础上写成的；而后者是柯鲁克夫妇于1948年春天进入河北十里店村参加土改复查和整党运动的纪实性作品。可以说《翻身》和《十里店》是有关在中国共产党领导下进行的一次农村社会结构和政治组织重新组合和形成的革命运动的真实记录。还需要提及的是《翻身》的姊妹篇《深翻》，以同样的社会关怀记述了张庄村民翻身后的故事，实际上它成了中国集体化时代农村社会变迁的一个缩影。因此，其研究价值对于中国集体化社会研究也是不言自明的。

当然，有关集体化时期中国社会研究，除了上述的专门论著之外，国内外还有许多学术论文值得关注。美国学者黄宗智的《中国革命中的农村阶级斗争——从土改到文革时期的表达

---

〔1〕〔美〕韩丁著：《翻身：中国一个村庄的革命纪实》，北京出版社1980年。〔加〕伊莎贝尔·柯鲁克、〔英〕大卫·柯鲁克著：《十里店：中国一个村庄的群众运动》，北京出版社1982年。

性现实与客观性现实》一文便是解释中国革命和社会改造问题的代表性作品。黄宗智在文中认为，中国革命应被视为1946年至1976年间的三十年大变迁，而且这一变迁式的革命不只是共产党获得权力，更重要的是共产党获得权力后所展开的一系列社会结构的改造和重组。在社会结构的变革中，“既包括表达性现实和客观性现实，也容纳了结构和主体”。而且，作者试图通过农村阶级斗争来透视集体化时期农村社会中表达与实践之间的不一致性。这种“两者的不一致强烈影响了共产党的选择和行动，而党的这些选择和行动又形成了一种话语结构，该话语结构在‘文革’中极大地影响了个人的思想和行动”。[1]尽管黄宗智的论点存在明显的二元对立倾向，而且还值得进一步商榷，但是其文章仍称得上是集体化时期中国社会研究的一个典型的理论解释框架。另外，关于这一时期中国社会的个案研究也有一些代表性文章，比如应星的《身体与乡村日常生活中的权力运作——对中国集体化时期一个村庄若干案例的过程分析》就是其中之一。作者试图突破以往“国家与社会”的研究范式以及把权力更多地集中于政治领域和某些精英人物身上的局限，而是把权力关系和权力实践置于有关“身体”的日常生活事件中，希望借此展现出“通过各个社会成员的相互作用，在不断塑造‘共产主义新人’的同时，也不断塑造着国家本身”的历史图景。[2]近年来，女性问题在集体化时代实证性的个案研究中也得到愈来愈多的体现。清华大学的郭于华教授依据在陕北骥村所收集到的妇女口述资料，讨论了女性记忆的内容和特点，以及宏大的社会工程对女性生存状况与

---

〔1〕〔美〕黄宗智：《中国革命中的农村阶级斗争——从土改到文革时期的表达性现实与客观性现实》，《中国乡村研究》（第2辑），商务印书馆2003年。

〔2〕应星：《身体与乡村日常生活中的权力运作——对中国集体化时期一个村庄若干案例的过程分析》，《中国乡村研究》（第2辑），商务印书馆2003年。

精神状况的重新建构，对此进行了历史还原。也就是说，通过妇女的讲述和记忆，为我们理解和解释集体化时代中国社会中“国家治理模式和国家—社会关系”提供了重要的地方经验。[1]高小贤的《“银花赛”：20世纪50年代农村妇女的性别分工》也是一篇论述集体化农村社会中妇女问题的文章。此文一个最大特色即以20世纪50年代陕西关中地区规模最大的一场以妇女为主体的劳动竞赛——“银花赛”为论题，通过大量的口述资料和文献档案分析了这场社会动员背后的多种因素，呈现了国家的经济政策如何与妇女解放的策略交织在一起，如何在推动妇女走向社会的同时制造并维持了社会性别差异和社会性别的不平等。[2]此外，台湾学者萧新煌则从宏观社会学的视角探讨了中国共产党在集体化三十余年农业策略的性质与转变，以及这种策略对乡村社会结构变迁的重要影响。他认为自1949年以来中国大陆农业策略的变革是一种以“压挤”农业以成全全体经济成长的“不均衡”政策。于是，压挤农业的结果使得乡村社会的结构产生了若干不同层次（生产制度、家庭、个体）的改变，而这些改变绝大多数又是被政策引导出来的。萧新煌同时指出，中国共产党实行的压挤农业的策略违背其当年“革命”所给予乡村的承诺。[3]

除了上述研究主题之外，关于集体化时期土改、“三年困难时期”、“四清”运动和文化大革命、知青等等主题研究的论文也

[1] 郭于华：《心灵的集体化：陕北骥村农业合作化的女性记忆》，《中国社会科学》2003年第4期。

[2] 高小贤：《“银花赛”：20世纪50年代农村妇女的性别分工》，《社会学研究》2005年第4期。

[3] 萧新煌："Agricultural Strategies And Rural Social Changes In Communist China Since 1949: Amacrosociological Assessment"，《中央研究院民族学研究所集刊》第53期，1982年春季。

有很多。[1]

综上所述，我们可以看出，目前有关集体化时期中国社会研究的学术成果主要集中在人类学社会学等领域。[2]从论著到论文，基本上以微观的个案研究为主要取向，尽管也有部分研究成果是以口述历史为论题，但是其理论和方法全然是人类学社会学的研究路数。同时，我们还可以看出，在同一研究主题中史学路径的极度短缺，尤其是具有较高水准并从社会史和区域社会史立场出发的研究成果尚未问世。或者说，目前有关集体化的史学研究与建国后历史的真实图景仍存在较大的差距，还有巨大的历史空间需要实事求是地探索和书写。当然，出现集体化时期历史研究的窘境可能有诸多主客观条件的制约，比如一些档案资料的封闭，甚至一些研究论题尚属禁区，即使有些领域（如“四清”“文革”）已开始解冻，但囿于资料或意识形态等因素的诸多限制，我们没有真正去面对一个刚刚过去的时

〔1〕 参见：① Problems of Village Leadership after Land Reform，By Thomas P. Bernst ein，*The Chinese Quarterly*，No. 38. 1969；②李放春：《北方土改中的“翻身”与“生产”——中国革命现代性的一个话语—历史矛盾溯考》，《中国乡村研究》（第3辑）；③方慧容：《“无事件境”与生活世界的“真实”——西村农民土地改革时期社会生活的记忆》，《空间·记忆·社会转型——“新社会史”研究论文精选集》；④陈东林：《从灾害经济学角度对“三年自然灾害”时期的考察》，《当代中国史研究》2004年第1期；⑤余德鸿：《关于“信阳事件”的忆述》，《中国农村研究》；⑥彭泽平：《知识厄运与制度悲剧——文革时期我国基础教育课程“革命”的历史省察》，《西北师大学报》（社科版）2005年第4期；⑦《“样板戏”叙事：“他者”关照下的女性革命神话》，《江汉大学学报》（人文科学版）2004年第1期；⑧刘小萌、贺小燕、韩俊红：《关于知青口述史》，《广西民族学院学报》（哲社版）2003年第3期；⑨刘亚秋：《“青春无悔”：一个社会记忆的建构过程》，《社会学研究》2003年第2期；⑩吴艳红、〔美〕J. David Knottnerus：《日常仪式化行为：以知青为例的研究》，《社会》2005年第6期。

〔2〕 需要说明的是，有关中共党史、共和国史等研究成果也有一些代表性著作，比如《剑桥中华人民共和国史》就是一部具有深刻分析和不同视角的论著，对集体化时期的中国社会研究具有重要参考价值。但是，笔者在本文中没有专门就此展开论述，并非其学术价值有待怀疑，主要是由于其宏观历史性质罢了。

代，而它又与当下的社会进程存在着千丝万缕的联系。因此，那些只是在现有公开档案资料基础上探讨上层领导人物之间的争论与分歧，或者只是一般性的并没有涵盖新资料的国史复原，仍旧满足不了史鉴的功能。

三　不可淡化：历史是一个不断的过程

意大利史学家克罗齐曾言："一切历史都是当代史。"尽管其中存在着一种形而上的因素，但从中我们颇能受到启发，即历史与现实是割不断的，尤其对于具有几千年传统文化意蕴的中国社会而言，更是如此。因此，我们可以信心百倍地认为对集体化时期中国社会的研究有着巨大的社会推动力，即使这样一个时代刚刚过去五分之一个世纪，甚至有"百年之内无信史"的禁忌，但现实社会生活中的集体化影子的持续出现让我们不得不对之进行理性关怀和学术建构。那么，当前集体化研究能在人类学、社会学等领域方兴未艾，则凸显了它对眼下社会的资治功能。

我们知道，从鸦片战争以来，中国社会便遭遇了一个多世纪的屈辱经历，中国社会的进程从此有了所谓内外力量共存、互动的历史景象。由此，原有的那种皇帝（拥有绝对权力）、官僚阶层（行使常规化权力）和普通民众之间的社会结构因外来侵略者的强行介入而发生了巨大的变化，甚至不断地重新组合，以适应新的历史情境。所以说中国近百年来的历史，是一个多种行为主体和结构共同作用的历史，这是1949年自中国共产党取得政权之前的最重要的国情。如果我们能够把集体化三十多年"革命"与"生产"的社会实践放置在一个长时段的历史发展脉络中，那么，对于中国共产党人在新中国的第一个三十年中所进行的每一项社会工程的实践逻辑的解读便有了整体的框架和布局。所以，对于一般中国近现代史分期[1]的问题，即1840—1949年为中国近代史和1949年后为中国现代史等问题似乎没有必要信守一种人为的历史分隔，倘若以一种“问题史学”的研究理念为指导，我们则可能以一种社会史尤其是区域社会史的视角和方法将历史研究丰富起来，为所谓的总体史提供多样化的图景。中国近现代史以及本文所论述的集体化时期都可在新的治史观念下获得长足进展，并且超越传统史学研究中的政治史、军事史、外交史等，以及共和国史、党史等研究制约。当然，我们并非要否定上述史学研究主题，而是倡导中国历史研究应该寻求新的突破，进行“扬弃”，才能更好地发挥历史在现实生活中的应有效用。

集体化时代在中国历史上可谓一个特殊的时代，在1949年新中国成立之前的历史长河中没有出现过，而在20世纪80年代初期随着新的政治体制和经济体制的出现，中国社会发展呈现出了另一番景象。那么，我们该如何回过头来重新审视这段刚刚过去的历史，我们该如何科学客观地对待新中国第一个三十年的经验和教训，则成了一个无法回避的时代话题。众所周知，集体化时代的中国社会是一个高度集权的社会，从国家到乡村社会，经济、政治、文化、教育、艺术、科技等无一不凸显着史无前例的巨大社会改造工程的存在，而这一宏伟的工程又是以国家权力从中央一直贯彻到广大农村各个角落为时代特色的。一个社会原有的自我调节机能消失了，似乎一切领域的合理与否均以中央所制定的“实践逻辑”为唯一的标准，而这样的历史使命和初衷却又是以

[1] 关于中国近现代史分期问题，在革命叙事的框架下，还有1840—1919年为中国近代史、1919—1949年为中国现代史和1949年后的中华人民共和国史一说。如此划分的一个逻辑前提是阶级斗争、意识形态等理念的盛行，比如1919年及其后的历史进程中工人阶级作为一支新的阶级力量加入到了中国社会历史的序列中，并且标志着原有的旧民主主义革命的根本性转变。

彻底推翻一个旧社会和改造出一个新世界以及为广大人民谋利益为前提。土地改革是中国共产党领导中国革命取得彻底胜利后在解放区[1]进行的一项群众运动、政治运动、经济运动和社会运动。土改具有划时代的革命性和现代性意义。它废除了几千年的封建土地制度，实现了农民“耕者有其田”的愿望，变革了农村的社会结构，重新组合了阶级关系，提高了农民的政治地位，由此主导和制约了各阶级的意识和行为。当然，土改的巨大历史作用并不仅此而已，更深层次的目的则是生产，甚至是整个国家工业化生产。正如刘少奇在《土地改革问题的报告》中所指出的，土改的基本目的“不是单纯地为了救济穷苦农民，而是为了要使农村生产力从地主阶级封建土地所有制的束缚下获得解放，以便发展农业生产，为新中国的工业化开辟道路”，因此，土地改革“是着眼生产的，土地改革的每一个步骤，必须切实照顾并密切结合于农村生产的发展”。“土改的基本目的是生产。”[2]不过，目前关于土改问题的研究并不像它自身那样丰富多样，更多的是在国家的视角或政治立场而言的，而从区域社会史角度进行土改运动的微观个案研究则属凤毛麟角。当然，正如前文指出的，《翻身》与《十里店》两书可谓土改叙事的典范，同时也暗示了土改问题研究仍有着很大的历史空间需要研究者不断地去建构。比如土改与农业生产实践的关系，农民土地私有制背后的心理满足和稳定生产等等，不只是“表达性现实”与“客观性现实”之间的不一致问

〔1〕解放区是中国革命历程中的一个相对稳定的地理空间，同时它又随着中国共产党军队的不断获胜而扩展和变更。但是笔者认为解放区的重要性更多地体现在其象征性意义，即中国共产党领导下的民主政府及其实践。我们可以从第三次国内革命战争、抗日战争、解放战争等时期中看到伴随解放区不断扩大的是中国共产党的权威形象和一个新民族—国家的渐趋生成。

〔2〕中共中央文献研究室编《建国以来重要文献选编》第一卷，中央文献出版社，1993年7月，第293页。

题。[1]也就是说，“抓革命”与“促生产”作为集体化社会的重要原则和策略，是一个一体两面的存在，即“革命”是工具、手段，是“生产”性“革命”，“生产”是目的、建设，是“革命”性“生产”，不可简单地将其割裂开来化约为其中某一个方面。

土改后以互助组、合作社为中心的农业合作化运动也是集体化时期中国农村社会生产生活实践的重要阶段。也是在新的社会结构和阶级关系的安排下进行的首次社会主义建设。可以说在农业合作化实践过程中，一幅幅新生的社会主义图景在数亿人民群众的积极参与下不断地展现于世间。生产上的互助合作，由半社会主义性质的初级农业生产合作社转变为社会主义性质的高级生产合作社，土地私有制再次成为集体所有制，大兴水利工程，大范围的农田基本建设，还有以扫盲和传播农业技术为主的文化教育等社会改造工程，以一个宏伟的立体画面凸显出了国家、地方政府、乡村以及中央领导、地方官员、村干部等不同政治空间与行为主体的复杂表象。因此，我们不仅要关注土改后广大农村出现的所谓“中农化”与“两极分化”[2]的趋势，以及国家领导人和基层干部之间关于合作社发展的规模、速度等问题，而且要开展

---

〔1〕黄宗智先生认为中国革命中的农村阶级斗争是一种表达和现实之间存在不一致性的实践。他试图表明，在1946年至1952年的土改和1966年到1976年的“文革”中，农村阶级斗争的表达性建构越来越脱离客观实际，两者不一致强烈影响了共产党的选择和行动，而党的这些选择和行动又形成了一种话语结构，该话语结构在“文革”中极大地影响了个人的思想和行动。参见《中国革命中的农村阶级斗争——从土改到文革时期的表达性现实与客观性现实》，《中国乡村研究》（第二辑），商务印书馆，2003年12月。

〔2〕中农化趋势是指在农村总户数中，中农的户数占的比重越来越大，即在土改后，随着土地的重新分配和农村经济的恢复和发展，原来的贫、雇农其生活水平逐步改善，上升为相当于土改前中农水平的农户越来越多，从而使中农的户数逐渐增多。而两极分化即指一小部分经济上升较快的农户开始买地、雇工、扩大经营，另一小部分因种种原因变得生活困难的农户则开始卖地、借债和受雇于他人，农村中的贫富差距正在逐步拉开。参见陈吉元、陈家骥、杨勋主编：《中国农村社会经济变迁1949—1989》，山西经济出版社1993年。

有关农业生产合作社的组织制度研究，也就是要从农民生产生活的内部问题入手，不只是自上而下的视野，而是要建构基层民众在面对国家政策时的反应和应对措施。由此，我们才可能透视出国家意志的作用和农民自我组织能力的程度。进一步而言，这对于目前"三农"问题研究的解决方案具有不可低估的借鉴价值。

人民公社可以说是集体化时期自1958年夏以后中国农村社会的一种特有的代名词。至1984年全国最后一个人民公社瓦解时，作为一种重要的社会组织和制度安排，人民公社在广大农村社区存在了二十多年。对于这样一个充满激情和悲剧的阶段，"大跃进"、食堂制、大炼钢铁、"三年困难时期"、"四清"、"文革"，以及农业学大寨、工业学大庆等到现在早已成为象征人民公社时期中国社会的一个个符号。而这些诸多隐含着国家及其人民进行探索和实践的艰辛历程的符号不断地需要后人去阐释和解读。比如说有关"三年困难时期"的研究，目前研究者的路数仍只是局限在困难时期所导致的大量人群死亡数字[1]的推演范围。不可否认，饿死人的现象是1959—1961年"三年困难时期"前后广大农村地区面临饥荒的一个重要表象，但是我们不能由此掩盖或者忽视了当时整个社会复杂多样的生存图景。不幸的是直至目前我们并没有这一时期全面系统的研究成果问世。也就是说在面临一场由综合因素所导致的大饥荒时，国家、地方政府、乡村社会等不同主体为度过灾荒并试图将灾害程度降到最低的各种应对措施和努力以及它们之间是如何相互作用的，仍需要后人科学客观地

〔1〕比如Ansley1981年估计的结果是1650万，Johnl1982年和Peng1987年估计为2300万，Ashton1984年估计为2950万，Banister1987年估计为3000万，Cheng1994年估计为4300万，曹树基估计为3250万，李成瑞估计为2200万，中国科学院的一份国情报告估计为1500万等等。参见范子英、孟令杰《有关中国1959—1961年饥荒的研究综述》，《中国农村观察》2005年第1期；曹树基《1959—1961年中国的人口死亡及其成因》，《中国人口科学》2005年第1期；李成瑞《"大跃进"引起的人口变动》，《中共党史研究》1997年第2期。

去对待。再者，“四清”、“文革”运动，尤其是后者，给中国社会带来了巨大灾难，其负面影响波及政治、经济、文化、教育等方面，甚至在几代人中留下了难以磨灭的时代阴影。但是，毋庸讳言，与之相关的研究主要还是宏观层面的，诸如国家领导人之间的政治分歧，大事件的一般复原，自上而下地去铺陈国史和党史，而社会史视野的相关研究还显得极其薄弱，甚至尚属空白。当然，集体化社会研究中的这些窘境有诸多客观性因素的制约，比如档案文献资料开放程度不够，现有的文献资料更多的也只是宏观上的可以公布的内容等等。此外，还有意识形态领域中的诸多禁区以及一些制度性的约束也在很大程度上限制着研究者的深入。但是，我们应该明白某一事件的生成过程，不只是单一因素导致的，而是一种“历史合力”作用的结果。或者说，一个事件会有不同面向的记录，不管是文字性还是记忆性的，甚或其他形式，总之是一种多维面孔。那么，作为研究者，似乎也无必要等到资料全公开化后再付诸研究，我们可以从其他的面向入手去构建历史。因为，从近年来的研究实践中可以发现，同样的历史事件和过程，在广大的乡间蕴藏着极其丰富的第一手文献资料，无疑这对于集体化社会研究具有巨大的促进作用。

当然，集体化作为一个不可忘却的时代，也有其现实社会的需要。集体化社会在中国的解体到目前整整二十个春秋了。从历史的时间序列中来看，集体化时代与当代中国社会的进程紧密相关，尤其是人民公社的影子在人们的日常生活中仍旧挥之不去。另外，作为中国社会领导的核心力量，中国共产党自 1949 年全面执政以来，即使政党和政权面临过大的困境，出现过诸多失误，但实践证明了中国共产党在中国社会发展中的历史地位是任何一个其他党派无法替代的。同时，我们还应该看到，同一个执政党，中国社会却经历了两种不同体制的时代，而且这两个时代不是彼此割裂开来的，是相互衔接的两个历史时期。由此引出的一个深层次问题就是历史惯性或“实践逻辑”的存在，或者说是一种“结构化特性”的持续存在。比如土地问题，在计划体制的集体化时期和市场体制的多元化时期存在相当程度的同质性，即农民作为农村社区的生产主体在土地问题上仍处于弱势地位和被动状态。尽管建国初期农民在中国共产党实现“耕者有其田”的历史性承诺中曾获得短暂的土地所有权，自由经营、自由买卖，但是在国民经济日渐恢复和国家向工业化迈进过程中，随着农业合作化运动的广泛推行，土地私有则以国家的意志和权威被改造为集体所有、国家所有。而农民似乎成了被随意使唤的廉价劳动力。因此，借助国家的名义诸如工业化建设项目而轻易侵占农村土地的现象时有发生。据我们在太原市一个城乡结合部的剪子湾调查了解，该村耕地在第一个五年计划期间曾多次被强制性征用，而侵占方在村民出面阻拦时有一个坚强有力的理由就是为了国家的工业化建设，农村应该为国家建设贡献自己的力量。否则，便会招来“破坏工业化建设”、“肆意挖社会主义的墙脚”，甚至是“阶级敌人的反攻倒算”等罪名。一位村里的老干部给我们讲到在上世纪80年代初期村里就耕地被强占一事与对方多次交涉，并得到了赔偿。该村几十年后的交涉成功则与后来国家土地管理政策〔1〕的

〔1〕 例如1988年5月，太原市土地管理局曾根据《土地管理法》、《山西省土地管理实施办法》和《太原市城市建设管理办法》的精神出台了一份“关于处理土地纠纷问题的意见”，就1986年9月山西省开展关于非农业建设用地清理工作中存在的大量土地纠纷问题进行了制度上的规定和解决。其中指出，“土地纠纷是一种民事纠纷，属于人民内部矛盾。因此，在处理土地纠纷时，应从实际出发，本着尊重历史，面对现实，有利团结，有利建设，有利生产的原则，互谅互让，实事求是，充分协商解决。对于无视法规，不听政府土地管理工作人员提出的处理意见，扩大事态，干扰事务，造成生产、经济、社会秩序影响的，应按法律程序，报上级主管部门批准，运用经济、行政及法律的综合手段进行严肃处理”。并明确申明，“在1962年9月27日《农村人民公社工作条例》(修正草案)颁布前后，确属无偿或擅自占用的土地，被占用单位提出权属要求的，可按当时的亩产和国家规定价格，给予年产值二至四倍的补偿，并将占用土地退还被占地单位”。剪子湾村能在20世纪80年代初收回被侵占的土地，并得到补偿，就与这一意见直接关联。

出台直接相关，而村民借此找到了胜诉的制度安排。同样，在集体化社会解体二十多年之后的今天，我们仍屡见不鲜地看到土地被以各种理由随意征用的事实。例如所谓房地产开发、高科技开发区、“城中村”改造工程等均在工业化、城市化、现代化的名义下牺牲了农民利益，挤占了农村土地。从这种结构极为相似的案例中，我们可以发现社会发展的失衡和两极分化，即农民、农村和农业成了市民、城市和工业的天然牺牲品。当然，作为研究者我们并非只是将视野投射在众多的结构同质的表面现象上，而是要透过这些“假象”去发掘其背后持续发挥作用的制度性实践，由此才可能找到解决问题的根本症结所在。此外，还有为人们所关注和熟知的户籍制度、“三农”问题等社会事实，同样需要我们置身于历史与现实的布局中加以解释。

总之，集体化时代作为一个承前启后的历史过程，不应该在现时的利益驱动下被化约为单一的历史图景，而应从社会史的视野将其固有的复杂多样的面向一一加以构建和解读。尽管主客观条件的制约和限制依然存在，但求真的知识本能必将冲决一切藩篱走向知识累积和社会关怀。

四　风光无限：多学科视野中的集体化社会

当前，集体化社会研究可谓方兴未艾，备受瞩目，尤其在人类学、社会学界呈现出了一股强劲的势头。而在历史学界，正如前面指出的，真正有分量的论著并不多见。不可否认，意识形态、文献资料、官方话语和学术制度等多重因素在一定程度上束缚了历史研究者的手脚，但这只是问题的一个方面。正如傅斯年所言：“上穷碧落下黄泉，动手动脚找东西”，也就是说当我们走出书斋，走向田野与社会，深入到基层社会单位中，能够欣喜地发现历史的丰富性和多样性，它不只是国家主导的大历史，而且是国家与社会的历史，复数的历史，除了由上而下的历史观念之外，更重要的是自下而上地去构建历史。这也正是社会史研究的一个基本方法。

概括而言，从社会史视角进行集体化社会研究，需要从两个大的方面入手方可找到史学研究的新突破。首先，依然需要从历史唯物主义的方法论出发，即“人们在自己生活的社会生产中参与一定的、必然的、不依他们本身意志为转移的关系，即与他们当时的物质生产力发展程度相适合的生产关系。这些生产关系的总和就组成社会的经济结构，即法律的和政治的上层建筑所借以树立起来而且有一定的社会意识形态与其相适应的那个现实基础。物质生活的生产方式决定着社会生活、政治生活以及一般精神生活的过程。并不是人们的意识决定人们的存在，恰好相反，正是人们的社会存在决定人们的意识”。[1]也就是说马克思主义的这种结构性分析仍值得我们在研究实践中遵循，尤其是从经济基础分离出生产力和生产关系是我们分析和解决问题的两个最重要的结构性维度。比如当某些个体或群体出现革命意识时，我们必须从其物质生活中的结构性矛盾和冲突进行分析。所以，用历史的态度考察问题，就是要信守具体问题具体分析的原则。研究者在分析任何一社会问题时，只有把问题置于一定的时空之内，进行具体的分析和构建，才能全面客观地将历史的活动过程生动地描绘出来，而不只是事实材料的堆积。此外，根据我们日常的生活经验，世界上不存在孤立的现象，一切社会现象都是彼此关联和相互制约的，因此，对于每一项社会制度和社会运动的历史研究就不能从“先验幻象”出发，而是要从产生该项制度和运动的条件着眼。尽

〔1〕《马克思主义经典作家论历史科学》，人民出版社 1961 年，第 35—36 页。

管兴起于建筑、艺术等领域的后现代主义思潮给史学研究的固有理论和方法带来了不小的冲击，例如去中心化，去规律性，反理性和制度化，否定一切经验，主张历史的文本构建，甚至走向极端的相对主义等等均对历史研究提出了挑战和反思。但是，笔者认为马克思的历史唯物主义基本理念仍是指导我们进行中国历史研究的方法论和指南针。诸如阶级分析的方法，从事实出发，详尽地占有原始材料，并从大量历史事实中形成具有创新性和解释力的观点，具体问题具体分析，坚持科学性和客观性等，仍有着巨大理论空间有待深入拓展。以集体化论题的研究而言，不管是从纵向的社会主义革命和建设的不同阶段进行考察，还是从横向的每一项社会改造工程的具体实践内容来分析，我们都需要重新来面对这段空前绝后的历史。土改运动，作为一种国家“治理术”，除了韩丁、柯鲁克夫妇等人的真实记录之外，至少在国内学界还没有出现与之相媲美的论著，当然作为运动的亲历者，他们有着书写历史的特殊条件，但是，土改“治理术”背后的权力实践、制度安排、国家形象和集权认同等复杂网络结构却大大地被忽视、化约了。再以“三年困难时期”[1]为例。众所周知，1959—1961年是集体化时期广大农村社会因天灾人祸所导致的大饥荒的三年，以至于“三年困难时期”成了人们口耳相传的一个专有名词。但是，就我们所能查阅到的相关研究成果，大都是有关这一时期人口死亡数字的推算和求证，其依据的数据资料主要出自国家公布

〔1〕 目前关于1959—1961年的中国社会有多种说法，诸如“三年自然灾害”、“三年经济困难”、“大饥荒”和“三年困难时期”等。其中“灾害”、“困难”之说多为国内学者使用，国外研究中国社会的学者则多采用“饥荒”之说，而且两者都将研究的焦点投射在人口死亡和灾荒成因的假设与论证上。不过，基于长期的田野调查所得和诸多集体化时期村级档案的文本解读，笔者倾向于“三年困难时期”一词，因为该词基本上涵盖了1959—1961年中国社会的经济、政治、文化、人口、心理、技术等因子的复杂关联，而不只是人口死亡了多少、灾荒是如何形成的这样简单化的研究路径。

的历年人口状况变化统计表。不可否认，人口的非正常死亡曾是“三年困难时期”社会状况的一个重要表象，但是我们却不能由此而掩盖其他现象的存在。比如为了度过困难时期，国家领导、地方政府、基层民众等不同行为主体采取了哪些应对措施，又做出了哪些具体的努力，诸如此类问题恐怕很难通过计算后的几组人口数字加以解释。笔者在山西广大农村实地调查期间，就“三年困难时期”所了解到的情况极为丰富多样，当地村民对当时生活困难的景象记忆犹新，尤其是以如何勒紧腰带、想尽一切办法度饥荒为主要话题，而对是否出现过人口死亡的问题则与一些研究者的旨趣相差甚远。这种复数历史的存在足以证明重新面对集体化历史的必要性和重要性。

其次，从具体操作方法而言，笔者认为集体化社会研究新突破的一个必要前提就是基本史料的发掘和整理问题。我们知道，任何一项历史研究，史料的掌握是第一位的，也是提炼新观点、创建新理论、凸显真历史的必要条件，而不是一味地以西方流行理论框架为导向套用中国的历史事实，进而去论证外来理论的适用与否。正如前文所言，集体化时代的中国社会具有很强的特性，作为新中国的缔造者，中国共产党带领全国各族人民进行的三十多年的社会主义革命和建设有着国际与国内多重因素的制约，那么对此的科学性、客观性研究必须从当时当地的理解出发，而不能先入为主。从发生学的角度讲，历史是独一无二的，那么，研究者走出书斋，深入到最基层的社会单位中去寻找历史发生的原始条件就显得十分重要。也就是说，只有占有丰富翔实的第一手文献资料，才能客观地贯彻当时当地的、真实历史情境的研究理念，也才能最大限度地接近历史的本来面貌。笔者所在的山西大学中国社会史研究中心，近年来在走向田野与社会的宗旨下，全体师生长期行走在全省境内的广大农村，收集到了大量的有关集体化时期农村社会变迁和改造的原始资料，范围涉及近70个乡村，具体内容包括抗战时期至80年代初人民公社解体之间的减租减息、土地改革、互助合作、农业集体化、人民公社以及在“革命”和“生产”的实践逻辑中生成的一系列政治运动和群众运动。其中，相当多的文献资料以“三年困难时期”之后为多，而这与“三级所有、队为基础”的基本经济核算制度的出台直接相关。整体而言，这批资料对于集体化时期中国社会尤其是山西地方社会的学术研究具有宝贵的学术价值。相对于国家视角的众多历史资料的禁闭，广大乡村历史变迁的资料记录无疑是从社会史的视野研究集体化社会的宝藏。在意识形态话语、盲从西方范式和原始资料公开十分有限的限制下，从收集散落在广大乡间的档案资料入手，从基层社会进行自下而上的历史解读，此种路径也许是集体化社会研究的创新之路。这里仅以2005年8月初我们在山西泽州县贾泉村收集到土改方面的资料为例来论证上述浅见。在贾泉村的田野调查颇费周折，我们在一位村民的带领下为了找到可能保存的集体化史料走访了还健在的原生产大队长、小队长、会计、保管员、记工员等人，但是得到的结果几乎一致，即“年代久了，土地下户后，就没人管了，早丢了。剩下的那些账本在搬家的时候扔的扔，卖的卖，哪还有什么东西？”[1]也许是功夫不负有心人，我们最后在该村大队的库房内发现了一个依旧十分牢固的老式立地柜，锁子早已锈迹斑斑，至少几十年没人开启过。当撬开锁子后发现柜子内是半个世纪前该村进行土改运动的详细资料时，老保管员和我们一样感到惊讶不已。这批资料涉及该村土改时的方方面面，比如诉苦账、分果实账、清点财物账、人口地亩册、划阶级成分表、斗争会记录、村农

〔1〕 贾泉村口述资料。山西大学中国社会史研究中心藏。

会干部表、男女学员册等共三十多册，尽管部分内容因年久损坏，但整体而言，所有资料十分真实地记录和反映了贾泉村在1946年至1947年间土改运动的革命性过程。因此，这批土改资料的获得是极其难得的，其史学价值也是不言而喻的。尽管目前学界有关土改运动研究取得了一些进步，但是仍没有突破一般性的大历史的宏观构建的窠臼，而这种停滞不前的窘境则与有限的土改史料直接相关，尤其是广大乡村一级的资料缺乏在相当程度上制约着中国土改研究的进一步深入。可以说，贾泉村土改历史资料的发现和研究将在集体化社会的整体研究中起到抛砖引玉的作用。

总而言之，笔者倡导的走向田野与社会的实践理念，为我们从社会史的视角进行集体化时代中国社会研究提供了坚实的史料根基和广阔的创新园地。

除了上文提及的历史唯物主义方法论和具体的操作方法之外，另一个值得注意的现象就是多学科交叉和渗透的学术取向。自新史学从传统史学单一历史叙事的僵硬框架中生成以来，多学科分析就一直是历史研究者所执着追求的一个基本理念。而法国年鉴学派的诞生和实践则为我们从社会学、人类学、政治学、经济学、地理学、心理学等学科观照社会历史研究提供了一个重要的参照系，尤其是从“问题史学”出发构建“总体史”的探索和努力让其他史学者受益匪浅。目前，集体化社会研究的优势仍归之于人类学、社会学等领域，并且以外国社会科学者居多，相比之下，国内学者尤其是社会史学者则要逊色得多，这不能不说是一个值得正视和反思的问题。不论是恪守所谓“百年之内无信史”的禁例，还是囿于意识形态和政治话语的敏感，甚或是打着学术招牌追逐名利，主客观条件的限制和制约颇多，但是重新面对集体化社会的三十多年则是一项必需的课题和使命。

就社会史研究而言，尽管仍存在诸多争论和分歧，但是从社会学、人类学等学科中获取的诸多理论和方法已得到广泛的认同。作为人类学研究基本方法之一的田野工作（即参与观察法）就大大地拓展了历史研究的空间，并且引领史学者在关注传统文献解读的同时要尽量地走进历史现场，身临其境地“体验”过去，更有利于将过去与现在实现对接，展示出鲜活生动的历史画面。也就是要将文献研究与田野调查紧密地结合在一起。近年来，中山大学陈春声等开展的历史人类学研究就是历史学和人类学对话、融合的一项颇具创新价值的学术实践，其大历史关怀下的地域性研究让世人刮目相看，钦佩不已。而笔者主张的“走向田野与社会”则受到了法国年鉴学派和历史人类学研究的诸多启示。对于集体化社会，其自身固有的特性将制约着研究者的选择。比如它距离我们当前的社会很近，亲历大历史、小历史的当事者大有人在，特殊的国内外环境，集权式的社会整合等等，既给研究者带来了机遇，又使其面临着挑战。因此，开展集体化时期中国社会研究的一个前提便是多学科交叉渗透和借鉴吸收，方可适应对这样一个长时段生存图景的建构。开展集体化社会研究还需要大大借鉴和利用社会学研究的理论体系与方法原理。比如功能论、冲突论、符号互动论和结构主义分析等社会学基础理论内容，还有社会结构、社会控制、社会分层、社会变迁、社会公正以及文化、社会、制度、组织等基本范畴，都需要历史研究者从中提取理论精华，丰富史学研究。也就是说历史学（尤其是社会史）与社会学之间存在着非常密切的关系。波兰著名历史学家波托尔斯基讲道：“从理论上说，史学与社会学的研究对象是相同的：都是社会，但是这两门学科的历史发展导致两者的差异。社会学侧重现实世界，而史学则侧重于已往的历史过程。在现代史学中，企图在理论结构和解释上把史学与社会学分离开来，是不可能的。”[1]此外，苏联社会学家米罗诺夫则从社会学的角度阐述了同样的道理：“没有一定的理论概括，不掌握社会学的一些观念和概念，历史学不可能由关于事件的科学完全转变为关于社会经济过程及其相互关系的科学。”“可以明显看出历史学家向往着历史观的立体性、多层次性和综合性。社会学为解决这一问题提供了一系列概念，使历史学家能够提出新课题，重审传统课题，使研究客体成为多维的，‘深邃的’。”[2]

以社会群体、社会运动、社会变迁、社会组织等社会学人类学研究主题为例，我们既要将每一个对象作为其整体的一个组成部分来理解，也要把个体所属的群体放置在整个社会系统中加以理解。具体而言，社会群体可以从农民、市民、商人、工人、手工业者、流浪者、乞讨人员、僧人、教徒等阶层入手，也可以对男人、妇女、儿童、老人、残疾人等不同身份、地位人群进行研究。这些问题都是与现实社会问题密切相关的问题，比如老龄群体、弱势群体、妇女儿童等，既是社会学的重要内容，也应该是社会史研究的重点内容。也就是说我们可以从特定时空中不同人群及其生活系统的研究中透视国家与社会的互动关系，通过他们生活的真实图景去发现大历史的地方经验。社会运动作为社会学和历史学研究的重要内容，其发生与特定的社会结构、地理环境以及外部力量等多重因素紧密关联。各种关系网络和人群都会在社会运动中扮演不同的行为角色，表达各自的利益诉求，透露出彼此的心态，其学术研究价值是不言而喻的。比如孔飞力的《叫魂》一书就称得上是这一方面研究的典范，值得很好借鉴。而在集体化时期，社会运动就是一个富有时代特色的问题，在“革命”与“生产”的

---

〔1〕 参见范达人：《当代比较史学》，北京大学出版社 1990 年，第 123 页。

〔2〕〔苏〕米罗诺夫著：《历史学家和社会学》，华夏出版社 1988 年，第 3—4 页。

实践逻辑指引下，群众运动、政治运动和文化运动等均被提升到国家意识形态的高度而进行，尤其是国家权力的“无孔不入”，这些问题的研究大大突破了单一的宏观历史叙事或国家领导人之间分歧的研究局限。社会变迁也是历史学、社会学和人类学等人文社会科学研究的核心内容。但其研究视角则从以往自上而下转变为自下而上的研究路径，以底层历史为基线，要突出不同行为主体在某一社会变迁中的作用，不只是上层人物、国家精英的历史，还有作为社会变迁主体的基层民众的生活实践。此外，社会变迁的研究还应该突破以往只是关注某一时段的变迁进程，还应该把不同时空里的变迁过程进行立体式比较，历史的多样性和丰富性才可能被建构起来。与其他论题比较而言，社会组织在社会史研究中还是一个薄弱环节。但社会组织却是一个社会发展中的重要内容，无论是在过去，还是面对现在。传统中国社会作为一个“伦理本位”的社会，与西方的“团体社会”不同，它整合各部分要素的体制不是以所谓的契约或法律为主，而是以情谊关系为纽带，那么，由此所衍生出的社会组织形式和功能应该有自己的特征，尽管在 19 世纪末期和 20 世纪初期西方的民主、科学等现代化因素被借取，但主流的文化仍是传统的“制度化儒学”体系。也就是说，社会组织的类型和作用与一个社会的结构和制度安排有着天然的联系。比如说一家一户的小农经济生产方式，从根本上就制约了合作性的社会组织的出现，而广大乡村农民的组织能力极为有限，那么其应对社会变革的软弱性则不难解释了。那么集体化时期的社会组织问题研究就是一项十分有意义的工作。研究中国社会过去的组织状况，对现时的社会也有着巨大的促进作用。比如对“三农问题”的不断重申和重视，事实上是对历史学和社会学的交叉研究提出了时代要求。尽管中国社会已经在现代化转向的历史序列上走过了百余年，但这一过程还远远没有完成，而我们坚信整个 21 世纪仍是中国继续进行现代化转向的一百年。

当然，集体化社会研究的多学科前景仍需要我们不断地探索和求新，借鉴和吸收相邻学科的理论和方法并非是盲目的照搬照抄，也不是生搬硬套地将其嫁接到历史事实之上，而是一种多学科研究理念和方法论的内化，或者说是一种史学“问题意识”的持续生成。

在村庄与国家之间

——劳模李顺达的个人生活史

李顺达，一个逃荒要饭的农家孩子，一个为了生存养家的贫苦农民，以其求生的本能和渴望，与命运抗争，与剥削争斗，与灾害较量，与穷困搏击，其曲折、勤劳、拼搏的一生与共和国的命运连在了一起。李顺达由一个普通中国农民成为一个家喻户晓的劳动模范，其个体生活、生产实践也深深地烙下了一个时代的印记。这里对李顺达个人生活史的历史阐释意在构建农民、村庄与国家在共产党领导的革命和建设中的相互关系和生存图景，从而为当前社会主义新农村建设提供一份经验文本。

一　翻身前后

李顺达原是河南林县合涧东山底村人，1915 年 12 月 23 日出生在一个贫苦农民家庭。家里人多地少，主要靠父亲李发全的木工、泥瓦等手艺赚钱，养家糊口。李发全领着一伙人长期在山西晋城做包工生意，到 1929 年，14 岁的李顺达也跟着父亲到晋城帮工学艺。一次，几个月的工程完成之后，没想到“大柜上”（地主士绅总包工处）的人全跑光了，李发全一分工钱都没得到。工人们整日催着要工钱，万般无奈的情况下，李发全告到县衙门，希望官府能帮着追回工款，以给工人分发工钱。但是，衙门里办事的和“大柜上”的包工头串通一气，最后只得把自己几年来辛苦赚下的积蓄赔光了。没办法，李顺达又回到了老家，原本计划靠父亲的工钱来维持家里的生活，但是母亲和弟妹们还是每天饿肚子，生活备受煎熬。

1930年，李顺达为了分担家里的困难，独自一人到山西平顺县路家口村找到了自己的二舅郭双龙，央求他在当地说合着租几亩地种。第二年春天，李顺达的母亲对儿子在外不放心，遂到平顺找到李顺达，母子二人通过二舅做中介人租种了地主郭召孩五亩二分坡地，渴求有点收入，维持一家人的生活。但是，租额太重，勉强收十石粮食，出租就得九大石，另加五布袋地蔓（土豆），还有五斗杏仁。一年到头来，还是吃不饱，穿不暖。逐渐懂事的李顺达心里愈加难过。

后来，住在路家口的外婆看着大外孙李顺达小小年纪，就要担当一家六七口人的吃穿，租地主的地又难以维持，但不种地又不行，便叮嘱他说：“你要好好地造地，争争这口气，不要叫你娘和二舅作难。”[1]因此，李顺达和母亲郭玉芝抱着一线希望又流落到西沟，再次过起了受苦受难的租地生活。到西沟的第一年，母子俩一春天开了二三亩荒地，但烧荒时，因李顺达没有经验，结果荒没烧好，打的粮食很少。等地主来搜刮地租时，母子俩希望少收点，下年收成好些了再补齐，但地主一瞪眼睛说：“说好多少就是多少，不管收成好不好，种一年清一年，咱不记账。”[2]结果，眼睁睁地看着地主把大部分粮食搜刮走了，只剩下一小缸的粮食。在西沟的前几年，李顺达及家人生活异常艰辛。更加不幸的是，1936年西沟灾荒歉收，家里收的粮食全部交了租子还

---

〔1〕 山西省档案馆档案：21-G1-260，《劳动英雄：李顺达的翻身故事》，太行二专署，1945年。

〔2〕 同上。

欠下一大笔债。于是全家人盼望在晋城打工的父亲能捎些钱来，久盼无音，李顺达便沿路乞讨到晋城去找父亲，得到的消息却是父亲因讨工钱被打，早在该年6月气病身亡了。无奈，李顺达只好空手回到西沟，与母亲和弟妹们过着忍饥挨饿的生活。

也许是绝处逢生，或是时势造英雄，1938年对于李顺达来说是充满希望的一年，因为共产党领导的八路军来到了太行山区，并建立了抗日根据地政府。为了团结山区群众进行抗日，根据地政府实行合理负担，颁布了“五一”减租法令，即贫农向地主交租每五斗减一斗，借贷年息超过一分半的全部减掉超出部分。[1]减租减息政策很快就传到了西沟，这对于李顺达来说，无疑是一次翻身的机遇。因此，李顺达决心要按照政府法令减租，并带头在西沟村进行了减租。等秋后地主来他家收租时，李顺达按法令交了七石二斗（原来要交九石租，五一减租后，便少出一石八斗）。地主看了看他，也没吭声，悄悄地回去了。但是，没过几天地主又要李顺达将租子补齐，李顺达说：“抗日政府叫五一减租，已经给够你了。”地主还像往年一样威胁李顺达说：“有讨便宜时，也有吃亏时，东西河（路家口是西河，池底是东河）还不是一个天下，那里没有减，你就不能先减。”[2]僵持了一天，地主什么也没得到，只得回去了。不过，地主还是不甘心该交的租子说减就减了，于是又叫上李顺达的二舅郭双龙去催要，并说：“你好好想想吧，你们刚来西沟时，还是小孩子，现在长大了就没良心了？好歹你们一家是靠我的地过活的。”[3]

地主试图拿“良心”来说服李顺达将租子补齐，但李顺达就是不给，说自己是按政策行事，现在由共产党给穷人撑腰了，时

[1] 张松斌、周建红主编：《西沟村志》，中华书局2002年，第40页。

[2] 山西省档案馆档案：21-G1-260，《劳动英雄：李顺达的翻身故事》，太行二专署，1945年。

[3] 同上。

代不一样了。最后，在二舅的说和下，李顺达才勉强地给了地主十八元钱了事。1939 年，抗日政府再次颁布了减租法令，规定“四一”减租，即每四斗租减一斗，借贷年息超出一分的部分减掉，而且平顺县农会还决定各村要大斗改小斗。[1]李顺达从内心觉得穷人的好日子一天天地明朗起来，从减租减息来看，就是活生生的事实，而且收入确实比以前增多了。于是，李顺达又按“四一”减租条例细细地算了算账，自己该交小斗六石七斗五即可，想着去年减租减的不彻底，便决心这次非得斗争到底不可。到秋后，李顺达见地主来收租，径直地说：“今年是四一减租，大斗改小斗了，给你多少就是多少，不行，你想去哪去哪，随你便。”[2]地主没办法，只好拿着走人了。

同时，李顺达还发动了西沟村 18 户佃农向地主展开了减租斗争。李顺达领导西沟农民取得减租胜利极大地鼓舞了周围各村农民进行减租运动的信心。各村群众在农会的组织下，发动青年、民兵、妇女等广泛地进行了减租减息斗争。因李顺达在“双减”运动中表现出色，勇敢能干，斗争性强，阶级觉悟高，经西沟地下党组织成员张魁仁介绍，李于 1938 年 7 月加入了中国共产党。从此，李顺达的一生便与共和国的革命和建设紧密地连在了一起。之后，李顺达更加积极地帮助西沟的佃户向地主作斗争，实行减租，并且对收租的地主说：“边区政府有法令不能不减，你们要觉得不行，也有政府，可以去告。”[3]令所有佃户高兴的是，1939 年根据地查减运动使得西沟村佃户获得了倒租 23 石，[4]死契地 23 亩，全西沟没有一户再租地主的地了。这在一定

〔1〕张松斌、周建红主编：《西沟村志》，第 40 页。

〔2〕山西省档案馆档案：21-G1-260，《劳动英雄：李顺达的翻身故事》，太行二专署，1945 年。

〔3〕同上。

〔4〕“倒租”，指按照减租法令，将地主多征收的租子还给佃户。

程度上削弱了西沟村地主的势力，增强了佃农阶层的经济实力。李顺达因减租运动成功，家里也有了粮食，于 1939 年从路家口村娶得了一个媳妇。

通过减租运动，李顺达明白了一个事理：共产党帮助穷人翻了身，不用再整日挨饿了，生活有了改善，于是决定跟上共产党干革命，求解放，对西沟村各项工作表现要积极，凡事都带头干，一定会过上好日子。李顺达积极响应根据地政府的号召，一面带领群众发展生产，一面组织民兵配合八路军抗击日军。比如 1939 年西沟村组建了民兵自卫队，李顺达任自卫队队长。李带领西沟民兵一手拿枪，一手拿锄，坚持劳武结合，前后十七次参加战斗，有力地协助了当地八路军对日军的反扫荡行动。而李顺达本人也由此在整个西沟村域范围渐渐有了威信和模范作用。

二　互助生产

1941 年至 1943 年，中国人民的抗日战争陷入了极端困难时期，山西各抗日根据地的政治、经济、军事形势也面临着极为严重的困难局面。1943 年春天，太行根据地政府宣传“吴满有方向”[1]，这给李顺达指出了努力的前景，一心要跟吴满有学习，并说：“人家能富，我也能富！”是年 2 月 6 日，李顺达响应边区政府“组织起来，生产自救”的号召，在临时季节性帮工互助的基础上，组织了李达才、路文全等五户贫农成立了全国较早的农业生产组织——李顺达互助组。对于牲畜、农具、种子等生产资料分散、缺乏的贫苦农民而言，互助组有着决定性意义，它将零

〔1〕 吴满有是 1942 年陕甘宁边区政府树立的劳动英雄，宣传和学习吴满有方向极大地促进了整个抗日根据地的生产与建设。

散的资源集中使用，共享利益，其优越性相对于生产低下的个体经济是显而易见的。李顺达在组建互助组时说：“互助起来，人多好做活，既红火又省工，一个人做一会就想歇歇，大家到一块比着干，就都有劲。过去给地主受苦，一年到头吃不饱，现在多打一颗粮食，都是自己的。”〔1〕

抱着对“组织起来”的朴素理解，李顺达互助组成立后的首要任务即是互助生产，自救度荒。李顺达首先把自家仅有的五斗余粮和一石多谷糠全部分送给组里的断粮户。在他的带领下，组员之间开展了“我有半口汤，不能让你饿得慌”的相互救助活动，互济互助，共度春荒。并且制订了开荒30亩的生产计划，组织组员以计工的方式开荒种菜，以菜充粮，以菜接粮。其他村民见李顺达互助组开荒种菜，便纷纷要求参加，不到一个月时间，互助组由原来的6户发展到16户，并改为互助拨工大队，李顺达任大队长。因为互助生产积极性高，收益好，到1944年，全村20户中就有19户参加了互助生产，下设3个互助小组，1个纺织小组。此外，互助组还把西沟村的妇女也组织起来，专门成立了纺织、喂猪小组，李顺达的母亲郭玉芝被选为小组长，因为她是一个出色的纺织能手。从此，李顺达母子二人成为大伙心目中的带头人。

互助合作第一年，生产就获得了大丰收。全西沟20户，96人，共有平地130亩，坡地63亩。一收完秋，李顺达带领大家算了算，共打粮食二百五十多石，每家平均十一石多，开荒35亩，每家平均就有1.5亩，每家还刨地蔓二十多布袋，菜也有十多担。单荒地生产的就够吃三个多月。而李顺达家也丰收不少，收粮四十六石二斗，全家七口人，每人平均六石五斗，地蔓刨了

〔1〕山西省档案馆档案：21-G1-57-2,《新富贵图：李顺达翻身发家故事》，太岳新华书店，1946年11月。

九十多布袋，每人平均十三布袋，还有三十多担菜，够全家吃两年多。为了使生活过得再好一些，李顺达又雇了人，成了富裕中农。[1]组织起来的巨大收获使得西沟人肯定了李顺达响应政府号召带动大家发家致富的道路，也从中看到了自家生活富裕的前景。不过，西沟自“组织起来”后，李顺达互助组的意义就不仅仅是丰衣足食，发家致富了，它不仅从具体的生产实践中证实了共产党互助合作生产政策的正确性和可行性，而且使李顺达互助组成了根据地农村建设的经验和模范。对此，我们可以从李顺达互助组与边区政府间的关系中略见一斑。

首先，是1943年秋后，李顺达和他母亲郭玉芝在平顺县召开的劳英会上均获得了头名“状元”，县里还奖励了李顺达一头大黄牛，奖郭玉芝一架纺织机。随后，李顺达又参加了全边区组织的头等劳动英雄大会，荣获第五名，共产党北方局邓小平同志等亲自奖励李一头大黄牛，以资鼓励，好好生产，多作贡献。参加县区两次劳英会，奖励两头大黄牛，对于李顺达互助组而言，一方面肯定了他们互助生产的成绩，另一方面则增强了互助组的生产能力，以求更大的发展。而李顺达的表达则清晰地展现了个人与共产党领导的抗日根据地政府间的密切关联，他说：“不是共产党，我哪有今天？想想过去，比比现在，跟着共产党，才有好日子过。奖励了我两头大黄牛，其实是大家互助生产的结果，今后咱们一起使用，努力生产，发家致富，多作贡献。”[2]其次，李顺达在1944年、1946年冬季太行边区两届群英会上分别被评为“生产互助一等英雄”、“合作劳动一等英雄”，并奖励了一头大黄牛。再者，李顺达在群英会期间开阔了眼界，比如选择优良

---

〔1〕 山西省档案馆档案：21-G1-260，《劳动英雄：李顺达的翻身故事》，太行二专署，1945年。

〔2〕 山西省档案馆档案：21-G1-260，《劳动英雄：李顺达的翻身故事》，太行二专署，1945年；A1-12-14-1，《劳动英雄：李顺达同志小传》，平顺联合办公室，1947年。

品种，提高生产技术等，促使他认识到互助组有继续向前发展的潜力。群英会后，李顺达回到西沟就大力提倡改种“金皇后”玉茭新品种，并实行温汤浸种、拌种，结果既提高了产量，又减少了病虫害，当年全村多打玉茭七十多石。这些都成了李顺达互助组巩固和发展的资本，也使李顺达个人生活史成为在社会主义革命和建设中的独特的时代象征。

李顺达互助组在西沟村的发展，引发了其他村庄学习“组织起来”、“发家致富”的生产经验，掀起了平顺县区互助生产发展的高潮。到1947年7月，全县共成立了互助组427个。而且，互助组织也向多样化发展，出现了包工、合犋、打拔、合伙、记工、变工等多种互助形式，保证了战时农业生产正常进行，支持了前线战事，也使得灾民们顺利地度过了饥荒。更加起到表率作用的是，李顺达1946年制订的五年发家计划提前两年顺利实现，不仅在组内赢得了赞誉，而且得到了县区党委的高度重视和奖励。1948年11月，中共平顺县委在李顺达家中召开了庆功会，中共太行区党委赠送了写有“平顺人民的方向”的锦旗，太行行署赠送了写着“革命时代，人民英雄”的奖旗。是年底，为再次表彰李顺达互助组“英雄发家，全村致富”所取得的成绩，中共太行区委、太行行署又授予李锦旗一面，上面写着“翻身农民的道路”。[1]

可以说，李顺达和他的互助组在响应“组织起来，生产自救”和“组织起来，由穷变富”的号召下，度过了灾荒，丰衣足食、发家致富也成了现实。对于已经翻身的西沟人来说，共产党的领导起到了关键作用，而且西沟村的巨变已被证实；对于边区政府而言，李顺达互助组不仅改变了每一个组员的穷困生活，穷山沟变得富裕起来，更为重要的是他们通过生产实践支持了革命

---

〔1〕 张松斌、周建红主编：《西沟村志》，第4页。

事业，支持了根据地的建设，为太行区的经济建设做出了榜样，使得“组织起来”、互助生产作为“翻身农民的道路”的决策有了广泛的群众基础和经验。因此，李顺达及其互助组被作为模范和典型来引领新中国成立后社会主义革命和建设，备受关注，既有其内在因素，也有着国家的作用。

1949年新中国的诞生，标志着一个旧时代的终结，一个新时代的开启。李顺达互助组也在历史风云变幻中以太行山上的一面旗帜走过了六个多年头，其意义巨大，毋庸置疑。随着革命战争在全国的基本结束，塑造模范，为土改后中国广大农民生产和发展提供榜样成为中央领导层考虑的重要问题，李顺达互助组此时顺理成章地成为国家的理想典型。一方面因为他组织西沟农民战胜了灾荒，支持了革命，更重要的是1949年李顺达互助组开始广泛地将互助合作与提高生产技术结合起来，将西沟村的生产推向了一个新的阶段。到1950年秋收，全村21户，107人，房屋106间，土地212亩，每亩产量二石二斗七升，共产粮食四百八十二石六斗，超过了战前一倍以上。而且，李顺达十分强调组内学习政治文化的重要性，经常通过阅读报纸杂志等来提高自己和组员的政治觉悟和文化水准。[1]此外，我们从李顺达互助组在建国后所受到的“特殊待遇”中也可以看出国家在引领中国农民走向集体化道路时的付出和努力。比如1949年、1950年和1951年李顺达先后三次受到毛泽东同志的接见，并鼓励他“要好好建设山区，绿化山区，将来把山区建设成社会主义新农村”。其中，1950年，李顺达出席建国后第一次全国工农兵劳动模范大会，获得了全国劳模的光荣称号。

对于一个普通的农民，享有如此高的荣誉，李顺达的身份、角色，李顺达的家庭，李顺达领导的互助组，很快地被提升到了

---

〔1〕 山西省档案馆档案：C54-2003-30-14，《李顺达劳动模范历史事迹》，1951年。

国家的层次。他的生产实践，已不仅限于发家致富，解决温饱，互助组的发展经验成了全国农民“组织起来”、互助生产的样本。因此，李顺达和他领导的互助组在很大程度上被国家化了，上自党政机关报刊，下至地方报纸，以及广播、电视、戏剧等，大力地宣传李顺达经验，政府部门还专门派遣了新华社记者和工作组长期进驻西沟村，将李顺达互助组的日常生活生产情况反映到上层部门，介绍到广大农村的每一个角落。这在李顺达个人生活史上是一个极为重要的转折点。

从新华社山西分社 1951 年 5 月 25 日关于李顺达互助组的生产情况和思想情况向上级部门的报告中，可以清晰地发现李顺达及其领导的互助组被国家化的经历。该报告从李顺达家庭、互助组、向全国挑战情况、李顺达的搬家问题和如何帮助李顺达等多个方面进行了详细的调查汇报。比如互助组在向全国发出挑战以后，由于土地、居处都很分散，统一安排生产较为困难；而且有的组员表现落后，路河山为避免四个孩子参军，将其分散到林县等地种庄稼，在组内不愿意积极互助生产；还有一些组员因私人问题出现了不团结现象。尽管李顺达基本上解决了组内出现的新问题，但是驻村工作组仍然认为组员的思想与李顺达的先进思想存在较大距离，因此如何加强全组的政治思想教育，继续激发组员的生产积极性成了工作组在西沟村工作的一个重心。

再如李顺达的搬家问题。平顺、潞城和长治地委部分干部认为西沟的地理条件限制了将来新式农具（如大型拖拉机）的使用，怕影响李顺达互助组的发展。于是地委特向省委征求意见，李顺达可否搬迁到耕种条件较好的村庄，而李顺达本人也非常同意地委的意见。此外，李顺达每天都很忙，主要原因是参加各种会议、展览会、报告会等，还有全村的生产和支部工作，尤其是向全国各地劳模发出挑战后收到了大量的挑战书和材料，而自己又没有时间去答复。“这亦是李顺达感到和积极要求搬家的原因，现在地委已决定给他配备一个秘书，他听到这个消息非常兴奋。”[1]而山西省委在1951年4月5日发给长治地委的一份关于加强对西沟村工作领导的指示中，对李顺达互助组在国家与村庄间的重要性表达的更为直接：“劳动模范李顺达成为全国农业生产中的旗帜，西沟村爱国生产的态度和先进经验均为全国各地所重视。为了把西沟工作做得更好，除省委另派专门工作组前往外，地委必须十分重视西沟工作，经常注意了解情况，总结经验，发现问题，同时随着西沟工作展开，平顺要争取成为模范县。望能加强领导，并把情况和经验经常报告给我们。”[2]

三　农业合作社

早在1943年冬，毛泽东在陕甘宁边区劳动英雄大会上就已指出：“在农民群众方面，几千年来都是个体经济，一家一户就是一个生产单位，这种分散的个体生产，就是封建统治的经济基础，而使农民自己陷于永远的穷苦。克服这种状况的唯一办法，就是逐渐地集体化；而达到集体化的唯一道路，依据列宁所说，就是经过合作社。”[3]为了推动新中国农业合作化运动，1951年12月15日中共中央颁布了《关于农业生产互助合作的决议》。决议指出，农民在土改基础上发展了个体经济和互助合作的两种积极性，一方面不能忽视和粗暴地挫折农民个体经济的积极性，另一方面必须提倡“组织起来”，按照自愿互利的原则，发展农

---

〔1〕山西省档案馆档案：C54-2003-30-8，《关于李顺达互助组生产情况和思想情况的报告》，1951年5月25日。

〔2〕山西省档案馆档案：C54-2003-30-2，《加强对西沟村的工作领导》。

〔3〕毛泽东：《组织起来》（1943年11月29日），《毛泽东选集》，人民出版社1968年，第885页。

民互助合作的积极性，其发展前途就是农业集体化或社会主义化。该决议也标志着中国农业社会主义集体化道路的起步。

我们知道，山西作为革命老区，其互助组基础深厚，历史较长，李顺达互助组即是典型。尤其是随着农村经济的恢复和发展，战争时期所面临的诸多问题都已基本解决，一部分农民已达到富裕中农的水准，而李顺达在1947年就已是新富农成分了。因此，山西省委便有了“把老区互助组织提高一步”的战略构想。可以说，中共长治地委在创办农业生产合作社的道路上在全国都是领先的。当然，这主要得益于革命老区有着较为丰富的互助生产经验，也是为了克服在“组织起来与提高技术相结合”的发展中互助组出现的富农方向、自由发展、单干涣散等现象。[1]这即是李顺达互助组走向合作社的历史条件。

但是，李顺达领导的互助组在迈向合作社时并不顺利。作为全国劳模，李顺达积极响应试办合作社的政策，而地方政府又不得不对李顺达所冒的“风险”进行慎重考虑，因为此种选择从根本上涉及一个劳模形象的塑造问题。1951年3月27日，长治地委召开了互助组代表大会，正式提出试办农业生产合作社的意见。李顺达等参会的互助组代表都要求试办合作社。但大会上，李顺达第一个被地委否定了，理由并非李的互助组没有能力走向合作社，而是因为“李顺达互助组影响大，还是更慎重些好，加之他们刚向全国发出爱国丰产竞赛倡议，不要再因试办合作社分心”。[2]此外，西沟地域内的各村庄较分散，以合作社的形式统一生产和分配也面临着诸多客观条件的限制。所以，李顺达试办合作社的要求未得到上级的批准。时隔半年之后，即1951年9月，李顺达参加了由平顺县委组织的郭玉恩试办川底村农业生产合作

〔1〕《农业集体化重要文件汇编》(上册)，中共中央党校出版社1981年，第34—35页。
〔2〕张松斌、周建红主编：《西沟村志》，第40页。

社观摩会，对于一个全国劳模而言，李未能在农业合作化的道路上起到带头作用，其无奈的心情自不待言。因此，观摩会后，李顺达便主动地在互助组内初步筹建了初级农业生产合作社。不过对于李顺达积极创办合作社还有一个极为重要的因素，那就是李于1951年10月底到北京出席中国人民政治协商会议期间受到毛泽东的第三次亲切接见，毛泽东对李顺达提出了努力建设山区的期望，更进一步地增强了李创办合作社的决心。是年12月10日，李顺达克服了一些“特殊待遇”的限制，在原有互助组的基础上宣告西沟初级农业生产合作社的正式成立。全村51户，入社的26户，占到51%，李顺达被选为社长，申纪兰被选为副社长，并制定了合作社章程。1952年秋后，李顺达为了突出山区建设的特点，将合作社改名为“西沟农林牧生产合作社”。[1]

合作社时期，有几件事情对于我们理解李顺达个人生活史至关重要。首先，李顺达在1952年爱国丰产运动结束后，获得了中央人民政府农业部颁发的唯一的一次全国最高奖项“爱国丰产金星奖章”。这主要得益于李顺达互助组在西沟村近十年的巨大发展，以及在支持国家建设中所发挥的模范带头作用。尤其是1951年李顺达带领互助组积极响应中国人民抗美援朝总会关于开展捐献运动和爱国丰产运动，在捐献“爱国丰产号”和“新中国农民号”飞机的竞赛运动中，李顺达互助组共捐献了51.2万元，李顺达本人两次带头捐献了15万元；[2]在1951年的爱国丰产运动中，李顺达互助组共23户，耕地224亩，每亩平均产量382斤，较战前增产109.9%，该组被誉为“全国丰产模范互助组”，并获得爱国丰产奖状1份，奖金500万元，李顺达也获得

〔1〕 张松斌、周建红主编：《西沟村志》，第9页。

〔2〕《李顺达互助组向山西全省农民建议开展捐献“爱国丰产号”和“新中国农民号”飞机的活动》，《山西日报》，1951年6月13日第1版。

爱国丰产奖章 1 枚。[1]

其次，李顺达作为中国农民代表团的一员于 1952 年 4 月 27 日至 8 月 25 日到苏联参观学习的经验，使他坚信要实现山区社会主义新农村的光辉前景，必须农林牧全面发展。而李顺达回国后在山西省、市、县等党政机关、工厂、学校和农村进行的数十场访问苏联报告会，及大量媒体的报道，都为李的个人生活史增添了重要的具有国家象征的筹码。李顺达再次将西沟农林牧生产合作社易名为“金星农林牧生产合作社”。而且，李顺达看到苏联山区建设得有声有色，“经济集体化，生活电气化”，使其“搬家”想法一笔勾销了，并制订了详细的三至五年建设计划。[2]

再者，李顺达领导的西沟金星农林牧生产合作社经验即《勤俭办社，建设山区》一文得到毛泽东的高度赞扬，并亲自编写按语收入到《中国农村的社会主义高潮》一书中。按语中指出：“这个合作社办了三年，变成了一个包括二百八十三户的大社。由于大家的努力，三年工夫，已经开始改变了面貌。劳动力的利用率，比抗日以前的个体劳动时期提高了百分之一百一十点六，比建社以前的互助组时期也提高了百分之七十四。合作社的公共积累已经由第一年的一百二十元，增加到了一万一千多元。一九五五年，社员每人平均收粮食八百八十四斤，比抗日以前增加了百分之七十七，比建社以前增加了百分之二十五点一。这个合作社的经验告诉我们，如果自然条件较差的地方能够大量增产，为什么自然条件较好的地方不能够更加大量地增产呢？”[3]

---

〔1〕《农业部向李顺达互助组等颁发爱国丰产奖状，向李顺达等颁发爱国丰产奖章》，《人民日报》，1952 年 3 月 18 日第 2 版。

〔2〕《李顺达运用苏联先进经验改进自己的农林牧生产合作社》，《山西日报》，1952 年 12 月 3 日第 2 版。

〔3〕中共中央办公厅编：《中国农村的社会主义高潮》（上册），人民出版社 1956 年，第 101 页。

之后，李顺达便于1955年12月24日将西沟金星农林牧生产合作社转为西沟乡金星农林牧高级生产合作社，这一模范带头的举动与毛泽东对其创办大社的肯定直接相关。

当然，李顺达领导的合作社也曾面临上述赞誉和鼓励之外的问题，即合作社出现了畜牧亏损、多报产量、“砍社”风波等问题。1953年7月5日，长治地委向山西省农村工作部递交了一份“关于李顺达社存在的畜牧亏损和去年多报产量的问题”的报告。该报告首先指出了合作社在牲畜方面严重亏损的问题：李顺达社自1952年9月将牲畜以作价入社、分期偿价的办法集中起来后，由于饲养管理不好，出现了牲畜变瘦、死亡现象，对此社员不满，干部发愁，问题相当严重。迫不得已，又于1953年6月17日将牲口退归原主，放下包袱，并适当作了赔偿。“分散那天，社员情绪是一方面埋怨牲口集中后把牲口养瘦了；另一方面感到自己牲口回来了很高兴。南沟小山庄一户社员在牲口走进家门时，全家迎接，用手抚摸，没有进圈，就牵到山上放青草了。他们反映说‘不用两个月，牲口就会胖起来’。只有三户因为入社将牲口调整卖掉了，很不高兴，反映‘灾荒年我还没卖牲口，今天入了社，没想到会没牲口喂！’分散后几天，由于李顺达搬到前村，地方狭窄，又没有草料，他一共四个牲口，留下一马，将其余二牛一驴卖给这三户各一头，大家才又高兴起来。”[1]同时，社内羊群因草源缺乏，加之冬雪天气，也出现了瘦死问题，最后也作了分散处理。加上牲畜方面的贷款、杂项等开支，是年李顺达领导的合作社至少亏损近四千万元。因此，长治地委的意见是请求省委设法解决这个问题，否则该社势必垮台。

对于多报产量问题，通过深入调查，报告认为该社1952年

[1] 山西省档案馆档案：C54-2005-69，《关于李顺达社的畜牧亏损问题和去年多报产量的问题》，1953年。

向上报奖数字为每亩平均四百四十二斤，经检查每亩实际平均三百七十二斤二两，与原报数相差六十九斤八两。长治地委认为应由驻社干部陈杰负责。因为李顺达去年四月至十月间到苏联参观学习，回来后没住几天（当时正开始秋收），便到各县做访苏报告，而且省里开劳模会他也没回到社里，就直接从各县到省里，之后又到各县做报告，具体数字全是驻社干部给他提供。“报奖时，由于当地气候冷收割较晚，加之会计水准太低，当时确实未弄清；但当省劳模会后，粮食已分完，本应及时声明，但经陈杰等几人暗中商量，不但没有向上级反映，连社员也不知道究竟打了多少粮食。今春扩干会进行反假报告时，他们也未报告。五月份中央农业部派人来检查，他们害怕从账上查出漏洞，经陈杰等人征得李顺达同意，另外写了一个假分配单，七拼八凑勉强地弄够亩均四百四十二斤，把中农部几个同志哄走了。后来李顺达觉着不妥，想向县委说明，有一次到县委会可巧很多人在场，他没有说，又返村了。直到这次修订增产计划，在澄清去年基础时，发现有问题，李顺达怕基础弄不好，以后更没办法，才叫驻社干部和会计把底细谈出来。”[1] 最后，地委报告认为多报产量问题说明地委和县委存在着严重的官僚主义，需作深刻检查，李顺达本人虽然事前不知道，但当了解底细后不但没有及时向党反映，而且还同意了陈杰等人的隐瞒行为，应给予批评教育。而陈杰不但没有正确贯彻培养劳模政策，反而虚报产量，隐瞒真相，捏造假账，欺哄上级，应由该县给予适当处分。会计张来全等人，虽不做主，也应给以深刻教育。

省委农村工作部对李顺达合作社问题的处理意见与长治地委基本一致，只是重新强调了两点：一是针对该社近四千万元的损

〔1〕 山西省档案馆档案：C54-2005-69，《关于李顺达社的畜牧亏损问题和去年多报产量的问题》，1953 年。

失，请求省委帮助解决一部分，否则影响合作社的巩固和发展；二是对于多报产量问题，李顺达本人应做检讨，对于驻社干部应给予处分，因仍够“一等丰产模范农业生产合作社”的标准，李顺达的劳动模范等级不变。由此可以看出李顺达在村庄与国家之间扮演的劳模角色使得其合作社具有存在同类问题的其他合作社所没有的实践特征，而这无疑会增进我们对集体化时代国家与社会的理解和阐释。不过，在此还需对长治地委报告补充一点说明，即其报告原有五个部分，除亏损和多报问题之外，另有关李顺达合作社 1953 年生产计划及分配问题三个方面，但省委农村工作部在将长治地委报告呈报省委时把生产计划部分删掉了，只将前两个问题上报给了省委。这其实凸显了省委和地委在李顺达合作社问题上所产生的张力。对李顺达合作社生产计划的否定可能直接起因于其牲畜亏损和多报产量问题，也暗含了整顿合作社的意图，但是，李顺达具有全国劳模的身份，无形中又促使他提前进行生产分配规划，其实是发挥模范作用的重要一环。

办社的第一年，虽然出了一些问题，但是李顺达合作社农业增产，副业增收，社员收入明显地好于单干户。因此，到 1952 年底没有入社的农户要求入社，结果合作社扩大到了 47 户。1953 年 8 月，李顺达又将西沟村域内的沙地栈、南寨和池底三个自然村合并为一个村，入社农民达到 203 户。随着李顺达合作社不断扩大，在生产过程中也出现了一些矛盾和问题。比如 1954 年，西沟村大搞治山治沟，摊子铺得太大，用工太多，投资也过大，到年底人均收益虽有提高，但公共积累比上年减少了 50% 多，工分值从 8 角多降为 3.6 角。一些社员认为在合作社里吃了亏。作为社领导，李顺达、申纪兰等人则教育社员要把合作社这种生产体制和创办合作社过程中出现的问题区别开来，要坚信合作社的集体化道路没有错，要相信通过不断完善合作社管理和生产组织，可以解决社内出现的诸多问题。[1]

事实上，李顺达合作社问题的产生有一个背景，即1953年夏天华北地区在农业生产互助合作运动中出现了急躁冒进的势头，对此，华北局还专门向中央汇报了有关情况。1955年1月，中共中央发出了整顿和巩固农业合作社的通知，要求凡是基本上完成或超过了原定发展计划的地方，应该停止发展，全力转向巩固。同年5月，邓子恢也指出了合作社发展的一个重要原则就是一般的停止发展，以巩固为主；而且社内户数的扩大以增加四分之一到三分之一为限，如三十户的社再扩大七八户，二十户的社再扩大五六户，否则，盲目扩大的太多，就不容易"消化"。[2]而李顺达合作社自1951年12月成立时的26户，次年年底便扩大到47户，1953年夏社内户数则达到203户，所以1954年出现社员用工过多，分配比往年减少一倍多的问题似乎难以避免。

因此，在全国农业合作社急躁冒进及对其进行整顿巩固（即所谓的"砍社"风波）的大背景之下，李顺达合作社再次受到山西省委政府的"特殊待遇"顺理成章，因为李是全国劳模，他领导合作社的发展状况对其他地区办社意义重大。1955年6月，中共山西省委第三书记杨士杰专程到西沟村检查指导工作。杨认为李顺达合作社办得大了，办得早了，遂指示将西沟金星农林牧生产合作社再分散为南寨、西沟、池底三个小社。很显然，杨士杰在贯彻党中央关于整顿农业合作社的指示，试图对李顺达合作社做出调整，但是他也忽略了李顺达领导西沟村进行互助合作的历史基础和所取得的辉煌成就。结果，李顺达等社干部带领西沟社员顶住了省委的"砍社"风，并说："社大规模大，地界山界麻烦少，便于同一个山系水系综合治理。而且入社是社员自愿

〔1〕张松斌、周建红主编：《西沟村志》，第10页。

〔2〕《农业集体化重要文件汇编》（上册），中共中央党校出版社1981年，第279、339页。

的，办合作社是党的号召，走回头路行不通。”[1]结果，李顺达合作社非但没有分为三个小社，而且两三个月后又将老灰沟的“黎明社”兼并到本社中。这样，李顺达合作社便由原来的203户又增至283户，入社农户占到了全村总户数的97%。之后，又于1955年12月24日将西沟金星农林牧生产合作社转为西沟乡金星农林牧高级生产合作社。可以看出，尽管李顺达在组建合作社时有些“落后”，但是其合作社发展的冒进倾向则与李追求模范带头的心理直接相关。

四 金星人民公社

1958年8月，河南省遂平县卫星人民公社的成立标志着一种高度集权的、计划的社会经济体制在新中国大地上的崛起，随后在“人民公社好”的赞誉和响应中，全国上下掀起了一场史无前例的人民公社化运动。同年的8月19日，以西沟金星农林牧高级生产合作社为基础成立了西沟金星人民公社，李顺达任社长。全社包括西沟村域内的1207户，4996人，总面积10万亩，耕地面积7000亩，牲口500头，羊3500只。不过，在西沟金星公社的各项工作还没有就绪的情况下，平顺县委又于10月7日将原西沟、龙镇和杨威3个乡的25个高级社合并为一个大公社，社址设在龙镇，社名仍为西沟金星人民公社，李顺达仍担任社长。全社农户增至3680户，14862人，总面积282500余亩，耕地面积24300亩，牲口2192头，羊8411只。李顺达所在的西沟村则成了大公社的一个管理区，辖14个生产队，林业队、副业队和畜牧队各1个，而且李顺达和申纪兰二人均为不脱产的公社

〔1〕 张松斌、周建红主编:《西沟村志》，第10页。

干部，主要集中领导西沟管区的生产发展。但是，李顺达担任金星公社社长的“虚位”则使得西沟人在大跃进、共产风、浮夸风等极端化的人民公社运动中受损较小起到了重要的作用。

比如，大公社一成立，在组织军事化、行动战斗化、生产集体化的口号下，抽调大批劳动力组成营、连、排、班，放着成熟的庄稼不收，而分别到白家沟和壶关大炼钢铁，到百里滩修水库。此外，还把各户的粮食统统收集到公共食堂，吃“大锅饭”。而且原来25个高级社的公共财产无偿地归公社所有，取消了社员的自留地。社员的成片林子和零星树木名为作价入社，记入了往来账，实际上等于无偿归公社所有。各高级社与社员之间的债权债务也统一到公社处理。公社还统一确定了分配扣留比例，实行全社统一分配，并规定大公社所有收益40%作为社员分配，60%归公社作为公共积累。社员的具体分配则再次分为“供给制”与“工资制”两种，各占50%。最后，还从省里请来专家设计了金星公社的共产主义蓝图，即搞办公大楼和“三宫”（文化宫、养老宫、少年宫）、“六院”（幼儿园、敬老院、电影院、剧院、医院、疗养院），实行一平二调三收款。

后来经过反“五风”调查核实，这一系列的所谓公社化运动造成全公社减产减收，比1957年减产31%，减收24%，却浮夸虚报全社亩产1000公斤，人均收入比1957年提高了80%。而以李顺达为首的西沟管区则因李长期坚持在农林牧生产的第一线，区域内的庄稼并没有因出现混乱而遭受大的损失。相反，西沟的粮食生产在公社化运动中亩产达到了227公斤，比1957年每亩增产15公斤，社内总收入增长17%，人均分配收入也增加了11元，提高了16.8%。[1]可以说，李顺达带领西沟人能取得这样的成绩在各地狂热的公社化运动中是不多见的，而且确保了社员的

---

〔1〕张松斌、周建红主编：《西沟村志》，第54—56页。

个人利益和集体利益的实现。

尽管李顺达实事求是地为金星公社不断努力，但众多社员仍旧忧心忡忡，担心“五风”终将会使西沟村的生产遭到严重破坏。就在大公社的人们还沉浸于“大跃进”的美梦中尚未惊醒过来时，一场连续三年的灾害让狂热中的人们经历了饥饿、疾病和死亡所带来的恐惧。面对罕见的灾害，西沟村也遭受了损失，生产力在一定程度上受到了破坏。据统计，1961 年，每亩产量减为 200 公斤，总产量减少了 4.5 万公斤，社员口粮也由原来的 191.5 公斤降为 142 公斤，减少了 49.5 公斤，荒山造林三年期间仅有 1000 亩。但是，令西沟社员群众感到欣慰的是，李顺达等大队干部和社员代表带头商议了战胜灾害的一些措施，如在经营管理上，主张立即恢复生产队的“四定”（定土地、定劳力、定牲口、定农具）、“三包”（包工、包产、包财务）、“一奖惩”（超奖减惩）的责任制，从而突出了生产队的作用；规定社员每人留 5 厘菜地，补偿食堂饭菜之不足；还对小井脑等 4 个历年产量很低的小山庄，将土地下放到户，实行“名誉社员”；此外还专门对社员进行了社会主义教育，依靠集体渡过难关。

在一个由“两条道路的斗争”主宰着农民社会日常生活、生产实践的时代，李顺达等人的“措施”是要冒极大风险的。而这样一次“历险”则与李对社会主义前景实事求是、因地制宜的理解和判断紧密关联，即“坚持社会主义的目标不能变，但如何奔向社会主义可以有不同的起点。西沟地域辽阔，40 多个村庄，只能有的以队干，有少数以户干”。[1]之后，随着“农业十二条”、“农业六十条”的相继出台，以及反“五风”和落实“调整、巩固、充实、提高”八字方针等，李顺达领导西沟大队实行的“四定”、“三包”与“一奖惩”责任制更加完善。还允许社员发展家

〔1〕 张松斌、周建红主编：《西沟村志》，第 57 页。

庭副业，每户还可以私养1—2头牲口，并于1962年春解散了公共食堂，将自留地由5厘增加到7厘，从而促进了西沟的生产发展，顺利地度过了三年困难时期。

当然，李顺达领导西沟大队因地制宜的生产实践也经历了诸多波折，但是凭借其全国劳模的身份，在处理村庄与国家关系的问题上，李则以相当大的自主性保障了群众利益，顶住了“歪风”对西沟人的冲击。正如李顺达所言：“一次，上边有人说要割资本主义尾巴，把社员房前屋后的树木归公，不这样做，就是一个态度问题。我翻开六十条一看，允许社员在房前屋后栽树。我又分析了西沟的具体情况，共有土地29000多亩，1800多口人，住在40多个村庄，有几十户一个山庄的，也有几户或一两户一个山庄的，他们房前屋后空地方大得很，我想社员种了树总比荒了好。社员有几棵树，他自己管，还能得点利，要没收归队，谁去管？因为这儿三棵，那儿两棵，派专人管，也不好办，对社员、集体都不利。我们住在深山里，社员吃个梨呀、苹果呀，很不方便。于是我们党总支开会决定，不仅不没收社员的树，还要帮助社员发展果树，提供树苗、农药，传授技术，帮社员代销果品。”有的社员担心李顺达的劳模形象会受到影响，多次告诫他：“老李，你这是硬碰硬，你多想想。”而李却说：“这是实事求是。我们西沟有西沟的情况，不要紧吧。”[1]由于李顺达讲了真话，从西沟的实际情况出发安排大队生产，较好地实现了个体利益、集体利益和国家利益之间的平衡，因此，在社员群众中更加巩固了其全国劳模的形象和威望。

但是，在那个政治狂热充斥于每一个角落的时代，讲真话、办实事很难，也很危险。而李顺达坚持“共产党员一定要讲真

〔1〕《共产党员一定要讲真话——西沟大队党总支书记李顺达的广播谈话》，马明主编：《太行劲松——全国劳模李顺达》，山西人民出版社2002年，第342—345页。

话”的信条就使得其在自己的劳模生活史上遭遇了一次挫折和打击。1964年，全国上下开始了农业学大寨运动。尤其到了“文革”时期，学大寨运动逐渐演变为一场充满意识形态之争的“政治大革命”，以普及单一的生产模式为标志的运动极端地在广大农村蔓延了十余年，李顺达在公社时期的不幸遭遇主要起始于农业学大寨运动。李顺达领导的西沟村早在1963年初便开始向大寨学习经验了，这在全国学大寨运动中是较早的，而李顺达也是全国第一个学习大寨的劳模。之后，李顺达又曾多次带队到大寨参观学习，并在西沟大队推行了大寨的自报公议生产劳动分值记分法，生产中实行“三深”耕作方法等。到“文革”后期，随着将大寨“堵不住资本主义的路，就迈不开社会主义的步”的割资本主义尾巴的政治经验在全国农村推广，使得李顺达对盲从地学习大寨经验提出了质疑，这也许是一个劳模凭借几十年革命和生产实践做出的实事求是的本能反应。

但是，李顺达却因此遭到了诬陷和批判，被冠之以晋东南“反大寨势力”总后台的罪名。李顺达在后来的一次谈话中指出，上边大张旗鼓推行“一心为公劳动，自报公议工分”的记工法，他说这不适合西沟的情况，但也不敢硬碰，只是摆出了一个事实：西沟大队社员居住分散，有好多一两户的山庄，社员多是一个人或一家人作业，要实行自报公议，很难。最后，西沟大队仍实行“定额记工”的老办法。随后，长治地委在一次大会上专门批评了李顺达的做法，说：“割资本主义尾巴，你不割；先进记工法，你不推广；生产队越划越小，把12个生产队划成17个队，别人大踏步前进，你是大踏步后退。”[1]倘若如此，我们相信西沟一千多的社员群众也不会对李顺达的选择唯

〔1〕《共产党员一定要讲真话——西沟大队党总支书记李顺达的广播谈话》，马明主编：《太行劲松——全国劳模李顺达》，第342—345页。

命是从的。但是，历史却从相反的方向证明了一个全国劳模为了群众利益，为了集体利益，为了国家利益，经受了巨大的挫折和不幸。

实际上，李顺达领导的西沟大队没有盲从大寨经验，因为他们从学习中汲取了教训。在一份有关为李顺达平反的材料中，我们发现了西沟村学大寨的具体情况：

学大寨，收了社员的自留地，在1969年至1978年间，仅有一年给社员分过三十斤自留地粮，其余九年全由集体耕种；学大寨，不惜工本搞人造小平原，1973年动用机械、炸药，用长达四个月的时间，把二十多块的九亩八分地搞成了一块小平原，增地仅一亩二分，开支达四万元，干部还鼓励社员“学大寨不能算经济账，要算政治账”；学大寨，造小梯田，为了整齐好看，垒石堰，用了三个冬春的时间，投工三万个，开支三万元，吃粮三万斤，结果只增了二亩地；学大寨，想新的干大的，投工三万个，花钱一万六千元，修涵洞五百米，增地只有15亩；学大寨，推广大寨评工记分法，但又推广不开，实际上还是以产计酬，对外都不敢明说，表面上还讲大寨那一套；学大寨，粮食分配搞自报公议，结果报得多，粮食少，行不通；学大寨，片面执行“以粮为纲”的方针，修大寨田砍掉六百六十多棵核桃树，每年至少减产七千斤核桃；学大寨，大批资本主义（一是砍了党参，1969年党参总产一万斤，收入一万五千元，到1976年只产千斤左右，1977年就不种了；二是砍了麻籽，过去总产麻籽二万二千斤，社员吃油二斤多，后来地边不种了，社员吃油很困难；三是停了拖拉机、汽车运输，过去运输副业收入一万五千元，因为认为方向偏了，后来就不敢搞副业了）；学大寨，建设新农村，先后拆了二百间房子和窑洞，盖新房二百七十间，花钱十三万多，为了建设新农村，还把能住的房子也拆掉了；西沟学大寨十多年，储备粮由原来的六十万斤，减少到现在的三十万斤。社员们说，认真学大寨，不但受了害，还被当作反大寨的势力受了批判。[1]

尽管如此，李顺达在1977年的“揭批清”运动当中被戴上晋东南反大寨总后台的帽子，并给其总结出了所谓的“十二条”罪状，反大寨便是其一。不过，面对突如其来的灾难，李顺达并没丧失一个共产党员的基本立场，而是坚决捍卫了自己的劳模尊严和形象。比如，李顺达坚决否认自己的“十二条”罪状，尽管省委的一些领导多次动员他哪怕只承认一条，就可以当选十一大党代表。而李顺达则说：“我已经活了60多岁，从没向党撒过谎，今天叫我昧着良心说谎话，还给个十一大代表当。过去我当过党代表，也当过全国人大代表，但不是这个当法。现在叫我欺骗党，欺骗人民，骗取个人荣誉，当党代表，我不当！”[2]结果，省委以莫须有的罪名剥夺了李顺达中共十一大代表的资格。

不过，让李顺达最痛心的还是西沟的生产因自己被批判而受到了重大的摧残。1978年夏天，李顺达带病从中央党校毕业回到西沟村时，晋东南地委专门派来工作组特意把高音喇叭架在金星公社大门外，居高临下地正对着李顺达的家，整天播放他的“罪状”和批判他的文章。同时，工作组还组织人在西沟大砍树木。可以说，正是凭借勤劳致富的信念，李顺达带领西沟人把一个石厚土薄的穷山沟变成了绿树成荫、瓜果满地的富山沟，他怎能无视西沟遭到的“虐待”。当他眼睁睁看着工作组将多年经营起来的六百多棵核桃树砍光时，便气愤地在院子里跺着脚大喊：“我犯了错误，树也犯了错误？我受批判，树也得砍光？”[3]一个

---

〔1〕 山西省档案馆档案：C54-2032-31，《西沟大队和李顺达同志“反大寨”的问题应当澄清》，《中共山西省委常委（扩大）会议演示文稿（晋东南、长治市组）》，1980年8月13日。

〔2〕《共产党员一定要讲真话——西沟大队党总支书记李顺达的广播谈话》，马明主编：《太行劲松——全国劳模李顺达》，第342—345页。

〔3〕 张松斌、周建红主编：《西沟村志》，第222—223页。

普通的中国农民，一个没有多少文化的农民，一个享有至高荣誉的农民，以自己最真实的语言道出了一个充满政治狂热年代的荒诞和无奈。

幸运的是，这场由山西省委主要领导人发动的批判李顺达的错误运动，在晋东南地区遭到了广大社员群众的抵制，特别是在西沟，诬蔑李顺达的一切“罪状”没人相信，也没人响应，于是对李的批判很难展开。在运动中，李顺达的省委常委、革委副主任、晋东南地委书记、平顺县委书记等职务全被撤销。当有人试图要撤去李的西沟村党支部书记一职时，西沟的群众和党员则说：“老李的总支书记是全体党员选出来的，要撤也得我们同意。”[1] 所以，在李顺达遭受挫折的几年中，保留下来的唯一的职务即村总支书记。而且我们相信这也是李顺达在挫折中感到最欣慰的一点，其劳模旗帜不倒，是因为他代表了群众的利益，赢得了群众的支持。直到 1981 年 5 月，通过中共中央、国务院的介入，山西省委才不得不停止对李顺达的批判，并为李顺达及受株连的干部、群众、劳模、家属、子女、亲友等彻底地平了反。

结　语

本文主要从互助组、合作社和人民公社三个历史时段叙述了李顺达在共产党领导中国革命和生产建设中由逃荒要饭的农民成为全国劳动模范的生活史实。它展现了个体、村庄与国家三者关系的生成过程，从中我们可以看出李顺达在村庄与国家间所扮演的角色和具有的作用。

李顺达个体生活史出现的第一个转折点即在抗战时期“双

〔1〕 张松斌、周建红主编：《西沟村志》，第 223 页。

减”运动中加入了中国共产党。这也是李顺达带领西沟人互助生产、发家致富的一个重要条件。我们从李对“组织起来”的朴实理解中就能看出，作为农民个体，追求生存保障是第一位的；但是，作为共产党员，又促使其必须将个体生活的满足与国家革命和生产紧密地衔接起来。而这样一种关系的出现也使我们理解塑造一个劳模典型所具有的时代意义。

新中国成立后，为了实现农业集体化和社会主义，战争年代积累的生产经验和典型成为重要的国家资源，因此互助合作运动中李顺达互助组和合作社有了较大的发展空间，个体和村庄均被国家化了，同时李顺达也走向了其生活史上的巅峰。另一方面，我们从相关的叙述中发现李顺达及其领导的西沟村，并非处于完全的被动状态，而是具有一定程度的自主性和调适性。合作社整顿、“砍社”风波、公社化运动中自我调整及李顺达受挫等问题，都凸显了个体和村庄发挥的“自治”功能。美国学者萧凤霞通过对华南乡村的人类学研究，认为集体化时代乡村干部作为国家在地方社会中的忠实“代理人”，不具有传统社会中“地方精英”享有的“自治”权，是一个被动行事的阶层，同时村庄也“细胞化”了。倘若从国家与社会的视野出发，尤其是自上而下地去建构历史，萧氏的论点具有一定的合理性，但是，当我们从个体、村庄和国家之间的关系中去审视乡村干部的行为实践，或者说从下而上地去构建个体在村庄与国家间的生活史时，个体则展现了较大的自主性，村庄也不只是国家在地方的“细胞化”。李顺达的个体生活史清楚地表明了这一点。

李顺达生活史中的第三个重要变化即在70年代末期受到错误批判的问题。当然，李顺达在对待农业学大寨问题上的实事求是、因地制宜的做法可能为自己在“揭批清”运动中被错斗为“反大寨势力”的总后台提供了“事实”。但是，在这个表象的背后可能还隐藏着一个深层次的问题。我们知道，集体化时代中国农村社会的生存图景具有两个重要的历史序列，一是以互助合作为中心的农业合作化运动，另一个就是人民公社化运动。而前者又与战争年代存在千丝万缕的联系，尤其是关于生产建设方面的问题。因此，李顺达以其战争时期“组织起来”的生产经验和历史基础在后来的农业合作化运动中既享有了“特殊待遇”，也发挥了巨大的模范作用。但是，随着合作社模式向公社化模式的转变，尤其是伴随一系列政治运动的不断升级，李顺达及其领导的西沟大队更多考虑如何平稳地维持其劳模形象问题，而类似向全国互助组发起“挑战书”后得到广泛响应那样的壮观景象已不可能。我们从人民公社时期延续了十多年的以政治革命为主导的农业学大寨运动中也可发现劳模李顺达在一定程度上的“失宠”。因此，李顺达在“文革”后期的不幸遭遇凸显了一种新型体制力量的生成。

张庄：集体化时代的一个符号

可以说，凡研究中国乡村社会史的人大都熟知一本书、一个人和一个村庄，那就是《翻身》、作者韩丁以及其笔下的张庄。自《翻身》四十年前在美国出版后，引起了巨大的世界反响。因为它是作者基于张庄土改运动时的亲身经历所写成的，于是《翻身》一书成了人们探究中国革命实践的重要文本。同时，张庄也成了后人见证中国革命和生产的典型村庄。《翻身》以历史社会学的笔调记录下了解放战争时期张庄土改的全程图景，因此其学术影响和研究价值自不待言。由此，笔者存有一个问题意识，即是韩丁先生的《翻身》究竟在多大程度上书写了张庄的真实面向。尽管研究者大多只是将它作为土改运动的重要史料直接利用，但是《翻身》呈现的话语实践是官方式的建构还是村民的真实表达，抑或两者兼有，这都是我们重新解读《翻身》时不可忽视的深层问题。此外，笔者在张庄发现了自土改到人民公社解体时期保存相对完整的档案资料，这也有助于我们从村庄自身的视角出发来全面地剖析张庄的土改运动，而不只是停留在《翻身》已有的历史书写中。这便是笔者关注张庄历史变迁的理由之一。

在张庄进行田野调查中，我们从老支书王金红那里得知韩丁先生的妹妹寒春女士还健在，并在北京郊外经营了一个奶牛场，于是特地邀请她在 2005 年 4 月 11 日到山西大学作了一场“韩丁与张庄”的报告会。与此同时，我们还举办了“韩丁与张庄”的图片展览，真实地再现了一个美国友人与一个中国村庄间半个多世纪的情结和友谊。寒春女士讲述了哥哥韩丁先生富有传奇色彩的一生，尤其是他对于中国革命和共产主义理想的憧憬和追求。而张庄就是韩丁先生见证中国革命和现代化建设的重要场所。正如著者在《翻身》中所言，希望通过张庄这个缩影来揭示中国伟大的反帝反封建运动的本质。因此，基于《翻身》对张庄进行追踪式研究[1]，其凸显的学术价值和社会意义重要而又迫切，我们相信对张庄经验的研究对当前新一轮的社会主义新农村建设也具有一定的借鉴作用。

我们关注张庄还有一个原因就是近年来有关集体化时代中国农村社会研究已成为山西大学中国社会史研究中心的一个课题研究方向。目前，已有学者从社会学、人类学的视角对集体化时代中国农村社会研究进行了积极有益的探究，也与昔日宏观型的党史国史研究范式存在明显的区别。事实上，研究路径的多元化凸显了中国社会变迁的复杂性，也表明了单一的历史建构的局限性。而我们则是从社会史尤其是区域社会史的视野开展有关集体化时代中国农村社会研究，它强调的是自下而上的研究取向，当

[1] 关于追踪式研究，费孝通先生曾反复提到两种学术道路："跟踪调查要么要反映被我们研究的那个社会自身的变化，要么要反映我们研究者自己的理论和心态的变化，这两种选择都可行。"对此，王铭铭认为费先生意在敦促我们避免"跟踪调查"或"再研究"的简单化倾向，辩证地看待对前人的成就的继承与反思之间的关系。正如有学者指出，国内学者倾向于比较过去与现在发生在同一个田野工作地点的事情，尤其是社会变迁和发展；国外学者则更多地关注不同的思想方法对于同一田野工作地点的认识产生的影响。与国内的"跟踪调查"不同，国外人类学的追踪式研究一般沿着学者自身思路的变化展开，如弗里曼从人性与文化关系的思路的变化展开对米德研究（萨摩亚研究）的"再研究"，而萨林斯与奥贝塞克拉针对土著观点与帝国主义之间关系的历史（夏威夷人与英国殖民者船队之间文化接触事件）展开的争论，则与各自采取的不同"土著观点"有密切关系。参见王铭铭：《继承与反思——记云南三个人类学田野工作地点的"再研究"》，《社会学研究》2005年第2期，第132—154页。

然这里不是一种简单的与自上而下的研究相对立的选择，而是要从小地方去反观大历史。因此，我们的村庄研究并非要将自己的研究课题局限于村庄本身，进入村庄的同时我们时时准备着要超越村庄，正如格尔茨所言，人类学进入村庄搞研究，但又不只是研究村庄。

上述即是着手张庄课题研究前的一些粗浅的思考。接下来笔者将基于《翻身》文本及前期的田野调查经验对张庄的历史图景作一番记述，试图去呈现一个美国人眼中的中国村庄的生存画面。

张庄原属潞城县，有记载“隋开皇十六年（596）置潞城县，属潞州，大业初年属上党郡，唐属潞州，天祐二年（905）朱全忠避父（诚）讳，改名潞子县，五代唐复名潞城县，宋属隆德府，金、元属潞州，明、清属潞安府。”[1]《长治市郊区志》记载张庄以姓氏得村名，村民多为移民而来。如《翻身》中提到的赵贵才与裴兴发两人都是从河南迁移而来。村中档案也有这方面的记载，如郭东方、郭四则、郭兴旺、郭存旺、郭起昌、郭增吉从河南省林县原康公社石家庄大队迁来；李章年、李林冲、李万林、景成全由河南省林县原康公社口上村迁来；王树秋从长治县八义公社迁来；王吉祥从四川省资阳县丰玉区丰玉公社五大队迁来等等。[2]目前，张庄的村民来自全国十三个省，其中尤以河南人居多，占到全村总人口的五分之一。村中姓氏构成复杂，以郭、王、师、申、张为村中的大姓。张庄成为一个杂姓村有其内在的因素，这里的生存环境较好，平坦的地势、肥沃的土壤、丰富的降水，相比较而言生存成本较低。此外，河南西部山区一直就有向晋东南移民的历史和传统。因此，在自然条件、移民传统

〔1〕 刘纬毅编著：《山西历史地名通检》，山西教育出版社 1990 年，第 245 页。
〔2〕《张庄档案》第七盒 32 卷，山西大学中国社会史研究中心收藏（复本）。

等因素的共同作用下吸引了外地人来此定居。据平秀英老人回忆："我们家是在灾荒年过来的，这边比俺们老家条件好，讨生活也容易一些，来了以后给人扛长工，主家一天给开二升小米，有这点儿吃食就饿不死了，要是留到老家也就饿死啦！"[1]

1945年农历八月十四夜，八路军向盘踞在张庄炮楼里的日军发起了最后的一击，紧接着伪军第四中队投降，作为日军重要军事据点的张庄解放了。当时张庄的村民并没有意识到它深远的政治意义，在普通村民眼中，这仅仅是意味着从此不必再胆战心惊地过日子了。对日军暴行的恐惧深深占据着人们的心灵，原张庄第一生产队队长师景荣老人回忆起那段历史时身体仍会轻轻地颤抖："那时我十多岁，玩的时候根本都不敢从炮楼前过，就怕给抓进去，偶尔从炮楼过能听见里面狗都叫成一片了，有好多人白天被抓进炮楼晚上就开始打，人疼了有的就喊开了，妈妈皇天的能传出可远了，那会睡的都早，晚上听见这些吓得都不敢睡，人要是打死了就扔到村外的枯井里，听大人们说那些年死的人可多了！"[2]董桂花老人作为那段历史的亲历者，在几十年后对那时的事情仍然记得很清楚："银喜他爹是因为他三爸是八路的干部才被鬼子抓进炮楼的，第二天炮楼里让家里给送饭，我和俺婆婆去的，他爹已经让人打的不行了……"[3]确实，在张庄解放的最初一段时间里，人们沉浸在单纯的欢乐中，没有人去想今后会面临怎样的生活。然而，生活却不会停止，解放后不久，张庄在潞城第五区区长郭黄狗的领导下建立了村政权，张天明、张贵才等成为最早的一批村干部。乡村革命政权的建立，对张庄影响深远。延续数千年的传统被颠覆，封建主义作为一种意识形态被彻

[1] 2006年2月23日，访村民平秀英，女，裴兴发妻。
[2] 2005年8月1日，访村民师景荣，男，现年71岁，原张庄第一生产小队队长。
[3] 2005年8月3日，访村民董桂花，女，师福元妻，师福元为张庄第一任村长曾被抓进日军炮楼，银喜是师福元的儿子。

底埋葬，而封建统治的维护者士绅阶层也在不久之后被彻底推翻。在随后的几十年中伴随着集体化建设的进程，张庄总是走在时代的前列。

从严格意义上讲，张庄的土改是从“反奸运动”开始的，正如韩丁在《翻身》中所言，从日本投降开始的、混乱的、近于无政府状态的激烈的“反奸运动”，逐渐发展成对土地制度的进攻。[1]张庄的反奸运动最初将矛头指向村民郭德有、申计梅、秦天兴、郭春旺、周梅森等人，伪政权的甲长、闾长及一切与旧政权相关的人都成了被斗争的对象。当政府将罚没汉奸的土地与财产分给无地或少地的群众后，群众的力量开始爆发出来。然而反奸运动很快地结束了，群众的革命热情依然高涨，而没收汉奸的财产却并不能解决村里大多数人的问题。

1946 年 1 月 16 日，距离张庄十里的李村沟召开的教育青年干部的一个会议解决了这个问题，指出了斗争的新方向。经过三天的会议，在对阶级关系的理论有了基本的了解之后，回到村里的师福元、张天明等村干部认识到“反奸运动”并不能解决村里的根本问题，只有将斗争的矛头对准封建土地所有制才能解决大多数人的问题。随后，他们在村里组织起了农会，由这个穷苦人的组织统一负责对地主阶级进行清算。虽然，这个时期党的政策仍然是“减租减息”，然而在狂热的革命氛围中，减租减息已经不能满足在反奸运动中发动起来的张庄群众，斗争的矛头直接指向了土地及地主本身。郭春旺、申金河、王来顺、李东胜、史腊明、樊补之、徐争鹏、郑林锁，这些地主老爷都成了清算的对象。很快斗争的矛头在革命热情支配下，冲破了底线，一些本不是地主，但家底较充实的家庭也受到了清算，有的甚至被当做阶级敌人打死，如王春乐、郭召成、康真女等人。同时地主阶级所

〔1〕〔美〕韩丁：《翻身：中国一个村庄的革命纪实》，北京出版社 1980 年，第 142 页。

控制的一些组织机构也被列入清算的范围之内，如北老会（有慈善性质的佛教组织）、孔圣道及进行会（天主教团体）都受到了清算，而斗争范围扩大后连村中的学堂也受到了冲击。

轰轰烈烈的清算在四个星期后结束了。据统计，在反奸和清算运动中，从大大小小的剥削者手中总共没收了一千三百多亩田地，从各种机构没收了田地三百多亩，这些占到全村五千五百八十亩地的四分之一多；没收牲口二十六头，占全村大牲口的一半还多。村里八百所房子，被没收的有四百间；没收粮食一百多吨；银元几百块、珠宝首饰若干、农具几十件及上百套的各式服装。[1]1946年的3月，在清算完成后不久人们第一次开始分配斗争的果实，然而与其他地区不同，这次分配斗争果实并不是根据实际需要的原则，而是根据人们在诉苦会上的表现。据村中老人回忆当时其实就是“谁斗谁分”，谁受的迫害重，谁敢于挺身而出与阶级敌人斗争，谁就应当多获得一些补偿，这在村里人看来是公平和公道的。因而，这并不是一次平均主义的分配，倒是有一些论功行赏的味道。

在自发的革命运动中，张庄先于政府的安排开始了土改。1946年5月4日，解放区政府发出“耕者有其田”的《五四指示》后，对于尚未土改的地区这是一个彻底平分土地的政策，对于张庄而言，这既是对前一阶段群众自发斗争的认同，而且提供了运动合法化的依据。然而，仅凭借前一阶段没收地主、汉奸的财产，并不能完全满足张庄群众的需求。所以，村庄的领导者便抛弃了《五四指示》中温和的条款，斗争要继续深入，打击面还要扩大。斗争的矛头对准了地主阶级的遗老遗少，不仅包括现有地主的妻子儿女，还包括上查三代有过剥削行为的普通农民，当时把这称之为“查封建尾巴”。“我们家就是那会儿坏的事”，访

〔1〕〔美〕韩丁：《翻身：中国一个村庄的革命纪实》，第164页。

谈中王化南的侄孙王国正回忆道，“我太爷是潞城的大绅士，后来败了家迁到张庄，刚来时因为还有些家底就置了些地，太爷死后，我爷爷兄弟几个觉得分家的话日子都过不下去，所以就没分家，这样看起来就比别人家过得好，到挖尾巴那会儿因为家里劳力多，而且都劳动好，就又攒了点家产，因为出身不好，怕被人家查出来，说是剥削得来的，就藏了些财物，可是最后还是让人给查了出来，就因为这人家说我们是地主阶级的走狗余孽，东西全部被没收了，连小爷爷也被村上活活打死了”。[1]就这样，在《五四指示》颁布后，张庄的斗争越来越激烈，逐渐偏离了正常的轨道，即所谓的“过火”了。

同样的问题不仅出现在张庄，还出现在潞城县的其他村庄。于是，潞城县政府在1948年挑选了包括张庄在内的11个村子，作为重点调查对象对土改以来的工作进行复查。正如韩丁指出的那样，选张庄作为试点，并不是因为它是典型，而是因为在1946年以来的土改中，张庄产生了许多特殊的问题，这些问题的产生造成了一种极其复杂困难的、潜伏着危机的政治局势。[2]之后，通过申请和批准，韩丁以土改观察员的身份，于1948年3月8日走进张庄参与了该村的土改复查工作。土改工作队以新颁布的《中国土地法大纲》为行动指南，认为张庄的土改只是走了过场，村子需要整顿，农民运动必须重新组织。因而，在工作队的领导下，村里成立了贫农团，以“自报公议”为标准对全村的阶级成分进行了重新划分，然而这次阶级成分的划分，因没有能够解决多种收入途径的人应当如何定成分的问题，所以为再次划分阶级成分埋下了伏笔。

工作队进村后，张庄党支部的权威性遭到了普遍的质疑，这

〔1〕 2006年2月26日晚，访村民王国正，男，王化南侄孙，王生南孙，王天禄子。
〔2〕〔美〕韩丁：《翻身：中国一个村庄的革命纪实》，第282页。

是因为一方面在张庄自发的土改中，干部有滥用权力的行为，村民们对此有意见，当时群众反映较多的有民兵王满喜的作风问题等；另一方面，土改工作队将张庄党支部定为三类党支部，所以，按规定党支部需要改组，而权力要交给贫农团。在工作队主持下张庄进行了两次整党活动，比如像王文则这样的治保干部，因历次运动都走在前面，工作做得多，得罪的人也多，因此便被工作队列成了重点的整党对象。多年后，王金红书记对笔者介绍王文则时说："老文则土改时办事狠，得罪了不少人，其实人不坏，对工作也认真。"[1]之后张庄正式成立了村人民代表大会，作为正式的组织机构人代会接替贫农团掌管起村里的大小事务，它领导了张庄的最后一次阶级成分的划分。1948年7月23日，新选出的人民代表大会最后确定了全村每户的阶级成分，并对财物的分配进行了一定的调整。这些工作在一定程度上确实纠正了张庄土改中的一些问题，一些人错划的成分被调整了，在反奸和清算活动中被错误斗争的人得到了补偿，如王化南被重新划分为中农。就这样，张庄的土改在1948年告一段落了。韩丁在张庄工作了六个月之后，也因为工作关系离开了这里，不过韩丁从此与张庄结下了不解之缘。

总的来说，土地改革是集体化早期基层社会中的一项伟大变革。尤其是阶级成分的划分，承认了人们在社会生活中阶级身份的差异，作为一种身份标识，阶级成分是日后各种不断的政治运动的逻辑起点。同时，作为一种成功的工作方式，工作队的治理模式被保存了下来。透过集体化早期的这场变革，我们完全可以看到，日后集体化时期各种行为逻辑是如何生成的，或者也可以说土改是集体化时代各种政治运动的一次成功的预演。

然而，对于张庄而言，土改并没有结束村里普遍存在的贫困，但是土改却给人们带来对幸福生活的憧憬。土改运动同时也

[1] 2005年4月25日，访村民王金红，男，现年63岁，张庄原党支部书记。

改变了张庄的政治格局与社会结构，地主阶级被消灭了，贫下中农掌握了乡村政权，这一格局直到人民公社解体之后才有所改变。而张庄村民最深切的感受就是生活中所有的一切都和成分挂钩了，阶级成分成为乡村社会生活的唯一标识，招工、上学、结婚等等，乡土社会中的每一件大事都与它相联系。同时，经过土改，张庄的村民普遍地接受了革命的斗争逻辑，当问起那段历史时，村里的老人会告诉你一句日后颇为流行的话语“革命不是请客吃饭……”。而从《潞城县第五区张庄村打死登记表》中，我们也可以看到革命的残酷性。如王永保的妻子，据赵贵才老伴回忆，那是一个非常文静且善于助人的女人，然而在开斗争大会时作为丈夫的陪绑被打死了，而她的丈夫在村中也有不错的口碑，仅仅因为虔信天主教就招来了杀身之祸。村里一些老人偶尔会惋惜这个善良家庭的不幸，然而却从没有一个人认真想过他们为什么一定要死。在特定的斗争逻辑下，所有的问题都上升到了敌我矛盾的高度，都成为你死我活的阶级斗争。

土改并没有从根本上解决小农经济的问题。土地私有、家庭经营、落后的生产工具、传统的农家作物、狭小的土地规模、有限的自然资源，以及自给自足的自然经济、发育不全的乡村市场，奖勤罚懒是小农经济的必然，因而新的贫富分化和土地的重新兼并就不可避免，这是自给自足的小农经济发展的必然规律。然而，政府有着自己的理想目标：推翻封建制度，实现共同富裕，实现社会主义工业化，实现社会主义国家的现代化。土改虽然开了一个好头，但是理想目标的实现仍然困难重重。因此，国家开始了集体化改造，从互助合作开始，之后是初级社到高级社的农业生产合作化运动，接着是以“大跃进”和“共产风”为特征的人民公社，以及“三年困难时期”好转之后开始的“社会主义教育运动”和“四清”运动，直至文化大革命爆发。

土改后，张庄沿着小农经济的道路开始发展，不久之后新的贫富差距开始产生，一些家户添置了牲口，一些家户变得富有，而师家兄弟（师才元和师福元）则是勤劳致富的典范，同样也有的人不善经营破了产，但从总体上说全村保持着一种乐观的情绪，因为只要勤劳肯干，发家致富并不是一个遥远的目标。一个流行于村中的顺口溜反映了这种快乐的情绪，"早晨吃的是'金皇后'，晌午总吃'169'[1]。黑来抱柱简发头，痛痛快快困一觉"。当全国大部分地区土改结束之后，张庄开始沿着国家制度安排的路径向前发展。上世纪 50 年代初，国家提倡互助合作，对于互助组，张庄群众并不觉得陌生。因为从 1947 年开始，村民杨忠盛就办起了村里的第一个互助组，只不过在国家提倡后参与互助的家户更多了。时间发展到 1953 年，在上级的号召下，以裴兴发、师才元及胡雪珍三个人为主成立了张庄的第一个初级社——"前进社"。前进社成立之初有二十户人家，拥有的财产有五头驴、两头牛、马和骡子各一头，十辆老式马车、四张铁犁及锄头若干，同时有八十块土地。[2]通过一年的辛勤劳作，1954 年前进社获得了大丰收，计算劳动收入和投入生产资料后平均每人分了 700 多斤粮食，这个数字远远高于村里其他人的收获。当年的亲历者，裴兴发的老伴说起这件事来仍不住地感叹："俺家两个劳力，分了 1400 斤粮食，都没地方放了，从小也没见过那么多粮啊！那会儿产量低，不像现在亩产这么高，那会儿一亩地也就能打二三百斤的粮，村上没入社的人最多也就收个三四百斤！"[3]榜样的力量是无穷的，眼睁睁地看到丰产丰收的例子，村上的人参加合作社的热情空前高涨，1954 年前进社发展到 90 户人家，同时张庄的第二个初级社解放

---

〔1〕"金皇后""169"均为粮食品种，前者为玉米品种，后者为小麦品种。

〔2〕〔美〕韩丁：《深翻：中国一个村庄的继续革命纪实》，中国国际文化出版社 2008 年。

〔3〕2006 年 2 月 24 日，访村民平秀英，女，裴兴发妻。

社也成立了起来。随着集体化运动的推进，张庄的两个初级社在1955年合并成了一个高级社。在合作化的过程中，张庄通过赎买、作价入股等方式将土地和其他生产资料收归合作社集体所有，较平稳地完成了从初级社向高级社转变的过程。考察张庄的合作化进程，我们发现张庄的合作化过程并不像其他地区一样是个蛮干冒进的过程。笔者分析，这应当得益于该村完成土改时间早，对于合作化有充分的准备和应对时间。

然而，在接下来的日子里张庄的步伐却走得并不平稳。1958年，同其他村子一样，张庄也进入了人民公社，当时张庄划为一个生产大队，下辖六个生产队。紧接着“大跃进”开始了，在全社会超英赶美跑步进入共产主义的狂热中，张庄也提出了一些不切实际的乌托邦式的建设理想，如计划建设一个有万头猪的养猪场。不切实际的计划，夸张的政治热情，教条的贯彻方式，对张庄尚还稚嫩的集体经济造成了伤害。公共食堂吃大锅饭，也让张庄百姓记忆深刻，李福昌老人回忆说：“咱村的食堂是五八年建起来的，刚开始的时候挺好，吃饭不要钱还管饱吃，记得我大孩子过生日食堂还给做了个白面的面羊，后头就不行了，开始收开饭票了，我家人口多劳力少老是吃不饱，要是有个亲戚朋友来串门食堂也不管，只能从全家的口粮里匀出来，那就得饿肚子了。到了三年自然灾害，说是要还苏联的账，粮食见的就更少了，那会儿就开始吃玉米芯了，先用石灰水把玉米棒泡软了，然后再磨成面，可就连这个也吃不饱！”〔1〕为了响应国家号召，张庄也支起了炼铁的小高炉，墙上刷上了各式标语如“高举总路线、大跃进、人民公社三面红旗奋勇前进”等。在彩旗飘扬中人们满怀着希望，然而令人失望的是轰轰烈烈好多天后，炼出的东西一点也没铁的样子，“炼了好多天的铁，最后铁没炼出来，各家吃饭的锅反倒全

〔1〕 2005年8月3日，访村民李福昌，男，现年80岁，原小队干部。

炼进去了”，[1]回想起当时的情况郭四则老人讲了这么一句笑话。可见，同全国各地一样，在人民公社化运动中，张庄也蛮干了一把。

三年困难时期过后，紧接着的1962年，张庄的集体经济迎来了一次短暂的恢复。从张庄1962年的档案中我们可以看到，全大队的人口上升到330户1128人，其中男580人，女698人，一个劳动日平均可挣到1.11元，全年总收入达到122401.50元，产粮667809斤，社员自营地产量62380斤，在整个晋东南地区这都是一个比较高的水平。然而，这段相对平稳的发展，并没能持续多长时间，紧接着的社会主义教育运动，及清政治、清经济、清组织、清思想的“四清”运动的开展，张庄又进入了一个持续不断的政治运动中。同时在土改、互助组、初级社、高级社向人民公社的转型中，及社教、四清运动中，有的人受了错误的批判，有的人想单干被制止，有的人想搞副业不被允许，有的干部为不让大家挨饿分了粮食却挨了批斗。这些由于国家意志、政策与乡村社会内部逻辑不适应而生成的各种矛盾关系，在对党的无比忠诚和共同的理想追求——共产主义——之下被掩盖了起来。但是掩盖不是消失，只要有适当的机会它就会爆发出来，它会以同样的斗争逻辑再次生成，区别仅是换一个斗争对象而已。文化大革命就是这样的一个机会，每个人都承认对党、对毛主席无比忠诚，而观点不同则可以去质疑、辩论以至斗争。

文化大革命对于张庄来说，始于1966年，终结于1969年。张庄的大多数人看来，1969年村里成立革委会后，村子就平稳了下来，生产也恢复了，同时根据1969年4月召开的中国共产党第九次全国代表大会的指示，文化大革命在这一年就结束了。张庄“文革”的第一把火，是由潞安中学的学生传来的。当村里人们还搞不清楚“文革”到底是什么的时候，小李红恩就以四队

---

〔1〕 2006年3月12日，访村民郭四则，男，现年84岁。

为基础成立了自己的战斗队，并正式命名为“暴风海燕战斗队”，随后其他的各生产小队也都成立了自己的战斗队。随着运动的发展“暴风海燕战斗队”和以村副业队为主的“上甘岭战斗队”结成一派，小李红恩、甄宽容和李福昌成为其中的核心人物。而其他的四个生产队则组合成为另一派，以郭小红、李小根及王金红等人为主。刚开始各个造反队批判的对象都是五类分子，然而当一月风暴吹起后，夺权开始成为斗争的焦点。小李红恩、甄宽容和李福昌一派认为，以师双贵为首的村支部是张庄内走资本主义路线的当权派，因而要夺他们的权，因此这一派被群众称为造反派。相反的一派则认为，村支部是坚持毛主席路线的，因而反对夺权，从而成为保皇派。1967 年 2 月 8 日，造反派联合潞安中学的力量，将村里的主要领导拉到潞安中学开批判会，而另一部分人则冲入大队抢了村支部的印，将其交与大队长裴兴发的女儿裴鲜花保管，就这样造反派夺了村支部的权。然而，令我们不解的是在夺权之后不久，造反派主动将印交给了时任村支部副书记的王金红，而王金红却是保皇派的首脑。王金红书记解释这件事时说“当时参加造反派的一个是成分不怎么好，老百姓不相信他们，另一方面是因为他们确实也领导不了村上的生产，所以就把印交给了我”。[1] 张庄历史上的“二八夺权”就这样结束了，其后虽有一些反复，但影响都不大。用革命的斗争逻辑无法解释这次交权事件，我们相信这中间传统的乡村内在的运行机制应当起到了不小的作用。1969 年张庄革委会正式成立，王金红出任革委会主任后，张庄逐步走上了集体经济发展的轨道。

1971 年，张庄迎来了一位阔别多年的亲人，1948 年在张庄参加土改工作的老韩又回来了，韩丁的归来为张庄走上正规的集体经济插上了腾飞的翅膀。韩丁的归来，最终结束了“文革”对

〔1〕 2005 年 4 月 25 日，访问王金红，男，现年 63 岁，原张庄党支部书记。

张庄的冲击，王金红在村里的领导地位得到了巩固。而在韩丁的帮助下，张庄也开始了农业机械化的改造，这项改革在1979年见到了成效。1979年张庄进行了玉米生产机械化的实验，当时的报纸对此也有所报道，报纸是这样说的“玉米生产机械化试点在张庄大队西侧，实验面积为五百亩，长一千二百米，宽二百八十米。耕地、耙磨、播种、喷水、喷药、除草、追肥、收获、除玉米根茬、运输、脱粒、烘干、入库全部实行机械化作业，由两名拖拉机操作技术比较熟练的社员同志承担全部操作”。[1]不仅是集体农业，张庄的集体工业在1971年以后也得到了长足的发展。村里先是办起了磷肥厂，接着1973年在磷肥厂的基础上利用当地资源办起了水泥厂，就地取材生产325#矿渣水泥。同年，一个锯条磨光厂也投入生产。同时，村里原有的养猪场、面粉厂、砖窑等企业也创利不菲。1978年，政策相对放开后，全村537户人家，900多个劳动力，在不放松农业生产的前提下，充分发挥靠近车站、公路、厂矿的优势，大力发展工副业生产，先后办起运输、加工、建材等集体企业36个。集体经济的飞速发展为张庄赢得了“太行第一庄”的美誉。

社会福利、妇幼保健、医疗服务、照顾老弱病人、免费教育及公共设施的建设，集体经济的发展为满足村民各个层面的需要打下坚实的物质基础。而随着集体经济的繁荣，张庄村民也获得了丰厚的个人收入，秦豆孩老人说：“70年代末，咱村农业生产机械化了，省出不少人来发展工业、副业，一个工两块一，一年下来一个全劳力能分一千多块，你想想那时候万元户才有多少，家里劳力多的一年下来就是万元户了。”[2]从集体发展中获得实惠的农民对集体

---

〔1〕《采用先进技术干现代化农业——我市玉米生产机械化在张庄试点》，《长治报》，1979年2月24日。

〔2〕2005年8月1日，访村民秦豆孩，男，现年70岁，原小队干部。

化的发展之路充满了理想与憧憬。因此，当以家庭联产承包责任制为主的农村改革开始时，从村领导到普通群众都发生了疑惑。集体解散了日子能比现在过得更好么，看病、上学是不是要交钱了，平常大队给的福利还会有么，诸如此类的问题困扰着张庄的每一个人。出于对家庭联产承包责任制的不确定，也由于集体给人们带来实实在在的利益，因而张庄顶着压力拒不执行家庭联产承包责任制的改革。韩丁结合张庄的社会实际，认为张庄的集体经济搞得很好没有必要将集体解散，多次与张庄的村干部一同向上反映了这个问题。然而，社会环境的整体变迁，再一次将张庄的发展引上了国家拟订好的轨迹。1982 年，农业部亲自派工作组到张庄调查，迫于无奈张庄解散了集体经济，实行了家庭联产承包责任制的新政策。然而，在进行家庭联产承包责任制改革时，张庄顶住种种压力留下了 700 多亩集体的土地没有分配，正是这 700 多亩土地让张庄村民提前二十余年进入了农无税的时代。

家庭联产承包责任制的推行标志着集体化时代的结束，然而集体化时代却给张庄打上了深深的烙印。那个时代的痕迹在村中随处可见，如张庄的住宅区的规划建设透出了浓厚的集体化时代的色彩。张庄现有的房屋多为 80 年代翻建的多层钢筋水泥结构。据我们田野调查发现，张庄的住宅由正中街、新建街、东二巷、西一巷分为六大块，新建街从北往南为一、二、三队，正中街从南往北为四、五、六队，以生产队为单位聚居，一起劳动一起生活，这种居住模式不折不扣地显示出集体化对日常生活的影响。直到今天，大队这个集体化时期的称谓依然被村民沿用。如果说这些还不够直接的话，村里发生的一桩事则更直接地呈现出集体化时期形成的行为逻辑对今天生活的影响。这是上个世纪 90 年代末的事情，1999 年的一个早晨，人们好像又回到了集体化时代，村里贴满了大字报，在大字报前一群激动的人在作着演讲。经我们了解这是前妇女主任因贪污村里计生款被处理心生不满，用大字报的形式来表达对村委不满。在集体化时代结束多年后，在纪委、信访办等机构健全的今天，表达意见本应有一条正规的路径，而前妇女主任却选择了这样一种抵抗方式，足见集体化时代形成的行为逻辑对张庄人的生活与观念影响之深。

集体化时代，带给张庄的不仅仅是辉煌，同时还有破坏。这种破坏尤其表现在传统文化方面，传统的村落文化是以人情为重的，人们处世的原则以中庸为先，乡村内部以和谐为贵。然而，从土改起输入的革命文化则是以阶级斗争为其逻辑起点，革命的文化既是革命的产物，又是革命的表现形式。集体化时代，在国家意志的强力支持下革命文化向乡村社会生活的渗透，使其作为一种场面文化在广泛的领域内发生作用，村落中世代相袭的传统文化则遭到了冲击，传统文化的表现载体遭到了毁灭性的打击。关帝、玉皇遭到了批判，庙宇被拆毁，庙会被取消；一切伦理道德规范统统被作为封建的或资产阶级的假仁假义而被抛弃。因此，我们认为集体化时代的革命文化对乡村传统的内在文化造成了巨大的冲击和破坏，而革命的斗争逻辑也成为乡村变迁的实践逻辑。

在文本的阅读和田野调查的过程中，我们发现，乡土社会有其自身运行的机制，当这种机制与国家选择的路径不同时，或者可以说当国家的权力意志及政治策略与乡村生活的情境不同时，普通村民作为乡村社会最基本的个体应当如何协调外来的文化与乡土规范的冲突，这样一种逻辑衍化的过程，单从国家与社会的宏观理论结构入手是无法理解的。只有扎根于田野，从乡土社会中个人的心理与行为模式入手，从乡村中的日常生活开始，认真审视集体化过程中人与人之间复杂多变的社会实践关系，在生活情境中对人的行为模式进行分析，并辅之以历史的解释，才有可能大大地丰富和深化有关集体化时期中国乡村社会的研究。

追寻集体化

——剪子湾村田野调查札记[1]

剪子湾村的田野工作始于2004年9月初。笔者选择该村作为研究个案，有一个偶然性因素。著名历史学家章开沅先生为了寻访、拜祭曾在山西为官多年并死后葬于山西太原东门外沙河村（即剪子湾）墓地的先辈，遂委托笔者代为询问墓地具体地址所在。之后，笔者多次前往剪子湾村了解章先生所托之事，并就整个村庄的现状和历史变迁进行了初步的田野调查。但是章先生的祖辈曾经下葬的墓地如今已是楼房林立，了无踪影，而且剪子湾作为一个城乡结合部的小村庄，即将在“城中村”改造工程中消失。作为一个颇具地理特色的古村落，跨越不同历史时期，总会有其自身实践进程的演绎逻辑，尤其是在现代化、城镇化、工业化和市场化的制度安排下，它是如何以固有的地理区位去适应大社会的诸多变革？或许这就是剪子湾村进入笔者学术视野的最直接的问题关怀。让笔者感兴趣的另一个因素是当时村委会领导向笔者反映了一个让村民堪忧的信息，即一条高速公路将要从村中经过，高速公路工程几乎要将剪子湾村原址全部覆盖，以土窑洞为主的旧村落随时都面临着将要“终结”的命运。

〔1〕本文中所引用的集体化时期剪子湾村的档案资料均来自山西大学中国社会史研究中心“地方文献资料专柜55号—64号”，文中引文不再具体注明。该村档案资料由行龙、常利兵、马维强、刘素林在田野调查中所得。此外，按照学术惯例，文中所有人名均为学名，文责自负。

出于一种对乡村社会历史的理性关怀和学术累积，笔者先后带着三名学生在剪子湾村进行了长达半年的田野考察，并就村落原貌中的所有家户做了较为系统的影像记录，目的就是要在现代化的冲击波中，为传统村落留下一份真实的历史记忆。众所周知，在新史学逐步突破传统史学藩篱的过程中，经济史、社会史、文化史、城市史、家庭史等史学研究领域纷纷兴起，这种学科的分化和转向对纷繁复杂的历史图景给予了丰富的、多向度的阐释，更加充分地发挥了历史学在现实经济社会进程中的学术价值和现实意义。自20世纪80年代初期中国社会史学复兴以来，尤其是90年代后区域社会史研究的兴起，中国历史学研究呈现出了蔚为壮观的景象；同时，与社会学、人类学、政治学、经济学等学科的结盟也大大地拓展了史学研究的学术空间。本文即是立足于剪子湾村田野调查和文献资料的综合分析进行的一种有关集体化时期中国乡村社会经验的社会史思考，试图通过小地方能够看到大历史的影子。

近年来，集体化时期的中国社会研究已经成为众多学者的一种自觉行为，并且取得了较好的研究成果。比如张乐天的《告别理想——人民公社制度研究》一书就是作者以自己的家乡为个案，运用“外部冲击—村落传统互动模式”的理论框架翔实地论述了人民公社制度在一个沿海村落二十多年的生命历程。黄树民的《林村的故事》和美国学者弗里曼、毕克伟、赛尔登等人的《中国乡村，社会主义国家》也是研究集体化时期中国地方社会的力作。前者采用人类学的参与观察法，从个体生命史的视角考察分析了闽南地区乡村社会在集体化模式的制度实践中与国家博弈的真实图景；后者是著者在对河北饶阳县五公村长达十多年的学术关注的基础上形成的，它十分细腻地构建了一个华北村落在国家—社会的理论架构中如何接受国家意志和行动并对其做出适应和调整的历史画面。此外，孙立平等人进行的“20世纪下半期中国农村社会生活口述资料收集与研究计划”中关于陕北地区农业集体化时期的女性记忆、土改等政治运动的“诉苦”研究也具有一定的代表性。可以说上述研究成果的一个典型特征就是其研究视野超越了“党史”和“国史”单一的、宏大的历史叙事，而主要从微观史学的角度出发，立足基层社会变迁，“自下而上”地建构集体化时期中国社会的生存图景。但我们必须承认，目前学界对于这一时期中国社会的历史研究仍局限在一种国家层面的、领导人物的、宏观的、政治的、单向度的并且意识形态倾向浓厚的路径中，缺少微观的、社会的、底层民众的以及从地方社会实践出发的历史研究，即一种以“微小实践”为取向的区域社会史研究。[1]正如有学者认为：“在当代史的史学领域，个案研究的工作也有学者开始做了，但比之上层的和宏观的研究，像样的研究成果还非常少。能够下十年磨一剑的功夫的微观研究，就更少见了。”[2]

集体化时代，即指从中国共产党在抗日根据地时期推行互助组，到1980年代人民公社体制结束的时代。作为中国历史上一个极为特殊的时期，无论冠之以集权统治模式还是其他，但有一点毋庸置疑：中央和地方，国家和社会，集体和个人，政治和经济等应有的界限在持续不断的政治运动中荡然无存，剩下的只有数亿国民凭借被动员起来的热情所支持的中央、国家、集体和政治。而复杂多样的社会生存图景则隐匿在了宏大的、政治式的、单一

[1] 文章引用的“微小实践”（minor practice）概念出自赛尔登，即指“一种构成社会生活基础的社会过程”（De Certeau 1984）。（转引自孙立平：《“过程—事件分析”与对当代中国国家农民关系的实践形态》一文）笔者认为，这种“微小实践”作为一种基础性的社会过程，是通过地方性实践和事件的不断操演而实现的。本文借此概念意在倡导集体化时期中国社会研究的一种微观路径，即从普通民众的视野去反观国家的权力意志和宏观的制度性设置在日常生活中的真实境况。

[2] 王海光：《时过境未迁——关于中国当代史研究的几个问题》，见《当代中国史研究》2005年第1期。

的现代化工程的追求之中。因此，作为一种学理性的关注和研究，并非仅以现时的眼光就能对集体化三十年社会历史进行合理全面的构建；我们应该走向田野，回归历史，努力以一种“价值中立”的客观视角重新审视和解读集体化时期的中国社会尤其是基层乡村社会日常生活实践的逻辑和结构，从而为将来社会的发展和变革提供前瞻性的学理思考。〔1〕

可以说，我们在剪子湾村长期的田野调查工作中就融入了上述有关集体化时期中国社会研究的问题意识。随着田野工作的不断深入，以及连村干部都不知着落的大量的剪子湾村档案资料的发现，使得笔者更加坚信以微观取向进行集体化研究的学术价值和现实意义。当然，微观史学的个案研究必须以占有丰富的民间档案文献为前提，只有如此，才可能扭转仅以官方文献、内部档案和历史人物的日记、回忆录、文稿等为中心的“自上而下”的史学路径。

本文所记述的剪子湾村地处山西太原市郊东山脚下的丘陵地带，其区位结构凭借村中央长600多米高80多米呈南北走向的土崖分为上下两部分。土崖上的村落大都是在上世纪80年代后兴建的具有现代气息的砖瓦房建筑，而土崖脚下的则是被村民所乐意称道的剪子湾村的原生态形貌，单那村民所栖息生活的整齐划一的土窑洞就足以让外来者流连忘返。《太原市南郊区志》记载：“剪子湾——原名沙河。百余年前，由山东来一打剪匠落户，

〔1〕 有关集体化时期中国社会研究“价值中立”问题的困境和出路，王海光先生指出：“当代史的研究，与现实政治有密切关系，政治敏感度本来就高。而历史话语的政治语境就更加重了它的政治敏感度。在这种语境下，要避免历史研究和现实政治的相互干扰，是相当困难的。缺乏客观的、价值中立的叙述语言，学术研究不能合理规避现实政治的话语，实在是一件令当代史研究者十分苦恼的事情。所以，从意识形态的政治话语体系中完全剥离出来，建立科学的话语系统，成为当代史学科建设的关键问题。”参见《时过境未迁——关于中国当代史研究的几个问题》一文。

技艺超群，故名。”[1]据村中老人讲，原先叫沙河村主要是因为土崖对面的一条季节性河流，河两岸淤沙丰厚，人们曾依靠河沙种植蔬菜水果维持生计，此种生活来源一直持续到建国后的50年代初期，即农业合作化运动之前。尽管沙河村何时形成现已无据可考，但其地理环境的特征则真实地体现了该村落历史的沧桑变迁。沙河村有两个鲜明的特色：一是地处东山丘陵地区，地势险峻；二是与太原市区毗邻，用时兴的话来讲，就是城乡结合部或者说是城乡过渡带。那么，从社会生态学的角度而言，有山有水的地理因素使得人们有可能到此定居下来；加上该地与市区相邻，使得生存条件较差的居民能够依附于城市而获得生业，但他可能处于社会的边缘。据地方志所载，山东一打剪匠在沙河落户生活，开启了村庄的历史，则从个体经验的层次证实了剪子湾村的生态学意义。剪子湾村地理环境衍生的另一生计特征就是坟地的形成与看护。因地处山区，又与市区接壤，太原城东的富人、官员、商人等死后均葬在剪子湾，血缘谱系和宗族观念驱使着人们要为死去的人寻求一个合适又便于祭拜的墓地，而剪子湾村的自然环境适合这一需求。在田野工作中，我们了解到该村落最早的家户有七家，并且都是从外地逃荒避难来的，到此之后大都为城里人看护坟地以维持生计。村中殷伍老人说：“这地方好生存，离城很近，外地逃来的人一开始就是给人家看坟地，帮着锄草，别让坟地给荒芜了，依此挣口饭吃。时间一长，与村里人熟悉后，就租别人家的窑洞住下，或者费些周折自己打一孔窑洞定居下来。”因此，剪子湾村特有的生存方式使之成为外来人的避难所，就像村人自己说的，这是一个“移民村”，全都是外地人，都是没法活下去了才来这寻求生计的。在“四清”运动中，

〔1〕 太原市南郊区地志编纂委员会编：《太原市南郊区志》，生活·读书·新知三联书店1994年。

剪子湾村在工作队的带领下进行了阶级成分复查和登记，之后，“九省十八县”便成了剪子湾村人口状况的代名词，而“蛮子坟”（即在山西经商、为官的南方人死后葬在此地）则成了剪子湾村落景观的一个重要组成部分。剪子湾的地理位置、生态环境、职业构成等，一定程度上决定了村落社会构成和权力分配的特点，使得1949年以后，村庄的历次政治运动具有自身的逻辑。

1949年4月底，随着共产党领导的解放军攻破阎锡山部队所设防的以“百里防线”为枢纽的第二战区，作为东山战役中的重要军事据点剪子湾村获得了解放。1950年春天，剪子湾村在外来工作队的组织下进行了近一个多月的和平土改，结果在全村38户中，划为贫农33户，147人；中农4户，15人；上中农1户，5人。有趣的是该村的阶级成分较为单一，不存在什么地主富农的现象。但是，“土地改革的基本内容，就是没收地主阶级的土地，分给无地少地的农民。把封建剥削的土地所有制变为农民的土地所有制，借以解放农村生产力，发展农业生产，为新中国的工业化开辟道路。这就是实行土地改革的基本理由和基本目标”。〔1〕那么因为地主富农阶层的空缺，剪子湾村土改工作就存在一个根本性问题，就是分配谁家的土地给那些无地少地的村民，如何贯彻“中间不动两头平”的原则，其土改工作是否有其自身的适应特征？就这一问题，我们专门访问了剪子湾村老支书安新顺，他说：“这村是穷苦人的村，都是外地来的，不像周围的淖马、长江、山丈头等村那样都是本地人，家族关系重，有大户人家。但是解放了，剪子湾村也得进行土改，分地分窑洞呀。没有被没收和征收土地的斗争对象，也得想办法，最后就是把全村人所有的耕地都集中起来进行丈量，不管是贫农还是中

〔1〕 中共中央文献研究室编：《建国以来重要文献选编》第一卷，中央文献出版社1993年，第290—291页。

农，然后再按照各家人口数和具体困难情况依次重新分配。当时就是这样。”[1]从剪子湾村土改档案资料中可以发现，1949年全村共有38户167人，占有耕地762亩，每人平均4.56亩。具体而言，贫农147人，占有耕地342亩，每人平均2.33亩；而中农15人，共占耕地240亩，平均每人16亩；上中农5人，占有耕地180亩，每人平均36亩。可以看出，占人口总数88.02%的贫农所拥有的土地仅占总数的44.89%，其人均占有耕地数仅为全村人均田地数的一半；而占人口总数8.98%的中农占有的耕地数却占到了全村总数的31.50%，其人均占有田数为全村人均数的近4倍，为贫农的近8倍；上中农仅占人口总数的2.99%，拥有的田亩数竟占到了总耕地数的23.62%，其人均占有数为全村人均数的近10倍，为贫农的近20倍。由此可知，剪子湾村的土地所有权和分配数极不平衡，但是村中并没有地主富农阶级的存在。之所以出现“村中无地主”的现象，一者可能是因为划分阶级成分时并不单纯以占有田数的多少，更重要的是土地所有者的经营方式；另一方面则与剪子湾村的社会生态环境密切相关。如前所述，该村地处东山丘陵地带，而在村中落脚的外来人除了依城乡结合部的地理因素营生之外，还可以在此开荒种地，以便长久地生存下来。因此，那些以农业为生的村民，凭借自己的勤劳和汗水是可能拥有大量耕地的。从发生学的角度而言，这里并不存在纯粹政治意义上的土地所有权和分配权。而这正是剪子湾村在集体化制度安排初期的一个与众不同的地方。土地改革作为集

[1] 安新顺老人说他是一个坚定的忠诚的毛泽东路线政策的执行者。尽管自己不识字、没文化，但凭借其强壮的身体和强烈的责任心以及高度的政治热情，他先后担任过生产队小队长、大队长、村长、村党支部书记等职。据安老讲，他幼年随父逃难到剪子湾，在“蛮子坟”给别人看护坟地。后日本人打进来占领了剪子湾村，并在“蛮子坟”等地修建军事基地，其父在给日本人修炮楼期间被活活饿死。在同乡人的帮助下，成了孤儿的安新顺被送给了剪子湾村一家姓安的人家当儿子，从此安新顺老人便在剪子湾村生活下来，一直到现在。

体化早期基层社会中一项伟大的“农业革命”和“一场系统的激烈的斗争”在剪子湾村则显得风平浪静。

集体化时期的三十年间，党和国家领导人带领各地民众积极投入到以实现新中国工业化、现代化为目标的宏伟实践中，主要从土改开始，再到互助合作，之后又实行了由初级社到高级社的农业生产合作化运动，再后来又进入了以“大跃进”、“共产风”为特征的人民公社，随着后来“三年困难时期”困境局面的逐步好转，全国上下又卷进了所谓的“社会主义教育运动”即后来的“四清”运动，直至文化大革命的爆发把全国民众带进了长达十年的非常态的社会运行之中。上述各阶段在中国社会发展史上具有浓厚时代特色，但是我们必须清醒地看到在这一纷繁复杂表象的背后始终存在一种实践逻辑，即以政治化运动为主要推动力的两条路线的斗争、阶级斗争和乌托邦式的现代化构想。这种以意识形态为表征的实践逻辑不断得以操演的前提条件就是阶级斗争对象的确立和高度集中统一的国家权力的全面干涉和渗透。可以说土地改革的一个直接政治后果就是确定了阶级身份的差别（即地主、富农、富裕中农、中农、上中农、下中农、贫农、雇农等身份的确立），而这一符号象征生成性的最大功能就在于它成了集体化时期中国社会持续不断的仪式化的政治运动的逻辑起点。尽管剪子湾村土改之后所生成的阶级差别较为单一，仅有贫农、中农和上中农之分，而且重新分配土地的做法也与“依靠贫雇农，团结中农，中立富农，有步骤有分别地消灭封建剥削制度，发展农业生产”的土改政策相去甚远，而且与1950年《土改法》第七条“保护中农（包括富裕中农在内）的土地及其他财产，不得侵犯”[1]相违背。也就是说在国家的权力意志和政治策略与地

〔1〕中共中央文献研究室编：《建国以来重要文献选编》第一卷，中央文献出版社1993年，第337—338页。

方乡村社会的具体情境不一致时，剪子湾村的实践说明普通民众又是如何因地制宜地去执行和应对国家力量的。这样一种生成性的实践过程单凭自上而下的国家视角是无法解释透彻的。通过在剪子湾村长期的田野经验，笔者认为以自下而上的研究路径认真审视集体化过程中基层社会复杂多变的微观实践，可能会大大丰富和深化有关集体化时期中国社会的历史构建。

土改后的剪子湾村民继续沿着国家制度安排的路向前进着。从 1952 年春开始，村里组织了两个互助组，共有 20 户 80 人加入互助组进行生产合作。到 1954—1955 年间，村里依然以两个互助组进行农业生产活动，不过这时全村所有家户均入了互助组，1955 年有 43 户 145 人在组内互助生产。村民张宝忠老人说："剪子湾村 1954 年春天成立初级社后仍旧以原先的两个互助组为主，只是到了 1955 年之后国家就不允许像以前那样让村民单干了，土地入了社里，牲畜、农具等生产资料折价也入了社。干了一年多，到 1956 年秋天又由初级社转入了高级社，村里所有的人都入高级社。又干了一年多，1958 年秋村里和别的村一样，一下子进入了人民公社，当时剪子湾村为一个生产队，就叫永红大队。后来就是'大跃进'，走食堂，吃大锅饭，大炼钢铁运动，当时公社从村里调走了 50 个壮劳力到东山上参加全公社组织的炼钢铁竞赛，吃住都在山上。呵呵，乱哄哄折腾了几个月什么都没炼成，后来运动一过，人们也重新回到村里。"可以看出，剪子湾村的农业合作化和人民公社运动与其他村庄一样，也经历了一个蛮干冒进的过程。

不过，在剪子湾村民遭遇"三年困难时期"的过程中，村里发生了一件让大多数村民吃惊的事情。事情是这样的，在 1960 年春的一天，村里突然来了一辆警车和一些公安人员，以"瞒产私分"的罪名逮捕了生产大队长陈昌春、支书吴文祥和社员章汶，并判刑 14 个月。正在艰难度灾荒的剪子湾村民根本没料到仅有百十口人的村庄居然会出现如此大的“政治事件”，就连陈、吴、章三人事前也没有得到任何的风声。原来作为大队干部的陈昌春和吴文祥二人，为了帮着村民度过灾荒年，经过研究后决定将村里的储备粮以每家300斤发放到各家各户，但是这一行为的代价却是判刑坐牢，开除党籍，而且“瞒产私分”的罪名名副其实。也许陈、吴二人天真地以为给村民发粮度荒尽管有悖国家政策，但对剪子湾村百姓而言是一种实事求是的工作，不会有什么麻烦滋生，而且“与其让粮食放在仓库里让虫子咬，老鼠吃，不如拿出一些来分给村民。总不至于让人活活饿死吧”。但是，事情并没有像大队长陈昌春等人想象的那样简单，持续不断的政治运动无疑会在村队干部、社员以及干部和社员之间隐藏下危机。比如在互助组、初级社、高级社、人民公社的单向转型中，有的社员被强制入社，有的想搞副业屡被禁止，有的单干遭到批斗，还有的村干部因走“资产主义路线”被批判等等，这些由村干部代表国家意志实践的政治行为所引发的不满和冲突并不会因为一种表层的“共同文化”的生成而消失殆尽，相反，一旦时机成熟，它们将会以同样的方式生成事件。张宝忠老人凭借其集体化时期的生活经验道出了这一事件的逻辑：“那会就是那样。你斗我，我斗你，你揭露我，我揭露你，上面政治风声一紧，村里人都不得安静，甚至人与人之间最起码的信任感都不见了。其实，没什么大不了的事情硬要往阶级斗争的路线上整，真是不敢想象那会是咋过来的。比如说陈昌春他们给村民分粮食的事情，困难时期，饥饿得很，人们吃不上东西，分点给大家，等度过灾荒之后再把储备粮补上不就得了。结果还被逮走了，还名正言顺。这不明摆着有人暗地里整人吗？农村里的事情复杂呢！”

不过我们在1970年剪子湾大队落实三个照办的会议记录中发现了陈昌春被作为重点对象的摸底资料。其中陈1960年因“瞒产私分”被判刑一事有了另一种定性，即“陈昌春，外号

‘陈混分’，男，39岁，贫农。60年因瞒产私分、贪污盗窃、乱搞男女关系、好逸恶劳等被判刑一年。释放后恶习不改，善于伪装，在‘四清’运动中竟窃取了‘四清’委员会副主任之职”。但是在调查中发现了一个很有意思的现象就是陈昌春刑满释放之后，尽管不断地有村贫协代表和社员积极分子多次揭发陈的“罪行”[1]，认为其没有当干部的资格，但陈在村里仍旧担任了主要领导。例如，“四清”期间，陈昌春担任委员会副主任；1973年陈担任大队革委会主任；1974年陈担任革委会副主任；1975—1977年陈担任革委会主任。也许这一问题的合理解释还需做进一步的深入研究。但笔者认为集体化时期中国乡村社会中充满政治色彩的日常生活实践尽管在很大程度上因政治语境的变化而变化，同时村落固有的传统文化和关系网络也扮演了重要角色。也就是说我们可以从基层社会事实中看到在新中国进行现代化追求的实践中，它并不像“传统与现代”二元对立的理论预设那样，仅仅是一个现代化进程中传统式微的过程。

土地问题历来是中国社会尤其农村社会发展中的一个根本性问题。早在20世纪30年代，我国著名的社会学家李景汉先生在《定县土地调查》报告中就土地问题的重要性就有精辟的见解。他说：“农村问题的中心是农村经济问题，而农村经济问

〔1〕 比如贫协会代表钟贵声在政治会议上多次说：“陈昌春从法院回来，游游晃晃。不好好劳动，带着一些妇女们，不好好劳动。妇女们说他好因为他带能休息的时间长。就说切草，让他负责，让妇女们切草，糟蹋了不少。干完了还找不见他在哪儿。工作中总是游游荡荡。……陈昌春从法院出来，我没听说他是组长还是选了他是组长，就领着一帮妇女，有妇女队长为啥让他领着。‘四清’运动以后，他也是领着，革命委员会成立后，也是领着一帮妇女。在翻盖饲养院时也是他领着一伙妇女。我也不知道他是不是组长。……他自从法院回来后，不经过劳动改造，反而比一般干部还高，想指派谁就指派谁。工作组来了，他告诉大家说工作组来了，咱们可得好好干呀，干了几天和工作队挂了钩，干一天休息半天，工作组要走，把工给了他，也不知道是什么工。”

题的核心是土地问题，土地问题足以撼动农村社会的基础。土地问题得不到解决，则农村一切问题无从谈起。”[1]不可否认，这些论述仍有着十分重要的借鉴价值。众所周知，近年来中国农村社会中一个突出的问题就是土地问题。在大力实行“发展是硬道理”的现代化进程中，片面地追求经济指数，盲目地扩张城市空间，单一的“城中村”改造工程等等，这些“宏伟”计划的实施除了带来暂时的经济利益之外，另一个后果就是更加重了城乡关系的失衡，表面上的统筹兼顾是以掠夺乡村资源和牺牲乡村社会为代价的。而这样一种发展模式恰恰是集体化时期中国社会城乡关系的一个重要特征。当前从国家视角多次修订的有关农村征用土地制度的政策以及如何更好地维护农村地权和保证失地农民的补偿兑现等问题正好凸显出了现代化建设中的“畸形”现象。剪子湾村的土地问题也是我们在田野调查中发现的又一个值得深入研究的问题。据调查了解，剪子湾村的所有耕地到了上个世纪90年代初期已被征用殆尽。所有村民得到的一个值得他们骄傲的回报就是具有市民身份，而市民身份获得的一个前提条件即是土地被征用。曾在任十多年的老村长汪稼宝告诉我们：“给村民转为市民户口是在土地被征用谈判中的一个重要条件。地没了，农业税也不用上交了，转成市民户对世代为农的村民来说多少是一个安慰。”但是从老村长的话语中可以想到的另一问题就是村民获得了市民身份之后也会像城里人那样享有一系列应有的保障和优惠政策吗？毕竟村里市民身份的生成与城里人的市民身份机制还有本质上的不同。不过剪子湾村里的一项例行工作多少给我们的疑问提供了答案。在逢年过节的时候，村领导都会组织专人为每家每户发放定量

[1] 李景汉：《定县土地调查》，参见杨雅彬著：《近代中国社会学》(上)，中国社会科学出版社2001年，第245页。

的米、面、油等日常生活用品，并且对村中鳏寡孤独的老人进行特殊的补贴和照顾，还有就是每年要组织60岁以上老年人到外地观光旅游等。很显然，村落承担了类似于“单位”性质的诸多保障功能。

从档案资料中可以发现，剪子湾村的土地问题有一个历史发展的过程。我们知道，自1953年第一个五年计划实施起，新中国的工业化建设便大张旗鼓地开始了，加上苏联工业技术专家的援助，中国的经济发展在建国后的第一个五年间取得了令世人瞩目的成功。“国民收入年平均增长率为8.9%（按不变价格计算），农业和工业产量的增长每年分别约为3.8%和18.7%。”〔1〕但是，巨大成功的背后隐藏着各地乡村社会的多重实践和自我表达。剪子湾村的土地即为一例。我们知道，初级社与高级社的一个根本区别就是土地所有制由农民所有、土地分红转变为集体所有、土地分红取消。当然其间的社会关系更加趋于一种平均主义。剪子湾村的土地就是从高级社开始大规模征用以用于工业化建设。有的家户耕地全部被征购，仅有农具、牲畜等折价入社，有的家户部分土地被征购，剩下的全部入社。据资料记载，从1956年起，剪子湾村的耕地面积直线下降，1957年全村总田地数不及1949年的一半，仅为321亩；到1959年全村耕地仅剩下203亩。之后，该村土地数基本上在250亩左右，一直到90年代初全村土地消失为止。尽管在1960—1965年间剪子湾村拥有的土地数曾上升到了398亩，但是这并没有改变失去土地的命运。而这一短暂上升的现象则与“大跃进”后期“三年困难时期”的警醒以及随后实行的“调整、巩固、充实、提高”八字方针带来的稳步效应直接相关。不过这种稍显平衡

〔1〕〔美〕J. K. 麦克法夸尔、费正清编：《剑桥中华人民共和国史（1949—1965）》，中国社会科学出版社1990年，第161页。

的发展势头终究还是被之后更加激进的政治运动所压制和破坏。比如在1963年春天，为了响应“三级所有、队为基础”的政策，剪子湾村由一个大队分为两个生产小队，而令村民感到欣慰的是他们得到了数量极为有限但具有转折意义的自留地。同时村民也可以在集体性生产之外进行一些范围有限的自产自销的生产活动。但是，当村民自给自足的生产能力稍有回升的时候，随着“四清”和“文革”运动的到来，剪子湾村又由两个小队合并为一个大队，所有的自留地重归集体，并且禁止了社队集体化生产之外的一切生产行为。

人类学家马丁·金·怀特（Martin King Whyte）曾用“科层制”和“反科层制”的理论范式对“文革”时期中国社会的科层体制进行了详尽的分析，他认为集体化时期国家内部严格的科层制组织的理性化趋向是不断地通过官方认可的反科层制活动加以平衡的。怀特指出，在中国这样一个人多地广的国家，要使整个社会作为一个整体运作，实现其预期的经济目标，建立这种庞大的科层组织是完全必要的。只有通过这种手段，国家才能避免工作的重复和地方之间的竞争，才能组织劳力投入到大型工程，也才能保证物资和劳务分配的大致平均。但是，为了避免这种严格的等级制挫伤民众的政治热情和生产积极性，毛泽东又制定了一种反科层制的政策。“文革”的一个主要目的就是要打破科层制的成规，政府官员必须定期下放，通过体力劳动或政治学习，清除自身的资产阶级倾向；老百姓也可以用大字报的形式揭发官员的错误，以此试图将科层制所带来的消极结果减少到一定程度。[1]我们从剪子湾村土地问题的档案资料中发现了类似于“科层制”和“反科层制”现象的存在。1983年12月31日，剪子

〔1〕 Martin King Whyte.1980. “Bureaucracy and Anti-Bureaucracy in the People’s Republic of China”. 参见黄建辉著:《政治人类学》，厦门大学出版社1999年，第170—171页。

湾村的大队领导向太原市南郊区人民政府呈送了一份“关于剪子湾大队土地被侵占向市属有关各级领导的呼吁书”。其呼吁事实为“我村地处省城东山脚下，东大门周围各厂矿（包括东山煤矿、铁路工程队、轧材厂、陶瓷研究所、煤建公司、北城区福利厂等）在十年动乱中非法侵占我村土地共45.29亩”。据资料记载和田野调查，在十年动乱中，东山煤矿趁“共产风”、“战备风”和“重点风”等名目，在剪子湾村南“扩建煤场，乱倒煤渣”，致使该村南沙河河床改道北冲。同时又在河床内修建了滴水坝两个，造成河床大面积下沉，并把村南边的道路冲断，更严重的是把剪子湾村民的副业沙场（即前文提及的村民依此种植蔬菜营生之地）冲刷殆尽。结果，“该矿非法硬性占去土地27.4亩，村南无路可通，而且河两岸的树木被洗劫一空”。村领导就此事与东山厂矿交涉几十次均未得到任何解决。正如村民所言，大矿非法侵占，小厂也随着乱占。陶瓷研究所非法占去1.84亩，铁路工程队占去5.79亩，轧材厂占用了9亩并且把该村西大道截断，煤建公司煤场扩占了7亩，北城福利厂则利用关系等手段假报城建局，把耕地报成荒地非法侵占1.89亩。剪子湾村的土地被各厂矿随意乱占，按照常理，作为村领导和村民一般不会坐视不管，毕竟与所有村民的生活息息相关。但是为什么这样的非法行为迟迟得不到解决呢？村领导在呼吁书的自我表达则暗示了一种科层制与反科层制的复杂关系给剪子湾村民带来的损失和希望，即“东山煤矿以大矿压小村。又利用‘文革’时期大乱，趁无人管理之机，对我村（土地）进行无偿占用。近几年来我们向各级政府、法院奔走告状解决，但始终得不到解决。区政府曾向东山煤矿、轧材厂等函告通知，但两家还是不给解决。我们在无奈的情况下，才向各级有关部门呼吁，请派人到我村实地调查解决”。

可以看出，“大矿压小村”、“文革大乱”等因素是剪子湾村土地被非法占用的一个结构性限制，也预示了城市扩张过程中村庄即将消失的命运。因为要发展大型工矿企业建设，而且在政治语境下的工业化建设中，村民对于土地问题没有主体性的谈判权。至少可以说，村民深深地处于科层体系的严格控制之中，但是反科层制度一经生成，以普通民众为主力的一种诉求行为就会不断地上演，以寻求权益的维护与满足。从剪子湾村的土地问题档案资料中可以明显地发现，村民就本村土地被随意侵占或征用问题的利益诉求和表达得以实现则是在 80 年代初期开始的，而这一时期正好是集体化时代渐趋解体和人民公社制度终结的时期，也是一种反科层制不断上升并力求对科层制所带来的负面后果加以平衡和弥补的时期。比如 1986 年山西省农牧局根据中共中央、国务院《关于加强土地管理、制止乱占耕地的通知》制定的《关于对非农业用地进行检查清理的意见》和太原市土地管理局制定的《关于处理土地纠纷问题的意见》等政策文件的出台，从国家的立场为剪子湾村民给"土地翻案"提供了可能。集体化时期曾担任村会计多年的殷伍老人给我们讲述了一些当时的情况。他说："村干部在土地下户之后才开始不断地向各级部门反映剪子湾村以前土地被乱占的问题，这么做主要是因为政策允许了，文件也下发到了村里。明文规定要对 1982 年底以前非农业建设用地进行彻底的清理，凡有违法占地的，要主动检查，立即退地，进行相应的补偿，并且要补办征地手续，否则从重处理。这样村里才陆续要回了一些被擅自占用的耕地，有的要不回来就进行了相应的赔偿，至少村集体里能增加一些收入。但是在土地没下户以前，村里曾就土地问题与有关厂矿交涉过，但大都不了了之，并且十分困难。人家总会拿'为了国家建设，最终实现新中国的工业化和现代化'等口号和村里理论，之后问题就一直拖着，村里也不能怎么样，不然就是'挖社会主义的墙脚'，破坏生产，那罪名可就大了。不过，好歹现在时代不同了，非法的问题还是要讨个说法的。"从老会计的言辞中，我们可以清晰地看到国家、地方社会和普通民众之间如何受制于结构性的制度设置以及其改组后所引发的新一轮互动关系的生成。

当然，从剪子湾村所获得的田野经验对集体化时期中国社会的言说还不足以全面完整地再现那段充满激情和恐慌的岁月，但是我们至少可以从小地方的日常生活实践中看到宏大的国家政策和制度安排在中国乡村社会中是如何生成并产生巨大作用的。而且笔者坚信，这种立足具体区域社会的微观史学研究对于我们建构集体化时期中国社会丰富翔实的整体景观至关重要。

赤桥的事

——我的村庄情结

作为一个历史学人，有了一种村庄情结，似乎是一件不可思议的事情。至少，从人们固有的观念来看，历史学人厮守于书斋是为本分，而村庄则属于那些面朝黄土背向天的农民。但是，学以致用的传统治学精神似乎又为我的村庄情结增添了一丝合理性，使我在此颇费笔墨来叙述赤桥的事多了些信心。尽管它没有遵循学界严格的“八股文”范例，不过，对历史与现实的人文关怀始终是我的村庄情结的源泉所在。

提及赤桥的事，有一段学术经历是不能不谈的，因为它是我产生村庄情结的一个至关重要的片断。尤其是随着时间的流逝，它促使我最终形成了走向田野与社会的治史理念。所以，这里叙述的是赤桥的事，可凸显的问题意识又超出了赤桥村庄。

事情得从上个世纪50年代说起。山西大学的乔志强先生一次参观晋祠圣母殿时，在殿前众多碑石中偶然发现了《刘友凤先生碑铭》，于是便产生了收集刘氏文献的念头。或许这也是一个历史学家的本能反应吧。很巧，山西大学图书馆线装书库薛愈老先生世居毗邻赤桥的古寨村，人熟地熟，两人一拍即合。不久，薛愈老先生在刘大鹏的一位亲戚家中找到了这批珍贵的资料。以后很长的一段时间里，由薛愈从收藏者家中临时借来数册，乔志强先生不分昼夜地在学校摘抄。这便是业师乔志强先生1980年以刘氏《潜园琐记》为基本史料出版《义和团山西地区史料》

（山西人民出版社）的基础。直至1980年，业师发表的《山西地区的义和团运动》、《从〈潜园琐记〉看义和团》、《辛亥革命前夕学堂的兴起》等论文，大多引用了这批资料。

《退想斋日记》及刘氏其他部分手稿后来辗转入藏山西省图书馆。80年代初，乔志强先生开展有关中国近代社会史研究的学术思想渐已成熟。1982年，笔者正式入先生门下，此年的研究生招生简章即明确标示“中国近代社会史”。记得研究生一年级的后半学期，先生便安排我到省图书馆抄录刘大鹏的《乙未公车日记》和《桥梓公车日记》。两部公车日记抄录完后，先生又安排我和同窗徐永志抄录《退想斋日记》中的“有关社会史资料”。次年，又有下一届研究生崔树民、王先明的加入。直到1985年四五月间，仍有近半数日记未能抄录。次年暑期，我又从历史系本科生高年级中请到三位同学去省图书馆整日抄录，事遂告终。

《退想斋日记》按照乔志强先生的意见抄录完毕后，他加以标点、注释并予删节（由原来的80万字删节为近50万字）。1986年6月，王庆成先生被邀至山西大学主持中国近现代史硕士生答辩会，在一次乔志强先生家早餐的席间，笔者曾聆听两位先生关于出版《退想斋日记》的交谈。这就是1990年6月由山西人民出版社出版的《退想斋日记》的大概过程。

从学生时代抄录刘大鹏的《退想斋日记》稿本的经历中，我不仅受到业师乔志强先生严谨治学的求实精神的熏染，同时抄录工作还将我引向了一个研究空间无限广阔的社会史领域之中。而其前奏即是我对刘大鹏、《退想斋日记》及其家乡赤桥村庄的了解和关注，由此也注定了我的村庄情结。之后，我便带领学生多次深入赤桥村庄进行田野调查，一是为刘氏日记中所记录的乡里事情所吸引，另则是想从具体的空间里触摸刘氏所生活的地方在岁月的长河中发生的变迁历程。比如，刘氏日记中有关晋水的地方纠纷、案件的记录就为我们了解该地区普通百姓日常生活提供了极为重要的史料，而此种微观史学研究的价值和意义也是毋庸置疑的。每当我走进刘大鹏居住过的小四合院，一种激动不已的情感油然而生，至今连自己也不明了其中的因由，是一种敬畏之心，还是慨叹一个乡绅的沧桑人生，不得而知，抑或兼而有之吧。不过，有一点我始终坚信不疑，那就是刘氏几近二分之一个世纪的对乡间琐事的日记却无意间为后人留下了一笔极为宝贵的财富。而目前国内外学人对刘大鹏及其家乡的关注已经充分地证明了这一点。

在对赤桥进行了初步的调查了解后，发现它有几个特点：一是该村庄历史悠久，具有丰厚的文化底蕴，其赤桥村名即与广为流传的豫让刺赵的故事有关；二是该村庄的地理位置独特，毗邻三晋古刹晋祠，其文化祭祀系统较为全面；三是村民的日常生计具有很强的地域性特征，也就是说适应能力较强，比如从传统的手工造纸到童装业，然后又转向运输业和建筑业，直至目前进行旅游开发等。在上述第三点的基础上又生成了赤桥村人的另一个特征即他们能随着社会生态环境的改变及时地做出新的调整，以求新的生活，而这一点曾让赤桥村庄在集体化时代遭受了巨大损失。

我以赤桥作为进行中国近现代社会史研究的重要田野调查点，并以此为核心形成了晋水流域范围内几十个村庄的社会变迁研究架构。接着，由我所主持开展的“明清以来山西水资源匮乏及相关问题的调查与研究”、“明清以来山西人口、水资源与农村社会变迁”等国家社会科学基金项目就是立足上述研究框架进行的。我相信这既是一个学人对社会问题的历史关怀，同时也为中国地方社会史研究积累了一份重要的经验文本。作为一个历史久远、传统深厚、历经嬗变的村庄，赤桥称得上是中国农村社会历史变迁的一个缩影，因此，研究这样一个内地村落既有典型性，也有普适性。当然，基于此而产生的村庄情结着实地成为我学术生涯中一个不可分割的部分。

此外，还需提及一点的是我们对赤桥的关注走向了世界，即它已成为国际合作研究项目的一个案例村庄，而这首先得益于业师乔志强先生发现刘大鹏和《退想斋日记》以及后来我带领学生开展的以赤桥为中心的系列研究成果。2001年底，台湾著名人类学家乔健先生来电说由奥地利维也纳一个名为奥克多姆的研究机构主持，并有德国、法国、英国、美国与中国等国家共同参与的国际合作研究项目，名为“中国农村可持续发展前景”，即Sustainable Users Concepts for China Engaging Scientific Scenaries，简称SUCCESS项目，而由乔健先生1994年创建的山西大学华北文化研究中心有幸成为合作单位之一。因我担任中心主任一职，乔先生建议是否能从山西境内选取一个较有典型性的村庄，争取成为该项目在中国选取的七个案例之一。

于是，在进行了周全的思量和论证之后，赤桥成为我推荐的首选村庄。正如我们所期望的，在北京参加的项目论证大会上，赤桥顺利地成为SUCCESS项目中国七个案例村之一。而赤桥村庄的典型性即在于它村史悠久，历史积淀深厚，文献资料丰富，既有中国传统村庄的文化象征，也历经了千年沧桑的流变，凸显了多样化的历史印记。我想这也是赤桥胜出的决定性因素。尤其是在面临全球化、城市化和工业化浪潮的冲击下，我们如何来定位自己的社会发展策略，是一味地盲从于“西化”模式，还是立足于本土资源，在传统与现代之间寻求新的超越，这对于既是中国的也是世界的民族文化铸就至关重要。

作为我的村庄情结的另一段落即是赤桥内部的事，而这在很大程度上与自己的田野工作直接相关。在我看来，赤桥是一面镜子，它折射出了不同时代的社会画面。赤桥初为石桥，也曾先后以刘、韩两大家族命名为刘村、韩村。相传战国时期，智伯家臣豫让在村中石桥上刺杀赵襄子未遂，自刎时血染桥面，故更名为赤桥。我们知道，豫让刺杀赵襄子时曾留下了“士为知己者死，女为悦己者容”的佳话，其间所凸显的是一种忠义伦理的行为选择。它作为两千多年占据中国人精神世界的儒家文化的一分子，是一种秩序象征，潜意识里对人们的日常言行发挥着规训与惩戒的功能。时过境迁，物是人非，也许只有村中的豫让庙和深埋于地下的石桥作为赤桥人伦理观念与传统习俗的重要历史见证了。

和豫让事件相关的就是智伯渠了，它与智伯引水灌晋阳城相关。在此，我无意去梳理诸侯争霸的政治行为，只是强调作为战事策略的智伯渠在战争后将晋水与周围村庄的生存环境紧紧地连在了一起。于是，赤桥村庄的造纸业由此兴盛起来，其水稻种植业也有了较为稳定的水源可资利用，同时，晋水流域内村庄之间因用水而引发的纠纷、械斗也持续不断。而这些曾是我对赤桥研究的重要内容。两千年过去了，智伯渠犹在，尤其是它自南向北横贯赤桥村庄，流水潺潺，直至下游的村庄。每当见到有村民在渠上洗衣服，我似乎看到了当初赤桥人日常生计的再现。尽管其表现形式有了改变，而且智伯渠也历经损毁和补修，但我认为赤桥人都相信渠还是原来的渠，其与赤桥人的祖先和后继者的关联未变，而且仍旧一如既往地延存下去。在此意义上，可以说它已不只是赤桥的事了，而成了晋祠地域社会史展演的历史舞台。

对于赤桥村人的传统生活状况，刘大鹏在其《晋祠志》一书中曾有详细的描绘，为我们了解赤桥的事增色不少。刘氏写道：“……（赤桥）南北西三面地甚狭，且矿碛难耕，东资晋水灌溉者稻田五六百亩，麦田三四百亩，村人造草纸者十八九，耕田畴者十一二。稼事之多者，田不过三四十亩，少则一二亩……亩之所获，不敷朝饔夕餐。所资以为生者，藉稻秸以成草纸，可易金钱，足够糊口而已。饱暖之家颇多，而富有者则鲜矣。”正由于在赤桥容易赡养身家，自给自足，从他处迁到此地谋生的人长年不断，由此便奠定了赤桥村庄人口、社会结构的复杂性。比如现在的赤桥村共有71个姓氏，2300多农业人口，另有近千人的外来人口居住于村庄以商贩、运输、修理、建筑等业为生。这么一个姓氏庞大的“杂姓村”内，人们如何共处，这本身就是一个极为有意义的课题。我想对这一现象的解读恐怕仅用宗族势力很难论述清楚。而刘大鹏在《赤桥村记》一文中也道出了个中原因：

> ……出入相处，守望相助，疾病相扶持，有陶唐氏之遗风。读书人士不尚纷华，以笃实纯朴为主。所以然者，孔、颜、曾、孟、程、张、朱之学，渐摩涵濡，非一日矣。……风俗敦宠，人情忠厚，于斯概见。……自光绪己丑、甲午开科以来，士皆奋志读书，争自琢磨，讲求尧、舜、禹、汤、文、武、周公、孔孟之道，其心术之正，品行之道，经济之求，学问之勤，慎独之严，改过之勇，兢兢焉不敢一日忘。……穷乡僻壤，俗美风庥，说礼乐而敦诗书，课农家而讲仁义，是虽贤邑宰教化所维持，而实圣天子恩膏所沛者深也！……余也生于斯，长于斯，聚族党于斯。四十年来目睹里中睦姻任恤之风，孝悌忠信之俗，奚啻羲皇世界，能不忻然色喜，踌躇满志哉！

当然，刘氏在中举后不免欣喜万分，于是乎将乡里和谐共处之风归结为天子的恩赐。事实上，我们可以理解在其向往仕途的心情之下难免会对赤桥乡情的溢美之词，以彰显帝王统治策略中儒家秩序在村庄的绩效，但不容置疑的是刘氏言辞隐含了赤桥村庄文化深层结构的存在。而且，我相信对赤桥进行文化人类学研究具有重要的历史价值和现实意义，也必将对我们构建和谐社会，建设社会主义新农村、新文化提供重要的借鉴作用。

不过，历史的进程是无法按照人们的意愿扭转的。1937 年 11 月，太原在日军的强势进攻下沦陷，随后太原（晋源）、清源和徐沟三县也相继失守。日军占领了晋祠及其附近村庄，并建立了日伪政权，作为其南下推进的重要军事据点之一。与晋祠仅里许的赤桥村庄也处在沦陷区之中，并有日军长期驻守，直至抗战取得最后胜利。村中有老人回忆，因赤桥当时为太原县城与晋祠、清源、徐沟等地的主要通道，所以日军驱赶赤桥及周围其他村民在村的四周修筑了牢固的城墙，只有东西方向的两个出口，并有日军把守，盘问来往行人。刘大鹏在其日记中对日军在当地的所作所为多有记录，如“日军在村驻农民宅，将各家之木器捣毁为火，以造其饭。予之赁铺中桌椅板凳烧毁几尽，村丧失物件甚多，日出以后，方才起行，向南而去。……里人受所驻日军之害者甚多，竟是抢劫物件、米粟及银钱而去，兵即贼也”。此外，刘氏还记录了日军多次强迫村民照相，佩戴良民证，清查户口，抓丁拉夫，修筑公路，并组建赤桥自卫队等事。

不过，影响了赤桥人恬静生活的还不只是外来侵略者，还有来自本村的人，即在日伪居村政权组织中担任一定职务的赤桥人。应该说，这是一个特殊的阶层，或者我们可以将其称之为“两面人”，他们是日军在赤桥的代理人，又是村里的统治者。据村中档案记载，赤桥当时是主村，辖制了明仙、纸房、西镇三村，下设居村村长、副村长、书记、保卫团、水闸人、闾长等职，而任职人员除了副村长一人是外村之外，其余 42 人均为赤桥村民。另外，村中还有 14 人在晋祠的日伪警备队任职。对于一个处于沦陷区的村庄而言，我们似乎对此见怪不怪，但其背后隐藏的一个问题是我们如何来理解这些“两面人”的角色和功能。或许我们已习惯了革命式话语的阐释，那即是汉奸、叛徒之流，应该是被打倒的“阶级敌人”。事实上，这些人在赤桥村庄集体化时代迭次不休的政治运动中遭受了“革命”。但是，事情也许要复杂得多。通过档案文本和田野调查，我们发现了一个很有意思的问题，即这些“两面人”在日军外力被驱逐之后，他们仍旧在互助组、农业合作化以及公社时期担任了村里的重要职务，比如互助组组长，合作社副社长、会计、采购员等。而且村民对其替日军做事的历史并无多少清算，只是在政治运动的浪潮日趋加紧之后，这些人受到了不断的清理、斗争。等到了集体化解体之时，那些屡被批斗的村民居然又大都得以平反。很显然，已有的研究路径似乎对此难以给人满意的解释。也就是说我们如何在大历史进程中关注小人物的命运，从国家的视角往下看固然重要，但是同时从农民的视角往上看也显得极为重要。因为我们只有在地方社会史中才可探究到普通民众是如何应对自上而下的国家话语和制度安排，以及由此而形成的行为选择和话语系统，而这些反过来又会决定人们的日常生活和生产实践。

1945 年 8 月，日本侵略者被赶出了中国，赤桥解放了。但抗战的胜利果实旋即被阎锡山政府所抢夺，赤桥人还没来得及享受胜利的欢欣，村庄便又陷于阎匪的统治之中。后来，赤桥成了阎锡山政府推行“兵农合一”的试点村，并规定村中每十人一组抽取二人当兵，有土地的为国民兵组，无土地的为工商组。与日本人统治赤桥村庄一样，阎锡山政府也在赤桥组建了一系列的政权机构：赤桥治村敌伪政权组织，分别设有治村村长、治村助理、治村书记、治村地籍员、治村户籍员等机构，还有在日伪政权组织的基础上设置了赤桥居村村长、居村兵农合一评议员、农官、书记、水闸、闾长等分机构；伪晋源县赤桥进步委员会，下设赤桥进步委员会主任、副主任、委员、成员；赤桥治村兵役组织，具体设有赤桥治村连部，下设连长、排长，同时还设有兵役分队长和兵役闾班长；赤桥治村同志会组织，设有治村特派员（专门指派）、赤桥治村特派员、兵农基干、妇女干事、同志会；另外还有三青团、国民党、铁甲基干、反干团、奋斗团等军事组织。在这一系列组织机构共有成员131人，全系赤桥本村村民，他们实际上是阎锡山政府在村内的代理人。从村内档案资料中可以看出，在日伪时期担任居村政权职务的村民在阎匪统治时期依然职务在身，只是后者的政权规模远远超出了前者。比如一些泼皮无赖、地痞流氓等仍旧积极地加入了阎伪政权在赤桥的组织机构中，他们的首要目标并非要献身战争，而是寻求衣食保障，在这一层次而言，似乎农民的“生存伦理”第一原则得到了充足的表达。

历史事实的发展总是走在反动派愿望的反面，1948年7月20日，赤桥获得了解放。村中有老人给我们讲述了当时村里刚解放的情景：

> 那个时候，村里人对于解放了这一码事反应很不一样。对共产党了解一些的村民张贴标语，欢庆解放；那些平日里只知道给地主富农做长工干活的人，好像没什么激情，什么解放了，翻身了，共产党领导天下了，根本不知道是怎么回事；平日里靠剥削生活的地主富农，则显得有点焦虑不安，整天都在担心共产党是否和日本人、阎锡山统治不一样，自己的财产和剥削行为是否要被没收清算；还有一些人，他们什么也没有，很穷，听说共产党向着穷苦人民，所以当时表现非常积极，甚至每天都在向进驻村里的工作队诉苦，揭发谁谁经常打骂、剥削自己，可算是盼来了穷人的大救星啦；而那些小商小贩、经营店铺的人则在打理着自己生意的同时象征性地庆祝了村庄的解放……

从中我们能够看出不同利益群体对于村庄解放这么一个划时代的历史性事件的体验是多么的不同，或者说这样一种“对现在的体验”的巨大差异直接与人们“有关过去的知识”和亲身实践密切相关。

对于中国共产党而言，推翻旧政权，在取得彻底胜利的地区进行大张旗鼓、开天辟地的一系列政治运动是新政权建设的必然选择。它历史性地象征着党如何把自己所取得的政权在一个饱受战乱之苦的国度里加以巩固和延续下去，永久地埋葬帝王将相所操纵的王朝更替的生存逻辑。因此，我们便不难理解在获得新中国成立后的中国社会里所持续进行的土改、互助组、合作社、大跃进、人民公社等三十多年集体化实践的一系列努力与奋斗。集体化时代是一个巨变的时代，它不仅第一次实现了国家权力在社会层级的全面介入和渗透，同时还引发了城乡社会结构的深层转型，进而导致了新中国三十多年以高度集权的政治意识形态为取向的社会生存图景。但是目前的相关研究仍局限于宏观的党史国史及国家精英人物的政治史路径，对生存于各种社会场域中的普通百姓的日常生活却关注甚少，从而在一定程度上化约了历史与现实间的复杂关联。也就是说，当我们面对过去时，历史如何记忆的问题始终存在，因为习性体验、文化认同以及观念取向等持续延伸于不同的历史序列之中。其间，国家、社会、权力、政治、文化、精英、民众、习俗、制度等多重因素综合于一个个的时空交点上，我们很难用一种力量去取代另一种力量，“和而不同”也许是我们始终追求的理想境界。正如保罗·康纳顿指出的：

> 作为记忆本身，我们可能会注意到，我们对现在的体验在很大程度上取决于我们有关过去的知识。我们在一个与过去的事件和事物有因果联系的脉络中体验现在的世界，从而，当我们体验现在的时候，会参照我们未曾体验的事件和事物。

无疑，“过去的知识”与“现在的体验”之间的固有联系对于我们寻求现存社会秩序的合法性至关重要。但是，当我们面对集体化时代的中国社会时，似乎我们做得还很不够，即使它刚刚过去，但它却是一个最值得认真反思和剖解的时代，因为它还在延续。

赤桥的事到了集体化时代是翻天覆地的。土改即是一例。村中老人告诉我们赤桥土改是和平土改，大概进行了两个月。因为赤桥人口复杂，生产方式多元化，尤其是多数村民主要依靠手工造草纸为主要生活来源，所以在划定阶级成分、分配土地和财物时很难操作。当时，工作队主要按“中间不动两头平”和“抽肥补瘦”的原则进行土改运动的。表面上，赤桥的和平土改造就了一个新农村，因为村民基本上都翻身了，不管是地主富农还是贫雇农，只不过有的向上翻，而有的则向下翻。但是，事情还远没结束，村庄裂变才真正地开始，即地主、富农、贫下中农等村庄内部的阶级对立。当然，这种对立主要的不是来自赤桥村庄内在的自然分化，而是依靠外来力量才得以实现的。那么，村民在多大程度上接受和消解了突如其来的阶级分化和对立，我认为目前有关土改的研究仍不能回答这样的问题。比如，土改中阶级成分划分背后潜藏着一个不可忽视的前提，即村庄生产关系是如何由租佃、雇农关系转变为剥削关系的，这一点对于我们剖析土改运动至关重要。这一关系的性质变更不仅仅是国家权力展现的过程，同时也是村民对自身生活系统在新的话语—权力体制中如何调整和适应做出自我选择的过程。有学者认为诉苦是土改中农民形成国家观念的重要中介机制，但笔者认为问题远不止此，诉苦的动力机制问题，诉苦的不同表象以及如何实现诉苦问题等等，都是需要进一步深入探究的重要论题。

虽说，赤桥土改完成了，但因是和平土改，也没有进行大规模的批斗会、诉苦会，所以潜在的纷争和冲突从未停止过。例如，土改中富农姚志祥原有35间房屋被分出19间，原有耕地47.4亩被分出37.3亩给贫雇农。因当时有工作队在，并且土改声势在当地也造得很大，姚没敢公开站出来争辩。但是在土改工作队离村之后，事情起了变化。姚对自己的土地被分给贫雇农很是不满，并扬言"你们分了我的地，过不了三年就不是你的了"，而且还阻止贫农康应富在分得他的八分地上耕种。事情瞬时恶化起来，被划为贫下中农成分的村民对姚志祥隐瞒土地、借放高利贷、反动言论等进行了多次批斗，狠狠地打击了富农分子的反攻倒算行为。当然，富农姚志祥在土改后的历次政治运动中都未能幸免，一直扮演了政治斗争舞台上的反面角色。还有一件事情也发生在土改后。贫农常根海分到了富农刘德源在杏子沟里的一块枣树地。后来，常和一陈姓村民搭伙将枣树锯倒准备烧木炭。而刘德源则说："你们这些穷小子分了我的地，没有分我的树。"于是，刘在常锯枣树时乘其不备用一木棍将常打倒在地，如果不是陈及时上前阻拦，常很可能被刘当场打死。这一恶性事件在刚处于新政权建设和巩固的赤桥村庄引起了轩然大波，村领导和贫下中农代表立即向上级部门汇报了有关情况，希望严惩富农分子刘德源。结果，县区人民政府以反攻倒算、殴打贫下中农的罪行将刘逮捕法办，判刑五年，进行劳动改造。据说，当刑满释放时问刘服不服罪，刘却回答自己被判刑是冤枉的，实在受屈，因此继续判刑劳改，结果病死在监狱中。

土改之后，以互助组、初级社、高级社以及人民公社为组织形态的农业集体化运动在赤桥村庄也是一波三折，并非一帆风顺。就像其他乡村一样，发生过强制村民入社的事件，因此也出现过"闹社"、"退社"的风波；也对那些不顺从社会主义集体化道路的"顽固分子"进行了持续不断的斗争；还进行过全民大炼钢铁、大办公共食堂的"大跃进"运动；也遭受了"三年困难时期"，人们不敢起炉灶，也起不了炉灶，吃不上，屡屡有人得浮肿病，等等。虽说大历史进程基本相似，但其地域性表象则千差万别。因此，仅有宏观的政治史、革命史的视角很难解说大历史在小地方的复杂图景，而社会史尤其是区域社会史的研究架构则为我们构建历史提供了广阔的空间。比如“三年困难时期”，农民经历了巨大的苦难，但是，现有的研究只是将关注点限定在人口死亡的论证上，从几十万、几百万到几千万的死亡数据推算来质疑“大跃进”、人民公社的失败。事实上，问题要复杂得多。如国家和农民在这一时期是如何表达自己的，当农民面临死亡边缘，为何表现出更多的忍耐和包容，而没有大规模的骚乱和暴动发生。美国人类学家James C.Scott通过研究东南亚地区农民的生存与反叛之后，认为“生存伦理”和“安全第一原则”是农民起义和暴动的底线。即是说，当农民的生存状况得不到最低保障时，不管是来自国家的援助还是地方精英的支持，都不能阻挡农民采取极端行为以求生存。很显然，James C.Scott的假设对“三年困难时期”中国农民的行为选择并不能做出完美的解释，不过我认为问题的关键并不在于指出农民道义经济学解释原则的不足，而是要对特殊时期农民行为问题进行全面翔实的历史建构。因此，我感觉这里边的问题重要而又有意义，我们既要求解历代中国农民起义反叛的实践逻辑是什么，也要关注到集体化时代中国农民的生存伦理和国家观念等深层次的结构问题。

不过，从田野经历中来看，赤桥人记忆最深的是60年代中期的“四清”运动，即“大四清”。后来我们从村庄档案中也证实了上述判断。“四清”运动一开始面对的是基层干部，比如公社、大小生产队干部等。但这只是运动的部分表象而已，随着运动的深入，尤其是由“小四清”向“大四清”的转变，运动对象已扩展到了所有的村民。赤桥的“四清”即是如此。比如对阶级成分的复议和重划就使每一个村民卷入了运动之中，事实上也是对1949年和平土改的一次彻底修正。尤其是将土改时期被划为地主富农成分的村民作为了“四清”运动的重点斗争对象，而这样做的一个理由即是这些“阶级敌人”从来都没有老老实实地接受过贫下中农的监督和改造，而是顽固地追求个人主义，走资本主义道路，鄙视集体主义，反社会主义道路。而“四清”运动就是以阶级斗争为武器将“黑五类”分子统统地打倒，使他们认清大是大非的问题，断了走资本主义道路的念头，要积极地拔白旗，插红旗，接受贫下中农的再教育，全心全意走社会主义道路。

据档案记录，清政治过程中，近二百人因在日伪、阎锡山统治时期出过力或是谋过职等，均被清理出来，并对一些人进行了长期的斗争。清政治固然重要，但是严重地扩大化了。不过，除了人之外，运动中遭受批斗的还有村中的豫让庙、兰若寺等。至今赤桥村人都为兰若寺在“四清”运动中被拆毁、破坏而惋惜。豫让庙没有彻底被毁，据说是因为豫让具有反叛精神。兰若寺未能幸免，具有较高艺术价值和文物价值的明清建筑在破四旧、立四新的狂热运动中毁于一旦。有一次，有村民指着兰若寺周围垃圾堆中的碎瓦片对我们说能看到这点东西就不错了，当时全打碎了，而那些被打碎的残碑和石墩则成了修建造纸厂的地基材料了。现在的兰若寺只剩下了一组上下已经破败的阁楼，窗户没了，门框没了，仅有一个空壳，其四周全被堆砌的废纸包围着，我相信兰若寺依旧看着有人在糟践着它。兰若寺没了，但赤桥村民的信仰还在，逢年过节的时候，村民会朝着寺庙的方位拜谢一番，看来，兰若寺毁了，但其与赤桥人的对话依旧进行着。后来又听村民讲，当时破旧立新的领导人高某在“文革”后期即瘫痪了，于是村里人说他那是遭到报应了，他不仅带人把村民家里的“四旧”统统破了，还把好端端的一个兰若寺也给砸毁了，罪有应得。也许外人觉得村民的解释很幼稚，但我认为其重要性即在于它暗含了人们对自己精神世界的表达和对集体化时代社会运动的某种回应，而这很难从国家的视角获得。

“四清”运动在赤桥也可谓暴风骤雨式的，前后长达九个多月，而“二十三条”中规定运动期限一般为1—3个月，长则5—6个月，这也从另一层面反映了赤桥运动的点和面超出了工作队的预想。有村民说当时几乎是天天在搞运动，把村民弄的人心惶惶。我们也在“四清”运动的相关记录中发现了相似的结论，如诉苦、忆苦思甜、吃忆苦饭等“阶级觉悟”形成的过程就开展得举步维艰。尽管工作队不断地进行运动政策、文件的宣讲，并要求村民深入学习，但赤桥人还是很难发现自己村中所潜藏的“阶级敌人”在哪儿，人们在诉苦会上对自己吃过的苦也很难上升到“阶级苦”的高度。而且工作队为了以苦引苦，还专门培养一些典型的诉苦人，教他们在诉苦会上怎么讲自己的苦难史，并且是越苦越有运动效果，也才能带动和激发贫下中农起来进行对敌斗争。在“四清”运动中有这么一个忆苦思甜的例子，尽管讲述人也是听别人说的，但我想其价值不在于真假，而在于它使得我们看到了运动的另一表达。

工作队到了晋祠公社的一个村，当天就住到了贫下中农的家里，并吃了忆苦饭，算是扎根串联，建立革命的阶级队伍。之后，工作队员通过多方面的调查了解，挖到了所谓的“苦根”，并让其在诉苦会上带头诉苦，以建立贫下中农的优势。下面是诉苦会上的一段对话：

工作队：大家静一下，现在开始诉苦会，请社员们认真听，要努力做到以苦引苦。

工作队：你过得苦不苦？面对大家大声点，不要有什么顾虑。

苦　根：苦呀，怎么能不苦呢？！

工作队：那你给大家说说你苦在哪里？

苦　根：（哭泣地说）我们家苦呀，我的一个弟弟和一个哥哥活活地给饿死了。

工作队：你们吃过白面馒头和肉没有？

苦　根：吃过。

工作队：什么时候吃的？

苦　根：过去扛长工时吃的。

工作队：那你弟弟和哥哥是什么时候饿死的，说出来我们给你算账。

苦　根：就在前两年饿死的。（诉苦会场顿时一片喧哗，工作队也只好草草收场。）

可以看出，尽管工作队挖到了“苦根”，但是出乎意料的是，诉苦人的苦并不是受到了所谓地富等阶级敌人压迫和剥削的苦，而是“三年困难时期”饿死自家弟兄的苦难记忆。很显然，这样的苦与工作队想象的“阶级苦”相距甚远。因此，运动中农民和国家之间并非始终处于步调一致的态势，而是充满各种表征。

赤桥的“四清”运动进行到 1966 年 5 月时因“文革”运动的爆发而终止，工作队一夜之间从赤桥村撤离的无影无踪。“四清”作为“文革”的前奏，从运动表象来看确实如此。但是其背后还存在一个运动逻辑即是事态的变化超出了预设的框架，必须得有新的运动出现方可稳住全局，而“文革”的爆发既是应运而生，同时也将人们推向了一个极其荒唐的社会场域之中。赤桥的“文革”运动实际上是“四清”的延续，工作队走了，来了夺权派，红卫兵造反，派性斗争错综复杂，但是斗争对象主要还是“四清”中被清理出来的那些存在阶级问题的村民，他们始终是政治运动舞台上的主角，尽管导演在变换着。由于“四清”运动在赤桥村进行得非常彻底，“文革”时期赤桥的运动态势则相对缓和一些，但斗争人的事件依然时有发生。不过，这时候赤桥村还有一个很值得注意的现象那就是墙体语言的盛行，即毛主席语录以各种红色字体几乎充满了村内所有能书写的空间。从街道上的标示牌到家户的墙壁上，再到各家户的门匾上，甚至院内和屋内的墙壁上也写满“红书”内容，还有人们使用的农具等器物上也都是语录。我们在村中行走时，时时能发现大量语录依然存在着。但是，大多数村民已将自家门匾上的语录又换回了原来的内容，如耕读之家、陶唐遗风等等。而那些墙壁上的语录仍旧在向世人昭示着赤桥村在集体化时代的历史印记，不过在村民眼里似乎已是可有可无的了。

以上即是我们从田野中获取的有关赤桥村内的事。当然，赤桥作为一个古村落，它的事还很多很多，这里也只是从一些层面上对赤桥村的历史变迁作了有限的叙述。但是，我相信赤桥的事在一定程度上展现了大历史进程中小地方的具体实践过程，进而有助于增进我们对国家与社会关系的深层理解。

所以，赤桥的事即是中国农村的事。

四　绅商与地方社会

从社会史角度研究晋商与地方社会

晋商是明清时期国内重要商帮之一，由于其实力雄厚，活动区域广泛，活跃时间久长而居中国商帮之首。特别是晋商首创票号，开中国近代银行之先河，在中国近代经济长河中创下辉煌业绩，更令人瞩目。有鉴于此，对晋商的研究一直以来都是经济史研究领域中的显学。而商业的发展是不可能脱离于当时当地的社会环境而独立存在的，其兴衰变迁也必然会对地方社会带来直接或间接的影响，因此，从社会史角度研究晋商与地方社会，对于揭示中国近代经济发展和社会变迁的丰富内涵，有着重要意义。

一　学术简评

早在20世纪30年代，学术界就对晋商进行了初步研究，其中对票号尤为关注，出版有陈其田的《山西票庄考略》(华世出版社1937年)、卫聚贤的《山西票号史》(说文社1943年)等专著，还发表了一些有关山西票号的调查资料和研究论文。所有这些研究都表明学者们对晋商及其票号的关注和重视，但研究尚在起步阶段，或过于简略，或局限于资料排列，没能深入研究晋商及其票号所包含的丰富内容。

新中国成立后，晋商研究进入了一个新时期。尤其从80年代开始，国内研究晋商的学术成果相继问世，主要有刘存善的《山西商人的生财之道》(中国文史出版社 1986 年)、张正明和薛慧林主编的《明清晋商资料选编》(山西人民出版社 1989 年)等。论文主要有郝建贵的《值得研究借鉴的山西票号》、张正明的《禁榷制度和河东池盐业》、孔祥毅的《近代史上的山西商人与商业资本》等。与此同时，国外特别是日本学术界对晋商也做了研究，寺田隆信的《山西商人研究》(山西人民出版社 1986 年)可谓是其中的代表作。这些研究追寻晋商足迹，并初步厘清了晋商发展的脉络，为进一步研究晋商奠定了基础。尤其是寺田隆信的研究，极大地推进了晋商研究的深度。

20 世纪 90 年代以来，晋商研究在国内再度升温。尤其在山西，形成了持续的晋商研究热风，可谓是盛况空前，成绩斐然。这期间，晋商研究新作竞相出版，蔚为大观。主要有葛贤慧、张正明的《明清山西商人研究》(香港：欧亚经济出版社 1992 年)、史若民的《票商兴衰史》(中国经济出版社 1992 年)、王尚义等的《明清晋商与货币金融史略》(山西高校联合出版社 1994 年)、张正明的《晋商兴衰史》(山西古籍出版社 1995 年)和《晋商与经营文化》(上海：世界图书出版公司 1998 年)、张正明、邓泉的《平遥票号商》(山西教育出版社 1997 年)、张巩德的《山西票号综览》(新华出版社 1996 年)、葛贤慧的《商路漫漫五百年——晋商与传统文化》(华中理工大学出版社 1996 年)、黄鉴晖的《晋商的经营之道》(山西经济出版社 2001 年)、《山西票号史》(山西经济出版社 2002 年)和《明清山西商人研究》(山西经济出版社 2002 年)、刘文峰的《山陕商人与梆子戏》(文化艺术出版社 1996 年)、董继武、景占魁的《晋商与中国近代金融》(山西经济出版社 2002 年)、刘建生的《晋商研究》(山西人民出版社 2002 年)。其他论著也兼及晋商研究，如刘建生的《山西近代经济史》(山西经济出版社 1995 年)、渠绍淼和庞义才的《山西外贸志》(山西地方志资料丛刊 1984 年)、郝建贵的《山西金融志》(山西省地方志编纂委员会办公室 1984 年)等。除此之外，山西各地、县文史工作者也对晋商进行了力所能及的考证和研究。这一时期，晋商研究资料也相继出版，有李希曾主编的《晋商史料与研究》(山西人民出版社 1996 年)、穆雯英主编的《晋商史料研究》(山西人民出版社 2001 年)、史若民的《平、祁、太经济社会史料与研究》(山西古籍出版社 2002 年)。黄鉴晖等编撰的《山西票号史料》在 1990 年版的基础上，又于 2002 年出版了增订本。这些珍贵历史资料的汇集，为晋商及其票号的深入研究提供了方便。

总之，与 80 年代相比，这一时期的晋商研究更趋细化和深入，其视野和深度都已向前推进了一大步，为准确认识晋商提供了深厚的思想积累，从而大大丰富了我们对晋商的理解。

从上述概况中我们可以看出，晋商研究已为各界学者所关注，研究成果卓然可观。综其要者，大致集中在这样几方面：

1. 探究晋商兴起、发展和衰败的原因。关于这方面的研究一直是晋商研究的热点问题，张正明、黄鉴晖、渠绍淼、刘建生等学者都在自己的论著中作出了分析，虽然各有侧重，但学者们都强调晋商兴衰过程中主客观因素的共同作用，尤其是地方民风和传统观念对晋商事业的影响，可谓切中要害。

2. 研究山西票号兴亡的历史过程及其在中国近代金融史上的地位和作用。史若民在其专著《票商兴衰史》中对山西票号的兴起、发展及衰败的历史过程作了清晰的梳理，对山西票号的业务情况、组织制度及其重要地位和作用进行了阐释和肯定。黄鉴晖的《山西票号史》对山西票号的发展过程作了明确的时间划分，对山西票号在不同发展时期的经营状况、盛衰原因作了详尽的分析研究。此外，董继武、景占魁在《晋商与中国近代金融》、张正明和邓泉在《平遥票号商》中也都对山西票号作了详细研究。

3. 探析晋商经营理念和伦理价值观念，揭示传统文化对晋商的深刻影响。葛贤慧在其著作《商路漫漫五百年——晋商与传统文化》一书中指出，山西商人的根扎在山西悠久深厚的历史文化土壤中，山西商人依靠黄土文化赋予的吃苦耐劳、坚韧不拔、诚信笃实、刚健有为的精神，走出了一条创业进取之路。重商与重文并行，家法与商规齐备，形成了晋商秩序井然的管理机制；以义求利，取信于人，培育了廉商诚贾的晋商形象；讲究协作，以人为本，用人唯贤，成就了晋商数百年的辉煌。张正明在《晋商与经营文化》一书中也对晋商的气质和商术作了深入探讨。

4. 对晋商与地方政治、戏剧文化、民俗文化等相关问题进行分析探讨。对于晋商与政治的关系，张正明在《晋商与经营文化》中作了分析。他指出晋商以其财力结营仕宦，影响政府政策的制定，而政府的政治、军事活动总能得到晋商的财力支持。刘建生等在《晋商研究》中对晋商与政府结合及其经济动因作了探讨。他们认为晋商在封建专制统治下无法取得独立合法的法人地位，是其结托政府和官吏的基本原因，通过与政府的结合，晋商在实现预期理想的同时，也不可避免地为自己的衰败埋下祸根，并产生了一定消极影响。对于晋商与戏剧文化的关系，刘文峰在《山陕商人与梆子戏》中有着生动论述，晋商对中路梆子的发展不仅提供了经济支持，而且还亲自参与梆子戏的艺术实践和改良，促进了中路梆子的繁荣与发展；同时，梆子戏也反映和丰富了商人生活，表达了商人的喜怒哀乐。可以说，晋商与戏剧互相推动，共同繁荣。此外，寒声的《晋商在晋剧形成中的历史功绩》、郭士星的《论晋商对山西戏曲文化的贡献》等文都对晋商与地方戏剧文化的关系作了阐释。

5. 对晋商在全国各地的会馆及会馆文化进行考证和研究。晋商会馆是随着晋商经营活动的发展而发展的，这种发展不仅表现在会馆在各地的增多，更表现在会馆建筑的宏大雄伟和管理制度的规范完善上。张正明在《晋商与经营文化》一书中探讨了晋商会馆的功能和作用，认为，晋商会馆具有联络乡谊、会聚公议、维护同行利益、馆内设市、祭祀神灵、聚岁庆典、帮助同乡的功能。晋商会馆体现和传播了地域文化，推动了商人在交流中走向融合。刘建生认为，晋商会馆通过联乡情、笃乡谊、聚会议事、沟通信息、办理善举等活动，使晋商的经营规模越来越大，从而促进了商品经济的发展，为近代商会的产生奠定了基础。

此外，许多学者还对晋商家族与个人的历史、晋商边贸情况、店铺号规等问题做了研究。

上述研究，既论述晋商物质层面的问题，也兼及晋商精神方面的内涵；既有宏观概论，也有阐微索隐。总之，各界学人从现实和历史的关怀出发，都对晋商研究投入了热情，晋商研究已形成氛围。随着平遥古城被联合国列为世界文化遗产和以祁、太、平为中心的山西民宅大院的风采再现，人们对晋商的关注和研究也必将与时俱进。

二　从社会史角度去研究

综观晋商研究，尽管成绩斐然，但不足之处也明显存在。就内容而言，主要集中在对晋商本身的研究上，即就晋商言晋商，显示出研究视野的局限性；同时，研究中人云亦云、就地徘徊现象也不同程度地存在着。事实上，晋商作为一个称雄数百年的商帮，必然与其所在地的政治、经济、文化、民风等社会生活的各个方面发生千丝万缕的联系，并对当地社会变迁产生广泛而深远的影响。因而，“晋商与地方社会”是理当予以关注和研究的学术领域。因此，对晋商研究，不应只停留在对晋商本身的关注和剖析上，应当把晋商置于广阔的社会背景中，以晋商为社会坐标中心，在纵向的时间和横向的空间中探寻它对周围社会经济生活的影响力和辐射力，厘清晋商与社会间的关联与互动。但是，这一问题却没有引起学者的广泛关注和思考。虽然现有成果也偶有涉及，如张正明、刘文峰、刘建生等对晋商与梆子戏、社火、古籍文物、饮食、武术、科技、民俗等社会文化的关系作了考证和研究。但所有这些研究，或只涉及晋商与地方社会关系之一端，或只是初步的探讨。对于晋商与地方社会变迁关系的丰富内涵，现有研究还远远没有触及，有的还需继续深入。

有鉴于此，笔者以为，应当从社会史角度对晋商与地方社会展开研究，以推动晋商研究向纵深拓展。社会史研究自 80 年代以来异军突起，备受国内学术界关注。它一改过去历史研究对政治及上层研究的专注，转而对整体社会的历史进行研究，涵盖了人类历史的方方面面，体现出社会史鲜明的“整体性”特征。年鉴学派声称，社会史最根本的特征就是“整体性”，“只有作为整体而存在的历史，就其（社会史）定义而言，历史就是整个社会的历史”。[1]因此，社会史的研究内容涉及社会构成、社会生活、社会职能、社会运行机制等丰富而多维的存在，人口、家庭、宗族、婚姻、阶级、阶层、民俗、文化、心理、疾病、社会控制等社会生活的各个方面。总而言之，社会史以其鲜明的总体史追求、自下而上的视角和跨学科的研究方法，为史学开辟了新的土地。

从社会史角度研究晋商与地方社会，就是要研究晋商与地方社会的关联与互动。具体而言，就是要研究晋商与地方社会的人口流动、职业结构、婚姻观念、民风习尚、地方文化、经济生活、公共建设、社会赈济等问题。换言之，晋商与这些问题有着

---

〔1〕〔法〕雅克·勒高夫等主编:《新史学》，上海译文出版社 1989 年，第 6 页。

密切的关联，对这些问题的关注和研究，应该成为晋商研究中非常重要的内容。因为晋商的辉煌与山西社会有着密不可分的关系。晋商深深影响了地方社会，同时也深受地方社会的影响，这种影响及于社会生活的方方面面。

由于晋商的兴起，晋中地方的人口流动非常频繁，这种流动表现在地域流动和社会流动两个方面。地域流动是人口流动的主要形式，当时晋中人口大量流出外地，加入了浩浩荡荡的从商大军；同时，外地人口也云集晋中，在晋中商业繁盛的氛围中寻找自己的人生际遇。这样的双向流动反过来又进一步推动着晋商的发展，从而成就了晋商的数百年辉煌。晋中人口频繁的地域流动为其社会流动提供了更多的可能与机会，表现出社会地位升降鲜明的特点。晋中人口向上的社会流动除通过科举之路外，以捐输的形式取得功名更是为有经济实力的商人跻身上流社会打开了方便之门。商贾如云的晋中，富有者累千聚万，拥有顶戴者数不胜数。另一方面，有上升必然就会有下降。经商虽然容易致富，但也存在着种种风险，这就使商家生活普遍面临着不稳定因素，因家道衰败而造成的社会地位下降在晋中也是习为故常之事。频繁的人口流动，富足的商家生活直接影响着人们对职业的选择，传统晋中社会出现了人口职业构成上的特殊性，即晋中人口从商比例很高。由此可见，晋商与地方社会的互动十分明显。

人口的外流，晋商队伍的扩大，潜移默化中改变了当地的婚姻家庭形态，造成了无数缺损家庭的存在。婚姻不仅仅是一种个人行为，它还是一种社会行为。社会的变迁决定了择偶标准的变化，而择偶标准的变化也同时反映了社会的变迁。从物质生活考虑，商人家庭的锦衣玉食被人羡慕。在晋中社会，女子的择偶标准非常明显的向商人倾斜，而不是对耕田者。“咚咚喳，娶来啦，俺女儿不嫁啦！不嫁你那淘粪的，不嫁你那砍地的，俺要嫁的是字号里的掌柜的！”[1]这首曾流行于晋中地区的儿歌成为当时择偶取向的生动写照。衣食无忧使商妇自豪，但农家妇不曾有的相思苦却是难以排解。丈夫远走他乡，妻子独守空房，这种情感的折磨更甚于肉体的痛苦。于是有了反映此中滋味的种种闺怨诗、民谣谚语以及戏曲小调。这种特殊的婚姻形态或造成商妇难堪重负的过早离世，或导致商家婚外恋情的屡见不鲜，这成为晋商在外经营的一大隐忧。而另一方面，无数商人外出，且常年不归，使得商家缺子现象非常普遍，他们不得不用过继的办法来承继香火。这类过继子嗣的契约在晋中社会十分常见，是为晋商非常态婚姻的佐证。

晋中商品经济的发展，集市的繁荣，为民众日常消费提供了物质基础和消费场所；与此同时，数量庞大遍及全国的晋商在往返于外地和乡里的过程中，也以自身的行为影响着当地民众的日常生活。一些在京、津等大都市经商的人家，由于见多识广，穿着颇为讲究，所需衣物多在大都市购置，服饰极为华美，且互为攀比，在客观上引领着当地的衣饰时尚，引得当地居民争相效仿，甚至带动了晋中绸缎庄、衣帽铺、制鞋业的繁荣。不仅衣饰如此，晋中饮食的丰富多样更是与商家的极力追求密不可分，久负盛名的太谷饼、孟封饼、祁县东观镇的熏肉、太谷的汤腿驴肉都与富商大贾之家有着直接的联系，更不必说那些人际交往和商业应酬中繁复的各式筵席了。至于那些作为财富和身份标志的宏伟华丽的深宅大院，其精美程度和示范效应更是不必细说。概而言之，晋中商人众多，市场繁荣，带动当地民众生活的提升。与此同时，商人群体之间的流行风尚也不断地影响着下层民众的风尚趋向，他们奢华的生活方式被当地民众效仿，他们追求享乐的

〔1〕 史忠新:《平遥览要》(内部刊印)，山西新闻出版局内部使用图书准印（1998）第12号，第172页。

消费观念也为民众无声无息地接受，终蔚成一时风尚。

商业的繁荣必然带来社会文化生活的丰富多彩。入清以来，晋中商贾如云、市场繁荣，带动了地方文化蓬勃发展、异彩纷呈。梆子戏、秧歌、武术、社火随着晋商的兴盛而发展，成为晋中民众喜好的地方艺术。它们既是商业繁盛所培育出的地方文化，其中又蕴藏着无限商机，二者互赖共荣，有机结合，成为晋中商业盛世的亮丽风景。

以晋中武术为例。晋中武术文化的发达，与晋商有着密不可分的关系。清代至民国年间的晋中，无论城乡，习武之人所在多有，数不胜数，形成了普遍的习武之风。个中原由，除了科举的吸引之外，更多的是商家林立所产生的武术需求。晋商远足千里万里，各种艰难困苦总会不期而至，强体护身就成为必需之功，故而晋商非常重视习武健身。同时，无数富有的晋商外出买卖贸易需要保镖护卫，在内则需高手看家护院。这种需求使晋中成千上万的人热衷于习武学艺，以便谋得优酬。如榆次著名拳师李广亨就是因早年被太谷富商孟绛如看中，被引进家中学武护院，终成为武林名师。太谷巨商曹家聘有许多镖师看家护院，许多形意拳高手，如车永宏、李老农、刘俭等，都曾在曹家担任过护院拳师。可以说，在昔日晋中，只要练就一身功夫，就会被富商聘用，或是被镖局看中，总会有用武之地。这样的情形，造成了晋中普遍的习武热。无论在城在乡，精武者代不乏人，有的村甚至凡男儿就有几分功夫。如祁县温曲村就以习武闻名当地，有谚云："温曲村，大人猴儿有两下。"意思是温曲村不论大人小孩，都有几分武功。至今，温曲村杨立仁、马二牛在全国武术比赛上获得过一等奖、三等奖的好成绩。马二牛在省城获形意拳一等奖，他门下的徒弟现在仍有一百多人。可见温曲村武术传统流风久远，至今仍健。在这样浓厚的习武氛围中，晋中各地出现了五花八门、丰富多样的武术流派和门类，传承至今。这样的习武氛围和武术文化，与晋商有着久远的历史渊源。

上述情形，是晋商与地方社会变迁关系密切之显例一二。晋商与地方社会变迁的丰富内容，值得我们给予更多的关注和研究。

对晋商的社会史研究，还应该重新检视现有研究中只注重晋商大家族而忽视晋商中无数芸芸大众的学术倾向，应该把关怀的目光投注于晋商下层民众。社会史提倡“自下向上看的历史”，或曰“底层的历史”，即注重普通人在历史发展过程中的作用。事实上，也只有把大众的历史纳入史家的视野，才能体现社会史的总体史旨趣。西方微观历史学家认为，“（传统的世界历史过程）是在人民——主要是小人物——的背后进行的，而人民在社会科学取向的历史学中是一样的被人忽视。历史学必须转而面向种种日常生活的情况，正如它们是被普通人民所经历的那样子”。〔1〕而要实现这种转向，“把无名的人从备受漠视之下解救出来，就得号召有一种新的概念上的和方法论上的历史学研究途径，它不再把历史看作是吞没了许许多多个人的统一过程、一篇宏伟的叙述，而看作是有着许多个别中心的一股多面体的洪流”。〔2〕对于晋商研究，既往研究中对晋商大家族关注甚多，而对芸芸众商的生活则显得模糊不清。但晋商辉煌的历史却让我们得到这样的信息：晋商大家族的骄傲与辉煌，离不开晋商中无数“小人物”的劳顿艰辛。回溯历史，我们完全有理由说，正是晋商中的无数“小人物”，才共同构筑起晋商巨族的大厦，写就了昔日晋商的意气飞扬。因此，对晋商的研究，不仅要关注晋商中的豪门巨族，还应该把目光投注于晋商中下层，重新发现他们的

〔1〕〔美〕格奥尔格·伊格尔斯：《二十世纪的历史学——从科学的客观性到后现代的挑战》，辽宁教育出版社 2003 年，第 117 页。

〔2〕同上。

生活，探究他们的衣食住行、喜怒哀乐。惟其如此，才能对晋商与地方经济生活、晋商与民众文化生活、晋商与社会控制等丰富内容有贴近真实的把握和表述，从而真正从下层生活发现久已尘封的历史。

三　注意三个方法

社会史所表现的是社会整体的历史，它在研究范畴、对象、资料等方面改变和调整的同时，也要求研究方法的相应更新。就是对自然科学和社会科学研究的一般方法而言，历史学及社会史的方法，包括逻辑方法、社会调查方法、数理分析方法、综合归纳方法等等，但在具体的研究过程中，研究者又可根据不同的研究对象和内容，在各种方法中有所侧重。对晋商与地方社会的社会史研究而言，也应该在坚持传统研究方法的基础上，运用新的研究方法，重新审视以往研究，拓展新的研究视野。

第一，比较研究法。比较研究法一直是社会史学者非常重视的研究方法之一。对于比较研究法，英国著名的史学家巴勒克拉夫如是说："如果我们把比较史学说成是历史研究未来最有前途的趋势之一，恐怕没有什么过错。比较史学看来正愈益引起新一代更加进步和更加勤奋的历史学家的注意。"[1] 此语道出了比较研究在历史研究中历久弥新的生命活力。事实上，比较研究方法是社会史学家非常重视的治史方法之一。对一定对象的比较研究，可以是跨越空间的横向比较，也可以是长时段的纵向比较；可以有宏观比较，也可以有微观比较。

---

〔1〕〔英〕杰弗里·巴勒克拉夫著，杨豫译：《当代史学主要趋势》，上海译文出版社1987年。

具体而言，对于晋商与地方社会的研究，就是要把晋商置于明清以来山西地域社会的广阔背景中去，并观照国内不同地域社会的其他商帮，如对晋商在不同时段的不同情状的纵向比较研究，对晋商与徽商及其他商帮的横向比较研究，从比较中发现他们之间的异同，解读其中的差异，进而揭示有规律性的历史内涵。至于宏观与微观的比较研究，则应该从微观上切入，正如巴勒克拉夫所言，微观分析方法使我们有可能检验辛勤劳作的历史学家提出的那些人们共知的论点，而且证明这些观点即使不是错误的，至少也是不充分的。对晋商与山西地域社会的研究，相对于全国而言就是从微观入手，这种地域研究不仅可以促进晋商研究的深入，还可以推动整体史研究。如对晋商与晋中地方社会的研究，可以看出明清晋中的地方性特色，进而可以与其他地区相比较。

我们就以晋商发展前后两个时段的历史地理环境为例，作一简要比较。山西地处黄土高原，境内两条南北走向的太行山、吕梁山脉形似屏障，只有中部汾河盆地两端可北连大漠、南通中原。《读史方舆纪要》说山西形势“最为完固”。就是这种完固的地理环境成就了古代山西政治军事的重要地位，同时也为山西商业的早期发展提供了得天独厚的条件。宋代开始，以山西为枢纽，北越长城，贯穿蒙古，经西伯利亚转往欧洲的“茶叶之路”已见雏形。明清时期，在以北京为中心的全国驿路交通网络中，山西是其中非常重要的一环，省会太原“正当孔道交通之冲”，与晋商崛起之地祁县、太谷、平遥声气相连。四通八达的驿路交通网为商人从事商业活动和商品的流通创造了十分有利的条件。物换星移，时过境迁。近代资本主义的入侵，改变了中国传统的交通运输线路。沿海通商口岸城市的崛起、海路运输的日渐繁盛，轮船、汽车、火车的出现等等，足以使传统社会商业繁盛的地理环境优势转变为劣势。道光二十五年（1845）以后，资本主义国家的一些轮船公司在中国先后开辟了若干航线，沙俄对华贸易也由陆路改为天津、大连、海参崴的海上运输，这就改变了中国旧有的物资运输路线。山西作为对俄、欧贸易要冲的商路逐渐改变。中东铁路、京绥铁路等线路的开通，是对晋商旧有的经营路线的又一次沉重打击。据邮传部统计，从光绪七年（1881）起到宣统元年（1909）止，全国“路之通车者逾万里”，而山西到光绪三十三年（1907）才建成了近代历史上的第一条铁路——正太铁路。鸦片战争之后，当沿海地区因对外贸易的快速发展而推动商品经济蓬勃发展之时，山西却因地处内陆，并未受到太大冲击，仍保持着其在传统经济结构基础上的缓慢发展。

对影响晋商发展的历史地理环境的研究，不仅可以了解晋商自身发展的历史和脉络，还可能由此看到，明清以来国内外局势的变化对晋商所造成的影响和冲击，进而对晋商在近代中国社会中的兴衰成败有了更多层面的把握。这样的考察，事实上是微观与宏观的结合。

总之，横向与纵向、宏观与微观比较可以交叉组合运用。从微观入手，在宏观上把握和审视，应该成为晋商与地方社会研究的要旨所在。唯其如此，才能开阔视野，避免晋商研究中的片面性和狭隘性，也才能对晋商及其相关问题有更深刻而全面的把握和洞悉。

第二，跨学科研究法。社会史是研究社会本身“整体的历史”，它涉及社会的物质生活和精神生活，包括人口、家庭、宗族、婚姻、社区、阶级、阶层、民俗、文化、心理、疾病、社会控制等社会生活的各个方面。因此，社会史与社会学、经济学、人类学、民俗学、心理学、民族学等学科之间在内容上交叉重叠，互相渗透，有着不可分割的联系，社会史研究可以借鉴这些相邻学科的理论和方法，在科际整合的基础上作跨学科研究。这种跨学科研究正是社会史的显著特征之一，它要求史学家不仅要利用相邻学科的成果和方法来研究历史，还倡导史学家与其他相关学科学者一道对历史进行多学科研究，“更重要的是在每个具体的研究中使用各种方法、手段和途径，使其融为一体从而从事实上推进史学研究。对于史学家而言，这种跨学科、多学科的研究能力本身才是至关重要的”。[1]

对于晋商与地方社会变迁的社会史研究，无疑会涉及社会生活的方方面面，诸如人口流动、职业构成、商人家庭、民众心理、社会信仰、地方文化等，这就必然涉及社会学、人口学、经济学、文化学、民俗学、人类学、心理学、谱牒学、女性学等相邻学科的内容，这就要求借鉴这些相邻学科的理论和方法。

如经济学中的计量方法就是社会史研究中的一种重要方法，也是战后历史科学化进程中的重要组成部分。将计量方法运用到社会史的具体研究过程中，可以更加科学地反映全面的、整体的历史，更加全面地反映“自下而上”的历史。相对于主要研究少数上层人物为中心的政治、军事、外交等重大历史活动而言，社会史更多的是探讨社会本身及普通民众社会生活的历史，计量方法正可以在此得到发挥。事实上，晋商与地方社会研究中的具体内容本身就具有数量的性质，比如晋商与地方社会的人口流动、职业结构、婚龄及婚姻圈、家族宗族结构、阶级阶层结构、物质生活消费、教育文化程度，以及对晋商本身的经营类别、商号数量、从业人员等等，都可以运用具体的计量方法使研究结论更加科学化而减少随意性。另外，利用心理学的理论和方法解读商人心理及商人影响下的地方民众的择业心理，同时也可以解读地方社会中女性的婚嫁心理和生活观念；用社会学的理论方法，研究晋商阶层、晋商家庭、妇女角色、行为互动、社会变迁等诸多问题；学习人类学对历史事件的细腻观察和描写，尽可能获得“地

〔1〕 姚蒙：《法国当代史学主流的内涵与变迁》，《史学研究新问题新方法新对象》，社会科学文献出版社 1998 年。

方性知识”，以发现晋商和地方社会中隐而不彰的存在。

对相邻学科理论和方法的吸收与借鉴，不仅是西方社会史学家孜孜以求（且已取得重大成就）的学术态度，而且是深化中国社会史研究应当重视的问题。当然，这种吸收并不能仅限于对不同学科概念理论的生搬硬套，而应以社会史的特征为出发点，进行重新整合与提炼。总之，在依托传统史学的基础上，结合社会史相邻学科的研究方法，并借鉴西方经济理论、史学理论，融会贯通，才能使晋商研究达到视野上的拓宽和层次上的提升。

第三，田野调查。社会史研究关注普通民众，纷呈日常生活，有着极为丰富的内涵，因而可利用的资料也非常广博。这些资料除了日常可见的正史资料外，地方文献资料尤显珍贵，这就需要史学工作者走出象牙塔，走向田野与社会，拓宽社会史研究中可资利用的资料范围，勒高夫所呼吁的“资料革命”即是此意。笔者认为，进行田野调查的目的有三：一是获得来自田野与社会的切身感受，力求站在研究客体的立场来观察和理解社会，增强历史感和写作的灵感；二是广泛收集各类文字资料，包括两个方面，一类是现有的地方文史资料、村志、镇志，另一类是诸如碑刻、族谱、契约文书、文人笔记日记、村规民约等属于民间文献的材料，这类资料一般比较分散，只有在田野工作中依据当事人提供的线索方能找到；三是进行口述资料的搜集与整理工作。经过学者们多年的学术实践，尤其在很多中外学者共同从事的合作研究中，田野调查起了很大的作用。这种示范作用已逐渐改变了大家的看法，对田野调查方法的大力提倡已成为当前国内学术界的一股潮流。

从社会史角度研究晋商与地方社会，极大拓宽了晋商研究的领域，不仅使卷帙浩繁的正史有了重新解读的可能，而且作为地方性资料的志书、笔记、家谱、档案、报刊、日记，乃至野史、小说、戏曲、文物、遗迹等，更为社会史家所青睐，成为晋商研究中非常珍贵的资料宝库。而这些资料的发现，除了利用现有图书馆外，还需要深入田野，作长期艰苦的田野调查。可以从散落民间的地方乡土史志、祁太秧歌、碑刻文物、家谱、墓志铭、地契、日记、竹枝词、地方报纸等资料中触摸晋商家族发展的历史脉搏，感受晋商的苦乐悲欢，检视地方社会变迁的轨迹。笔者在民间收集到的地方乡土志、晋商杂记、晋商生意经、祁太秧歌、商人流水账、商业账务、商人诗文、民间歌谣、地方小报等，就展现了一幅幅丰富的地方社会图画，再现了晋商与普通民众多姿多彩的生活，提供了远比正史记载丰富而鲜活的历史信息。对这些资料的悉心解读，无疑可以阐微烛幽，重现历史。

田野调查的另一项重要工作就是对口述资料的搜集和整理。目前，口述研究法在国内史学界被广泛采用，它已成为拓展和深化史学的重要方法和渠道，因为人们已经认识到过去以史学家为代言人所记载的正统文字难保不湮没或扭曲历史的真实。因此，通过现实的个体声音来发掘和再现历史，在主流话语之外的公共话语空间中追寻更加真实的历史档案，已为许多学者所关注。对于晋商生活的历史，昔日正统史志中杳无踪音，因此，晋商研究更需要利用晋商家族后人及其他历史见证者的记忆库，让事件的参与者和见证人说话，以再现正统史志中被湮没的真实，展示生动多维的历史图画，重新发现晋商生活的地方社会风貌和历史轨迹。事实上，这也是对晋商历史资料的抢救，应该予以重视。笔者在太谷访问了一些老人，他们是昔日晋商巨族之后人，有的还是商号的东家，并亲自执掌商号事务，他们讲述了昔日商人家族的生活、往来社会关系、商界名流轶事等鲜为人知的历史。他们的讲述，使笔者看文献时的某些疑惑顿然消解，极大地加深了笔者对文献的理解。对晋商家庭妇女的研究，同样面临着文献资料的缺乏，因为在传统社会的话语霸权下，女性是历史叙述中的“失语者”，只有在地方志的烈女传中可以见到妇女生活之点滴，而这与历史的真实可能相去甚远。因此，对晋商家庭女性的访谈，可以使我们重新发掘被历史湮没的女性记忆，让历史中“沉默的人群”把尘封在记忆深处的生活经历和心路历程浮现出来，以构拟往昔晋商妇的生活情境。逾此，就可能很难对晋商妇做深入地研究。

总之，田野调查中获得的这些融入生命体验的鲜活记忆，为研究昔日商人与地方社会，再现被湮没的地方社会情状，提供了非常珍贵的口述资料，值得研究者关注。

不仅如此。通过田野调查，在收集丰富地方资料的同时，还可以让人在现实的时间和空间中感受历史的时间和空间，获得学术思想的灵感，正如一位学人所言：“对于历史的时间，人们不能直接感受到，只能间接地从文献中认识，但对于历史的空间，人们有可能直接感受，办法就是置身于那个空间当中。尽管大多数地方现在早已不是历史上的样子，但研究者仍然可以在某种程度上获得对历史的感悟。因此，为了直接体验空间的历史，他们就亲自到文献中所记载的那些地方去做田野调查，于是，那些文献上死的历史就变得鲜活生动了，有些无法理解其含义的内容也变得具体明白了。”〔1〕

事实上，如前所述，已有不少学者从社会史角度对晋商与地方社会这一问题作了非常有益的探索，虽然这些研究还尚待深入，但确为我们提供了宝贵的经验和借鉴。面对“晋商与地方社会”这一充满丰富内涵与挑战的研究课题，我们既有着“青史有待垦天荒”的愉悦与重压，也对山西区域社会史的研究前景充满信心。当然，方法可以多样，路径不必相同，但殊途同归，那就是拓展晋商研究的学术视野，揭示中国社会变迁的丰富内涵，获得真正有益于时代进步的历史启示。

---

〔1〕 张小也：《人文学者的工作坊》，《中华读书报》2002年5月2日。

山西商会与地方社会

中国商会史研究自上世纪80年代以来逐渐引起了海内外学者的重视，即如最初倡导者章开沅先生也未曾预料到如今成果之丰厚、队伍之壮大的态势。商会史研究增加了我们对近代商人阶层的认识，也加深了对近代社会经济变迁的了解。然而，目前中国商会史研究仍主要集中在港口城市，论者往往以苏州、上海、天津等大都市的商会来概括中国近代商会的性质、结构与功能。事实上，商会性质及活动状态受地区社会环境的影响很大，是不能一概而论的。具体到山西商会史研究，因史料等原因限制，成果十分有限，管见所及仅有两篇，[1]而从社会史角度开展的研究就更为少见。明清时代山西商业高度发达，为何商会的创立远远落后于中国其他地区；商会创立之后与地方社会结成了怎样的一种互动关系；商会与传统晋商又保持着何种联系，这些问题都需要我们立足山西社会本土去挖掘，从而探寻山西商会所具有的共性与特性。

〔1〕任步魁：《太原商会史略》，山西省政协：《山西文史资料》第63辑，山西人民出版社1989年；高春平：《清末民初之际的山西商会》，李希曾主编：《晋商史料与研究》，山西人民出版社1996年。

一　山西商会的创立

商会是在清末出现的最为普及、影响也最大的新式商人组织。商会的创设一方面是民族资本主义经济初步发展和早期资产阶级初步形成的产物，另一方面也是清政府迫于国内外形势，改变传统工商政策的结果。光绪二十九年（1903）清廷正式谕令设商部，光绪三十年颁布《商会简明章程》二十六条，谕令各省设立商会。是年年初上海在商业会议公所的基础上改设商务总会，同年11月天津商务公所也改组为商务总会，此后全国各通商大埠和重要市镇亦相继创立商会。据虞和平统计，至1912年，全国商会达998所，[1]而朱英则推断这一时期的商会总数大约是2000所左右。[2]在全国掀起创设商会的高潮中，曾活跃于商界五个多世纪，并被誉为国内势力最大的商帮之一的晋商，却并没有彰显出其先进性，反而表现得相对迟滞。山西商务总会成立于光绪三十三年（1907）前后，而在此之前全国已有34家商务总会相继成立，[3]分会几乎遍及全国各大中城市。

明清时代山西商业高度发达，为何商会的创立远远落后于中国其他地区？这其中不仅有晋商自身的原因，也与当时山西特殊的社会历史环境不无关系。

时过境迁的地理环境。山西地处黄土高原，境内两条南北走向的太行山、吕梁山脉形似屏障，只有中部汾河盆地两端可北连大漠、南通中原。《读史方舆纪要》说山西形势“最为完固”，就是这种完固的地理环境成就了古代山西政治军事的重要地位，同时也为山西商业的发展提供了得天独厚的条件。宋代开始，以山

〔1〕 虞和平：《商会与早期中国现代化》，上海人民出版社1993年，第76页。

〔2〕 朱英：《辛亥革命时期新式商人社团研究》，中国人民大学出版社1991年，第57页。

〔3〕《天津商会档案汇编（1903—1911）》（上册），天津人民出版社1989年，第301页。

西为枢纽，北越长城，贯穿蒙古，经西伯利亚转往欧洲的“茶叶之路”已见雏形。明清时期，在以北京为中心的全国驿路交通网络中，山西是其中非常重要的一环。据成化《山西通志》载，明洪武年间，山西全境有重要驿路交通线十条通往塞北、西北、蒙古等地，省会太原“正当孔道交通之冲”，与晋商崛起之地祁县、太谷、平遥声气相连，四通八达的驿路交通网为商人从事商业活动和商品的流通创造了十分有利的条件。正是凭借着重要的地理位置，便利的交通条件，明清时期的晋商发展成为当时国内势力最大的商帮之一，其活动区域遍及全国各地，甚至在欧洲、日本、东南亚都可见晋商活动的足迹。

物换星移，时过境迁。近代资本主义的入侵，改变了中国传统的交通运输线路。沿海通商口岸城市的崛起、海路运输的日渐繁盛，轮船、汽车、火车的出现等等，足以使传统社会商业繁盛的地理环境优势转变为劣势，曾经是晋商发展有利条件的地理环境逐渐成为其继续发展的阻碍。道光二十五年（1845）以后，资本主义国家的一些轮船公司在中国先后开辟了若干航线，沙俄对华贸易也由陆路改为天津、大连、海参崴的海上运输，这就改变了中国旧有的物资运输路线。山西作为对俄、欧贸易要冲的商路逐渐改变，晋商原有的地理优势也相应失去。中东铁路、京绥铁路等线路的开通，是对晋商旧有的经营路线的又一次沉重打击。据邮传部统计，从光绪七年（1881）起到宣统元年（1909）止，全国“路之通车者逾万里”，而山西到光绪三十三年（1907）才建成了近代历史上的第一条铁路——正太铁路。

商会的兴起首先是民族资本主义经济初步发展和早期资产阶级初步形成的产物，而近代中国商品经济的发展与西方资本主义列强的入侵有着很大的关系。鸦片战争之后，中国不仅被卷入到世界资本主义市场之中，而且也促使中国传统的自给自足的自然经济一步步走向分解。第一次鸦片战争后，中国与列强签订了

第一个不平等条约——《南京条约》，规定开放广州、福州、厦门、宁波、上海为通商口岸，由此中国小农业与家庭手工业密切结合的自然经济解体的过程首先在东南沿海一带开始。而此时，包括山西在内的华北地区，由于地处内陆，在两次鸦片战争前后一段时期，几乎没有受到外来经济侵略的冲击，因而也没有出现像东南沿海地区那样，由于对外贸易的快速发展而推动商品经济发展的情形。这一时期的山西商业仍然是以对蒙古的北路贸易，以及在此基础上发展起来的金融业，是在传统经济结构基础上的缓慢发展。直到光绪十八年（1892），山西才有了第一家近代工业——太原火柴局。虽然此后山西商民也在政府的倡导下，以集股的形式开始创办各种新式企业，“改号舍为机房，向之呫哔吟哦之地，一旦轧轧聒耳矣”，[1] 但因风气未开，发展形势并不乐观，产品多“出品窳而成本重，不数年间，基金损失而外”，[2] 以介休为例，“仅商界方面负债至一千五百余两之巨”[3]。

商品经济发展的不平衡。明清之际的山西社会，凭借其重要的地理位置，晋商精明的商业头脑，一度成为北方经济社会的枢纽和中心，并进而形成全国金融调拨中心达一个世纪之久。然而，在山西商业高度发达的背后却又存在着诸多问题。其中，最突出的就是山西商品经济发展的极不平衡。这种不平衡性主要表现在两个方面。一是山西本地工商业发展落后。晋商事业多在远方，“往往服贾于远方，虽数千里不辞”。[4] 商家获利致富后，其银钱运回家乡多用于置地建房等生活消费上，民族工商业发展落后。二是晋商的经营项目多集中在茶粮转贩和金融货币方面，其

---

〔1〕（民国）《介休商会碑》，张晋平：《晋中碑刻选粹》，山西古籍出版社 2001 年，第 558 页。

〔2〕同上。

〔3〕同上。

〔4〕（光绪）《盂县志》卷六，地舆考，风俗。

他商业领域发展平平。据《介休县志》载，“介休商业以钱当两商为最，其他各行商号均系兼营并驽，绝少专营，亦无大资本家”[1]。而临汾全县则仅以“粟商棉商为大宗，其余商业均未发达”[2]。清末民初，全省商业更是主要集中在票号业上，其他商业发展日渐凋零。

山西商品经济发展的不平衡只能带来商业的畸形繁荣，而未能出现像西欧社会那样，因商品经济繁荣带来的商业资本向产业资本的自然转化，从而推动资本主义商品经济发展的情形。另外，山西近代商业人口在人口总数中所占比例较高，在全国也是很突出的。这其中有商品经济发展的因素，更主要的是由于山西社会严峻的人地状况造成的。近代山西人口与耕地的比重严重失调，农村经济衰败，大量的潜在过剩人口被迫离开土地而从事商业，所谓“晋省以商贾为重，非弃本而逐末，土狭人满，田不足耕也”[3]。显然，山西近代这种由于“土狭人满”而出现的商业人口众多现象也并不是资本主义商品经济发展的结果。近代中国商会的创设虽说与中央政府的竭力倡导不无关系，但作为资本主义经济初步发展的产物，也必然最先产生于商品经济发展全面而蓬勃之地区，上海、广州、天津商会的首先创设可为佐证。

传统势力依然强大。中国的商人组织传统上是建立在行业和同乡基础上的，当来自同一地区但从事不同行业的商人控制了某个商业城市时，他们便组成了被笼统认为是“帮”的各自独立的行业公会。晋商在中国明清两代称雄国内数百年，并能引起国外经济社会各方面的重视，这与行会组织的强有力的经济管理和协

---

〔1〕（民国）《介休县志》卷七，谱，物产。

〔2〕（民国）《临汾县志》卷二，实业略。

〔3〕（光绪）《五台新志》卷二，生计。

调是分不开的。从晋商行会发生发展的历史背景与组织制度可以看出，它是一个封建商人的团体，是民间商人的自治、自束、自卫组织，承担着组织市场公平交易、维护本会共同利益、处理商务纠纷，以及维护社会秩序，举办公益事业等一系列责任。由于山西社会自然经济解体和资本主义经济发展的缓慢性，使晋商行会的活跃时间相当长。直到清末民初，行会势力在山西社会依然强大，社会功能仍在不断完善之中，这在客观上成为新式商会创设的一大阻碍。

闭塞的地理环境，不平衡的商品经济发展状况，以及封建行会势力的强大，都极大地束缚了晋商观念的转变，推迟了山西商会的创设时间。虽然，清末民初的晋商事业仍在继续发展，但大部分却并没有走上资本主义化的道路。晋商致富后利润多流向以下几个方面：捐输助饷、购置土地、发放高利贷、窖藏、宗族和慈善事业、奢侈消费，而很少有商人将商业资本主动地转化为产业资本，这不仅成为晋商事业进一步发展的障碍，而且也在客观上推迟了商会的创设。徐鼎新认为，资产阶级的认识和需要被视为商会成立的重要前提。〔1〕虞和平也提出："尽管中国近代商会是在清政府的劝办下产生的，但是只有当某一地区、某一行业的商人有了这一认同之后，才能去组建商会，才会去申请入会。"〔2〕

尽管种种原因导致山西商会的创立时间晚于其他地区，但在清政府的极力倡导和全国建立商会的大势所趋之下，山西商人也在纷纷筹建各地商会。关于山西总商会的创立时间，史料并无确切记载，现有研究亦多矛盾之处，有称光绪末年者，有称光绪三十年（1904）者，不一而足。笔者认为，山西总商会的创立时

〔1〕 参见徐鼎新：《旧中国商会溯源》，第83—86页，转引自冯筱才：《中国商会史研究之回顾与思考》，《历史研究》2001年第5期。

〔2〕 虞和平：《商会与中国早期现代化》，上海人民出版社1993年，第77页。

间当在光绪三十三年（1907）前后。持光绪三十年说者多据《太谷县志》“清光绪三十年由农工商部奏定商会章程，饬令各省通行照办，山西总商会设于太谷”[1]的记载，事实上，农工商部成立于光绪三十二年（1906），成立后随即修改《商会简明章程》，奏定商会章程通行各省，饬令照办。方志所记“光绪三十年”可能是年代概数。另据天津商会档案资料，光绪三十三年全国已有34家商务总会成立，其中并无山西。[2]而光绪三十三年正太铁路通车，农工商部在奏请成立商会的奏折中称：“伏查晋省资财雄厚，夙擅善贾之名，徒以地势高亢，转输迟滞，商务未臻发达，自正太铁路行车而后，运销四达，局势一变，亟宜设总会，以收近效，而励其余。”[3]同年，在山西绅商与英福公司争夺权利的斗争中，山西总商会发挥了相当作用。光绪三十四年（1908）山西第一座发电厂——太原电灯公司成立，创办人正是时任山西总商会会长的刘笃敬。根据以上种种资料，笔者大胆推测，山西总商会成立的时间当在光绪三十三年前后。

光绪三十三年山西总商会正式成立，会长刘笃敬。可能清政府认为晋中一带仍是票号的中心和富商大贾聚集之地，山西总商会最终设在太谷城内南寺街，据民国《太谷县志》载：“山西总商会设于太谷，由祁平谷三县绅商遵章组织，公推总办、会办四人，董事无定额，设文牍一人，书记一人，办理全省商务事宜。”[4]1912年山西总商会由太谷迁到太原，原太谷总商会改为分商会。

与山西总商会相比，太原商务总会筹备更早。光绪三十一

〔1〕（民国）《太谷县志》卷四，生业。

〔2〕《天津商会档案汇编（1903—1911）》（上册），天津人民出版社1989年，第301页。

〔3〕《农工商部为请援案颁给山西太原商务总会关防事奏折》，转引自丁进军：《清末各省设立商会史料》，《历史档案》1996年第2期。

〔4〕（民国）《太谷县志》卷四，生业。

年（1905）太原商人根据规程，由大商人和各行会“行头”经多次协商研究，初步定出“行规”、“会规”，积极筹建商会组织。光绪三十三年，商会筹备组依照《商会组织规程》规定：“商会总理人选必须从地方有声望的士绅和有一定资产的商号经理或股东中选任之”，经过多方研究和周密考虑，按顺序先选出会董 24 人，再由会董推选出曾纪纲为总理、韩谦为协理。是年，太原行商王静山向山西巡抚恩寿禀称，“东南各省商会林立，晋民居今泥古，各自为谋，太原为商界总汇之区，允宜早立商会，以为全省之倡”，[1] 申请成立商会。后经呈报农工商部批准，光绪三十四年二月太原商务总会宣告正式成立。地址暂设正太街北侧。总理、协理、会董均为义务职。会中设有文牍、会计、庶务、勤杂以及其他办事人员，均按月支付薪金。其经费由入会会员按其资金大小分级负担。入会会员均须呈递入会志愿书，经批准后才能成为正式会员，并发给会员证。当时参加商会的会员共有 561 户。[2]

山西总商会和太原商务总会成立之后，积极协助各地建立商务会及商务分会。清末民初短短几年间，榆次、介休、孝义、汾阳、交城、文水等 50 多县先后建立了商务会或商务分会，统一隶属于山西总商会。

商会会长最初由各地绅商公举，一般是具有一定功名并拥有大量资本和办有企业的大商人资本家。1915 年会长改为纯由商人推选，但资本的雄厚程度仍是当选会长的首要考虑。兹就山西总商会及部分所属分会会长情况略作介绍。

刘笃敬（1848—1920），字缉臣，号筱渠，襄汾高村人。首

---

〔1〕《农工商部为请援案颁给山西太原商务总会关防事奏折》，转引自丁进军：《清末各省设立商会史料》，《历史档案》1996 年第 2 期。

〔2〕任步魁：《太原商会史略》，山西省政协：《山西文史资料》第 63 辑，山西人民出版社 1989 年，第 114 页。

任山西总商会会长。他出身官绅世家，刘氏家族各辈在清为官者不下二十人，他本人也是乙亥举人，曾任刑部主事，家私颇富，财源甚广，开设有当铺、商号等，素有“刘百万”之称。光绪三十三年前后出任山西商会首任会长。刘笃敬以雄厚的经济为后盾，对兴办实业兴趣颇大，曾创办纺织、电力、矿业等事业。光绪三十四年兴办山西第一座发电厂——太原电灯公司。宣统三年（1911），接替渠本翘任保晋矿务公司经理。修建同蒲铁路至榆次段时任总办。

阎维藩（1858—1949），字竹圃。祁县商会会长，山西省商会副会长。他从光绪二十年（1894）到1920年全权掌理大德恒号事达26年之久，业务日兴，赢利日巨。曾任平遥县蔚长厚票庄福州分庄老板、祁县大德恒票庄经理、山西省银行经理、祁县益晋电气织染工厂董事长等职。

范椿年（1878—1951），字芝寿。平遥商会会长，省商会理事。青年时入蔚盛长票号学徒，1916年任广西银行总经理，1924年范又与日升昌、蔚字号中的好友数人搭股，合伙创办了“大来银行”，由范出任经理。

夏廷栋（1863—1945），字松庵，交城夏家营村人。1918年任交城商会会长，直至“七七”事变，共20年。幼读四书五经，后赴东北经商。任职期间，振兴毛皮生产，发展商业贸易。

辛亥革命之后，山西总商会迁到太原，经改选，会董增至45人，从会董中推选裴清源为会长，渠本澄为副会长。1916年太原商务总会奉令更名为“太原总商会”，由会董票选渠本澄为第一届会长，鲁奎儒为副会长。此后，商会领导人处于不断更换之中。1918年郭伊担任会长，1920年又改选李步清为第三届会长，杨生芳为副会长。1922年王介为第四届会长，阎毓芹为副会长。

山西总商会及各地分会创立之后，除了依商部颁布的《商会简明章程》规定，在联络工商、调查商情、兴办商学、调息纷争等方面发挥作用外，还将活动延伸到政治、文化教育、社会公益等更为广阔的社会领域。

二　山西商会与地方社会

近代中国市民社会问题是近年来中外史学界关注的热点。以萧邦奇、罗威廉、兰钦等人为代表的部分学者认为，中国在清末民初已经出现了类似欧洲市民社会或公共领域特征的情况。其中，商会被公认为是近代中国最具代表性的市民社会组织。马敏和朱英通过对晚清苏州商会的个案研究后也认为，晚清商会组织已经把自己的影响力渗透到城市生活的各个领域。以商会为核心，众多民间社团组织纵横交错，从而形成一个官府以外的在野市政权力网络，控制了相当一部分的市政、工商、文教、卫生等方面的管理权，在很大程度上左右着城市经济和社会生活。两位学者指出，这个在野市政权力网络就是市民社会的雏形，其背后的推动者就是新兴的近代资产阶级。[1]山西商会虽然因地方商品经济发展的落后与单一，成长缓慢且势力较弱，但仍竭力“与全国各大商埠联镳骈辔，为国家辅助精神，为社会培养元气，以尽地方团体之义务。调查实业，要求赔偿，提倡商团，组织商报，筹设商事，公断处虑，凡兹种种，共筹进行”。[2]在对社会事务进行管理与协调的过程中，山西商会与国家政权之间形成了既依赖又制衡的复杂关系。

〔1〕马敏、朱英:《传统与近代的二重变奏——晚清苏州商会个案研究》，巴蜀书社 1993 年，第 233 页。

〔2〕（民国）《山西商会联合会会议报告录》，天津档案馆 J128 全案二类目录 2324 卷，复印件存于（平遥）中国商会博物馆。

山西商会成立后，作为资产阶级的商业团体，它首先对山西近代工商业的发展，对民族资产阶级的成长起到了一定的推动作用。“只是在商会成立以后，资产阶级方才有了真正属于自己的社团，有了为本阶级利益说话办事的地方。从此不再是以个人或落后的行帮形象，而是以新式社团法人的姿态与官府或其他社会势力相周旋。”[1]山西的近代工业在辛亥革命前屈指可数，商会成立后提倡兴办实业。到辛亥革命后，尤其是第一次世界大战期间，山西的近代工商业由初创进入发展时期。这一时期，新式企业遍布全省各地，投资项目增加数倍，近代产业工人也由最初的数百人发展到六万多人，主要企业由原来的 16 个扩展到近百个。当时山西较为著名的工矿企业主要有光绪三十四年（1908）山西巨商渠本翘创办的山西保晋矿务有限公司，光绪三十四年刘笃敬创办的太原电灯公司，1914 年资本家刘公衡、冯庆甫等人合资创办的冯阳煤炭公司，1919 年商业资本家贾俊臣、徐秉臣等集资建成的晋华纺织股份有限公司，1920 年晋城刘知章创建大德制针公司、西北电气厂、晋丰面粉公司、大同面粉公司、临汾发电厂等等。随着各地商会的陆续创设，山西近代工业从小到大、从弱到强地发展起来了，并形成了包括煤炭、纺织、冶炼、机械、电力、食品、交通运输等在内较全面的工业体系。

在当时众多投身山西近代工商业的民族资产阶级中，曾任山西总商会会长的刘笃敬以其雄厚的资金、过人的胆识和特殊的身份，成为其中的代表人物。他利用乙亥举人的声誉，山西总商会会长的职务，凭借刘家祖代在晋、陕、甘、豫开设的 300 多家商

---

〔1〕 马敏、朱英：《传统与近代的二重变奏——晚清苏州商会个案研究》，巴蜀书社 1993 年，第 45 页。

号和2万多亩土地的资金和利润为后盾，本着“中学为体，西学为用”的商战思路，积极调整经营策略，一方面加强对刘家原有工商厂店的经营管理，积累资金，另一方面又大胆创办现代工业。光绪三十四年，刘氏兴办山西第一座发电厂，即太原电灯公司。之后又兴办矿业、纺织、盐业以及学校等实体。宣统三年，刘笃敬接替渠本翘的职务，担任保晋矿务公司总经理，后又任同蒲铁路太原榆次段总办，肩负修筑山西南北大动脉的重责，对山西近代工商业的发展作出了巨大贡献。

另一方面，商会的创设在维护商民权益，组织协调地方商业活动方面也发挥了积极作用。光绪二十九年（1903），商部在劝办商会的奏折中明确提出，“商会者，所以通商情保商利，有联络而无倾轧，有信义而无诈虞”〔1〕。虽然山西商会相较于上海、天津等沿海大埠的商会而言，势力较弱，但仍力图在“通商情保商利”方面发挥商会的应有职能。祁县商会就是“以图谋工商业及对外贸易之发展，增进工商利为宗旨”，它在章程中提到的商会职务包括：“筹议改良及发展工商业”、“工商业之征询及通报”、“对外贸易之介绍及指导”、“工商业统计之调查编纂”等等。〔2〕宣统二年（1910），因定襄骡夫齐治锁在路经直隶平山境内住店时，银两失窃，而当地县令却包庇本地乡民，不为行客做主。太原商务总会除将此事上呈咨议局与商务总局外，还同时致函直隶商会要求协助处理，并称“窃念我晋商会告成，诸先生俱负保全商务之责任”，并请求直隶商会“共同酌议”，以使“贼正赃明，以便尽数珠还”〔3〕。辛亥革命后，因时局动荡，工商业遭到严重破

〔1〕《商部奏为劝办商会以利商战角胜详商折》，《天津商会档案汇编（1903—1911）》上，第21页。

〔2〕（民国）《祁县商会章程》，现存于（平遥）中国商会博物馆。

〔3〕《太原商务总会陈述定襄五台崞县至直隶平山为直隶布货输往山西多年之商路文》，《天津商会档案汇编（1903—1911）》上，第1097页。

坏，山西票号在应付挤兑中，多数搁浅倒闭。为维持残局，以求再存，1913 年 10 月，平遥、祁县、太谷商务分会及日升昌等十四家票号分别向国务院、财政部和农商部禀承商情，请求政府出面维持。其中，平遥县商务分会经理范元澍为票号公举六代表中的首席代表。[1]此外，各商铺票号的注册、破产和复业申请也须经商会据情呈部批准。

辛亥革命后，山西商业逐步恢复繁荣，山西总商会迁到太原，会员增至 778 户。根据这种情况，总商会经会董讨论，开始重订章程，召开各行会代表会议，筹备商团、商务公断处和会计讲习所等，积极开辟商业区。商会经请示官府批准，将开化市北部辟为市场，并命名为"共和市场"。这里地处闹市，店铺纷纷迁往，茶庄、绸布、百货相继集中于此，当时曾有"太原大栅栏"之称。后经扩建改造，成衣店、照相馆、鞋帽店也陆续向钟楼街、桥头街、柳巷一带扩张。一时之间，这些繁华地带的铺面房价日益昂贵，几有"寸土寸金"之势。太原的商业、工业、手工业店铺、公司总数已发展到 2500 多户。[2]

解放战争时期，面对动乱局势，山西商号负担沉重，普遍难以维持。当时商会鉴于这种情况，曾多次为商民向政府呼吁。1948 年 7 月 8 日，商会召开理事会，经决议派以梁殿齐为首的"太原商界请愿团"进京请愿，要求"减轻商民负担，以解商困"。同年 10 月，因交通中断，航空费用骤增，以致影响商品流通，导致物价上涨，商人无法经营，商会曾电请国民政府减轻航空运费，以利经营。11 月，馍饼行业因粮、油供不应求，纷纷申请歇业，商会也向当局申请给予调剂。[3]虽然商会的请愿和呼吁作用有限，

---

〔1〕 黄鉴晖：《山西票号史》，山西经济出版社 1992 年，第 444 页。

〔2〕 任步魁：《太原商会史略》，山西省政协：《山西文史资料》第 63 辑，山西人民出版社 1989 年，第 114 页。

〔3〕 同上。

但毕竟是近代山西新式商人组织为商民利益所做的切实努力。

商会与地方政治

商会最初本是一商业组织，其成立的本意多是为了保护商人自身的利益，反对外来商品的冲击，以利本行业之间互相帮助等。但自民国以后，随着国内形势的动荡，洋货的大量涌入，军阀以及各类政治势力对商业的控制利用，商会在自身的发展过程中，几乎参与了山西所有的政治活动，有时甚至扮演了极为重要的角色。

朱英认为，“脱离国家直接控制、拥有独立自主权和民主契约规则的民间社会组织”[1]是市民社会的主要特质。山西商会作为近代中国市民社会雏形最显著的表现是在同国外资本主义争夺权利的斗争中。光绪三十一年（1905）正太铁路修到阳泉，山西绅商及广大群众要求清政府撤销和英国订立的“采矿条约”，收回英福公司在光绪二十四年（1898）霸占的平定、盂县、潞安、平阳、泽州五处煤矿。以山西大学堂为首的爱国学生罢课抗议，并结队游行。抗议活动迅速传遍全省各界，许多学校罢课、商人罢市。光绪三十三年（1907），山西总商会会长刘笃敬，利用其会长职务积极参与由祁县巨商、山西票号领袖渠本翘、山西大学堂庶务长刘懋堂等发起的争回山西矿权运动。最终迫使英帝国主义与清政府签订了《赎回开矿制铁转运合同》，同意由保晋矿务公司以275万两白银的代价把英福公司在山西的矿权“赎”回来。1919年5月4日，山西学生响应北京学生号召，掀起反帝反封建的“五四”爱国运动，要求废除不平等条约，抵制日货。对于学生的爱国运动，山西商会给予了极大的支持。山西总商会

〔1〕 朱英：《转型时期的社会与国家——以近代中国商会为主体的历史透视》，华中师范大学出版社1997年，第11页。

以太原为主联合全省商民在海子边9号成立了“山西省商人自强协会”，在大中市楼上成立了“太原商界抗日救国会”，在南校尉营3号成立了“山西商界抗日救国会”，这些商界爱国团体相继成立后，配合工人、学生的集会、游行活动，积极宣传动员群众参加抵制日货、提倡国货的爱国运动。

宣统元年（1909）天津商会发起筹还国债会，希望通过商界认捐的形式为清政府偿还部分国债。各地商会对此倡议反应不一，但大都表示赞同，纷纷索要草章，邀开各界大会，有些地方甚至主动认捐认事。与全国其他商会相较，山西商会态度虽然保守，但也来函表示赞同。20世纪初，随着中国民族资产阶级力量的壮大，其中的一部分发展成为当时活跃于政坛的立宪派，为了敦促清政府尽快推行宪政，立宪派发动了一次又一次的请愿活动。光绪三十四年（1908），山西立宪派成员包括不少商会代表到京请愿，在请愿书上签名的达两万多人。代表到京的时候，在京的山西籍官员驱车前往正阳门车站迎接，声势浩大，轰动京师。

辛亥革命后，阎锡山夺取了山西的统治权，大搞村政建设，将权力的触角延伸到基层乡村，并指使部属和亲信不断吞并刚刚发展起来的民族工商业，致使这一时期山西商会职能和作用的发挥受到了很大的限制。如果说军政强人执政，商人力量便弱是一种普遍现象的话，山西可能是典型之一。

商会与社会生活

商会的职能是包罗万象的。清末民初的山西商会虽然成立较晚，影响有限，但它还是通过各种途径直接从事或间接参与了当时的社会活动，可以说在山西社会生活的诸多领域都可以感受到商会的存在和影响。

热心教育事业。商会虽非官方组织，但自成立之后就十分热心于推动近代教育事业的发展。宣统二年（1910）太原商务总会设立会计讲习所，培养商业专门人才。1918年，郭伊在担任山西总商会会长期间，于商会后院建起二层楼五间，专设银行簿记学校，附设商业传习所。同年购到天平巷空地二亩多，备作兴建各种福利事业之用。[1]1919年介休知事张赓麟会同商会开办商业传习所，由知事宣讲员、商会会长、教育会会长担任教授，共招商业生70名，并陆续招生两班，共得毕业生60名。[2]除了兴办实业学堂，培养专门人才外，商会还与新式教育机构互相配合，给予支持。

关注地方公益事业。对地方福利等公益事业的关注也是商会参与社会生活的一个主要方面。夏廷栋任交城商会会长期间，筹集资金，定期赈济，规定每逢阴历初一和十六，凡来商会乞讨者，都发给"乞讨金"一百至一百五十文。这样的公益事业，交城商会一直坚持十年不辍。不仅如此，交城商会还热心城市建设，整修了小西门、小北门、小南门以及北巷阁、北关阁和洪牌楼等建筑，保持了市区整齐，维护了文物古迹。[3]

兴办报纸杂志。山西商会成立之后，为加强信息传播，扩大商会影响，广开商智，创办了各种报纸，如《山西商报》、《山西工商日报》等，内容主要以传播信息，刊登公告，汇编会刊，发表统计资料为主。1913年，在山西商会联合会召开会议期间，太原商务总会代表提出以商会认股的形式为商报筹集资金，声称"吾晋素善经营，久为全国所公认，然终未能谋发达，而事抵制亦囿于镇关之旧习惯，无决胜之新智识耳"[4]。同次会议上，劝业

---

〔1〕任步魁:《太原商会史略》，山西省政协:《山西文史资料》第63辑，山西人民出版社1989年，第116页。

〔2〕（民国）《介休县志》卷十一，略，教育。

〔3〕《交城县志》卷二十五，人物，山西古籍出版社1994年，第791页。

〔4〕（民国）《山西商会联合会会议报告录》，天津档案馆J128全案二类目录2324卷，复印件存于（平遥）中国商会博物馆。

道也向大会提交了“创办商业杂志以开风气案”，认为晋商“智识薄弱，观念短浅”，“舍创办商业杂志别无良策”，提出杂志内容应包括各处贸易状况、各种法律命令、工商行政文牍以及相关工业内容等，并由商会负责发行销售，“以期畅销而广商智”[1]。商业报纸杂志的创办，对开阔商人及普通民众的知识和眼界起到了极大的促进作用。

协助政府除禁烟毒。鸦片泛滥是清末中国社会的一大主要弊病，毒品问题也是近代山西农村中最为普遍和严重的社会问题之一。山西罂粟种植“最盛者二十余厅州县，其余多少不等，几乎无县无之”[2]。太原、榆次、交城、文水、代州、朔州、大同、归化等地，更几乎是无村不种。禁烟是历代山西政府的主要任务。辛亥革命之后，阎锡山更是将此作为主要村政之一。山西总商会在禁烟问题上一开始就表现出积极的态度，协助地方政府除禁烟毒。1922 年，阎锡山政府将太谷城关 1200 多商户组织起来成立协进会，以商会左近之南寺为开会地点，讨论禁除烟毒办法，并由商会董事及各大商号掌柜组织演讲教育青年学徒。协进会还定期派人分赴各大村镇周游演讲。会员演讲成绩以每人能指名担任劝醒贩吸烟丹者 10 人为低额，由商会酌给名誉奖励，会员演讲时所有一切车马旅费全部由商会负责承担。[3]此外，各商户还必须向商会出具不运售金丹鸦片的切结和其他与之相当的 5 家商户出具的联名互保的保结，并由商会汇送县署备案。[4]

丰富社会生活。山西商会创立之后，尤其是民国年间，为了活跃市场，还积极提倡恢复传统庙会以及各种集市。每到赶庙会，

---

〔1〕（民国）《山西商会联合会会议报告录》，天津档案馆 J128 全案二类目录 2324 卷，复印件存于（平遥）中国商会博物馆。

〔2〕张之洞：《请严禁种植罂粟折》，《皇朝经世文编》卷 27，《户政四》。

〔3〕（民国）《山西村政汇编》卷四，办法。

〔4〕（民国）《山西村政汇编》卷一，法规。

商号都会相继前往搭棚、摆摊、设点，场面极为热闹。在乡村社会，庙会、集市不仅是乡民买卖商品的场所，更为其提供了必不可少的交往渠道和娱乐空间，在乡村生活中占有着十分重要的地位。虽然商会和商号极力恢复传统庙会和集市主要是从追求自身的经济利益考虑，但在客观上却起到了丰富地方社会生活的作用。

此外，各地商会还纷纷成立商团武装，维护地方秩序，保护商民利益。平遥商会下设商团两棚，每棚10余人，共有商警20余人，配备有大刀、枪支等武器，负责维护标期秩序，保卫大商户的安全。[1]交城商会筹集资金，组成商团，昼巡逻、夜打更，既维护了社会秩序，又保卫了各商号的安全，使交城东关商业区持续二十年安然无恙。[2]1936年东征红军到达柳林时，仅柳林商团就向红军赠送步枪18条，可见其规模。[3]

虽然山西商会在经济、政治和社会生活方面发挥了一定作用，为清末闭塞的山西社会带来了一缕新鲜空气，但我们对山西商会的作用和影响也还是不能估计过高，尤其是和通商大埠相比，山西商会势力较弱，对地方社会的影响和作用也比较有限。介休商会成立之前，商界方面因兴办实业负债就达一千五百余两之巨，地方政府将当地工艺局“残机零物”连同地址，“通同抵还商界债款”，“永准斯地作为十五行所共有”，介休商会就是在这样的条件下成立的。到1934年，介休商会已是“堂舍渗漏，梁栋摧残”，时任会长梁清辉在修葺商会碑文中提到，“所以未敢大事建筑者，市面自驻兵移防而后元气未复，不忍重烦商力也”[4]，梁清辉虽是好意，但介休商会的势力和影响也由此可见。

---

〔1〕《平遥县志》，中华书局1999年，第494页。

〔2〕《交城县志》卷二十五，人物，山西古籍出版社1994年，第791页。

〔3〕《柳林县志》，海潮出版社1995年，第381页。

〔4〕（民国）《介休商会碑》，张晋平：《晋中碑刻选粹》，山西古籍出版社2001年，第558页。

清徐商会则被视为一个协理全县商家事务的群众组织，它的主要任务是支应政府提出的一切财物要求。在阎政权统治期间，政府不仅向商家要钱要物，并向商家要人当兵，商家不愿派人去当兵，便花钱雇人顶替，只徐沟县商会就花钱雇用过 30 人顶替当兵，并自己派过 5 人去当兵。[1]世事别来一番新。20 世纪的中国已不同于 18、19 世纪的中国，近代意义的新式商人也不同于传统意义上的旧式商人。换言之，昔日辉煌于世的山西票号商人已失去了进一步发展的优势环境，新式山西商人面临着不同于传统的时代挑战。

三　传统晋商与新式商会

明清晋商称雄国内商界五个多世纪，“足迹遍天下”，取得了令人瞩目的事业。晋商的成功不仅得益于当时山西重要的地理位置及其与政府不一般的结托关系，更得益于晋商先进的经营理念，正是这种经营意识、组织管理和心智素养的先进性成就了晋商事业的辉煌。然而，具有“先进”经营理念的晋商在面对清末蓬勃兴起的新式商人组织——商会时，内部却出现了力量分化。传统晋商与新式商会既合作又冲突的关系几乎伴随清末民初整个时代，这种微妙而复杂关系的形成并不仅仅是因观念差异导致的，其背后更深层次的含义却是具有封建性的传统晋商与新兴的民族资产阶级在利益上的协调与矛盾。

明清时期的晋商是依靠政府推行的财政政策，为北方边镇军队提供军协饷供应而兴起的。在经营过程中，晋商与清政府形成了特殊的结托关系，官商之间保持着长期而紧密的合作。晋商虽

〔1〕《清徐县志》，山西古籍出版社 1999 年，第 490 页。

然富有，但却并未出现如沿海商帮那样由商业资本向产业资本转化的大趋势，他们或盖房置地，或举利放债，资本大多仍停留在流通领域，表现出其地主制经济的属性。经君健认为，明清山西商人“是商品经济发展到一定程度的产物，而他们用货币—商品—货币的活动方式，以交换为手段，将其触角所及的人和物，统统装到商品经济的车子上来，推动他们在传统的经济模式下不断前进。山西商人集团及其资本，本来就是应地主制经济的生产、分配、交换、消费链条运转的需要而产生的，它在这个链条的运动中起着推动和润滑的作用”。[1]

晋商的封建性在清末民初依然浓厚，但在当时特殊的历史背景之下，尤其是在西方资本主义商品经济对中国传统经济的强大冲击之下，晋商内部已开始发生分化。一些与西方社会有所接触，思想开明的商人逐渐感受到兴办实业的重要性，他们投资开办近代企业，发展民族工业，成为商会的倡导者和领袖。如祁县商人渠本翘，光绪十八年（1892）进士，曾以清外交部司员的身份任驻横滨领事。他思想开明，不仅投资开办近代企业，而且亲自出任经理。光绪二十九年（1903），渠本翘与乔雨亭合伙创办双福火柴公司。光绪三十三年（1907）成立保晋矿务有限公司，渠氏被推举为公司首任总经理。光绪三十四年（1908）渠本翘还积极筹办山西汇业银行。可以说，渠氏是山西最早的民族资本家之一。他如前述山西总商会会长刘笃敬、祁县商会会长阎维藩等都是民族资本家中的佼佼者。由他们所组成和领导的商会，也脱离了旧式商人机构的框架，而成为资产阶级的新式组织。

商会的创设虽然得益于政府的竭力倡导，但作为资产阶级的民间社团，商会在组织形式和社会活动方面与传统晋商成立的行会、公所还是有明显分别的。如前所述，传统晋商为了巩固已获

〔1〕 经君健：《明清时代山西商人的性质问题》，《文史研究》1994 年第 1、2 期。

得的商业阵地和实现对某些行业的垄断，不仅在各行业建立行业公会，而且在国内各重要城市都建立了团结同乡商人的会馆。这些行会组织的强有力的经济管理和协调曾对晋商事业的发展起到了重要的作用，但其自身也存在着无法克服的弊病。晋商行会是封建商人的团体，其封建性是不可避免的，体现在它的组织制度和业务管理的封闭性、排外性，对内“信义”第一，团结自助的行会会规之中。而新兴商会是属于开放性、发展性的资产阶级工商组织，强调从整个社会商品经济的发展中谋求本阶级的最大利益，讲求以最大限度的联合来获取共同利益。

在社会生活中，传统晋商对政治并没有太大兴趣。他们与政府官员的结交，也只是希望得到政府和官员的支持，以带来更大的经济利益；他们在财政上支持政府行动以换回军饷供应、汇兑官款的特权；他们从经济上帮助穷儒寒士走上官场，以使其成为与商家关系特殊的官员。山西商会作为资产阶级性质的商人组织，本身带有很强的政治色彩和阶级属性，可以说，由传统会馆、公所脱胎而来的山西商会不可能与封建的东西一刀两断。另一方面，商会虽然在很大程度上存在着对国家的特殊依赖性，双方也保持着较好的良性互动关系，但同时也确实对国家产生了一定程度的抑制作用。[1]在清末山西发起的收回路矿权的斗争和立宪运动中，商会参与政治的主动性和与政府之间的矛盾摩擦显而易见。

对经济利益的追求是传统晋商与新式商会的共同目标，但由于他们分属不同的阶级阵营，追求利益、对待资本的方式并不相同。传统晋商是在封建社会自给自足的自然经济基础上发展起来的，“以末致富，以本守之”的传统观念在晋商中普遍存在，晋商获利后，并没有将资本再次投向市场，而大多用于购置土地。有民谣称：“山西人大褥套，发财还家盖房置地养老少”，反映了

---

〔1〕 朱英：《关于晚清市民社会研究的思考》，《历史研究》1996 年第 6 期。

当时晋商资本的主要流向。还有一些富商大贾利用地窖藏其物资或银两。山西祁县富商渠源祯，人称“旺财主”，资产三四百万两，他虽然经商致富，但思想保守，其所获利润不但未转化为近代产业资本，而且在商业投资上也有收缩之举，竟从所办的票号中抽出大量股金窖藏起来，估计藏银达百万两以上。[1]这样的富商在山西并不在少数。而作为民族资产阶级领导的商会组织则极力倡导商业资本向产业资本的转化，热心实业。当时山西的民族资本家不仅独资开办各类工矿企业，而且还以集资的形式创办股份有限公司，其中最著名的就是渠本翘创建的山西省保晋矿务有限公司，共集股白银162万两，是山西近代资本最雄厚的民族资本企业。此外，1919年，由商业资本家贾俊臣、徐秉臣、郝星三等集资150万元建立的晋华纺织股份有限公司，开创了山西大型机械化纺织工业的先河，为山西最大的纺织企业。正是这些民族资本家，从辛亥革命到1930年的二十年间，在山西先后兴建起一批技术和设备比较先进的现代工矿企业。

在社会生活方面，扶危济困是传统晋商一贯的美德，但和新式商会相比，他们在社会救济和文化教育方面的作用就显得十分有限了。传统晋商的公益行为多集中在本宗族或本乡里，具有相当的局限性。如定襄县邢大绪，服贾漠北，致富后即志在行善，“族中旧无祠堂，公偕众建立；村西旧无文昌阁、财神阁，公偕众修之”[2]。榆次常家在咸丰、同治、光绪年间共办私塾17所，开创了当时山西一个家族办学最多的纪录，但其初衷主要是为了加强对本族子弟的教育，培养封建文化人才。而新式商会，作为清末国家提倡和扶植的商人团体，在参与地方事务时具有更大的空间和权威性。商会面向社会开办专业学校，培养专门人才，协

〔1〕 张正明：《晋商兴衰史》，山西古籍出版社1995年，第193页。

〔2〕 定襄《邢氏族谱》，卷二。

助政府除禁烟毒，恢复庙会集市，组织商团维护治安，这些举措都是传统晋商力所难及的。

当然，传统晋商与新式商会的关系并非只是“旧”与“新”的简单对立。虽然传统晋商自身的封建性和落后性与代表民族资产阶级利益的新式商会之间存在着矛盾，但二者也并非完全对立，一方面商会的组织者和领导者是从传统晋商中分化出来的，后者以前者为基础；另一方面，山西资本主义商品经济发展缓慢，商会的影响和作用相对有限，仍要通过动员和组织包括传统晋商在内的所有商民来开展活动，在一定程度上也保护了传统晋商的利益。

清末商会虽名为资产阶级性质的商人组织，但由于当时特殊的社会环境，各地商会对会员的入会均没有严格的限制。朱英曾对苏州商务总会及下属部分商务分会会员的业别进行统计，发现他们基本是商人。〔1〕会员之下是会友，其社会身份为一般的工商户。凡岁捐一定数额的会费，经商会的认可即可充任。有些商务分会甚至不具体规定商人入会的会费数额，而仅规定“凡商家赞成入会者，即为本会会友。其愿捐本会经费，酌量输助”〔2〕。对会员资格的宽泛要求，也是山西资本主义商品经济的发展虽远逊于江苏，但商会和会员数量却多于江苏的主要原因。据埃尔文统计，山西 97 个商会，每个商会平均 496 个商行会员；江苏 79 个商会，每个商会平均 333 个商行会员。〔3〕而作为会长或董事的特殊商会会员也大多仅仅是各行业中资本雄厚的大商家。曾多年担任山西商会会长兼绸缎业公会主席的王肇基，就是山西浙江帮的

〔1〕参见朱英：《辛亥革命时期新式商人社团研究》，中国人民大学出版社 1991 年，第 82—83 页。

〔2〕章开沅等主编：《苏州商会档案丛编》第 1 辑，华中师范大学出版社 1991 年，第 103 页。

〔3〕〔美〕埃尔文：《两个世界之间的中国城市》“导言”，第 7—8 页，转引自〔美〕陈锦江：《清末现代企业与官商关系》，中国社会科学出版社 1997 年，第 252 页。

代表人物，他以帮会势力，大孚众望而当选商界领导。1913年交城商会成立，传统的八大行统入商会，由正心义钱铺掌柜何宝珍任会长，此后历任会长都为各商号掌柜，[1]祁县商会历任会长也均为当地声望高的商号经理。[2]商会会员的庞杂不清使新式商会与传统晋商有着千丝万缕的联系。

根据商部颁布的《商会简明章程》以及各商会自定章程的规定，商会的活动和作用主要是联络工商、调查商情、兴办商学、调息纷争等，是以维护全体商民的利益为己任，并没有对传统商人与民族资本家作严格区分。再加上山西商会的势力和影响远不及沿海大埠的商会组织，所以，商会在商业活动中必然在一定程度上代表和保护了传统商人的利益，传统晋商对新式商会维护商民利益的职能也表现出赞成和支持的态度。而政府同样也将商会看做是地方商界的唯一代表，并希望通过商会达到对地方商业的控制和管理。阎锡山在推行山西村政建设过程中，曾广泛发动商会以加强对商民的管理。在“取缔商户贩运金丹鸦片规则”中规定所有商户必须向商会出具切结保结，[3]在对商户调查中要求“新开各商号须先行报名商会立案，以备实行调查之根据”[4]。

近代的山西商会在组织特点上不同于传统的行会组织，是具有民主色彩的工商社团，但同时它又与传统晋商存在着千丝万缕的血缘联系。这既是近代山西资本主义商品经济发展不充分的表现之一，也是整个中国近代以来半殖民地半封建社会的特殊国情所决定的。

近年来，史学界关于近代商会与政府关系的探讨日渐升温，“市民社会”、“公共领域”、“第三领域”等西方社会学的理论和

[1]《交城县志》卷二十五，人物，山西古籍出版社1994年，第537页。

[2]《祁县志》，中华书局1999年，第480页。

[3]（民国）《山西村政丛编》卷一，法规。

[4]（民国）《山西村政丛编》卷四，办法。

概念不断地被运用到商会史的研究中，成果斐然。然而，我们在将西方社会所发展出来的概念和理论运用于中国社会的同时，也应注重从中国社会本土出发，只有“从中国社会内部去发现问题，用实在的史实和资料为基础而创发和叠置出来的理论，才是‘中国本位’的史学”[1]。尤其是在进行商会与地方社会互动关系的研究中，西方理论适用性的本土化验证则更显必要。

明清以来，山西商业发达，经商人口众多，但却并没有带来如中国其他地区那样资本主义商品经济的快速发展。清末的山西商业因地理环境、传统观念及其本身发展的不平衡，仍然是建立在自给自足的自然经济基础之上的，商业资本大多仍停留在流通领域，并没有转化成产业资本。这一现象似乎从商业的角度印证了黄宗智的“内卷的商业化”理论，即地区商业化程度相当高，但所带来的单位效益却呈递减状态，属于一种“没有发展的商业化”。山西商会就是建立在这样一种社会历史背景下，注定了其发展过程中所面临的困境。也正是因为商会与带有封建性的传统晋商这种千丝万缕的联系，使商会作为资本主义性质的民间社团组织，对地方社会的作用和影响受到了极大的限制。与通商大埠的商会相比，山西商会更少自主性，它与政府之间更多的是依赖和受制的关系，对地方社会也只在经济生活方面表现出了较大的推动作用，而对地方政治和社会生活其他方面的影响就显得十分有限了。

山西商会与地方社会的研究，是从区域社会史角度对商会史研究的一次尝试。笔者试图通过挖掘商会这一近代新型的商人组织是如何切入地方社会，它与既有的社会环境之间发生了怎样的互动关系，深化从区域本土出发对商会史研究的认识，以期对地区商会史研究领域的拓展有所裨益。

---

〔1〕 梁元生:《历史探索与文化反思》，香港教育图书公司 1995 年，第 23 页。

秧歌里的世界

——兼论晋商与晋中社会[1]

我国的民间文化内容丰富，形式多样，源远流长，它是中华文化百花园中一块珍奇的宝地。秧歌更是这块宝地中一株瑰丽的奇葩。山西作为中华民族文化的发祥地之一，在民间文艺的创作和发展方面有着深厚的积淀和社会基础。山西的戏曲艺术，不仅历史悠久，而且剧种繁多，大小剧种有50个之多，居全国首位，可谓“多剧种之乡”。[2]其中以秧歌命名的地方小戏就有16种之多，包括襄武秧歌、壶关秧歌、祁太秧歌、介休秧歌、繁峙秧歌、广灵秧歌等等，而这之中又以流行于山西中部祁县、太谷等商业繁盛之地的祁太秧歌影响较大。相对于内容和形式较为固定的传统大戏在发展过程中社会精英阶层的参与，以秧歌为代表的地方小戏可谓是源于民间，创作于民间，发展于民间的草根文化，具有浓郁的乡土性，与地方社会有着更为亲密的关系，在这些草根文化的背后往往更真实地折射出地方社会的多元图景。也正因如此，祁太秧歌成为笔者在本文中考察的主要对象。

作为一种流行于晋中农村的俗文化，在新中国成立前，祁太

---

〔1〕本文根据行龙、毕苑《秧歌里的世界——兼论民俗文献与中国社会史研究》(《民俗研究》2001年第3期）基础上修改而成。

〔2〕山西地方志编纂委员会:《山西戏曲概览》(内部资料)，1983年印刷，第8页。

秧歌几乎没有任何历史记载，遍查地方文献也只可看到几则简单的由官方发布的禁演秧歌的告示。秧歌的演唱者又大多是些没有受过任何教育的农村文盲阶层，他们靠着口耳相传来继承这一民间文化，这些都给资料的搜集带来了极大的困难。经过多次田野调查与民间访谈，笔者在1999年初收集到一批较为完整的祁太秧歌剧本，[1]包括170多种秧歌剧目。这些剧本是已故的祁太秧歌爱好者薛贵棻先生根据本人记忆以及各地老艺人的回忆收集整理下来的。剧本属手抄本，被工整地誊写在32开的稿纸上，共有厚厚的8本之多。应该肯定，以这些田野调查搜集到的祁太秧歌剧本作为民俗文献阐释的文本是具有独特价值的。这些剧本全部来自民间，文字质朴甚至粗俗，地方色彩极为浓郁，极少精英分子加工修饰的痕迹，正是这个特点使它无疑成为研究地方社会和民众思想的最佳资料。作为民间资料，这些由当事人所做的回忆和记录更为完整全面，在内容上较少删改，基本上保留了秧歌的原汁原味，并且对一些目前已经不再传唱的秧歌剧目也有所记载。这批田野所得的一手资料对于祁太秧歌以及晋中社会的研究都显得弥足珍贵。2004年，笔者在太谷县做调查时，又几费周折收集到一部由县政府组织整理的内部资料《太谷秧歌剧本集》。两种资料相互补充，使得祁太秧歌的资料更加完善，构成了本文的主要资料依据。

一　戏与商：晋中地域文化中的祁太秧歌

祁太秧歌在晋中盆地的盛行有艺术发展规律和社会生活状况两方面的原因。一方面，晚明正统以后，地方小曲（亦称时曲或

---

〔1〕本文所引用的秧歌剧本均来自《祁太秧歌剧本集》，该资料复印件目前收藏于山西大学中国社会史研究中心。

俗曲）兴盛，晋中盆地已经流行着民间艺人口编传唱的小曲。这些小曲如《高老庄》、《小二姐拜媒》《一块铜》、《闹五更》、《演封》、《并蒂莲》等保留至今。另一方面更重要的原因，宋代以后尤其是清代和民国时期地方社会民间活动增多，推动了祁太秧歌的兴盛繁荣。在宋代，民间就把街头歌舞娱乐活动称为“闹秧歌”。明代以后，晋中地区的节日习俗更为热烈。每逢年节，民间的“闹社火”有龙灯、旱船、背棍、高跷、吹唱等多种表演。将舞蹈与吹唱结合起来，这就是祁太秧歌的最初形式。民间娱乐活动的兴盛是由于晋中地区经济的繁荣。清代与民国时期，晋中地区的商业活动辐射全国。地方活动繁荣的一个重要表现是商品交换频繁，在晋中地区，则表现出商业市集与娱乐活动交融的特色。春节期间，“各商行扮演抬阁马社，次日集县衙听点及期，以次前导各官，盛陈仪卫迎春于东郊”，“村民于里庙祀神演剧，四乡商贾以百货至交易杂遝终日而罢者为小会，赁房列肆裘绮珍玩，经旬匝月而市者为大会，城乡岁会凡五十五”。〔1〕在节日通常都会“悬花灯”、“放烟火弦歌彻夜”，同时“货物杂集远近游人争相贸易”。〔2〕可见娱乐游艺与商业风气之盛。

祁太秧歌是在清代道光之后走向成熟的，不仅剧目大量涌现，题材丰富多彩，而且演出班社的组建和活动形式十分多样化。晋中各县村落密集，许多村庄自己就可以组织起来闹秧歌，因此秧歌活动多为自发进行。生活在社会最底层的乡民是秧歌活动最直接、最广大的源泉，他们对秧歌活动的热情使秧歌班社最早都以业余班社的形式出现。祁太秧歌业余班社在清末涌现了一大批，仅成立于光绪十余年间的就有：南沙河社、同乐社（北阳村）、田乐社、三和社、侯城秧歌社、同乐社（桃园堡）、义和社、群乐

〔1〕民国《太谷县志》卷四，礼俗，六。
〔2〕光绪《祁县志》卷四，风俗，二。

社、同乐社（北沙河村）和贾家堡社。此外还有宣统元年（1909）成立的乐堡社和1932年的上庄社。[1]业余秧歌班社的涌现和晋中商业繁荣、“票号”兴盛恰为同步，的确证明了经济对于民间文化活动的推动。这些业余秧歌班社，有一部分聘请著名秧歌艺人施教，但相当一部分班社不请教师，自学自乐，排练演出。班社成立后几乎每年都有演出，除了官方查禁偶有停演外，清末以来几十年，秧歌活动在乡土社会的精神生活中占据了重要的地位。

民国年间，祁太秧歌的专业演出团体出现。第一个专业团体是成立于民国八九年间（1919—1920）的“风搅雪班”，班址在太谷，但只存在了一年。到民国十一二年（1922—1923），太原人李珍贵又成立“风搅雪班”，演出晋剧和秧歌，有不少秧歌艺人在这个班社参加演出。这个班社也只存在了两年。民国十五六年（1926—1927），一帮榆次人聘请“风搅雪班”的著名艺人，在榆次设立了“双梨园班”，演出晋剧和秧歌戏。这个班社名角云集、制度严格，活跃于晋中十余县，极少有停演的时候，直到由于时局紧张而解散。此后直至建国前，再也没有秧歌班社存在过。[2]新中国成立后秧歌演出复苏，至今不少传统剧目仍在演出，并广受欢迎。

秧歌之所以在晋中民间有如此深厚的乡土基础，最主要的原因在于民众的参与。在业余班社组建的过程中晋中民众表现出极大的“闹票儿”热情，即自立“票社”（也叫“自乐班”）发展出介于民歌与舞台表演之间的新的表演形式。秧歌票友无疑来源于晋中农村社会下层民众，也有一些富裕商人参与进来。票社兴起在清末光绪年间，是祁太地区商业最繁盛的时候。其动因主要是

〔1〕郭齐文等编：《山西地方志（增刊）：太谷秧歌》，山西地方志编委会出版，1987年，第92—93页。

〔2〕同上书，第89—90页。

一些商号内爱好秧歌的年轻人在业余时间自动组织起来，学唱戏曲。就是这种对于乡土艺术的痴迷使“票社”在晋中一带存在了几十年，甚至在时局较严峻的时候也不曾完全中断，一直持续到1949年以后。“票社”的存在完全出于乡民自发，一切行头、经济来源均没有东家扶持，票友中有造诣精深的秧歌爱好者，他们甚至被职业演员拜为老师。[1]祁太秧歌有如此顽强的生命力，可见它与乡土社会结合的紧密程度。其实，不论是业余班社还是职业班社，乡民对于秧歌的依恋和支持，才是这种艺术形式存活的真正原因。

祁太秧歌产生于晋中地区，它是乡土社会农事活动和经济社会繁荣的产物。几乎全部的秧歌艺人，都是活跃在晋中地区的民众，有农民、小手工业者、小商贩、落魄的下层知识分子，也有一部分是颇有资本的商人和弃商从艺的中下层民众。祁太秧歌“闹票儿”的民众范围之广，是其他艺术形式所罕见的。每年正月，晋中乡村几乎村村闹秧歌，有班社的村庄自己组织演出；没班社的村庄也要从外村请进秧歌班，秧歌演出一般同社火活动一起进行，更增加节庆气氛。祁太秧歌在晋中的普及程度是极高的。例如光绪十年间太谷大王堡村成立的业余秧歌班社群乐社就规定“全村每户必有一人参加秧歌社的活动”，[2]因此，如果说无论男女老少都能哼几支秧歌曲调，那是毫不足怪的。

从秧歌活动的经费来源看，大致有以下几种形式：1. 在本村内部募化。或给钱，或给米面，多少不等，视各户经济情况而定。2. 直接到村内富户人家演唱。这种活动在晋中农村较为普遍，并且一般不会遭到拒绝或冷落，秧歌演出的乡土象征意义在

〔1〕《祁县文史资料》（第二辑），1956年，第58页。
〔2〕郭齐文等编：《山西地方志（增刊）：太谷秧歌》，山西地方志编委会出版，1987年，第93页。

这里体现为“送喜”或“送福”，因此除了招待吃喝外，还能得到一些钱。3. 村中商号捐款。祁太秧歌的兴盛的确离不开地方经济的繁荣，有了雄厚的经济实力，民众的文化生活和精神享受自然有较高的要求，因此晋中票号最为发达的时期（清末、民国），也就是祁太秧歌魅力最为充分的时期。4. 正月十五到新娶媳妇的人家化装演出，赚喜钱。晋中乡俗重婚丧大礼，赚喜钱不失为又吉庆又得实惠的方式。5. 秧歌班“保秋”所得报酬。农业生产仍是晋中社会的根本，“保秋”对于各村都是极为重要的农事，秧歌班社在秋收期间的演出，即为庆祝丰收，又可起到看护秋收成果的作用。6. 外村演出赏赐。外出演出不完全是为了经济利益。晋中地区村落聚集，村落之间的日常交往是存在的，因此凡有秧歌的村庄，每年依例会给有交往的村庄演出，名曰“交社”。这种演出由本村蒸馍送饭，白唱一天。它体现了较少功利性质的乡民生活状态。对于没有交往的村庄想唱，则先请帖，待同意之后，由邀请方支付食宿开支，情况好些的多给些报酬。可以看出，所得的经费，全部来自于乡土社会自身，它的用途不过是开支化装费用、购置行头服装，作为秧歌班的公有财产。因此秧歌经费的流动区域完全是在底层社会内部的。

再来看与秧歌班的结社和演出相关的祭祀仪式。秧歌班的结社仪式是严肃而神圣的。承班之始，班主备酒席与参加者共饮，凡受酒者，必须在班社参加到底。乡民有谚谣曰：“喝了秧歌社的酒，死了人也不能走。”这体现了下层社会民众对于“忠诚不二”伦理准则的理解。在开班的第一天，班主给每人准备一根麻糖，一碗油茶，并立有“点灯不到，罚油四两”的规矩。[1]秧歌班社的结社仪式显示出某种秘密结社的意味，其实仪式本身或许

〔1〕郭齐文等编：《山西地方志（增刊）：太谷秧歌》，山西地方志编委会出版，1987年，第94页。

就说明了在乡民的意识里，越是庄重肃穆而带有神秘色彩的仪式，才越能激发起民众心里对该活动的“事业”感和服从心理。

秧歌的演出仪式是颇为隆重的。秧歌活动初期，只在街头演出。正月初一在本村“亮台”，叫“迎喜神”；然后给“三官棚”演出，叫“消社社”。本村活动结束后，到外村演出时，迎送仪式是最值得一提的。出村前，演员一律化装，有一领头人，称为“挑帅”，身穿青衣，打“三花脸”，戴刀尖帽，黑髯口。左手摇“响花”，右手执“令箭”。三声铁炮响过，秧歌队出发。到对方村口，也是三声铁炮恭迎，村里的主持人身穿长袍马褂，头戴礼帽，手执“香火”，相见一揖，迎接进村。围观的乡民经常拥塞街巷，演出期间锣鼓喧天，十分热闹。如此隆重的迎送仪式证明了秧歌活动在乡民心目中是占据了极重的分量的，仪式本身就是乡民意识中的文化象征符号，也是晋中民间社会最具代表性的乡土意识的表现。

在今天晋中地区许多村落里还保存有清末和民国时期乡村秧歌剧演出的戏台。戏台的舞台题壁为我们留下了大量当年秧歌班社演出的证据。

我们来看几则：

其一：清徐尧城村舞台题壁

光绪十四年四月初八、九、十、十一日
太谷祁县喜乐社在此一乐也
三盏灯在此

其二：太原古城营舞台题壁

光绪二十三年七月十一、十二、十三日
祁邑全胜社在此一乐也

箱班主太谷锦梨祠
承事人张立人

其三：下庄村舞台题壁

民国三十四年正月十三日本村社火开演
葫油每斤壹佰元白面每斤伍拾元
羊肉每斤陆拾元米麦绿豆每石壹仟肆佰元
民国三十四年七月廿三日
太谷上庄、下庄、西炉三村合班
庆贺河神开演
此年粮价太大
麦子壹壹贰仟元小米仟元白面壹壹伍仟元

这些舞台题壁通常记录着演出时间、原因、班社、名角剧目、负责人，甚至演出开销和当时物价情况。在乡民眼中，演剧具有神圣和世俗的双重意义，且世俗的意味更多些，秧歌演出有时是为“庆贺河神开演”，但大多数还是为节日的社火娱乐。秧歌名角如“三盏灯”、“大要命”、“活要命”、“娃娃生”、“蛤蟆丑”等如此具有乡土气息的艺名充分显示了祁太秧歌的乡土本质。

二　盛世繁华：祁太秧歌中的晋中社会

晋中社会的人文风情孕育了充满乡土气息的祁太秧歌，并为秧歌的发展兴盛提供了丰富的营养和素材，而相应的，源于生活的祁太秧歌也成为晋中社会的一面镜子，折射出社会生活的百态。通过建国以来对祁太秧歌剧本的挖掘整理，已知祁太秧歌传统剧目有三百三四十个，其中将近二百八十种是1875年至1948年间的作品。打开这一晋中民俗风情画的长卷，为我们充分展示了清末和民国时期的晋中民俗与社会生活。

繁荣丰富的商业社会。祁太秧歌里大量的剧目都有着对当时晋中社会经济状况的描述，包括物质生产方面、交易运输方面和消费生活方面等等，其中消费生活又包含了服饰、饮食和居住等内容。从这些剧本中可以看出晋中社会商业气息浓厚，经商意识强烈，日常生活多姿多彩，充满浓郁的晋中特色和乡土气息。

赶会是祁太秧歌中表现较多的内容，有《游社社》、《冀北赶会》、《看秧歌》、《小赶会》等等，这些剧目对晋中社会商业兴盛、集市繁荣的描述比比皆是，不厌其烦。"西大街有的四大行，布匹绸缎颜料大粮行，西大街，真排场，银行都在西街上。一家一家都数嘎，玉成银行、傅晋银行、壹德银行、东来银行、实业银行、盐业银行、垦约银行、农工银行、省银行，出出票子来都能花——兑换现大洋。担上担子往东去，路北开的是广生裕，东景泉，西万聚，当中圪夹的源盛利，这是太谷的大生意——来在鼓楼底。……担上担子往西走，不觉出了大巷口，大南街，实威风，字号买卖数不清。学成贤、至诚兴、元吉生、锦太公、吉里全、吉里恒、天顺达、玉明通、正兴裕、日发生、恒隆庆、四合公，这些生意实在红，一年就挣几万银——还有永太公。"（《换碗》）

地方经济发展，商业繁盛，反映在普通百姓的生活中，就是服饰的追新求异，饮食的丰富多样，婚丧嫁娶的隆重奢华。服饰方面尤其表现在年轻女子的穿戴上，"珍珠环来玉手镯，茉莉鲜花两鬓插，左手戴表是金壳，菊花头，细细辫，两鬓扣的鬓捏捏，还留的两圪绺刘海发。……头上遮的电光帕，到夜晚能闪光，照的身上明如月，不爱见洋帽太捂额。身上穿的花丝葛，花花草草果绿色，穿在身上赶时新，红裤巾巾绣白鹤，青莲绢绢手中握，铁机缎裤儿织的芍药"。（《小观灯》）祁太秧歌《劝妻》中，袁春英让丈夫进城去买衣裳首饰。她提出“好衣裳，绸缎绫，买来首饰通时新。打耳环，要赤金，白玉条簪买一根。好胭脂，杭州粉，嫩面膏买来几瓶瓶。湖绸袄儿绿绫裙，花缎大褂要血青。奎绿缎小背心，品红筒裤两盏灯。五色缎要一丈零，捎来绒线绣巧工。好衣好裳穿在身，粉红膝裤绣鞋红”。《看秧歌》描写的是晋商家庭中的姐妹俩，因父亲在外做生意，母亲上年纪，无人管教，喜欢打扮出门看秧歌。她们俩“脸搽胭脂桃桃粉，眉梁凹里一点红。两耳朵戴环环豆芽儿根根。两耳朵戴环环好像是两盏灯。大姐姐身穿一件品血青，二妹妹穿了一身娃娃红；计时表，看时辰，脖子上戴了根银绳绳，戴手表架眼镜真是威风。大姐姐穿了一条青裙裙，二妹妹系上湖绉裤巾巾；红裤筒，真不赖，洋凉袜子鱼肚白，咱姐妹看秧歌替了双新鞋。足尖上缀的骨朵胡采采”。如此让人眼花缭乱的服饰反映了当时晋中社会商品的丰富，观念的开放。饮食文化是民俗文化的重要内容之一，随着商业的发展，晋中地区的饮食呈现出精致多样的特点，这在祁太秧歌中也有很多描述，“油茶锅里把勺只搅，鲜牛肉把灌肠炒，还有一锅豆腐脑，开锅圪斗斗片儿汤，闻见真是做的香……打凉粉，白刷刷，莜麦面切条是圪节节，油麻花儿半圪瘩，咱姐弟吃了个脆圪嚓”，“冰糖蛋蛋灌馅儿糖，猪心猪肺猪肝儿花，烧麦扁食做得好，……香油麻叶大油旋，丸子过油刀削面”。(《小赶会》)

在讲究礼俗的中国社会，丧礼不仅是活人对死者哀情的表达方式，更是显示活人实力与地位的重要窗口，因此，晋中地区的丧礼由于富有而更加讲究。祁太秧歌《换碗》中详尽地描述了商家后人罗琼为其父出丧的奢华场面：

> 十口猪，八只羊，烟酒米面案摆上。亲戚朋友都道上，不用他们来商量，柏木材，松木刮，材上油了个可喜煞。明八洞，暗八洞，富贵框框九针针，张果老，吕洞宾，白鹤鹿

儿老寿星。二龙杠，真威风，明星引路出崭新，街上搭起过街棚，院里搭的是天棚。活站像，真怕人，四个衙门左右分，打道鬼，喷钱兽，花花草草甚也有。纸幡、香幡、奎儿幡，灵前挂的引魂幡，金银斗，纸洋箱，里头放的纸衣裳。四季人人十二相，人人马马真排场，摇钱树，聚宝盆，童男童女两边分。干心饼子一拧拧，下气馒头整三斤，灵前点的照尸灯，哭杖立的一整根。文武门君站灵门，和尚道人念开经，吹打的，往里迎，手端的盘盘跪溜平——打发老人。（《换碗》）

概而言之，晋中商人众多，市场繁荣，使得当地民众观念开放，生活得以提升，同时，富商们的生活方式又对当地消费时尚产生了很大的示范性。伴着祁太秧歌幽默生动的唱词，充满浓郁商业气息的晋中风貌呈现在听者面前。

生动复杂的婚姻家庭。作为民间小戏，婚恋家庭是祁太秧歌的主要素材，很多地方也因此将秧歌直接称为“家庭戏”。在这里，现实生活的喜怒哀乐经过艺术的加工，被诙谐生动地表现出来，构成晋中民众抒发情感，寻找共鸣的空间。尽管不免夸张的成分，但祁太秧歌中的家庭戏仍然反映出生活其间的民众的道德取向和情感经历。

商业的发展，区域经济的繁荣使得晋中地区的民众观念更为开放，这表现在一些不合礼法的情感追求和家庭问题——如私订终身和婚外恋等等——也成为祁太秧歌的重要题材，而在表演的过程中，对此并不是一味贬斥，无论是演出者还是观众都表现出一种理解的同情或是宽容的态度。

从传统礼俗的角度出发，已订婚的未婚夫妻，一般来讲是不允许私自会面的，但秧歌剧中表现了许多大胆的年轻人冲破这种禁令。《拜年》中未婚的女婿来看望未婚妻，双方互相诉说对未来的期望。《送粽粽》中的女主人公瞒着父母到书馆给未婚夫送粽子，并劝他戒掉烟毒。在有关恋爱的故事中反映最多的是私订婚约的故事。这类故事发生的场景多是在街头巷尾家门附近或田间劳作过程中。创作于民国十年前后的《缉草帽》讲述的是收草帽的买卖人和姑娘在交易过程中产生爱情的故事。还有富家姑娘爱上了住在自家的长工（《四保儿上工》）的故事；《剂白菜》和《拣麦根》都讲述的是男女主人公在劳作中自订婚约的事情。故事中对于爱情婚姻的宣言是如此地质朴直白：

> 观见买卖人好容貌，有心与他姻缘配……（《缉草帽》）
>
> 小奴家，一十七，没啦寻下女婿子。家里贫穷未娶妻，我的青春年纪一十八岁。听说哥哥你没娶妻，俺们的终身许给你。你有心，奴有意，白菜地里就配夫妻……如今的年头奴儿自找男人。（《剂白菜》）

与私订终身相比，祁太秧歌对不合伦理的婚外恋情戏表现出浓厚兴趣，就显得更耐人寻味。这些戏文很多是写男主人公或经商或当兵而外出，或对家庭缺乏关注，妻子同第三者有了感情，做出越轨的事情。《卖柴记》中商人的妻子与卖柴的伙计勾搭在一起，事泄后甚至杀死举报的证人；《做楼肚肚》里的商妇则是与寄住的房客产生了私情，为他做“楼肚肚”；男人当兵外出，妻子则给相好的做烟口袋（《做烟口袋》）。还有的偷情戏完全悖逆了世俗伦理，如新寡李氏与和尚私通，甚至不惜杀死自己的儿子（《杀子》）。在相好的伙计落难之后，这些“痴情”的有夫之妇竟能不顾世俗讽笑去关照情人（《探监》）。传统戏曲中的类似剧情也以秧歌戏的形式表现出来。如《挑帘》讲述的就是潘金莲与西门庆的故事。不难发现，婚外恋情戏中偷情的一方全是女主人公，而且我们能够看出，除了个别因偷情而杀人的戏曲外，大部分戏曲中对偷情的女主人公并不持激烈的批评态度，甚至能感觉到一丝温情。

在表现家庭生活的秧歌戏中，除了传统的婆媳戏、夫妻戏外，还有一类所谓的“悍妻”戏更具生活意味和家庭气息。《五秃儿闹洞房》讲述了家境优裕但肢体有残的五秃儿受到妻子的憎恶，经常遭到妻子的打骂，但后来妻子听众邻嫂之劝，与丈夫和好。剧中告诉我们妻子和五秃儿结合的原因：“心里埋怨二老爹娘，为使换银钱害了奴家”，可以看出，贪财的父母看中了五秃儿的钱财，把女儿嫁了过去，那么对于这位妻子的“恶”也就可以理解了。还有两出“惧内戏”，一出讲王老大与折腰打赌不怕老婆，但结果证明二人都是怕老婆的丈夫（《背板凳》）。另一出讲男主人公想进京赶考，惧怕老婆不同意，请来学友相劝的故事（《顶砖》）。这些戏一般都有闹剧色彩，乡民可以在这种几分诙谐、几分夸张的夫妻戏中舒缓一下僵化的大脑，在与实际生活若即若离的乡土小戏中寻求自己对社会的诠释。

有关恋爱婚姻的秧歌戏是祁太秧歌中数量最多的一部分内容，由于它贴近乡土生活，反映的是乡村社会的民众感情，因此最能抓住民众的心理。这也是祁太秧歌中较有特色的主题之一。

烟与赌：晋中社会的“恶之花”。随着晋中地区商业的兴盛，民间的奢侈享乐之风渐盛，清末晋商发展到鼎盛阶段，开始出现衰败势头之时，乡村吸鸦片烟和赌博逐渐有流行之势，而且此后几十年间这股风气愈演愈烈，渗透进晋中的风俗与日常生活中。因此在祁太秧歌中涉及这个主题的小戏并不鲜见。

最令人震惊的是烟赌二祸在晋中乡村的渗透力，它们已完全成为一种娱乐休闲甚至待客摆设的时尚，而远远不被认为是应该警惕禁绝、阻挡于乡村社会之外的洪水猛兽。早期祁太秧歌中存留的《踩街秧歌即兴词》唱到“咸丰登基十一年，口里口外种洋烟”，说明在19世纪中期，山西种植烟草就已经很普遍了。再看清末民国时期晋中乡民的日常生活：一位怀孕的妻子想吃南瓜，却无钱买，在瓜园里偷南瓜时被看瓜老人抓住，在她羞怯的解释中有一句是："奴家男人不在家，赌博场里把钱耍。"（《偷南瓜》）还有一位妻子因为沉浸于赌钱中忘记了丈夫的嘱咐而耽误了生意（《卖豆腐》）；又一位丈夫迷恋赌牌，半夜不归，为躲避妻子的寻找甚至钻到狗窝内，他的妻子怒斥他对家庭的漠然："白天里假装病炕上睡觉，黑夜间上赌场不顾家贫。"（《踢银灯》）另一方面，当客人被主人引进家门，获得的招待往往同《缉草帽》中的小贩受到的待遇一样："进门来与姐姐把坐打，吃上袋旱烟喝上杯茶。"还有像《换碗》中那样夸张的要求："洋烟扦子要一根，梅花片和杨棍棍，一粒金丹两瓶瓶，一钵子洋烟整半斤，一布袋金丹一万根……"姑娘送给情人的小物件，往往就是一只烟口袋："吃纸烟，太的贵，价钱涨的没底子，做一个烟口袋使用烟锅子。"（《做烟口袋》）甚至一位男主人公公然表示爱吃烟的决心，他如数家珍地一口气报上二三十种香烟名：

> 云南烟，福建烟，大小金川千片烟。湖南烟，四川烟，衡州出的寿育烟。广东烟，广西烟，佛山出的好香烟，代州烟，大同烟，雁门出的玉兰烟。曲沃烟，太平烟，绛州出的联和烟，山东烟，甘肃烟，兰州出的好水烟。大板烟，小板烟，朱仙镇的元隆烟，细丝烟，金秋烟，江西出的浦城烟。周口烟，河北烟，济宁出的黑香烟……（《爱吃烟》）

对于烟赌之害，秧歌戏中的乡民是有真切认识的。对于各职业的损害："读书人教会把赌玩，误了今科中状元。买卖人们学会赌，误了生意少赚钱。种地人们学会赌，误了耕种少打粮。"（《小儿盘道》）对于家庭和身心带来的损害："二爹娘在世时家业豪富，先教会抽洋烟后教会耍钱。二爹娘下世去未过三年，把一份好家业全然弄干”(《四骗》);“为人教会吃洋烟，先卖地来后拆院，披毛单，裹毡片……这就是吃金丹累了身冠。”“人们教会吸金丹，要想倒霉不作难，多熏丹，少吃饭……抱上个沙锅儿讨吃要饭”，“没钱了打发女人卖小子，再无钱，偷人的，逮住送在模范监。”(《改良奶娃娃》)

在这种清醒的认识下，才有《踢银灯》中那位勇敢的妻子，将赌牌的丈夫从狗窝中打出，踢倒银灯，搅散牌场，力劝丈夫戒掉不良习惯。然而最见效的恐怕还是强制性的禁烟与禁赌。这是在民国之后的事了。张二姐被家人送入戒烟局，她讲道：“中华民国断金丹，这两天各村登记烟民”(《女戒金丹》)，还有诸如“中华民国整理村范，先禁赌博后断丹”(《改良奶娃娃》)。

毫无疑问，祁太秧歌作为一种艺术形式的乡村小戏，我们应该小心翼翼地把它与晋中社会乡村民众的真实生活拉开距离。但我们也必须承认，源于生活的秧歌小戏是对现实社会的一种折射。通过这种艺术表现，清末至民国年间晋中社会盛世繁华的诸多场景被放大和保留下来，商业气息和乡土气息扑面而来。

三　苦乐悲欢：祁太秧歌里的商人世界

如前所述，祁太秧歌的兴盛是与晋中地区经济、商业的繁荣发达分不开的。尤其到了清光绪以后晋中地区的票号遍布全国，经商成为晋中乡民最为常见的生活方式，商人生活也就自然成为祁太秧歌中表现最多的内容之一，甚至很多婚姻家庭戏也被安排在商人家庭展开。尽管褒贬不一，羡慕与鄙视同时存在，但祁太秧歌仍然为我们展示了一个较为真实生动的商人世界，以及乡民对经商之人的复杂感情。

祁太秧歌中经常可以听到描写晋中商人经商致富的内容：

……出东口，到西京，广东上海南京城。跑遍城乡和集镇，然后去了湖南省，一办药材福建省，二办戏装苏州城，三办瓷器杭州城，四办竹器河南省，……

行走来在太谷城，下了火车再往东，扎庄扎在阳邑镇，铺名就叫恒兴隆。买卖好，生意红，一年就比一年顺，三年头上把账清，一股只开了三万银——当了财东。(《换碗》)

虽然经商途中必定充满着许多艰辛无奈，但在秧歌戏中更多的却是描写商人运筹帷幄的经商才能和衣锦还乡后的自豪得意。《算账》中张三因穷困潦倒被迫出外经商，经过八年打拼终得满载而归。“那一年出外上沈阳，路儿上遇了个好东家，他领给我银子几千两，他叫我四路里把买客当，上自绸缎下至粮，烧锅开了好几座，买胡麻、贩芝麻、前晌买上后晌涨，也是我张三运气大，一年就比一年强，三年头上开一账，一股子开了七千两。”(《算账》)

经商致富后，商贾们甲第如云，锦衣玉食的生活使晋中民众受到极大触动，经商成为乡民改变贫苦现状的最佳选择，中国传统士农工商的四民定位在这里发生了变化。“二老爹娘把你生，送你南学把书攻，念书念了十年整，字未识来书未通。买卖行中不能行，万般出在无其奈，拾掇起来把地种。”(《割田》)商人成为仅列于士之后的第二选择，农民则成为“受苦人”而不被看重。祁太秧歌中有大量表现商人职业的小戏。村落小巷常走动的，是换花布的、卖洋烟的、钉锅的、推小车的（载物或人）；固定摊铺在集市上常见卖药的、算卦的、卖艺的、耍把戏的；比较多的是商铺：当铺、钱铺、饭铺、酒馆、鞋铺、估衣铺……

商业的繁盛，商人地位的提高，使得民众的婚恋观也发生了变化，过去因被列为“四民之末”而受到贱视的商贾之家成为民间婚嫁的首选对象。“寻下个买卖人才合奴的意”(《打冻漓》)；

女性对婚姻不满会发出这样的抱怨："人讶的丈夫会做买卖，咱的丈夫就会受苦。"

在秧歌中反映最多的是商人的家庭生活，尤其是在他们经商外出之后，他们的妻子与亲人的情况。

商人抛妻别子，离开家园，所担心的是妻子必将担负起一切家务："我去到外边做买卖，家园之事靠何人顾待"，"我去到天北二京做买卖，亲戚朋友来了叫谁顾待"(《送行》)。妻子担心的则是丈夫另有新欢、移情别恋："怕的是你去了河南再娶妻……忘了恩爱把奴遗。"于是妻子往往让丈夫将自己的期望与思念随时带在身边："妻儿送你两包笔，一包给你写书信，一包给你学诗文……这一把扇子交与你，想起为妻把扇启。"(《下河南》)离别之后留给妻子的是绵绵无尽的思念，虽然断不了有丈夫寄回的书信和财物，但对于家庭生活的渴望却是无法补偿的："珍珠玛瑙奴不爱，倒不如你回来走一遭。""赚多赚少你回来吧，养上个孩子比什强。"在漫漫长夜中，独守空房的妻子也忍不住埋怨常年不归的丈夫："拉煤汉也比他强，今日走了明日返，银子钱儿都赚上，赚上银钱顾家院。嫁一个打铁的也比他强，他看咱来咱看他，说说笑笑把铁打，心里舒展乐哈哈。嫁上个瞎子也比他强，又会拉来又会唱，有时心里不舒坦，弹打起来唱一唱。种地的人儿也比他强，清早上地晌午回家，一日三餐来用饭，有什么的话儿夫妻叨啦。"她烧香拜神，"一不求银子二不求粮，三不求哥儿弟兄二老爹娘，单求奴的丈夫回家转，进门来供献一只羊。"(《张公子回家》)在久盼良人不归后，有的商妇甚至由念生恨，"出外的人儿他把良心丧，三年守寡二年半"(《闹五更》)，妻子们实在厌倦了商人家庭的生活。

实际生活中的商人家庭不可能只是痛苦而浪漫的思念，于是有了更多的俗世生活中的故事。哥哥出外做买卖，对于在家的弟弟自然要担负起兄长的责任来："我哥哥捎回一封信，信上写的十两银，五两叫我安家金，五两叫我做本银。”（《缉草帽》）这样兄弟也有了生活能力。作为一家之主的父亲，虽然远离儿女却也要为他们的生活操心：“男人贸易不在家，家业之事全靠咱……昨日他父捎回书信一封，叫与二不愣订亲。”（《四骗》）

商人家庭也有普通人家容易上演的“继母戏”，而且由于晋中的商人行商较多，这类秧歌戏中继母的演出空间似乎也就更大。爹爹贸易在外，李三娘受继母虐待，经常去梨花山挑水，她悲苦地倾诉道：“我爹爹贸易不在家，后继母每日苦打咱”，“奴家今年二十三，继母不给配夫男”（《梨花山挑水》）。如此一个大龄姑娘在远离父亲的生活里该是多么悲惨。更有甚者，《烙碗计》中的继母为了独霸商贩丈夫的家产，对威胁到她的利益的前房子侄下毒手。当然这类故事的结局往往都是传统戏曲共有的大团圆模式，表达了乡土文化对于真善美的追求和对未来生活的宿命式的祈祷。

最引人注意、也是数量较多的商人戏是有关商人妻子婚外恋的故事。这类故事中，有的是女主人公不满意有钱却不称心的丈夫，于是背着家人，赠送金银送情人去北京（《上北京》），可以看出这类女主人公对感情的追求是占相当地位的。但大多数商人家庭的偷情戏都是女主人公感情寂寞的产物。比如《做凉袜》的女主人公就是丈夫走关东，把她寄住在太谷的北珊村，这位妻子在北光村找到了自己的情人，“白天里做饭洗衣裳，到夜晚做伴在一搭”。《做楼肚肚》中的女主人公情况和这出戏大致相似，还有《改良奶娃娃》中的妻子，也是“他在外，妻在家”，从而产生了感情转移。这几位女主人公都风华正茂：“奴家的男当家的走南京，留下了女当家的太年青”（《做凉袜》），她们对情人的感情也是质朴真实，没有虚饰，她们真诚地为情人着想，甚至劝他们放弃不良习气：“这两天，整村范，县里的巡替常不断，恐怕把哥哥坐了‘模范’……劝哥哥以后莫要钱。”这些剧目对商妇的婚外情多持同情态度，她们在表演中也大多以正面形象出现。在这些故事中，作为丈夫的商人都隐而不见。秧歌戏似乎无意表现一种感情纠葛，甚至似乎毫不打算去设想如果经商的丈夫回家，会发生什么冲突。乡民们或许只是在欣赏可以被世俗接纳的感情越轨，或者只是在表达一种对商人家庭的理解和调侃，尽管这不一定完全表现晋中地区乡村社会的婚姻真实，但却在一定程度上反映了晋中社会商人婚姻中普遍存在的问题。

在民间的理解中，商人对财富的占有并不能使他们成为乡土社会中的“精英”。《小寡妇上坟》中，那位十八岁就丧夫的商人妻子慨叹道：“有钱无势也是枉然。”这种“势”，实际是定位于乡土意识中对“世俗权力”的理解。来看这样一段对话：

“他老子的叶可恶。”

“什可恶哩？”

“自幼儿在北京，做的买卖领的东，接官迎富跑衙门，走衙门脱熟红，讶开二指宽的个帖帖，叫三班衙役把你捉拿，捉幸的堂上，进去一问，不管有理没理，就是啪啪啪三十大板、一面枷……俺们可惹不起份。”

可以肯定，这样的商人才是乡民眼中的“能人”。至于那些有钱无势的商人就只有靠花钱借势免灾了。罗琼的父亲因贩卖大烟被抓，“板子打、上夹棍，只打了个烂洞洞。定了死罪要枪崩，想活一天万不能——下在监狱中”，为了救父，罗琼四处求人，“花上银钱去搬人，搬了榆次的大乡绅，能办事情就能行。孙继中、要继英，赵合年和马继祯，四大乡绅商议通，去见县长讲人情。银子花了一万整，才放我父回家中——救上俺父的命”（《换碗》）。如此可见，即使在晋中这样一个经济发达、商业行为频繁的地区，乡土意识中对封建权势定位的优越也是根深蒂固的。

虽然由于晋中商业发达，乡土意识中没有明显的“抑商”情结或“无商不奸”的偏见，但我们偶尔也能看到讽刺商人的小戏。《当板箱》讲述的就是这样一个故事：当铺李掌柜在街上调戏花郎之妻，受辱的妻子和丈夫设下一计，由妻子将李掌柜引至家中，这时丈夫佯装从外归来，李掌柜情急之中被藏入板箱内，丈夫又佯装不知，将板箱抬至李掌柜的当铺内，开价三百两白银。然后故意走开片刻，板箱内的李掌柜只好呼叫伙计如数付银。夫妻得银，欢喜而去。在《卖绒花》、《卖胭脂》、《卖高底》这些剧中，那些挑着货担游街叫卖的小商贩常会因为在卖货过程中调戏姑娘而落得货财两空。这实际上是中国社会传统职业观在民众日常生活中的反映，商人阶层往往就处在这种既让人羡慕又受人鄙视的尴尬境地中。

晋中商人竭力经营，奋力开拓，最终实现了辉煌的事业，然而在这些显赫与荣耀的背后，他们也要经受许多常人难以想象的痛苦，经商过程中的创业艰辛，抛妻别子的情感折磨，权贵阶层的欺压敲诈……祁太秧歌正是从日常的生活层面为我们展示了一个立体丰富的商人世界，在舞台的嬉笑怒骂中表达着商人辉煌背后的苦乐悲欢。

晋商研究在学界由来已久，但大多集中在就商言商的经济史范畴，对晋中商业社会和晋商生活的研究寥寥无几，这与文字资料的缺乏有着很大关系。祁太秧歌剧本正是对所谓的正统史志的补充。晋中商业社会的繁盛为秧歌的发展提供了成长的沃土，而秧歌的广为流传也为晋商与晋中社会保存了生动多维的历史图画，使我们得以再现正统史志中被淹没的普通民众的生活场景，重新挖掘晋商及其所生活的晋中地方社会风貌，从而更加深刻而全面地把握那段已经过去的历史与辉煌。

随着社会史研究在中国的兴起和日趋深入，普通民众的日常生活逐渐被学者们所关注。由于视野的扩大，一些过去毫无价值的史料重新被引用，一些散落于民间的文书碑刻受到青睐。祁太秧歌剧本作为民俗文献不仅仅是文艺作品，它所包含的社会史内容更是丰富而有价值的。郑振铎曾讲过，“许多俗文学的作品，却总可以给我们些东西。他们产生于大众之中，为大众而写作，表现着中国过去最大多数的人民的痛苦和呼唤，欢愉和烦闷，恋爱的享受和离别的愁叹，生活压迫的反响，以及对于政治黑暗的抗争；他们表现着另一个社会，另一种人生，另一方面的中国，和正统文学、贵族文学，为帝王所养活着的许多文人学士们所写作的东西里所表现的不同。只有在这里，才能看出真正的中国人民的发展、生活和情绪”。[1]对于当前的中国史学来说，西方史学思潮与多学科方法的融汇交流非任何历史时期可比，但从历史研究的本土化出发，史学工作者恐怕应像新文化运动时期的文化学者收集民间文献、研究民间文学一样，在历史学的领域再次挖掘与审视民间资料，借鉴国内外新学科的新方法，构建我们自己的“中国社会史”。

〔1〕 郑振铎：《中国俗文学史》（上册），上海书店影印本1984年，第20—21页。

怀才不遇：内地乡绅刘大鹏的生活轨迹

引言《退想斋日记》的发现与研究

刘大鹏——一个生活在清末民初内地乡村的普通文人，随着《退想斋日记》的发现，成为近年来学界研究的一个小焦点；在其家乡太原市晋祠镇赤桥村，顺应当地社会经济及旅游业的发展，刘大鹏的故事也成为街谈巷议的一个大热点，这对于一生怀才不遇的刘氏而言肯定是意想不到的事情了。

中国知识分子有着"一日一记"的悠久传统。其中以清代日记数量最为宏富，刻本之外，手稿本和手抄本为数尤多，且多为亲身经历或见闻，史料价值不言而喻。刘大鹏的《退想斋日记》正是这样一种手稿本。

《退想斋日记》始于光绪十七年（1891），终于民国三十一年（1942），连续51年。日记以大32开纸张线装而成，凡"二百册"。其卷帙可谓浩繁，其发现整理亦可谓好事多磨。笔者二十年前就读乔志强先生门下，应《中国社会科学家传略》编辑组之约，曾为先生作传。在谈及先生早年搜集山西义和团史料时，乔先生曾这样回忆道：早在上世纪50年代，一次参观晋祠圣母殿，在殿前众多碑石中偶然发现《刘友凤先生碑铭》，便有收集刘氏文献的念头。很巧，山西大学图书馆线装书库有位老先生薛愈同志，世居毗邻赤桥的古寨村，人熟地熟，俩人一拍即合。不久，薛愈老先生在一位刘大鹏的亲戚家中找到这批珍贵资料。以后很长的一段时间中，由薛愈从收藏者家中临时借来数册，乔志强先生不分昼夜地在学校摘抄。这便是业师乔志强先生 1980 年以刘氏《潜园琐记》为基本史料出版《义和团山西地区史料》的基础。80 年代，业师发表的《山西地区的义和团运动》、《从〈潜园琐记〉看义和团》、《辛亥革命前夕学堂的兴起》等论文，大多引用了这批资料。

《退想斋日记》及刘氏其他部分手稿后来辗转入藏山西省图书馆。80 年代初，乔志强先生有关开展中国近代社会史的学术思想渐已成熟。1982 年，笔者正式拜师先生门下，此年的研究生招生简章即明确标示“中国近代社会史”。记得在一年级后半学期，先生安排我到省图书馆抄录刘大鹏《乙未公车日记》和《桥梓公车日记》。两部公车日记抄录完后，先生又安排我和同窗徐永志抄录《退想斋日记》中的“有关社会史资料”，次年又有下一届研究生崔树民、王先明的加入。直到 1985 年四五月间，仍有近半数日记未能抄录。是年暑期，我又从历史系本科高年级中请到三位同学去省图书馆整日抄录，事遂告终。采铜于山，求学如斯。如今想想二十年前整日骑着自行车往十里开外的省图书馆跑，午间随便吃上点什么，再从不收门票的迎泽公园后门进入闲逛，不到下午开馆时间便又等候在门口，每天竟然能抄出近万字，那真是一种求学时代的辛劳与快乐。《退想斋日记》按照乔志强先生的意见抄录完毕后，他又再次标点注释并予删节（由原来的近 80 万字删节为近 50 万字）。1986 年 6 月，王庆成先生受邀至山西大学主持中国近现代史硕士生答辩，在一次乔志强先生家的早餐席间，笔者曾聆听两位先生关于出版《退想斋日记》的交谈。这就是 1990 年 6 月由山西人民出版社出版的《退想斋日记》的大概过程。这里还要提到的是，早在 1982 年，由中国社会科学院近代史研究所《近代史资料》编辑组编辑、中国社会科学出版社出版的近代史资料专刊——《义和团史料》上册，即已收录《退想斋日记》光绪二十七年（1901）、二十八年（1902）有关山西义和团的资料（实际也是摘录）。

乔志强先生标注的《退想斋日记》出版后，也许是因为印数不多（仅1500册）的缘故，并未引起学界太多关注，笔者知道的只是先生及同门弟子在有关论著中有所引用。直到1995年，罗志田先生在台湾新竹《清华学报》25卷4期发表《科举制的废除与四民社会的解体——一个内地乡绅眼中的近代社会变迁》，及《读书》上发表《近代中国的两个世界》，《退想斋日记》方为学界重视。罗志田前文以《退想斋日记》所记科举制废除前后二十年的社会变迁，探讨四民社会解体这一社会结构变迁的历程，并进而通过透视刘大鹏的心态变化，提出了中国近代史研究中应当引起反思的若干问题。后文又以刘大鹏日记为典型，论证近代中国存在着以京师和通商口岸及其影响辐射区为一方，以广大的内地为一方的“两个世界”的观点。英国学者沈艾娣（Henrietta Harrison）对刘大鹏及其日记情有独钟，90年代中期以来先后数次来太原实地考察搜集资料。2000年2月，英国《过去与现在》杂志发表了她的《中国农村的报纸与民族主义》，该文通过分析刘大鹏日记所载各类报纸、传言、谣言、信件等传播方式，挑战近代民族主义只是通过报纸这一近代化人士操持的主媒体传入中国农村的传统观点。最近，沈艾娣的另一篇论文《华北的村落认同：刘大鹏日记中的地方感》（作者提供原文）又被收入科大卫、刘陶陶主编的《中国城乡——地方认同与地域观念》一书。此文从京师、省会（太原）、县城（晋源）、镇（晋祠）、村（赤桥）的系列行政空间入手，通过对刘大鹏日记和其他相关资料的分析，指出城市和乡村、工业化、现代化、城市化等现代性的概念与区分，有其重要的社会历史根源，由行政区划到城乡区别，实际上是一个空间重建的过程。对刘大鹏而言，就是那样一种“地方感”。北京大学教育学院刘云杉先生《帝国权力实践下的教师生命形态——一个私塾教师的生活史研究》一文发表在《中国教育：研究与评论》第三期（教育科学出版社2002年），该文分失意、守志、末路三部分，通过对刘大鹏日记的解读研究，彰显了科举制度废除前后私塾教师所体现的文化、国家、社会的种种权力，以此透析绅士与国家的关系。另外一篇发表在网上的论文《一个乡绅的心情——以〈退想斋日记〉为案例》，从心理学的角度，将刘氏日记的每一篇所表露的情感状况分高兴、平和、生气三类以曲线形式记录下来，以此分析其情绪变化。虽不失为一种大胆的尝试，但在我看来，其研究的前提就值得打个问号。因为，作者现在看到的日记只是摘抄部分而非全书，在一天的日记中，刘氏也可能此事高兴，彼事则生气，何况日记本身就无所不包。又，《中国农史》2003年第4期发表的任吉东先生的《近代太原地区粮价动向与粮食市场——以〈退想斋日记〉为中心》一文，也不失为一篇构思巧妙的论文。

物换星移。《退想斋日记》发现近半个世纪后才开始受世人关注。去年，欧盟开展“中国农村可持续发展研究计划”，在陕西、河南、江西、福建等省选取的七个普通乡村中，笔者申报的赤桥计划有幸被选中，刘大鹏及其日记又一次成为我必须解读和研究的重要文献。也许，冥冥之中我注定与业师持续着学术情缘，选取赤桥作为个案，实在是缘于刘大鹏及其日记早已注入我的脑海。鉴于学界从“问题意识”的角度对《退想斋日记》已多有谈及，本文“避重就轻”，以叙事的方式勾勒刘大鹏怀才不遇的一生，或许这是基础性的但又是必需的工作。

一　奋志青云：五次科考

刘大鹏出生于清咸丰七年五月十八日（1857年6月9日），

世居太原县赤桥村。赤桥村邻晋祠，傍官道，人多经商，少务农，加以有丰富的稻草作为原料，造纸业相当发达，形成重商轻学的乡风，“才华秀美之子弟，率皆出门为商，而读书者寥寥无几，甚且有既游庠序，竟弃儒而就商者”。就是在这样的社会环境中，刘大鹏从9岁开始受业同里刘丽中先生门下，读经史诸书十余年。23岁时，进入桐封书院学习，得到王效尊山长的赏识。次年，他进入省城崇修书院学习，亲聆杨深秀等诸师的指授十余年，学业大进。光绪二十年（1894）刘大鹏中举，实现了人生重要的一次跨越。[1]

按照清制，考取举人就有参加会试的资格，有了博取进士同时也意味着仕进的机会。1894年的秋天，刘大鹏的心情是快乐的。登科中举，依照礼节拜客访友，则是理应之事。先在乡里“清晨即出门拜客，行遍里中，共拜二三百家……去东里拜吾友”。然后“来太谷城内遍拜诸客”，又“省垣拜客”，乡里左右之邻村十二个村庄他都去走动了。[2]人生得意之情由此可见，同时这也是对乡里“视读书甚轻、视为商甚重”，认为“读书之士，多受饥寒，曷若为商之多得钱，俾家道之丰裕”“读书无用论”的一个反证。科考仕进和业商致富到底哪个更容易实现，在关注日常生活的多数乡民观念中，无疑选择了后者，故而“为商者十八九，读书者十一二”。但一旦真正金榜题名，乡民会略去读书穷困无聊的过程，而去艳羡这一甜美的收获。刘大鹏在遍拜诸客的道贺声中，可能体会最多的是别人未得的书中滋味，他以自己证明了读书应该是令人羡慕的，读书是快乐的，读书可以“得志以行其道”。从此他生命的触角伸向了更辽阔的空间，而他作

〔1〕阎佩礼：《刘友凤先生碑铭》，见刘大鹏遗著，乔志强标注：《退想斋日记》（以下引文简称《日记》），山西人民出版社1990年，第613页。

〔2〕《日记》，第613页。

为一个绅士，作为一个文化人的思想觉悟有了一种自觉，责任意识有了一种强化。此后他一生的作为和思想都和科考，都和士以及与之相伴的角色、觉悟、意识紧紧地捆绑在一起。

1895年也就是中举的第二年他开始了进京会试的历程。这是希望与失望交织的旅程，是一次走出封闭世界的游历，是对自身学识的考查检验以及明了差距之后的追赶，对于贫穷度日的农耕家庭来说更是一次奢侈的盛宴。第一次，人生有许多第一次，唯独这个第一次让刘大鹏欣喜、新奇，一路春光，马不停蹄，从乡里走向帝国的中心，胸间是乘风破浪的壮志。一路上他看到了商人依附公车逃税，在会试往京十六日的行途中，平定州新兰镇税局客商报税，不税公车；固关“长城守关吏役稽查严密，往来商人无钱不得过，故上京商人往往与会试者相偕”，图免一番征敛之苦楚；卢沟桥“西设税局，无论品官行商，一律纳税，独不税及公车，凡商窃附公车而过桥者甚多”。抵京入门，官吏稽查出入亦“需索税钱，惟会试年不及公车”。对此，刘大鹏颇多感慨，以为“我国家待士之厚，于斯可见一斑也。商人至此莫不回顾徘徊”[1]。在家乡社会，他以学以士自持自重，不仅经受着地方社会风气的逼仄，同时也常常面对自己对价值取向做出判决时心灵的拷问。商人依附公车过关而回顾徘徊，可能只是些小商小贩，也许富商巨贾对此不屑一顾，但有一点是明确的，会试公车享受着难得的特权，面对这一细节他心中所有的困惑释然而解。

山一更，水一更，半个月的行程，一生的梦想，与北京、与会试紧紧联系在一起。这位乡间士子审视着北京，感觉着北京，品味着北京。“京都宏壮，街巷纷歧，车毂击，人肩摩，连衽成帷，举袂成幕，炊烟成云，吐气成雨。”刘大鹏的笔下是京都宏壮给他的巨大视觉冲击。京都的风情更深深地吸引了他，琉璃厂

---

〔1〕《日记》，第35页。

里如山如海的经史子集，使他恍入兰台石室，目眩神迷，“有生平未见之书，浏览翻阅，爱不释手者甚多，恨己贫穷，莫能多购”。百货丛集，游人甚众的护国寺庙会，万寿山、颐和园的美丽风景，刘大鹏和几位年轻的士子犹如欢快的鱼儿。[1]

游玩只是偶尔的闲情逸致，来京会试才是头等大事，刘大鹏对考试之事“一事未晓”，一切全靠后来成为他的好友的郝济卿指示，才得以措置，拜座师，拜同乡京官，拜同乡商人。在这些必需的礼节中，他厌恶“最讲虚体面”的习俗，厌恶京都奢华的风俗。[2]但这些只是会试中的小插曲，而对于参加科考的刘大鹏来说更关心考试本身。考试场面宏大、隆重、严肃，是刘大鹏感受最深的。在考试过程中，细心的刘大鹏敏锐地注意到“乡试场中一切官员及一切号军差役呼应试者为‘先生’。会试场中一切官员及一切号军差役呼应试者皆称‘老爷’”。称呼不同，称呼和社会地位、角色密切相关，这种他者的确认和期待，这种层次的区别，实际上是对社会地位以及角色自我认知的折射，并且在不同层次的考试中体现、确认、强化。细节需要敏感地捕捉和仔细玩味，宏大的场面则是直接的视觉冲击与心灵震撼，“会试场中较乡试局面甚大，官员亦多，贡院门口红顶戴者不少，闱中亦多红顶官长”，而且，“贡院中一切铺排，色色雄壮，办差臣工，莫不敬慎将事”。面对此种场景，刘大鹏由衷地感叹：“取士之典，何等郑重！”“国家取人，亦可谓之郑重矣！”

京都为学之士以习字为先（应试策略与技巧）引起了刘大鹏的注意。令人深可回味的是，在京考试之前，刘大鹏就已“见夫人才荟萃，其多如林，倍觉自己愚昧无知，无地可容，抚衷自问，抱愧良深”。这一直觉可能已经预示了以后科考的结果。科

---

〔1〕《日记》，第38、592、594页。

〔2〕《日记》，第595、600页。

举制最明显的特征莫过于分层选拔，但因为地域空间、知识结构等方面的差异，属同一层次的士子并不一定在同一水平，应该说刘大鹏清醒地意识到这一点。但他没有选择这样的视角，而是把关注点放在他最大的发现——习字。在他看来京都“为学之士，写字为第一要紧事，其次则读诗文，及诗赋，至于翻经阅史，则为余事”。联系到科考，他以为“我朝开科取士，乡试会试外，大率以字取者居多。殿试则是取字，朝考亦然，京都取士，总以字为先，以诗赋为次，文艺又次之”。殿试重小楷其实是晚清考进士殿试的常识，[1]刘大鹏对京都为学之人、科举之士以习字为先困惑不解。在他的心目中，字诚然要写好，但字好只是末技，重要的是“诚心读书以求根底”、“求义理之精”、“翻经阅史”[2]，京都所见“问写字不问所读何书”的学风和平素的学习观形成了一种倒置，深深引起了他的注意和感叹。事实上他的字应该是不错的。1938 年，有日军名吉实富藏者在刘大鹏家中座谈，并向年届 82 岁的刘大鹏祈写四个大字，刘氏辞以写字太拙，久坐不允，日人遂去。[3]由此推知，刘大鹏对京都学士习字为先的学习风气持批评的态度。李鸿章早在洋务运动时期就批评道：“小楷试帖，太蹈虚饰，甚非作养人才之道。”[4]刘大鹏并非批评科举制度本身，但他对京师学习风气的担忧应该说并

〔1〕 罗志田在《权势转移——近代中国的思想、社会与学术》(湖北人民出版社 1999 年)一书中，认为刘大鹏看到京都士子科举以习字为先，是缺乏科考常识，这一观点一经提出，多为其他学者接受，而这一点值得商榷。因为他在日记里提及京都士子习字之后，再没有提及自己练字的事，若是赞同“以字为先”，刘大鹏应该日日练字才对，但日记里没有发现有关内容。这和他大量购买新学书籍和研读时务之策形成了明显的对比。

〔2〕《日记》，第 42、594、595、596、598 页。

〔3〕《日记》，第 21、41、48、55、64 页。

〔4〕 李鸿章：《筹议海防折》，《洋务运动》第 1 册，上海人民出版社 1961 年版，第 53 页。

不多余，而且颇有识见。[1]

1895年刘大鹏赴京会试，适逢甲午战败，在现辑刘氏的日记里没有提及康有为公车上书这件事，但对甲午风云多有记载，对议和一事扼腕愤恨。国难之年，刘大鹏结束了他的第一次科考，下第士子，一路偕行南返，各归其家。

自京而返，经过了首次会试的洗礼，刘大鹏似乎成熟了很多，他开始在舌耕之余，精心地打理着下次科考的行囊。他托弟子武人瑞从北京捎买了一箱书籍，《御纂七经》十六套、《御批通鉴》两大套共二十四本、《皇朝经世文编》四套共二十四本、《皇朝经世文续编》二套共二十四本、《康熙字典》一部。这书单的背后是他周详的读书计划以及奋志青云之心。他用心研读丁日昌、冯桂芬、李鸿章、倭仁、刚毅等名臣大吏的奏疏例议，揣摩着谋篇布局遣词造句。此时，中国社会悄然发生的变革已波及科举考试。在会试前夕的1897年，刘大鹏已经得知是年京师秋试设算学科的新例。他也听说了京师金坛书院取超等洋务一名，题为"子贡问师与商也孰贤"，文以行师通商立论的事情，有人也劝他教子弟学习洋务，儒学的传统地位受到了西学的挑战和冲击。面对新变化新挑战，刘大鹏保守着孔孟正学，已显然落伍了。[2]

1898年，一场春雪中，刘大鹏开始了二次入京会试的行程，应付了程式性的礼节，就开始紧张的三场考试。他记录了三场考试的题目，考试内容已极具"经世致用"的味道，充满了时代色彩。在头场考试中，刘大鹏自言"文虽不佳而却平妥"。二场考试因为寒冷难寝，手足冷冻难以写字，似乎受到了影响。而第三场的策题五道，问经问史问学校问兵制问钱币，已使刘大鹏"精神疲困，惟欲偃卧，无一点兴致也"。第二日"五更醒来对第五

〔1〕《日记》，第530页。

〔2〕《日记》，第40、61页。

题策，天晓尚未半篇，至辰刻而完”。对于会试结果，刘大鹏认为“中与不中亦惟听天命而已”。从中可见刘大鹏的此次应试状态着实不佳，面对紧密联系时代命题的考卷，言语之间他已显得力不从心底气不足，考试的结果也可想而知了。[1]等待放榜的间暇，他和几位同年乘火车去天津游观，入东洋饭馆用餐，“浅陋耳目颇觉较前扩充”。接着，下第而归，“度居庸关，经上谷郡，至云中，历雁门、勾注诸山川，俯仰古今”，当然还有一路的吟咏。[2]

世纪之交的义和拳运动在山西引起了严重的教案。受洋夷之扰，晋省正常的考试秩序受到了破坏，1901 年晋省乡试停考，1902 年移至秦省，他的儿子在这次乡试中登科中举。[3] 1903 年春节，里人吹吹打打送来了“父子登科”的匾额以示祝贺，刘大鹏率领诸子敬诣祖茔祭告，而以节俭为本的他在“情理之不能已”的境况下，宴请邻里乡党百十余人，共二十一席。父子登科也意味着今年的汴梁会试，是父子同行的历程。先是亲友来送，门闾填委，应接不暇。一路行程，到了汴梁，觅屋而居。他所住的棚板街，西通北大街，成为京、津、沪、汉之书商的麇集之地，时务等书，汗牛充栋，凡应会试者，皆到书肆购诸书，以备场中查对新法，而书商、书局乘势抬价，书商的名利之心令他厌恶。太原县参加会试的就是他父子二人。对于第三次会试，刘氏没有太多地讲述应试答题的细节，他详细地录存了考题，绘制了会试卷面、履历格式，描述了考试的场景并和以前北京的会试比较，他似乎是在对他科考生命做最后整理，他没有提及中与不中的话题，此起彼伏的民变让他备感焦虑。[4]而当他返回家乡时，他的母亲带着对子孙的期盼而离开人世，这让他伤心不已。

---

〔1〕《日记》，第 62、65、68、73、74 页。

〔2〕《日记》，第 614 页。

〔3〕《日记》，第 79—85 页。

〔4〕《日记》，第 604—612 页。

刘大鹏三次会试下第而归，他并没有更多的嗟怨。1895 年会试同馆十人均名落孙山之外，愧言令馆减色，而刘大鹏则道："科名有定，岂在人谋，况吾省只取十名，下场者二百七八十人乎？"[1]究其原因，固然存在着罗志田所说的种种外在因素，诸如："像刘大鹏这样从中国腹地山西出来的读书人，就可能因买不到新学书籍，或买到而熟悉程度不够而竞争不过久读新学书籍的口岸士子"[2]，"那些举人以下未曾出省应试的读书人，大概就只有等到考试内容正式改变的通告出了后才能认识及此，他们也就更加无法与口岸地区的发展同步"[3]，"场中所考既然多为新学，两地读书人已不可同日而语，内地读书人与口岸读书人更已不在一条起跑线上"[4]等等，但是就刘大鹏本人而言，对科考中与不中定于天命的认识、对新学强烈的排斥和抵触情绪、其自身知识水平和应试能力较为低下（有两个"世界"的因素，但山西每科仍有进士十数名）、为考试而考试的"应付"态度、"碰"的思想等在内的"科考观"，也都是不可忽视的重要因素。所以刘氏"叹自己志大而才疏"应是切实之语。他关注的似乎已不是科考结果，而是科考的过程、细节、场面，"尽管官场更不可能授予多数人以官职，但科场却成了每个考生都程度不同要去分享的柯林斯所说的'身份文化'的场域"[5]。以此来看，刘大鹏奋志青云科考仕进，不如说是周期性地进入科场场域体认自己的身份而已，如果说这成为一种例行，一种过场，其结果应该是在情理之中。

废除科举，是一个划时代的事件，它破坏了社会上升性流

〔1〕《日记》，第 101、112、116 页。
〔2〕罗志田：《权势转移——近代中国的思想、社会与学术》，湖北人民出版社 1999 年，第 171 页。
〔3〕罗志田、葛小佳：《东风与西风》，生活·读书·新知三联书店 1998 年，第 260 页。
〔4〕同上书，第 261 页。
〔5〕刘云彬：《帝国权力实践下的教师生命形态》，见丁钢主编：《中国教育：研究与评论》第 3 辑，教育科学出版社 2002 年，第 155 页。

动的机制，使得许多士人“布衣卿相”的梦想化为碎片。刘大鹏听到下诏停科的消息后，“心若死灰，看得眼前一切，均属空虚”，“生路已绝”[1]。在失意的叹息声中，他无奈地走向他的下半生，但他仍驻在科考的梦里，科考也驻在他的梦里。民国二十一年（1932）12 月 15 日一个寒冷的夜里，年老的刘大鹏竟然“夜梦登科之日，老伯孙君九和送钱两次，一次十七元大洋，一次十三元”[2]。

二　舌耕度日：塾师廿年

“在整个 19 世纪中为数颇可观的绅士以教业取得收入。”[3]尽管山西经商的绅士所占比重较大，[4]像刘大鹏这样“为贫所迫”的绅士还是在读书科考之间隙选择了坐馆教书。但在刘大鹏的日记里，二十余年的塾师生涯却是在迫不得已的情况下无奈之举，他真情的流露给我们了解 19 世纪末 20 世纪初一位内地乡村塾师的生活及心灵世界打开了一扇窗户。

“家有三石粮，不作童子王。”“家有三石粮，不当猴儿王。”[5]教书一事，并非刘氏所愿，而是为贫所迫，藉舌耕度日，不过“暂为糊口计耳”，正如他所言：“吾家虽非赤贫如洗，究竟不甚宽绰有余耳，不然余何必出门教书也。”“暂为糊口计”，这是刘大鹏坐馆教书的理由，但他也曾坦言“读书之士若能于他处

---

〔1〕《日记》，第 42、43 页。

〔2〕《日记》，第 146、147 页。

〔3〕张仲礼著，李荣昌译：《中国绅士——关于其在 19 世纪中国社会中作用的研究》，上海社会科学院出版社 1991 年，第 220 页。

〔4〕同上书，第 222 页。

〔5〕《日记》，第 463 页。

寻出糊口之需，即不可从事于一途矣”，无意间也显露出无路可行的实情。这或许是刘氏虽有厌烦教书生活的种种理由，仍能支撑二十余年的主要原因。〔1〕

1892年，刘大鹏开始设帐授徒，1896年开始在太谷县南席村票号商人武佑卿家塾中任塾师。由于1909—1912年日记的缺失，刘氏具体什么时候结束塾师生涯，我们不得而知，但以1914年刘大鹏自述心志的日记中所说“藉舌耕为恒业垂二十年”为据，他大约是在1911年失去东席之位的。在1914年的一则自述心志的日记里，刘大鹏则明确地写道：“迄宣统三年，革命党起，纷扰中华，国遂沦亡，予即无舌耕之地，困厄于乡已数年矣。”〔2〕由此看来，他在1911年结束了塾师生涯。

在长达二十年的光阴中，刘大鹏塾师生活的主要内容应该是教书授徒，承担“传道”这一崇高的社会责任并付诸实践，思索道统在学生身上的传承延续，考虑包括练字、读书、作文等在内的初级的系统的训练等教学内容、教学方法问题。事实并非如此，他以教书为生计，不是没有一点“传道”的意识，但“流落教学一途，受东家之气，被弟子之恶”使他对此产生了怀疑：“或谓教学足以传道，而道之传者几何？”〔3〕教书在刘大鹏的眼中没有崇高的感觉而成为苦累不已的烦事。在刘大鹏看来，坐馆授课有几方面影响：影响自身志向、学业、德行，即所谓“舍己之田，耕人之田，已涉自待之薄，志之卑、计之疏莫甚于教书一事”。此事不但耽误自己的功夫，而且大损己德。“读书之士不能奋志青云身登仕版，到后来入于教学一途，而以多得几脩金为事，此亦可谓龌龊之极矣。”〔4〕

---

〔1〕《日记》，第59、451页。

〔2〕《日记》，第54、55、57、59、70、71、140页。

〔3〕《日记》，第198页。

〔4〕《日记》，第72页。

不能尽孝事亲。“教书一事累人太甚，今因母亲大人之病，而去来不能自如，殊令人闷闷。”此后刘氏业已打定主意，准备待来年将馆辞了，躬耕以事其亲。后来他的想法并没有实现，所以不能事亲尽礼常使他抱愧不已，每逢节日，此情尤浓：“今日为中秋佳节，家家户户，率皆陈肴设酒，为之庆贺，而余乃在外教书，远离二亲膝下，不能以菽水称欢，此心所大抱歉者也。”而在母亲离世后之清明佳节，刘氏虽有追源报本之思，因做教书客，往返不便，故缺此礼。在中元节，俗皆上坟祭祀，他在外授徒，未能旋家。而当众人皆上坟祭烧，为先人送寒衣之时，他在馆中，不能诣先墓为其母送冥衣，“哀痛之情，何其有极”！〔1〕

依人门户，自卑其身。刘大鹏视自己坐馆之事为“依人门户度我春秋，终非久远之计”。而在刘大鹏的家乡“重商轻学”的风气必然导致“轻师”，“当此之时学校颓废，士风不振，故有子弟者，虽请先生教书，亦是做为浮事，何尝郑重其事，敬礼先生哉，而为先生者亦以东家有钱，非惟不嫌东家不致敬，不有礼，而反谄媚东家”。对此刘大鹏慨言：“师道之衰于今益甚。延师者视师甚轻，并不知敬重之礼。为师者自待亦卑，往往将就入馆，聊得糊口之资，以度岁月，世道之凌夷可谓甚矣。”〔2〕结果，教书之人虽然往往被人轻视，甚且被东家欺侮，却犹坐馆而不去，而作东家者遂以欺侮东席为应分。这在刘大鹏本人看来“真有负于读书矣”〔3〕。他自己的亲身感受则更为真切：刘大鹏的东翁家资数十万，家中无一吸鸦片者，不染骄奢淫逸之习，勤俭持家，极得刘大鹏称赞。应该说东家对待刘大鹏是尽礼而且厚道的，但不愉快总是有的。有次他可能向东翁提出辞馆，东家不太乐意，因而

〔1〕《日记》，第 57、59、71 页。
〔2〕《日记》，第 55、56、61、108、127、130 页。
〔3〕《日记》，第 57、66、140 页。

处处冷淡，一切饮食莫不与前大异。有一位张姓东翁，十余年间每年年底都要送刘氏礼物，刘氏赞其待师之厚，但其他东家非皆如是，刘大鹏颇为慨叹："余在南席（村）十一年，阅数东家，脩金而外，别无一物之馈遗，富汉无礼，于斯概见！"[1]富汉无礼，刘大鹏终没有辞馆，从他的行为和心理可以看出，他确然不同于那些自卑谄主者，但在长达二十年的塾师生涯中，似乎并非全是东翁东席之间的"礼"的契合，既然刘大鹏认为自己教书是依门户度日，这一个"依"字就道出了实情和无奈。既然有所依凭，势必要自卑自轻，这是传统社会下层教师共同的群体特征。

劳苦不自由。对刘大鹏来说，教书不难而是烦，就是出题课徒，为之删改，指其是非这样的分内之事，刘氏也认为"教书者之日事劳苦，不能间暇有如此者"。而其"教书一事束缚此身，不得自如，凡有些须别事，则受累不小"的牢骚，颇有"久在樊笼里，不得返自然"的味道。作为一种读书与科考之外的副业，在他看来设帐授徒以来的十五年，是所历艰苦不堪枚举的十五年。[2]

刘大鹏似乎对自己二十年的塾师身份难以产生自我认同，言辞间始终耿耿于怀而不能释然，尤其是中举以后这种感觉更为强烈，因为这与自己的身份不符。他鄙夷周围一些塾师的道德和学问："训蒙之人多不早起，亦不能早起。系由膏粱子弟出身，及长困穷，乃藉舌耕度日，究其学业不过粗识几字，而于学之根柢未之能知。"而更为可悲的是许多塾师自轻谄主，为贪求脩金而丧失了独立人格。把刘大鹏和他们归为一类，刘氏显然不愿意。这也是刘大鹏对塾师这一职业不能产生认同的原因之一。

废除科考意味着刘大鹏科举仕进梦想的破灭，也宣告了他依

〔1〕《日记》，第 66、72 页。
〔2〕《日记》，第 24、88、101、156、157 页。

人门户暂为糊口计的塾师生活的结束，以前自己对担任塾师一事所有的轻屑、厌烦，转而化作眷恋、追爱，对一些塾师的鄙夷、斥责，也变成了同情、宽容。实际上，早在戊戌变法时期，光绪帝已下诏变法，其中一项主要内容就是将各地大小书院改为兼习中学和西学的学堂，后来由于变法失败而没有推行，但这一措施在社会上还是形成了不小的冲击。“近有废学校，裁科举之谣”，“人心摇动，率皆惶惶”，谣言真假不论，但这已令刘大鹏本人“二三其心”。周围之人有的“竟欲废读书而就他业”，而依刘氏对形势的判断，认为“士子习业已久，一旦置旧法而立新功令，自有不知适从之势”[1]。这是1896年的事。到1905年直隶总督兼北洋大臣袁世凯奏请立停科举，推广学堂，认为“科举一日不停，士人皆有侥幸得第之心……学堂绝无大兴之望”[2]。朝廷迫于形势，遂下诏于1906年停止科考。于是“同人失馆者纷如”，“家有恒产尚不至于冻馁，若藉舌耕度岁者，处此变法之时，其将何以谋生乎”？往日旧友因实行新政，失馆无业可为，“竟有仰屋而叹无米为炊者”[3]。相较而言，刘大鹏要幸运一些，没有马上失业，在1907年，他尚在馆中，但“弟子来读者无几，藉事不来者有之，托病间旷者有之”，已是一幅颓废的景象。不过，由于1909—1912年日记缺失，我们不知道这几年他充任塾师的生活情况。1913年，他已经充任晋祠蒙养小学教员，“日日晤对小学生，口讲指画，以四书五经为本而教科书为末，倒觉消闲”。但省里的巡视人员有时会到县里检查，仅许办理新学，不准诵读经书。他和检查人员演起了捉迷藏的游戏。[4]1914年新年伊始，他想起年前交涉脩金的事，计划以后的路怎么走，陷入了沉思：

---

〔1〕《日记》，第61、71、155页。

〔2〕朱寿朋编：《光绪朝东华录》，第5册，第5390页。

〔3〕《日记》，第57页。

〔4〕《日记》，第147、148、149页。

“人之一生，皆有恒业以养身家，予藉舌耕为恒业垂二十年，乃因新学之兴，予之恒业即莫能依靠，将有穷困不可支撑之势，遂另图生计，度此乱世。”[1]失去了才懂得珍惜。原来的“暂为糊口计”，此时已是养身家的“恒业”。他最终认同了这一身份，但已是回眸一望的绝唱。1931年，他夜宿县城一个朋友的家中，此处是民国以来城中仅有的家塾。[2]

三　亦农亦商：晚年岁月

科考废，民国立，恒业失，惶恐、失落、无奈的情绪总要直面生活的困厄，为谋生计，刘大鹏下田耕种土地，以“老农”自称；入山经营煤窑，与“窑黑”共穴，过着亦农亦商的生活。

亦农亦商，其实是刘大鹏无可奈何的选择。舍此而外，刘大鹏不是没有他途别径。清亡而民国兴，但从政者“清廷臣工，十居八九”，在刘氏看来，若辈“系家无儋石之储，不得已而作二代之臣也，口腹之累，致使失节败名而亦莫能之顾矣”[3]。他在评点从政者名节之高下时，还是点出了生活所迫的实情。从政者如此，那么像刘大鹏此类的学绅，身处社会大变革的时代，以生计而论，他该如何实现自身的转向呢？刘大鹏是做过一些尝试的。1913年在“不得已而允”的情形下他担任了县议会之议长，但因坚持整理财政与众不合，其所行之事不能达所抱之志，只是“竭一己之心力，勇往直前，能进一步则再求进一步而已”。不能苟容于世，只能萌生退志，辞议长而去。刘大鹏在

---

〔1〕《日记》，第159、180、184页。
〔2〕《日记》，第191页。
〔3〕《日记》，第433页。

他的后半生担任了许多社会职务，繁乱纷扰，这与他前半生亦读亦师单调而宁静的生活形成了鲜明对照。这大概是近代社会变革中绅士阶层共同的经历。他曾充任省咨议局议员、县议会议长、县教育会的副会长、县财政公所经理、公款局经理、县商会特别会董、县保存古物委员会委员等职。对大多数职务，刘大鹏多任职不久旋即辞退，这与刘大鹏正直的性格有关。一任一辞间，反映了科举废除民国肇兴的变革中刘大鹏矛盾的心态：从政之路，上则维持自己的绅士地位，下则为谋生计，关键是能造福乡梓。[1]然而“民国之绅士多系钻营奔竞之绅士，非是劣衿、土棍，即为败商、村蠹，而够绅士之资格者各县皆寥寥无几，即现在之绅士，多为县长之走狗”。[2]劣绅与贪官、土棍、流氓、村长一起侵渔百姓，民不聊生。[3]源自于各种名目的费征，只要关乎政府的运行，就只能袒护而不加追究，结果是“在县服务之人，绅士而反成痞棍，痞棍而竟成绅士”！在这样的大环境下，若不能自贬其身沆瀣一气，那就只能独善其身，以自己的标准去践履“如何是绅士”。

退一步来讲，教书一职对他来讲可能是最好的归宿。刘大鹏在辞退议长后曾充任过晋祠小学堂教习，颇感清闲间似乎找回了二十年私塾生活的感觉，也彰显了在新式教育兴起过程中，像刘大鹏这样的私塾先生转变为学校教员的历程。然而半年的清闲并没有取得应有的教资，刘大鹏“因无款辞谢其任，谋再办别物以求糊口之资”[4]。过了几年亦农亦商的生活后，1921年本县知事聘请刘大鹏为县立女子高等学校校长，学生仅十数人而已，从有关的信息来看，他担任此职的时间很短。而他再次执教已是76岁

〔1〕《日记》，第196页。

〔2〕《日记》，第178、179页。

〔3〕《日记》，第336页。

〔4〕《日记》，第427、468、470页。

了，在家中教育四个乡里的儿童。他称自己所为是“罪恶之大者也”，而且自嘲“家有三石粮，不做猴儿王”。依然是生活所迫的无奈。[1]

1914年，新年伊始，又添一岁，正月初八，里中商号开市，张灯结彩，爆竹声声，纷纷扰扰，一幅太平景象。57岁的刘大鹏此时正打算着一年的生计。回顾自己走过的路，他又一次陷入了沉思。停科举，兴学堂，使得大量的塾师失去坐馆之业，“竟有仰屋而叹无米为炊者”。刘大鹏并没有像其他人那样立即丢掉了饭碗，至少在1908年，东翁仍然遣车来接赴馆。1911年清朝灭亡，他丧失了西席之位。1913年他开始充任晋祠初等小学校的教师，聊以糊口，但他的薪水似乎在年底发生了问题，原来说好的款额他在年底仅拿到了一半。为了拿到另一半束脩，除夕之夜他还在晋祠催讨，但他至二鼓而归无果而返，其心情肯定是颇为复杂的。对于一个绅士来说，若不是穷困所迫万不得已，肯定不会做出这样咄咄逼人有失斯文之举。[2]

此前，刘大鹏的父亲于1908年正月初一离世，其父生前于光绪十年（1884）十月在太谷李满庄[3]经营一家木店，店号“万义生”[4]。这家木店在他父亲死后继续存在，但刘大鹏好像并没有亲自经营。1915年正月，他曾在李满庄住过两宿，估计是去料理木店的事。1917年由于生意凋零，应铺伙之约，刘大鹏曾去李满庄商量整顿店铺事。此后十余年，木店生意如何不得而知，但木店在1926年仍然存在，一位姓李的“号掌”（店铺负责人）夜宿赤桥村，曾谈及木店经营状况。由于“工人甚形细少”，店

---

〔1〕《日记》，第180、186页。

〔2〕《日记》，第451、454页。

〔3〕《日记》，第384页为“里满庄”。

〔4〕《日记》，第317页店号为“万意生”，第383、384页的记载均为“万义生”，在第242页又称之为“万义和”。

内木工工资涨价太高，“去年（1925年）一年除号中日用伙食及木匠之工资外幸获余利数十两”，而镇上的木店多行亏累。在商号倒闭纷纷，获利艰难的情形下，万义生木店能获薄利已属不易。1929年，万义生号遇到了一些麻烦，因买木料有纠葛，经人调停也莫能解决，后来刘大鹏召集木行之人共同合议，众皆以为买木系商家正当行为，不属盗买。后经李满庄村长及各位友朋从中调解，风波终得平息。1934年冬季，刘大鹏前往李满庄，可谓物是人非。李满庄原为太谷县大村庄，刘大鹏父亲在此营业时村中富户甚多，村有二千户，而此时仅有二百来户人家，且率皆贫困，无一富户。此后，在刘大鹏的日记里李满庄再没有出现。万义生的故事实际上反映了刘大鹏家庭经济状况的变迁，从1892年他到太谷去看望父亲到20世纪30年代，万义生至少经营了半个世纪，成为支撑家庭的一项重要收入。〔1〕

刘大鹏家中的土地数量不是很多。在1902年春种时，刘家又添了几亩土地，数量总共十亩。其中旱田有三四亩，水田有四亩左右，种植水稻、小麦、玉米、谷子以及豆类、蔬菜等。每年种植小麦的亩数不尽相同，但大致保持在二亩到七亩之间，小麦的亩产量因年景的好坏而时高时低，正常的亩产量应该为一石左右，总产量大致在200—800斤。而保持六亩左右的小麦种植规模，所获五石左右小麦，也仅供全家数月之食。当然除小麦之外还有其他农作物，如水稻、谷子等，但日记对其产量的记载不详，可见小麦在解决全家之食中占有很大的比重，而其产量有限，仅能维持全家数月之食，这也说明仅仅依靠十亩土地，刘大鹏根本不能养家糊口。〔2〕

在刘大鹏的日记里，赤桥村并不是一个以农业为主的村庄，

---

〔1〕《日记》，第149、167、190、191页。

〔2〕《日记》，第206、242、317、383、384、491页。

造纸业是村庄的主导产业。里人皆以造纸为生，“务农事者十之一二，造纸者十之八九”[1]。但造纸业时好时坏，纸价时起时落，似乎不很稳定。虽然有关家乡造纸业的记载很多，但从中看不出他的家庭造纸的迹象，纸价的起伏并没有影响他的家庭。

这样看来，他二十年“舌耕”为业，所得脩金的确是一笔不小的收入。在他看来，担任塾师不利自己的学业、志向和德行，仰人鼻息，不能躬身尽孝，但他一年的脩金为一百两银子，[2]所得不菲，正因为如此，他才能自卑其身二十年，为的就是养家。在他看来，出门教书暂为糊口计，非希图发财，“若希图发财，自当别求一途寻发财之事，余志犹在，乌容使财迷心哉”！言语之间流露出舍利求理的思想，我们不难发现其间“耕读”思想的脉络，刘氏曾自述其心志：“余家以耕读为业，不耕则糊口不足，不读则礼仪不知。”[3]但是其“耕读为业”的思想以及坐馆舌耕，又和科举制度相随相伴，倘若这一制度崩溃，耕读之路断绝，他的经济生命链也必将打破。

刘大鹏是一个独生子，没有兄弟姐妹，在日记里他总是一个人承担着家庭的重任。到了他的儿女辈，他的家庭规模不断扩大。1913 年 7 月，他有五子、二女、二孙男、二孙女，加上他的妾、三个儿媳，男妇大小共十六口。这显然是一个大家庭，“每日米面所食甚多，费用亦巨”[4]。所以家庭“常受紧逼莫能宽裕”。此时，他已丧失了西席之职，万义生木店的经营每况愈下。1908 年他的父亲、妻子先后离世，1913 年“长妇云亡又娶一妇，次妇又亡，且嫁一女，婚丧之事即俭亦不能无费，此所以积债不

[1]《日记》，第 44、107、194、232、263、328、445、450、451 页。

[2]《日记》，第 6、26、54、90、170、212、259、273、436、463、477、480、552、591 页。

[3]《日记》，第 88 页。

[4]《日记》，第 45 页。

少也”[1]。看来，要养活十六口之家，除了耕种十亩田地外，他不得不另图生计，实现生活的转向。

1914年对刘大鹏个人来说是一个根本的转折点。在生计窘困的情形下，他情非所愿地由“耕读为业”转向“亦农亦商”。从这一年开始他在西山和一个名叫韩实成的人共伙开采德昌庆煤窑，刘氏占三分之二的股份，韩氏占三分之一。1930年，韩的弟弟因听人闲语而与刘大鹏发生龃龉。刘氏回顾了十六年来煤窑的经营状况：“虽未大发财源，却年年稍有盈余，尚未亏累。”[2]由此可见刘氏经理煤矿还是达到了纾缓生计的目的。

经营煤窑不是件轻松的事，刘大鹏常入山进峪，驻于窑中。或窑中采煤，或查找矿石，或催讨债务，或管理公事，不一而足。为应对苛虐的税敛，他和其他窑户一起成立了煤矿事务公所，而公所章程出自于他的儿子之手。后来为免衙役之害，他又与众窑首将煤矿公所附设本县商会，[3]他本人在1921年至1927年担任了南四峪煤矿事务所的经理。像担任其他职务一样，始以推辞未果而担任，终因人心不正有人捣乱而辞谢。煤窑在极不稳定的社会环境中运营，煤厘局人常因公事而加厘，加征加税，日甚一日。[4]由于军阀混战，运煤之车因各县应兵差到处拉车不敢入山拉煤，以致煤积存而不能畅销。[5]尤其是1930年后，由于无处贷钱以供采取煤矿之资本以及层层的勒逼，煤窑经营状况愈下，“所放之账不能收回，该外之债无法偿还，又无商家抵佃米面”，以致闭歇者多而开采者少，人皆困苦不堪。[6]正是在这

---

〔1〕《日记》，第185页。
〔2〕《日记》，第190页。
〔3〕《日记》，第399页。
〔4〕《日记》，第214、215、218、219页。
〔5〕《日记》，第224、280、368、390、402页。
〔6〕《日记》，第322、390页。

一时期，他经营的煤窑数量也在不断地增多，规模也不断扩大，1929年经人说合收买了一家煤窑的部分，后来又买下了三眼煤窑。[1]但从别人出卖煤窑的情形，结合刘大鹏的日记来看，刘大鹏是在煤窑生意不佳的时机做了错误的购买决定，因为扩大规模花费了他相当的资金，这可能是导致他后来愈加贫困的一个重要原因。1929年底，煤矿的效益已开始下滑，业主由于无处贷钱以供采矿之资，加之煤矿事务所的管理存在的一些问题，到1936年，煤窑多行倒闭或者歇业，所留者亦不挣钱。[2]1937年抗日战争爆发后，煤窑所在的山峪成为红军打击日军的根据地，日军经常进山"入剿"，一些煤矿仍然惨淡经营，但刘大鹏自己的煤窑可能早已倒闭。

刘大鹏虽然在形式上实现了从"耕读为业"到"亦农亦商"的转变，但他的思想观念仍然定格在"耕读"二字。他在1914年初的日记里这样写道："予因穷，厄于乡，无一食之处，不得已而就煤窑之生涯，故常常入山整理其事，处于乱世，所学不行，聊藉一业，以藏其身。《中庸》谓：'居易以俟命也。'"[3]在刘大鹏的眼中经营煤窑乃不得已而为之的"谋生之术"，虽然他在入山觅矿、驻窑经管的过程中，美丽的山景颇使他陶然于胸，但在内心深处他对自己经营煤窑之事常常心中不安而且歉疚不已。[4]他宁愿自称为"老农"[5]，赴田种豆，督工拔谷，在田耘草，灌溉麦田，呼儿率孙。当他年届七十之时，因雇工甚缺，在农忙之际，常到田工作，甚而终日在田，未尝一歇。[6]75岁的

[1]《日记》，第474、475、489页。
[2]《日记》，第391、394页。
[3]《日记》，第474、493、495页。
[4]《日记》，第192页。
[5]《日记》，第203页。
[6]《日记》，第187、262、263页。

他因佣工之人甚缺，暂作农人，自认“虽不能抵一个工，抑且能抵半个工”，既省工资，又省饮食。[1] 八十岁时仍常在田中工作，毕竟年事已高，“身受劳过重”，朝醒不愿起床，“久之乃起，仍觉疲乏”。[2] 躬耕东亩，入山营窑，即使这样的劳苦，亦农亦商，竭力筹划，刘大鹏的家庭生活困厄还是日甚一日。

刘大鹏家庭经济状况向来不宽裕，如他所言，“吾家虽非赤贫如洗，究竟不甚宽绰有余耳”，后来他丧失恒业，又加之婚丧嫁娶、家庭规模的扩大、物价飞涨等因素，刘家“穷困日甚一日，自民国以来，屡遭厄运，无一日之穷舒”。[3] 仅吃饭一项，“所食甚多，费用亦巨，此所以常受紧逼而莫能宽裕也”。[4] 地中所产，也仅够数月之食，“值此物价异常昂贵之时，寻常受窘，往往告贷以度春秋”。对此刘大鹏责己“龌龊无能，空生于世而愧悔弥深者矣”。[5] 愧疚并不能改变现状，刘大鹏的债务之多用他自己的话说是“有应接不暇之势”。[6] 于是年关在即，外债来逼，新年已过，家极贫穷，将有冻馁之虞，[7] 有绝粮之患，欲购无钱，欲赊无处。[8] 1938 年 3 月初 9 日，乃至“今朝无米为炊”，目睹其口食之艰，一些友人纷纷接济，赠钱送面，令刘氏感恩不已。[9]

刘氏身虽劳苦，但他对耕作一事从未卑弃过，他早年未中举前在田耕种时，就有人指责他“毋乃不类”，自降其身，而他

---

〔1〕《日记》，第 331、332 页。
〔2〕《日记》，第 431 页。
〔3〕《日记》，第 495 页。
〔4〕《日记》，第 269 页。
〔5〕《日记》，第 185 页。
〔6〕《日记》，第 228 页。
〔7〕《日记》，第 239 页。
〔8〕《日记》，第 401、403 页。
〔9〕《日记》，第 494 页。

认为“余家以耕读为业，不耕则糊口不足，不读则礼仪不知”。[1]在他看来，耕种为谋生之正途，而其余皆非是，这就决定了刘大鹏后半生是“商皮士农心”。当他在麦田里守望着自己的精神家园时，“耕读”已成为一种文化的符号和精神的象征。他也始终因为经营煤窑而沦为商人歉疚不已。正是在自己的经历中，在和士、农、商的比照下，他清楚了自己的归属。在农耕和经商的外衣下，依邻晋祠而居的刘大鹏始终跳动着一颗士子之心。

1915年6月16日，刘大鹏接到王少鲁、张友桐、常赞春三人从北京寄来的信函，信中说到，王少鲁等人在北京南城下斜街云山别墅设立山西文献征存总局，并于省城省议会故地设立分局，征求晋省文献，请刘大鹏将本县诸先儒著述悉数搜求，所有独行、孝义、孝贤、烈女，素有传说可考者，也延求访问整理成书寄往局中。刘氏为此事专门谒见了县长李桐轩，告之王少鲁函告他本人办理此事的情况。县长虽言此事可办，但一句改日再议，不了了之。

但这一信息无疑给予这位经历“民国之变”的乡间绅士以莫大的鼓舞和振奋，强化了刘大鹏对地方文化搜集整理必要性正确性的认识，也坚定了他做好这一工作的信心。[2]

赤桥村紧邻晋祠，历史的传说与美轮美奂的建筑，自明以来数百年以晋祠为中心的地域社会祭祀活动，近代以来洋夷的频频造访，无疑激发了生于斯长于斯的刘氏强烈的地方文化自豪感以及一个文化人整理保护地方文化的责任感。这与绅士在地方文化中的领袖作用以及撰修志书的传统正好契合，也使得刘大鹏在他一生中留下了最亮丽的色彩。

在晋水流域有三十多个村庄，得益于晋水灌溉，刘大鹏创辑

---

〔1〕《日记》，第525、527页。

〔2〕《日记》，第45页。

《晋水志》十三卷，又创《汾水河渠志》、《重修孙家沟幻迹》。他曾经营煤窑的西山不仅富于矿产，而且兼具名胜，为此他撰写《柳子峪志》八卷，《明仙峪记》四卷等。刘大鹏早在1902年开始撰写《晋祠志》，[1]他自嘲“于课读之暇，消磨岁月”，其实在编撰过程中以古人著书的精神砥砺自己，“著书非一次即成，必易其稿，且非一易，易之又易也”。他手不停挥，删繁就简，甚而三更乃寝。难能可贵的是，为了周知情形，刘大鹏一有闲暇则奔赴晋水流域的村庄调查采访，时达四五年之久，不辞劳苦，不厌烦渎。[2]这种求真务实的精神在我们今天看来也是值得敬佩和学习的。

刘大鹏的著述并不限于乡邦文献，他还著有《梦醒庐文集》八卷、《卧虎山房诗集》三十五卷、《从心所欲斋妄咏》五十卷、《啄玉间咏》八卷、《衔恤录》十卷、《寄慨录》十二卷、《随意录》四卷、《潜园琐记》六卷、《游绵山记》二卷、《唾壶草》二卷、《遁庵随笔》二卷、《迷信丛话》十七卷、《愠群笔谭》二十五卷、《乙未公车日记》四卷、《戊戌公车日记》六卷、《桥梓公车日记》四卷、《刘氏世系谱》三卷、《藜照堂家训》二卷、《梦醒子年谱》十二卷、《退想斋日记》二百册。[3]可谓著述连篇，卷帙浩繁！刘大鹏生前将《晋祠志》四十二卷，重行整理为十六卷，删繁就简，意在印刷时价廉而工省，“予本贫穷，无力刷印，拟醵金以刷印，未知能否办到”[4]。可惜，刘大鹏的著述生前皆未杀青，良可浩叹。藏往知来，文献足征，修葺庙宇，保存古物，刘大鹏践履了文化的职责，完成了一个地方绅士的文化使命。

1942年，这位86岁的乡间绅士，记载了一场淙淙滴滴的秋

〔1〕《日记》，第233页。
〔2〕《日记》，第131、133页。
〔3〕《日记》，第615页。
〔4〕《日记》，第239页。

雨后，远离了他的那个时代。

结　语

刘大鹏的一生深深地烙上了时代的印痕，既反映了绅士阶层变迁的普遍特征，又突出了内地乡绅鲜明的个人色彩。他奋志青云五次科考，舌耕度日二十年，过着科考与舌耕相济相需的生活。科考废除，恒业丧失，他始终面临着生存的危机，“绅士地位不一定来自财富，也不一定带来财富”[1]。这一点在刘大鹏身上是最好的体现了。在奔竞纷扰之世，他没有效俗趋时而劣化，也没成功实现自身的转型和生命的蜕变，而是无奈地选择了持守和敛藏，过着亦农亦商的劳苦生活，在调适、矛盾、挣扎、困厄、落寞、固守中，践履着绅士的文化职责，诉说着一个内地乡绅怀才不遇及其时代的故事。

〔1〕 张仲礼著，李荣昌译：《中国绅士——关于其在19世纪中国社会中作用的研究》，第220页。

五　发现历史

图像历史：以《晋察冀画报》为中心的视觉解读

引言　从“左图右史”到“视觉研究”

中国史学源远流长，然史家最看重的“资料”，大抵也不外文字、图像、实物、传说四种。实物触目皆是，但物换星移，沧海桑田，不免落为“遗迹”。晚近有了博物馆，然有限的空间陈列的实物毕竟也有限，况且任何实物都不可能称得上是最初意义上的“实物”。传说在史家眼里历来属于“口说无凭”的臆造、虚构之类，那是民俗学、民间文学诉诸文字的素材。眼下“口述史学”席卷而来，似仍有不登大雅之堂之嫌。如此看来，作为历史学家看家本领的资料也就是文字和图像了。

事实正是如此。中国史学素有“左图右史”的传统，通志体大家郑樵说：“古之学者为学有要，置图于左，置书于右；索像于图，索理于书。”[1]虽说“左图右史”又可形容藏书极多，但文字毕竟是书的主要载体。单就文字和图像而论，文人著书立说又多利用和信赖文字，这是因为文字在学者眼里“义蕴闳深”，记事记言、传情达意皆可直接利用和体悟，而图像只是一种陪衬，起辅助和点缀作用，时话叫做增加“可读性”。若以绝对数量而言，文字之多于图像又何啻千万！其实，“左图右史”只可看作

---

〔1〕郑樵：《通志略·图谱略》。

古人读书做学问的一种理想状态，“见书不见图”或“借图画以启蒙”的场景倒是一种常态。鲁迅在《连环图画琐谈》一文中，以连环图画是启蒙的“利器”立意，谈及中国古代的“出相”、“绣像”、“全图”各类图书，即有一种明确的说法：

> 古人“左图右史”，现在只剩下了一句话，看不见真相了，宋元小说，有的是每页上图下说，却至今还有存留，就是所谓“出相”；明清以来，有卷头只画书中人物的，称为“绣像”。有画每画故事的，称为“全图”。那目的，大概是在诱引未读者的购读，增加阅读者的兴趣和理解。〔1〕

学术总在演化。上个世纪之交，梁启超等人倡导“史界革命”，“新史学”开始在中国有了响声，其中扩大传统史学的研究范围，包括扩大史学研究的资料范围都成为新史学重要的题中之义。于是，商周甲骨、敦煌文书、诗词歌赋、传说歌谣等等一一收入史家眼帘；也因此，罗振玉、王国维、陈寅恪、顾颉刚等人及其著述一一成为史界亮点。虽然以图像为资料素材而卓然成家者难见，但积极倡导者亦不乏人，鲁迅、阿英、郑振铎、戈公振算是其中身体力行者，而罗家伦的呼吁也不能忽视。早在1931年，当罗氏为郭廷以《近代中国史》一书撰写《引论：研究中国近代史的意义和方法》时即指出：“中国史家最不注重图画。要使史书有生气，图画是一种有力的帮助”，进而呼吁搜集中外地图、画片、照片等图像史料，尤其是外国人制作的画片更引起他的注意。以1859年大沽口之战为例，罗氏以为：“大沽口炮台的建筑，和竹签泥港的排列法，只是外国还有图画。就是什么‘刘大将军大败法兵图’、‘李中丞联团杀败洋兵图’这类的花纸，也

〔1〕《鲁迅全集》第六卷，人民文学出版社1998年，第27页。

可表现当时中国人的武器，中国的群众心理，中国人对外的知识等等。”[1]显然，在罗家伦看来，图像作为一种资料是可以反映历史真实的，但也只是对史著撰写的一个“帮助”，所谓“有生气”，也可以理解为增加可读性。

上世纪80年代以来的“文化转向”（cultural turn）和“视觉研究”正在改变着学界对图像资料的传统认识。文化研究者认为，“文化”并不仅仅是精英的思想和创作，也不再是音乐、绘画、出版物等一般民众喜爱的“大众文化”，而是“群体或社会共享的价值”，是“意义的生产与交换”。与其说文化是具体的事物，倒不如说是一个实践的过程。而且，这样一个过程不仅仅是存放于大脑中的抽象思维，它甚至会影响社会的组织、规范，乃至人们具体的生活。从这样的角度来看图像资料，史家探究的问题就由图像是否只是“帮腔”而转换为图像再现是如何生产和流布的这样一个命题。据黄克武先生介绍，最新的有关研究成果是Gillian Rose于2001年出版的*Visual Methodologies*一书。该书从近年来视觉研究的主题与论辩入手，探究文化的意义与视觉材料的功能，提供了有关视觉影像和社会认同与社会关系的剖析。作者还分析了组成诠释、内容分析、记号学、心理分析、论域分析、读者分析等各种研究视觉文本方法的优劣。黄先生认为，上述文化研究的转向也促成了艺术史研究方法的转变。[2]

笔者对文化研究和艺术史研究均所知甚少，但对从新角度探讨图像资料的有关成果却一直有着浓厚的兴趣。管见所及，大陆和台湾学界对19世纪末最有影响的《点石斋画报》关注最多。其中，大陆方面陈平原、夏晓虹编注的《图像晚清》，从该画报

---

〔1〕引自黄克武：《导论：映现抑或再现——视觉史料与历史书写》，见黄克武主编：《画中有话：近代中国的视觉表述与文化构图》，“中央研究院”近代史研究所2004年。

〔2〕黄克武主编：《画中有话：近代中国的视觉表述与文化构图》，“中央研究院”近代史研究所2004年。

四千余幅图像中，摘取约160幅，选取多种史料加以阐释与补充，使“中外纪闻”、“官场现象”、“格致汇编”、“海上繁华”四大主题显现出来。[1]台湾资深学者王尔敏先生的《中国近代知识普及化传播之图说形式——以〈点石斋画报〉为例》一文收入作者《近代文化生态及其变迁》一书。[2]该文对《点石斋画报》的创制背景、画风渊源及所载内容如时事报道、时人行踪、海外新知、奇闻、国政要典、民俗节令等都作出了深入细致的分析与描述。尤可注意的最新成果是2004年由台湾“中研院”近代史研究所出版、黄克武先生主编的《画中有话：近代中国的视觉表述与文化构图》。该书为1998—2002年该所举办的两次研讨会成果，共收录王尔敏在内的13位历史学、地理学、语言学、艺术学等多学科专家从不同角度讨论视觉文化的论文。编者采取“映现”与“再现”的两种不同观点，将13篇论文按映现生活、再现生活、呈现中国三个主题加以编排，并冠以《导论：映现抑或再现——视觉史料与历史书写》，读后令人耳目一新。我对视觉文化及艺术史不敢多言，只是沿着诸位先进提供的研究路径，试图对更晚一点的、20世纪40年代的《晋察冀画报》作一尝试性的探讨。依样画葫芦，不禁惶然。

一　画报内史：创制、演进、流布

《晋察冀画报》是在早期解放区有关工作的基础上创刊的。从井冈山时期到抗战前，摄影活动就已在解放区零星展开，一些

〔1〕 陈平原、夏晓虹编注：《图像晚清》，百花文艺出版社2001年。本书2002年作者陈平原先生惠赠，顺致谢忱。

〔2〕 王尔敏：《近代文化生态及其变迁》，百花文艺出版社2002年。

部队领导人如叶剑英、聂荣臻都有一些早期的摄影作品，但那个时期毕竟没有专职的摄影人员。

1937 年爆发的抗日战争，客观上加速了解放区摄影事业的发展。有关抗战最早的图像资料是平型关战斗中，时任 115 师师部侦察科长苏静的作品。他曾利用自己从缅甸带回的照相机拍摄了许多战地照片，其中最有名的就是《开赴平型关前线》。另一位在太原“全民通讯社”任摄影记者的沙飞，也拍摄了 115 师缴获的战利品及部队活动的一组照片。苏、沙两人的摄影被视为“解放区摄影事业创立的开始”，[1]沙飞更被称为敌后抗日根据地第一位专职摄影记者。平型关大战后，沙飞到五台参加八路军，聂荣臻将军亲自接见沙飞并赠送一台德国魏尔脱照相机，任命其为军区摄影记者。1937 年 11 月，晋察冀军区机关由山西五台移驻冀西阜平，沙飞又被时任晋察冀军区司令员兼政治委员的聂荣臻电召至阜平，被任命为政治部编辑科科长兼抗敌报社副主任。从此，沙飞等人一面采访拍摄，举办影展、培训队伍，一面购置机械、添补物资、招募工人，为成立画报社和创办画报积极工作。

1942 年 5 月 1 日，晋察冀画报社在河北平山县支角沟正式宣告成立。军区政治部任命沙飞为主任（社长）、罗光达为副主任（副社长）、赵烈为指导员。画报社下设编校、出版、印刷、总务四股。7 月 7 日，即卢沟桥事变爆发五周年之日，《晋察冀画报》创刊号正式出刊。创刊号扉页刊登了杜芬的布画《在毛泽东的旗帜下》，接着是目录、华北敌我形势图、发刊词及聂荣臻、宋劭文、朱良才、萧克、程子华等军区领导的题词。其中，聂荣臻的题词是：

五年的抗战，晋察冀的人们究竟做了些什么？一切活生

[1] 顾棣、方伟：《中国解放区摄影史略》，山西人民出版社 1989 年，第 5 页。

生的事实都显露在这小小的画刊里：它告诉了全国同胞，他们在敌后是如何的坚决英勇保卫着自己的祖国；同时也告诉了全世界的正义人士，他们在东方在如何的艰难困苦中抵抗着日本强盗！[1]

晋察冀边区行政委员会主任宋劭文一句“晋察冀的活报”题词，更显画报的生气与活力。

创刊号《晋察冀画报》为“特大号”，图文并茂，图片文字说明均有英文译文。创刊词及主要文字介绍由章文龙编写，并请邓拓加工润色。所有摄影作品及其他文艺作品均经聂荣臻亲自审定。出刊的当天，画报社还召开了隆重的庆祝大会，军区政治部主任朱良才、宣传部部长潘自力亲自到会，并转达聂荣臻对全社同志的问候和表扬。同时，边区政府还向报社颁发了奖旗、奖状和奖金。庆祝大会中另一件令人兴奋的事情，就是全体报社同志纵情高唱自己创作的《晋察冀画报社社歌》：

我们是文化艺术的劳动者，
我们是思想战线的战斗员，
我们用双手大脑劳作，
我们用笔杆机器作战。
生产精神的食粮，
制造文化的枪弹，

---

〔1〕 晋察冀文艺研究会、中国人民抗日战争纪念馆、中国新闻摄影学会：《晋察冀画报》（上下册），辽宁美术出版社 1990 年，第 7 页。这里我要特别指出的是，由于战争年代画报印数较少，且流动环境下不易保存，甚至有些已成为绝版孤本。是以上单位组织老摄影家，克服种种困难，花费两年多时间，才得以将《晋察冀画报》编辑成册，付诸影印。笔者对此深怀敬意。又，影印本当时只印行 500 册，笔者所据即此影印本。以下凡引自该版本者，均以《画报》上、下出之。

开辟新民主主义的文化田园。
劳作呵!
从日出东山到星光满天。
战斗呵!
黎明冲破了黑暗,
我们的歌声飘扬在太行山。[1]

《晋察冀画报》自1942年7月7日创刊至1947年12月,共出版发行13期。这里简要介绍的各期主要内容,也就是画报的演进历史,对我们下面的讨论应当是必要的。

创刊号即属初创,自然在形式和内容上都有特色。形式上最突出的体现就是所有图片及发刊词、征稿启事、版权页均有中、英两种文字介绍,英文文字由专门请来的刘柯、李伦翻译,并经国际友人班维廉、林迈可(分别为燕京大学物理学主任、经济学导师)校对修改。内容上信息量较大,各类专栏也初具形制。第一篇重要的文章是署名"萧斯"(邓拓)的长文《晋察冀舵师聂荣臻——敌后模范抗日根据地及其创造者的生平》,作为五年来晋察冀根据地发展的一个基本总结。接着是新闻摄影、美术、文艺三大专栏。具体内容是图文并茂的百团大战专页,反映战士生活、军民关系、边区人民武装及生活(包括政治、生产、教育、出版等多项)的不同作品,最后是纪实、小说、诗歌等文艺作品。其实,创刊号最后的"征稿简约"就是画报内容的告示,这就是:

本刊欢迎反映边区内部与各抗日根据地以及大后方各种

[1] 顾棣、方伟:《中国解放区摄影史略》,山西人民出版社1989年,第200页。又,这首晋察冀社歌为画报社老同志1980年的回忆,顾棣《晋察冀画报社史采访笔记之一》(手写本)即有罗光达同志增添的歌词。

斗争与建设之新闻照片、美术作品（漫画木刻等）及文艺（通讯、报告、诗歌、散文、小说等）稿件。至于海外通讯，尤其是反映反法西斯之新闻照片、通讯更受欢迎。[1]

1943年1月《晋察冀画报》第二期出版。本期画报有关边区第一届参议会的报道几占将近一半篇幅，封面即是月前刚刚召开的“晋察冀边区第一届参议会”会场画面。接着是一组反映冀中平原抗日斗争的报道。文字方面又有邓拓的《记边区第一届参议会》及其他作者的诗、散文等。形式上本期开始出现“漫画木刻”专栏。

第三期于1943年5月出版。本期“新闻摄影”主要反映冀东抗战，又有生产战线上的妇女儿童、反蚕食斗争、悼念柯棣华三组照片和文字说明。

1943年9月出版的第四期《晋察冀画报》为“八一纪念特辑”。画报第一次刊登了毛泽东同志的大幅画像及其“略历”，接着是朱德、周恩来、王稼祥、彭德怀、叶剑英、林彪、贺龙、刘伯承、聂荣臻、萧克等八路军将领肖像。摄影专栏包括纪念八路军新四军诞生十六周年、追念左权、晋察冀战斗成果、边区第二届县议会、狼牙山战斗、爆炸英雄李勇等多组。美术专栏内第一次刊登了木刻作家古元的《割草》，并转载重庆《新民报》徐悲鸿的评论，徐称《割草》“可称中国近代美术史上最成功作品之一”。[2]

第五期画报于1944年6月出版。本期封面特示“晋察冀边区北岳区反‘扫荡’战役、战斗英雄战斗模范大会专号”。新闻摄影专栏首先是一组反映反“扫荡”斗争前线的图文，接着是群英大

---

〔1〕《画报》上，第95页。

〔2〕同上书，第208页。

会的图片及说明文字。超出一半的篇幅以文字形式刊载群英会上的有关讲话和战斗英雄的事迹报道。本期无木刻、版画作品。

1944 年 8 月,《晋察冀画报》第六期出版。本期画报主要内容是主动配合正面作战的各地克复城镇摧毁敌人堡垒的战事图片，另有一组图片反映边区大生产运动蓬勃展开的实况。还有就是一组五幅反映美国航空队队员白格里欧的图片及署名宋山（沙飞）的报道——《白格里欧在晋察冀画报社》。

同年 11 月，第七期画报出版。本期画报仅 30 页，较为简单。主要反映晋察冀各地“攻城夺堡纵横出击”的场面。“边区各界纪念国庆节要求改组国民政府改组统帅部群众大会”的图片及说明占去两个版面。还有追悼邹韬奋、马本斋的两组图片及说明，郭沫若有名的《韬奋先生哀词——在重庆追悼会上的讲演词》也同时刊出。

第八期《晋察冀画报》于 1945 年 4 月底出版。本期新闻摄影专栏分海上、平原、山区三部分分别刊登有关渤海之滨、冀中平原、妙峰山、五台山、恒山等地战斗解放的图文。《白求恩国际和平医院》一组 10 幅占去两个版面。本期设海外通讯专栏，刊载美军挺进菲律宾、空袭鞍山日本炼钢厂及法军解放巴黎的图片及说明文字。首页还刊载了毛泽东在陕甘宁边区练兵比赛大会上和美国驻中印缅司令部人员的谈话照片。

第九、第十期《晋察冀画报》合刊于 1946 年 12 月出版。本期合刊目录由竖排改为横排。王朝闻的著名作品毛主席肖像（雕塑）在首页出现。“新闻摄影”专栏已无明确标示，但内容基本可分为三部分：从春夏季战略攻势到大反攻阶段的战果；察哈尔人民代表会议报道；张家口市群众斗争（控诉复仇、清算斗争）纪要。本期美术作品较多，计有王朝闻、沃渣、彦涵、夏风、马达等人绘画、木刻作品 8 幅。

1947 年 10 月,《晋察冀画报》第十一期出版。是时，全国已进入解放战争期间。本期画报封面及目录均标注“复刊号”字样，主要内容是一年来各地自卫战争的综合报道。另一组“穷人翻身图”通过图画、照片反映根据地民众闹翻身，分“浮财”、互助合作搞生产的情况。还有就是对杀敌英雄王克勤、军人榜样吕顺保先进事迹的图文报道。

第十二期画报于1947年12月出版。本期画报在所有十三期画报中最为简单。封面标示“‘一二·一’二周年纪念特辑”，反映国统区人民、尤其是青年学生反对国民党统治的斗争。茅盾《为“一二·一”惨案作》、陶行知《闻昆明学生因反内战而流血有感》、郭沫若《进步赞》三篇文字作品同时刊出。

第十三期画报和第十二期同时出版。[1]本期实际上也是特辑，内容主要是清风店歼灭战、解放石家庄战役两大主题。

翻检整个十三期《晋察冀画报》，我们不难发现，前十期亦即抗日战争时期的画报在形式和内容上质量较高，虽然也有参差不齐的问题存在，但整体上风格统一，板块固定，有些甚至表现出较高的编辑水平。反观解放战争时期的后三期画报，一个“复刊号”，两个“特辑”；十一期、十二期分别为30、20个页码，篇幅不足；十三期影印本竟然连目录也找不到（或许是影印失漏，亦未可知）。照常理来讲，画报社成立五年多，画报已出版10期，无论记者编辑素质、机器设备状况，还是实际运作经验都应该越来越好，为何后三期质量反倒不如前十期？

时局的发展变化是《晋察冀画报》质量前后不一的主要原因。抗日战争胜利不到一年，国民党军队从全国范围内向解放区发动全面攻势，华北战场再起硝烟。1946年9月，晋察冀画报社随主力部队撤出张家口搬至河北涞源县。由城市到乡村，由阵地战到运动战的战略转移，对晋察冀画报社和画报的出版都带来

[1] 两期画报版权页均标明“中华民国三十六年十二月出版”字样。

了不小的影响。先是从1946年4月起，晋察冀画报社就有一部分骨干分别抽调到山东军区、华北联大等处工作，接着又有十余人复员。4月底，画报社又根据指示进行整编，原来的科室整编为组，机构大为缩减，机器设备也进行了相应调整。至1946年10月底，原来已拥有百余人各类工作人员的晋察冀画报社一分为三，新成立的和平印书馆、新时代图片公司成为与晋察冀画报社平行独立的单位。更为重要的是，为了适应前线战斗的需要，及时反映前沿阵地的实况，新闻性、时效性取代了原先相对稳步操作的工作程序，"为兵服务"、争分夺秒成为办刊的突出目标。正是在如此情况下，出版周期较长的《晋察冀画报》被一份更为及时的《晋察冀画刊》所替代。

《晋察冀画刊》自1946年出版第一期（影印本缺失），至1948年5月28日最后一期，在一年半的时间内共出版44期。其中大部分为八开单页，四个版面；二、三、四期及后来的三十、四十一期为八个版面；也有个别六个版面者（第三十二期）。自1947年5月20日第十一期至10月14日第二十八期刊头均有"连队读物"字样。显然，较之于《晋察冀画报》，《晋察冀画刊》的时效性大大提高。若平均计之，不到12天即可出版一期。实际上，为了配合前线战斗，最快的五六天即可出版一期（第七至第十二期）。至于画刊的内容，主要就是围绕人民解放战争而及时报道的前线各地战役及战斗英雄事迹。这些战役包括定县登城战，西烟战斗，正定攻城战，解放井陉、沧县、兴济、徐水、昌黎、固城、大清河、清风店、石家庄、涞水、广灵、察哈尔等地的战斗。战斗集体、战斗英雄一个个也跃上画刊：神炮十三连，弃暗投明之常有福，投弹手焦志清，担架班长梁金水，申旦子炊事班，"建攻"部四连三、四班，小炮班长吕永顺，特等英雄李清山，卫生员王玉峰，热爱子弟兵的李大妈，指挥员田润生，白马河部二营，工兵功臣王惠文等等，真可谓各式各样，不胜枚举。可以想见，当这些反映前线战斗和战斗英雄的“连队读物”冒着枪林弹雨送到战士手中之时，将士们饱满的战斗情绪和欢快的笑脸！

除《晋察冀画报》、《晋察冀画刊》外，1946年9月画报社撤出石家庄前出版的四期《晋察冀画报丛刊》也是这个时期不能忽视的重要画报。1946年9月后，晋察冀画报社搬出城市走向前线，既要连续出版《画报》，又要新出《画刊》和《丛刊》。任务加重，顾此失彼，也不是没有可能。或许这也是《晋察冀画报》后三期质量不能保证的原因之一。综览1946年3月至7月的四期《晋察冀画报丛刊》，最明显的有三大特点：一是主题突出。四期丛刊分别以“八路军和老百姓”、“晋察冀的控诉”、“民主的晋察冀”、“人民战争”为主题，相对全面地反映了晋察冀抗日根据地创立以来的战斗历程。二是版面气派。与《画报》和《画刊》比较而言，四期丛刊每个页面大多只二三幅作品，第二、三期甚有一页一幅作品者。图片、文字错落有致，疏密得当，显得气派十足。三是丛刊篇幅增大、内容较为丰富。第一期29页、第二期44页、第三期73页，第四期涨到87页，价格也由“边币”二百元、五百元涨到八百元。

报刊是一种文化产品。正如任何产品都有生产和销售两个主要环节一样，以《晋察冀画报》为主的各种画报也有出版和流布的问题存在。总体上来看，晋察冀画报社出版的各类画报，在解放区、国统区、沦陷区甚至海外都有广泛的流布，当然，各类性质不同的画报，流布的区域、阅读的对象也会有所不同，这是不能一概而论的。

先看最早出版的《晋察冀画报》。创刊号《晋察冀画报》用汉、英两种文字对摄影图片进行说明，最后的版权页和“征稿简约”也同样以中、英两种文字出现，征稿启事内还特别点明“海外通讯”之新闻照片。这些迹象都表明，《晋察冀画报》从一开始就立足根据地，面向全世界。从画报的发行和销售处来看，发行由新华书店晋察冀分店经营，经销则是延安新华书店各地分店及全国各大书局。是否可以这样判断，陕甘宁边区报刊所到之处，也会有一份《晋察冀画报》。顾棣、方伟认为，创刊号“发行范围广泛，不仅送至中央、八路军总部和大后方重庆，而且还委托国际友人及其他关系转发国外，晋察冀军政方面是部队发至连级、地方发至县级”。[1]顾棣先生是晋察冀画报社资深资料工作者，这样的判断当属实情。就国外而言，画报传送的国家和地区有苏联、美国、英国、菲律宾、印度、越南、新加坡、暹罗等地。据载，一般到晋察冀边区访问或工作过的国际友人，大都慕名参观过画报社。1944 年 7 月 18 日，被晋察冀边区军民救护的美军第十四航空队中尉飞行员白格里欧来到画报社访问。第六期《晋察冀画报》用两个页码刊登了白氏在晋察冀边区和画报社活动的照片及“向八路军全体人员表示感谢和赞扬”的中、英文文字。另有两个页码发表署名宋山（沙飞）有关白格里欧访问画报社的文章。文章说：经过“细心地浏览”六期画报、参观印刷厂、暗室，尤其是轻便印刷机，这位蓝眼睛高鼻梁的美国友人对边区和画报社留下了由衷的赞叹：

> 我不是大学教授，我不会写文章，也不会批评，我只觉得八路军和边区人民是在创造着战争的历史，晋察冀日报、晋察冀画报、边区的文化工作者则在创造着文化的历史，工人们创造着工业的历史。[2]

《晋察冀画报》在国统区应当也有相当的流布。不仅如此，在国统区中心重庆，一些重要报刊也不时刊登有关介绍和评论

---

〔1〕 顾棣、方伟：《中国解放区摄影史略》，山西人民出版社 1989 年，第 227 页。
〔2〕《画报》上，第 314 页。

《晋察冀画报》的文字，客观上扩大了画报的流布范围。1944年12月15日，重庆出版的《国讯》发表专门评论《晋察冀画报》的文章——《钢铁是怎样炼成的——敌后报业散记》。著名评论家穆欣将《晋察冀画报》的出版视为“一种奇迹”，并将反映“人民的姿态”和“敌后斗争”的《晋察冀画报》与战前在上海出版的、只对“大腿”和“曲线”有兴趣的“最好的画报”进行讽刺对比，赞美之词溢满纸面。

《晋察冀画报》在解放区流布相当广泛自不必说，在犬牙交错的游击区和沦陷区，不同的阶层也会通过不同的渠道看到《晋察冀画报》。在农村，画报往往通过武工队散发到群众中间，而在城市，地下工作者就是散发、传播画报的使者。甚至在日伪内部，《晋察冀画报》也会鬼使神差地突然传播开来。1943年，日军发动大规模的“毁灭大扫荡”，晋察冀画报社即被作为重要的军事攻击目标，画报的流布影响由此可见。

相对于《晋察冀画报》而言，《晋察冀画刊》的流布可能主要在晋察冀军区部队内部，各部队的官兵均可比较及时地看到各期《画刊》。“为兵服务”是画刊的宗旨，“连队读物”是画刊的定位。第二号画刊编辑部即发表启事明确指出：“本刊是连队画刊，希望各连队普遍组织传看，并且希望随时提出意见，供本刊改进参考。”[1]第三、七、九、十三各期还分别以“摄影网通讯”或通知的形式刊登编辑部要求的类似“征稿启事”，希望本着“为兵服务的精神，多多为本刊来稿”。[2]自1947年10月21日第二十九期开始，《晋察冀画刊》已可在前方出版并实行代邮，第三十期刊头即有“晋察冀边区邮政管理局第四十二号认为新闻纸类”的字样，显然已由分散的传送变为集中的邮局递送，流布

〔1〕《画报》下，第1085页。
〔2〕同上书，第1094页。

范围当更为广泛。本期画刊还特别登出“代邮”通知：

> 本刊已使用自制之轻便机制版印刷，随军在前方出版。惟此次战报有鉴同志寄稿较迟，致使不少宝贵资料未及编入本期发表。今后务希注意迅速寄稿，必要时可将胶卷附详细说明径送野政画报社代洗，以便及时报道。各地方军区摄影工作同志及各业余的摄影工作同志亦请随时给本刊直接寄稿。〔1〕

至于1946年3月至7月出版的四期《晋察冀画报丛刊》，笔者推想其流布范围可能更广。这是因为，从四期《丛刊》的内容分析，可以说是对画报社成立以来的一个工作总结，同时也是晋察冀根据地自创建以来直到抗战胜利后各项工作的总结。第一期丛刊《八路军和老百姓》主要是“拥政爱民”和“拥军优抗”；第二期《晋察冀的控诉》有“日本法西斯对晋察冀边区人民的种种暴行”、“无数次惨案中的一次——冀东潘家峪大惨案”、“无数次‘扫荡’中的一次——1943年秋季大‘扫荡’纪实”；第三期《民主的晋察冀》有“普遍的、无拘束的民主选举”，包括民主制度、大选运动、第一届参议会、三三制以及民主政权为民“兴利除弊”的各种活动；第四期《人民战争》从“到敌人后方去”直到“人民战争胜利万岁”，是抗战八年晋察冀边区不同阶段战斗历程的图像缩影。据顾棣先生介绍，丛刊原本计划继续出版妇女、儿童等专辑大约十种，因战事紧张未能实现。第二期《晋察冀的控诉》大部分曾通过联合国战后救济总署发行世界各地。〔2〕从形式上看四期《丛刊》篇幅增大，画面趋大，编辑讲究，气派非凡。精心印制和广泛流布应当是“步调一致”的。

〔1〕《画报》下，第1211页。

〔2〕 2005年5月30日笔者对顾棣先生的访问。

报刊的发行量和“流布”并不完全是一码事。晋察冀画报社资深资料工作者，现年78岁的顾棣先生谈及画报的流布情况时特别强调指出：战时状态下，各类画报虽然在数量上不可能与今天的报刊发行量相比（《画报》印行2000份，《丛刊》5000份，《画刊》10000份），但其宣传影响却不能与发行量“等量齐观”。这些画报曾作为重要的宣传品发放到连队和地方，是互相传阅，甚至是“组织学习”，影响甚大。顾棣年轻时曾亲身经历过这样一件事：有一次，冀中七分区武工队到游击区征集公粮，开始群众情绪不高，当武工队召开大会宣传《晋察冀画报》有关内容，群众看到真实的战地照片后，群情激奋，纷纷响应。武工队很快征集到公粮两万多斤。[1]

最后还应提及的是，晋察冀画报社自1942年5月成立，一直到1948年5月撤销建制与人民画报社合并，前后整整七年时间。除了上述三种主要画报外，晋察冀画报社还根据形势发展的需要，陆续出版过定期不定期的各类专刊、增刊、月刊、半月刊、旬刊，甚至还有四期号外，统计总共114期。说她“创造出了解放区摄影历史上第一流的业绩”[2]，毫不为过。

二 “笔杆机器”：设备、技术、群体

1942年7月7日，晋察冀画报社成立大会上，全社同志纵情高歌《晋察冀画报社社歌》。这首社歌既可看作晋察冀画报社宣告成立的标志，又可视为《晋察冀画报》办刊宗旨的宣言。剥去那些战斗豪情和革命话语，社歌中最能体现画报本质的就是：

---

〔1〕 2005年6月12日笔者对顾棣先生的访问。

〔2〕 顾棣、方伟：《中国解放区摄影史略》，山西人民出版社1989年，第234页。

“我们用双手大脑劳作，我们用笔杆机器作战。”“笔杆机器”是支撑任何刊物必需的两个基本前提条件，《晋察冀画报》亦不例外。重要的是，在烽火连天的战争年代，在物资匮乏、技术粗笨、人手不足的情况下，画报社如何创立、发展、坚持下来？按照后现代视觉研究的说法，这也就是那个图像是“如何生产”的“实践过程”。

时代在前行，“文本”的书写形式也在不断演化。从结绳、甲骨、木刻、纸张、电视直到如今的网络时代，语言的载体形式在历史变迁的洪流中不断发展。面对眼下汹涌而来的“超文本阅读”或“多媒体阅读”，我们是否还有足够的耐心去体悟纸质文本中的“义蕴闳深”？当我们用高级数码照相机或摄像机拍出精美的彩色照片时，以普通简陋相机拍摄的黑白照片是否仍能被我们欣赏？还是那句老话讲的，“时间真是太快了”。即使以今天的眼光和知识去审视60年前的《晋察冀画报》，“进入现场”回归氛围仍然是研究者必须小心恪守的学术法则，这亦可叫做“学术规范”。

晋察冀画报社的设备技术等“硬件”是与记者、编辑，包括工人这样一个群体紧紧联系在一起的。与其简单化地分而论之，倒不如以时间为序、事件为脉“捆绑”起来综而论之。

被誉为“中国革命摄影的开拓者”的沙飞同志，既是《晋察冀画报》的创始人，又是画报的主要摄影记者和编辑。虽然他在年仅38岁时即英年早逝，但谈及画报的创办和发展，沙飞仍是第一个绕不过去的人。据1942年3月沙飞向党组织递交的入党申请书自传记载：原籍广东开平的沙飞，出生在一个“经济状况是不坏的”城市商人家庭。1931年，因生活所迫，19岁的沙飞投考无线电专门学校，后来又爱上电影、木刻、摄影。鉴于“摄影是非常重要但却没看到过一两个进步的摄影家”，青年沙飞“决心做一个前进的摄影记者，用摄影作为斗争的武器，通过画报的发表和展览方式去改造旧社会，改造旧画报，同时改造自己”。1936年，沙飞在上海从事摄影和木刻工作，遂与鲁迅先生相识，后因发表鲁迅遗像被上海美术专门学校开除。1937年，沙飞在广州举行第一个个人画展，“改变了中国旧影展的面貌”。[1]“七七事变”后再北上华北战场，拍摄了最早的一组平型关战役图片。

1939年1月，沙飞与另一位自延安来到晋察冀军区的摄影家罗光达在晋察冀军区驻地冀西蛟潭庄举行第一次新闻照片展览，“照片在街头展出后，观众踊跃，气氛非常热烈”。[2]随后，二人一起研制出一台土造放大机，将展览照片放大至六寸，在部队和周围农村巡回展览。聂荣臻曾将整理好的展览相册派人送到重庆和延安，毛泽东看后回信提到：“送我的一本照片正传观各同志。”这次摄影展览及其意想不到的效果，激发了沙、罗二人在解放区开展摄影工作的激情。2月，晋察冀军区、平西区、冀中区及各分区普遍成立摄影科或摄影组。机构、主要人员到位，而印刷机械、原材料和关键的技术人员却成为摆在眼前的另一个急迫需要解决的问题。

原北平故宫博物院印刷厂两名技术工人的出现，部分消解了沙、罗二人的急切心情。1940年8月，罗光达在百团大战前线采访时，偶遇前线进行宣传工作的康健同志。康健早年在故宫博物院印刷厂当制版技术工人，学徒期间即刻苦自学物理、化学和外文，尤其对制版所用各种化学药品的性能和成分比较熟悉，是筹建印刷厂难得的人选。10月，罗、康二人又在一次集会中遇见另一位同属故宫博物院印刷厂的制版技工刘博芳，刘不仅精通全套照相制版技术，而且在机械安装方面也很在行。师兄弟在战

---

〔1〕《沙飞纪念集》，海天出版社、山西人民出版社1996年，第94—97页。

〔2〕顾棣、方伟：《中国解放区摄影史略》，山西人民出版社1989年，第424页。

争前线不期而遇，自是兴奋欢快，刘自然愿意参加画报筹建工作。不久，刘博芳、康健就合作制作出第一台土造照相制版机，解放区从此开始有了铜版照片。铜版照片在报纸上出现后，新闻摄影事业走上了一个新的发展阶段，时人称“陕甘宁的广播，晋察冀的铜版”是八路军的两大创造。

照相制版设备和技术人员问题虽然得到初步解决，但没有大张的进口铜版、高级纸张、彩色油墨与印刷机器，画报的出版仍然没有可能。就在这个时候，军区领导和根据地各方的支持又一次推动了工作的进展。1941 年 1 月，聂荣臻司令员特别召集沙飞等人到军区司令部开会，具体研究画报的编辑方针和编辑计划，明确了出版创刊号的任务。紧接着，军工部为印刷铜版画报特别制作了一台八页机；邓拓把晋察冀日报社的一套铅字支援给筹备组；包括原燕京大学艺专美术讲师何重生在内的七名技术人员也由平西调来；罗光达又从冀中运回了大批进口铜版、高级纸张、贵重药品等印刷物资。5 月，政治部主任朱良才召集沙飞等人召开专门会议，正式宣布成立画报筹备组，沙飞主管全面工作，裴植任党支部书记。至此，画报社的成立和画报的出版，可谓“万事俱备，只欠东风”。

1942 年 5 月 1 日，晋察冀画报社宣告成立，沙飞、罗光达分别担任社长、副社长。画报社下设编校、出版、印刷、总务四股，印刷股又分设制版、石印、铅印、排字、装订、刻字、铸字、缮写等组，全社上下总共达到百余人。[1] 为安全起见，画报社成立后即迁往更为隐蔽的碾盘沟。一个只有几十户人家的小小碾盘沟顿时沸腾起来，军民一家的情谊、自力更生的精神在这个

---

〔1〕 顾棣、方伟：《〈晋察冀画报〉的光辉战斗历程》，见中国新闻摄影学会编：《纪念我们的先驱　学习历史的经验》，北京二二零七工厂 1992 年印刷（内部稿，顾棣先生提供），第 15 页。

小山沟得到了充分的体现：

> 老乡们把房子尽量腾出来给画报社住，大家又自己动手把被日寇烧毁的房子、牛羊圈用木棍柴草压盖起来当作制版、印刷、排字、装订、铸字的车间厂房，又自力更生制作了一些土仪器，用当地资源作代用品，如用瓶子塞上棉花倒滴水和漏沙的办法（仿古代铜壶滴漏）计算时间，用水壶两次提纯自制蒸馏水，用河滩的细沙代金钢沙磨版，用黑矾代替硫酸铜，用阜平红枣酒替代酒精，用山西老陈醋代替醋酸，量杯和天平也都是土法制造的。在大家的共同努力下，很快把一切工作准备就绪，一个在当时说来设备算是比较完善，规模也比较大的画报印刷厂就这样建立起来了。[1]

1942年7月7日《晋察冀画报》第一期出版后不久，日本侵略者向根据地蚕食的据点就推进到距碾盘沟只有二十几里的滹沱河南岸。1943年2月底，画报社又由碾盘沟转移到平山县的曹家庄。等到第二期《画报》出版后，因敌人的严密封锁铜版又发生了严重不足的危机，如期出版第三期成了一个严重的问题。困难面前，画报社在主任沙飞的倡议下成立了以社领导和技术骨干为核心的"自然科学研究会"，旨在集思广益，自力更生解决燃眉之急。果然，在大家的努力下，平版印刷法试制成功。平版印刷以铅皮替代铜版，使铅皮制版成为可能，克服了制版工艺中的一道难关，保证了画报的正常出版。与此同时，总技师何重生"又创制了轻便的平版印刷机（机身全以木质制成，而以铅皮代替石版），重仅四五十斤，较诸石印机轻六倍，而出品质量与数

〔1〕 顾棣、方伟：《〈晋察冀画报〉的光辉战斗历程》，见中国新闻摄影学会编：《纪念我们的先驱　学习历史的经验》，第17页。

量有过之而无不及。此外正在设计实验中者还有远距离摄影机、轻便铅印机、多灯光植物油灯及排字房打字盘等。而新闻摄影学与平凸凹版印刷术等，亦已聘请有十年以上实际经验之专家编写”。[1]战时状态下临时动员的科研攻关，确实调动了大家的积极性和创造性，尤其是平版印刷法和平版印刷机的研制成功，极大地适应了战争环境中印刷机械轻便灵活的需要。为此，边区行政委员会特颁“匠心创造，贡献抗战”的奖状予画报社，并给何重生同志颁发了奖金。

战争就是战争。1943 年，在“扫荡”与“反扫荡”的激烈交战中，画报社也是数次搬迁，历尽惊险。4 月 19 日深夜，画报社驻地曹家庄突然发现敌情，沙飞、罗光达紧急动员全社同志坚壁清野，保护设备机器。次日上午，敌人进村之后大家又赶紧突围。下午，全体同志又返回曹家庄。6 月初，曹家庄周围许多村庄被敌人蚕食，画报社再次转移到阜平县上庄村。8 月，敌情又一次紧张起来，坚壁清野又一次成为临时的对敌斗争手段。如果说曹家庄时期挖洞还来不及隐藏设备机器，那么这时备战挖洞，包括各式各样的井式洞、卧式洞、子母洞、洞中洞就成为主要的备战方式。为保密，挖洞必须在晚上进行。8 月份的冀西挥汗如雨，酷暑难耐，挖洞工作十分艰辛，但画报社官兵上下表现出的却是一种“愉快的”战斗情怀。指导员赵烈同志至今仍然保留的当年的日记，1943 年 8 月 12 日，赵烈日记记道：

> 我今晚和大家一起打洞，吹了熄灯哨才出发。洞已打了不小，再有一天第一个洞就可以完成了。我们很快开始了工作，三个人一班，一次干半个钟头。三种不同的工作使人体力上发生不同的疲劳，在洞口锄土的要干上十分钟，腰部就

〔1〕《晋察冀日报》，1943 年 4 月 25 日。

觉得酸痛难堪；在洞里锄土老是弯腰站不起来；使镢子的是最费劲的工作，一回（会）儿就出满身大汗。我干了开头的第一班，手上磨了三个血泡。换班之后，用毛巾紧紧绑住打泡的手，好再坚持下去。满身淋漓的臭汗和着洞里潮湿的泥土，一直流到裤子里。这样的生活是艰苦的，也是愉快的。我们一直工作到天明，身上头上沾满了泥土，已经极其疲劳。一夜的成绩第一个洞是完成了，有的说，再待几天我们可以当工兵了。的确，我们现在应该是全能的，只要在任何环境下需要我们做任何一种工作，都应该是熟练的能手。[1]

1943 年 9 月，晋察冀军区北岳区为时三个月的“扫荡”与“反扫荡”战斗打响，画报社附近的花塔山成了敌我双方周旋和争夺的阵地。9 月 16 日，日寇开始从四面八方向根据地腹心阜平扑来，画报社即分散隐蔽在花塔山上。一面是敌人不断地进攻搜山；一面是画报社官兵巧妙地隐蔽和不失时机地出击。在将近三个月的时间内，画报社利用有利地形和事先挖好的各种土洞，成功地保护了人员和机械设备的安全。12 月初，敌人为了掩护退却，向花塔山发动了最后一次猛攻，画报社接到军区命令，立即向外转移。9 日清晨突围时，指导员赵烈及何重生等九位同志不幸牺牲，又有四位受伤，七位被俘。12 月下旬，画报社搬至阜平东北神仙山脚下的洞子沟。花塔山突围，对画报社来讲是一次极大的损失。[2]

1944 年后敌后形势的逐步好转对《晋察冀画报》社的发展提供了有利的时机。此时，抗日战争已进入第七个年头，日军已

〔1〕 顾棣、方伟：《〈晋察冀画报〉的光辉战斗历程》，第 35 页。据顾棣先生介绍，赵烈日记现存中国摄影家协会。

〔2〕 同上书，记“七位同志被俘”，顾先生现纠正为六位。根据笔者 2005 年 6 月 12 日对顾棣先生的访问。

无力再向根据地发动大规模的进攻，画报社和根据地一样，进入到一个环境相对安定，工作较为顺利的阶段。1944 年，画报社不仅如期出版了四期画报，而且积极开展有关工作，对其他根据地摄影工作发挥了一定的推动作用。1 月，《晋察冀画报·时事增刊》出版；2 月，画报社《北岳区反扫荡战斗胜利》大型新闻图片展览在边区第一届群英大会期间展出；3 月，画报社分别派出杨振亚、蔡尚同志到五分区和二分区开展摄影工作；6 月，罗光达被军区派往冀东成立晋察冀画报分社，高帆从一二九师太行根据地到晋察冀画报社参观访问交流经验；7 月，被我营救的美军航空员白格里欧到画报社参观；8 月，在罗光达的推动下，冀热军区摄影工作开展起来；11 月，晋察冀军区第一期摄影训练队在画报社驻地洞子沟开学，沙飞、石少华等担任主讲，下旬又有两位美国客人到画报社参观；12 月，画报社向延安、重庆、国外和美军观察组发送摄影作品千余张；1945 年 5、6、7 三个月，画报社连续出版了三期《晋察冀画报》月刊。

1945 年日本宣布无条件投降后，画报社按照军区命令向北平进发，后因故转道张家口，在张垣接收日本司令部印刷厂一所，又接收日军一个照相馆及其楼房，设备条件进一步好转。

进入解放战争时期，为适应形势需要，晋察冀画报社在组织和人员各方面都进行了较大的改组，临时社址由张家口、涞源，再转回阜平坊里、花沟掌村，1947 年年初又转到安国县马固村。也就是在此时，时效性更强的、以“为兵服务”为宗旨的《晋察冀画刊》成为画报社的主刊，机器设备如何适应行军随队的需要成为一个严重的现实问题。这一次，沙飞同志又成为解决燃眉之急的核心。4 月，沙飞在平汉前线研制成功轻便印刷机、制版机、排字房。轻便印刷机在原来何重生制作的木构印刷机基础上进行改进，转轴、摇把部分分别加上汽车轴承和自行车链条飞轮，工作效率大大提高。制版机被改装成了折叠手提式，重量仅十几斤，制版时，开箱取出即可投入工作。轻便排字房把常用的词句排列起来，再用上等好纸印成数百张字样，需要时从字样上剪贴即可使用。[1]沙飞等人制成的这些轻便机器设备，保证了前线制版印刷的要求，《晋察冀画刊》较之《晋察冀画报》的印制出版速度大大加快，有利地配合了前线的战斗。前线指战员“在《晋察冀画刊》上看到自己冲锋陷阵、立功受奖的照片，备受鼓舞，常常在战壕里挥舞着《晋察冀画刊》兴奋地欢呼起来”。[2]

如果说战地摄影拍照是摄影创作第一步工作的话，暗室工作就是那必不可少的第二步。与战时状态“自力更生，艰苦奋斗”解决摄影机械设备一样，《晋察冀画报》社在暗室工作中也付出了大量的心血，经受了严酷的磨炼。1939年年初，沙飞、罗光达在晋察冀根据地驻地举行第一次摄影展览时，即遇到了没有放大机这一暗室基本设备的难题。是他们利用一家破产照相馆的六寸人像照相机与凸透镜，在当地木匠的帮助下，试制成功了解放区第一台土造日光放大机，随后又摸索总结出利用土造日光放大机进行相片放大的办法，并在晋察冀边区得到普遍推广。

除放大机外，暗室工作的其他设备也就地取材，十分简陋，但在战时却非常实用：

> 冲卷、洗像没有专用的药水盛器，就用碗筷来代替；量药没有天平，就用麻秆纸片用线穿起来做一个土星秤，用玉米或黄豆作砝码；没有量杯，就用墨水瓶标上刻度来代替；没有晒片卡，就用两小片玻璃来代替，等等。这些暗室设备

〔1〕 顾棣：《晋察冀画报社史采访笔记之三》（手写本）。
〔2〕 顾棣、方伟：《中国解放区摄影史略》，第211页。

虽然异常简陋，但行军打仗走到哪里都可就地取材，既节省摄影工作的经费，又减去行军时所携带设备的重量，非常适应战争环境。[1]

同摄影记者一样，暗室工作者为了及时将摄影作品洗印出来，常常把暗室建立在地道、战壕、芦苇荡甚至敌人据点前，枪林弹雨炮火硝烟与需要宁静环境的暗室工作在战时神奇地结合在一起。为了适应战争环境不断变化的需要，“行军流动小暗室”、“轻便行军流动小暗室”都被暗室工作者搬到了前线。1939年就结识沙飞并一起工作的吴印咸同志，40年后回忆起沙飞设计的“暗房”，笔端流露的是浓浓的战友深情：

他在艰苦的战争环境里，努力创造条件开展摄影工作。为了适应行军作战，他专门设计了安全简便的行军用的帐篷式“暗房”，不论白天晚上，不论走到哪里，只要临时架起来，就可以进行冲洗、印晒和放大。[2]

“忆往昔，峥嵘岁月稠。”晋察冀画报社自1942年成立到1948年止，机器设备从无到有，从粗笨到轻便；临时社址从敌后到前线，从山沟小村到平原城市；战斗群体跋山涉水，聚散离合。七年的炮火硝烟，七年的光辉历程。这是一个英勇善战的群体，这是一个令人难以忘怀的群体。1944年，年仅15岁就已被沙飞选中参加画报社工作的顾棣先生在历经数年时间，访问上百名参与当年晋察冀画报社工作的老同志后，为我们开列了一个长

---

〔1〕 顾棣、方伟：《中国解放区摄影史略》，第176页。

〔2〕 吴印咸：《珍贵的镜头　光辉的道路》，见《沙飞纪念集》，海天出版社、山西人民出版社1996年，第126页。

长的“英雄谱”：

> 在事业上有远大抱负，在摄影艺术创作上有卓著成就的人民艺术家沙飞同志，对晋察冀摄影工作的开拓，画报工作的创建，不愧是一员真正革命的冲将。
>
> 罗光达、石少华作为沙飞前后阶段的得力助手，同样对画报工作作出了重要贡献。
>
> 指导员赵烈同志是一个多才多艺，而又有高尚品德、高度革命热情的优秀的青年艺术家、记者和政治工作干部。
>
> 在编辑工作方面，因为有章文龙、赵启贤两个德才兼备的好干部，所以画报编得非常出色。
>
> 在制版印刷方面，拥有一批高水平的技术人才和业务骨干。何重生、刘博芳、杨瑞生、康健、高华亨、徐复森、张一川、彭启亮、侯培元、李志书等同志，是其中的代表。[1]

不该忘记的还有那些在资料、运输、后勤、缮写、刻字、排字、装订、通讯、保管、炊事等不同岗位上默默付出的许多同志。在摄影工作各领域作出贡献的劳动模范，甚至为摄影工作贡献出宝贵生命的先烈，更是永远令人肃然起敬和深切缅怀的。[2]

如果说，设备、技术和人员群体是晋察冀画报社如何“生产”各类画报这一“过程”的三大基本条件，那么，在思想意识，或曰办刊的主导思想层面，同样也凸显着三大论域，这就是——战争、革命、生活。

---

〔1〕 顾棣、方伟：《中国解放区摄影史略》，第61—64页。

〔2〕 参见顾棣、方伟：《中国解放区摄影史略》，第四章，第五、六、七节，343—389页。

三　三大论域：战争、革命、生活

让我们跟着摄影镜头从抗日战争时代步入20世纪80年代。

1998年，辽宁美术出版社隆重推出一部收录五百幅摄影作品的大型摄影集——《人民战争必胜——抗日战争中的晋察冀摄影集》。当年在太原创建“全民通讯社”并把沙飞介绍到八路军总部采访平型关战斗的周巍峙阅罢影集，怀着“极为崇敬的心情”挥笔祝贺：

> 我是怀着极为崇敬的心情看完这些照片的。在这里，我们可以听到祖国母亲在日寇铁蹄下的痛苦呻吟和被激怒了的中华民族在反抗日本帝国主义侵略时发出的强大吼声。在这里，有运筹帷幄的青年将领；有人民当家做主的生动政治局面；有克服物资困难支援革命战争的生产活动；有生动活泼的文化艺术场景；有不远万里而来的国际友人；有人民和子弟兵的鱼水之情。这里记录了日本帝国主义者骇人听闻的残暴，与此相对比，也有我军贯彻人道主义精神的崇高表现。它像一部巨大的历史画卷，生动地再现了抗日战争时期晋察冀边区军民威武雄壮和生气蓬勃的战斗和生活。[1]

尽管这部《摄影集》仅收录五百幅作品，但笔者以为，周巍峙还是准确地点明了《晋察冀画报》乃至包括整个晋察冀根据地摄影作品的三大主题：战争、革命、生活。

晋察冀画报社从创办、发展到结束的七年，是中国抗日战争

---

〔1〕 周巍峙：《人民战争的壮丽诗篇　民族精神的艺术再现——祝〈抗日战争中的晋察冀摄影集〉出版》，《沙飞纪念集》，海天出版社、山西人民出版社1996年，第127页。

和解放战争前后相续的七年。画报社伴随着硝烟弥漫枪林弹雨的战争而成长壮大，战争的炮火则锤炼凸显了画报社的风骨与画报的主题。以形象明快的图像形式反映前线的战斗，以此鼓舞广大军民的战斗勇气，既是《晋察冀画报》创刊伊始就明确标示的目标，也是画报一以贯之突出的主题。1942 年 7 月 7 日——“七七事变”五周年，画报社择定这样一个特别的日子隆重推出中、英文两种文字并行的十六开本创刊号即大有深意，紧随目录后面的、由晋察冀军区司令部特别绘制的最新“华北敌我形势图”，尤其是那篇饱含激情的“七月献刊”发刊词，仿佛又把我们带入到那个“烽烟硝雾”的抗战岁月：

> 是抗战的第五周年了，这是接近胜利的最后两年，也是斗争最激烈最艰苦的时期，也是要咬紧牙关坚持斗争的时期，也是要动员一切力量，积蓄一切力量，发挥一切力量的时期。所有抗日岗位上的战士们！拿起一切武器一切力量，准备作最后的决斗吧！
>
> 在这黎明前的黑暗时期，在这民族抗战的节日，我们献出这第一件礼物。
>
> 为着迎接胜利的到来，我们欢呼吧：
>
> 万岁，战斗的新中国！
>
> 万岁，战斗的晋察冀！

一页页地翻检《晋察冀画报》及其他副刊，以晋察冀区域为主的战争画面一一跃入眼帘：第一期画报以“抗日根据地在炮火中成长”的标题，用 11 个页码 28 张图片的形式全面报道了抗战五年来晋察冀根据地的主要战斗战役。第二期开始，以“新闻摄影”专栏形式报道了冀中平原游击战，驰骋辽河，挺进热南，冀东战役，塞外烽烟，反蚕食斗争，狼牙山战斗，“反扫荡”战斗，神仙山战斗，克复城镇，摧毁堡垒，挺进坝外，攻克景陵，渤海之战，白洋淀水上游击战，三克肃宁，攻入深泽，火烧沙河大桥，收复妙峰山、五台山，保满路南线大捷，夏季大反攻，解放浑源，坑道围攻战，解放张家口、宣化、满城、阳高、兴和、涿鹿、赤城、天镇、蔚县、阳原、集宁、丰镇、平山、山海关，清风店大战，解放石家庄等等大小战役。战事不断，炮火连绵，如今捧读，不禁浩叹！

1946年7月出版的《晋察冀丛刊之四——人民战争》，从八路军向华北挺进，到“解放城镇，解放村庄”；“把人民组织起来，武装起来”；“人民和八路军并肩作战”；“震动全国的百团大战”；“我们是怎样战胜敌人的‘扫荡’的”；“粉碎囚笼”；“封锁政策”；“创造战争的奇迹——地道战”；“展开总反攻，走向胜利”。几乎是对抗日战争以来各阶段主要战斗战役的回顾性总结。以“为兵服务”为宗旨的44期《晋察冀画刊》也有大量反映各地解放城镇乡村战斗的报道。

战争是敌我双方殊死的搏斗，日本帝国主义为了达到消灭中国的目的，不惜以世间最残忍的手段对付中国军民，《晋察冀画报》以大量专题的形式揭露日本侵略者的种种暴行，意在唤醒一切可以团结的力量共同抗战。1942年，也就是晋察冀画报社创立之时，正是抗日战争进入最艰苦的阶段，同时又是侵略者最为疯狂残暴的阶段。第二期画报以“血的控诉”为题刊登五幅惨不忍睹的照片揭露侵略者在晋察冀烧杀劫掠的罪行，一组“如此‘扫荡’”的漫画同样形象地把敌人的罪行展露出来。此后的各期画报还陆续刊登了“惨绝人寰——日寇烧杀潘家峪”、“控诉！复仇”等专题。值得特别提出的是，1947年3月出版的《晋察冀画报丛刊》第二期，是“日本法西斯对晋察冀边区人民的种种暴行”专集，扉页上一幅一个形似青蛙的日本鬼子口衔滴血的刺刀，手提刚刚抢劫到的两只鸡，九十度弯腰背负着各种掠夺物品，远方是村庄被烧的冲天大火的漫画，给人一种强烈的感官刺激。此期专集对“三光政策”、“无人区”、“人圈”、“毒瓦斯”、“飞机轰炸”及潘家峪惨案、1943年秋季大“扫荡”又进行了一次集中的图像报道。每页一幅（间或两幅）的大幅照片下，配以简短的文字说明，简洁明快，直刺眼球。

中国人民的抗日战争是世界反法西斯战争的一部分。在大量报道中国战场敌我双方战争场景的同时，《晋察冀画报》还不时刊登了一些反映世界反法西斯战争的图片，国际友人对抗日战争的支援、白求恩医疗队在前线以及外国友人对画报社的参观访问等，在画报中也都有不同程度的反映。

20世纪40年代的中国历史，是战争和革命的历史。革命是战争的延续，战争与革命总是纠结在一起而难舍难分。1942年5月2日，毛泽东邀集延安文艺工作者“研究文艺工作和一般革命工作的关系”。毛泽东明确指出：“我们今天开会，就是要使文艺很好地成为整个革命机器的一个组成部分，作为团结人民、教育人民、打击敌人、消灭敌人的有利的武器，帮助人民同心同德地和敌人作斗争。”〔1〕就在延安文艺座谈会召开之际，5月1日，晋察冀画报社正式成立。7月7日，《晋察冀画报》第一期出版。我们虽然不好判断晋察冀画报社的成立和画报的出版是否就是延安文艺座谈会的直接产物，但《晋察冀画报》的办刊主旨和编辑方针受到毛泽东在讲话中提出的“我们的文学艺术都是为人民大众的，首先是为工农兵的，为工农兵而创作，为工农兵所利用的”〔2〕这一指导思想的影响则是无疑的。1992年，当年担任晋察冀画报社副社长的罗光达同志撰文《沿着〈讲话〉精神继承革命

〔1〕毛泽东：《在延安文艺座谈会上的讲话》，《毛泽东选集》第三卷，人民出版社1991年，第847—848页。

〔2〕同上书，第863页。

传统》，就把《讲话》与《晋察冀画报》直接联系起来：

> 今年是毛泽东同志《在延安文艺座谈会上的讲话》发表五十周年，也是《晋察冀画报》创刊的五十周年。……我记得当时我们只有一种朴素的摄影为政治服务的思想。正值日寇侵华，中华民族正处在民族危亡关头，抗日救亡是全民族的责任，是总的政治任务，摄影工作当然也要反映抗战、宣传抗战，为争取抗日战争的早日胜利服务。所以我们选择拍摄的题材，主要是八路军对敌伪英勇作战，群众组织起来参战、支前、参军、劳军，揭露敌人的烧光、杀光、抢光的三光政策等残暴的野蛮行为。
>
> 这时正值边区党、政、军、民掀起了学习毛主席关于整顿三风、学习《讲话》以及作自我检查的高潮。我们也在一边学习、一边联系实际改进我们的工作，改造我们的思想，把党的文艺方针——文艺为政治服务、文艺为抗战服务、文艺为人民服务的思想贯彻到我们的摄影画报出版工作中去。[1]

抗日战争时期延安是“红色革命”的中心，也是确定毛泽东在中国共产党党内领导地位的重要时期。枪林弹雨的战争前线召唤英雄，需要英雄，中国革命的紧要关头也需要革命的英雄主义。我们不难发现，《晋察冀画报》体现的革命英雄主义主题——从毛泽东、朱德、聂荣臻到各式各样的战斗英雄，一个个都耀眼地出现在各期画报上。

1943 年 9 月，为纪念“八一”建军节而出版的《晋察冀画报》第四期，扉页首次刊登“中国共产党领袖毛泽东同志”的大

---

〔1〕 罗光达：《沿着〈讲话〉精神继承革命传统》，中国新闻摄影学会编：《纪念我们的先驱 学习历史的经验》，第 1—3 页。

型标准肖像，并且配有一个页码的“毛泽东同志略历”，“八路军总司令朱德同志”的肖像也是一个页码，接着是“八路军将领”周恩来、王稼祥、彭德怀、叶剑英、林彪、贺龙、刘伯承、聂荣臻、萧克九位的肖像占用两个页码。尤其值得注意的是，“毛泽东同志略历”一文，在介绍了毛泽东生平事迹后，最后一段是总结评论性的话语：

毛泽东同志是中国共产党天才的领袖，也是全党和全国人民所敬爱的领袖，毛泽东同志所走的道路，就是引导中华民族走向彻底解放的道路。全党和全国人民都团结在毛泽东同志的周围，在他的英明领导下，争取中华民族和人类解放的彻底胜利。[1]

此后，《晋察冀画报》第五期继续在同样位置刊登毛泽东肖像和略历；第六期有肖像无略历；第八期扉页刊登“毛主席接待美国盟友”的两幅照片；第九、十合刊有肖像无略历；1945 年 12 月以后出版的三期画报已没有毛泽东肖像出现，显然是被另外一种形式——专集所替代。1945 年 12 月 22 日由晋察冀军区政治部出版的《中国人民伟大领袖——毛主席近影集》，除刊登三幅毛泽东肖像外，主要刊登了毛泽东在中国共产党第七次全国代表大会及其他活动，包括 8 月 28 日由延安飞往重庆登机前向欢送者挥手告别的照片。

作为晋察冀根据地司令员的聂荣臻，《晋察冀画报》也给予了特别的宣传报道。创刊号画报在首先刊登聂荣臻等人的贺词后，即有一张身着戎装的“晋察冀抗日根据地的创造者与领导者聂荣臻将军”的标准照片，接着就是萧斯（邓拓）那篇超出万言

〔1〕《画报》上，第 178 页。

的长文——《晋察冀舵师聂荣臻——敌后模范抗日根据地及其创造者的生平》。[1]此后，有关聂荣臻活动的图像报道也不时在各期画报中出现。

在各种战斗战役中涌现的集体和个人英雄，包括普通战士和民众，始终是《晋察冀画报》宣传和报道的重要对象。爆炸英雄李勇、女战斗英雄吕俊杰、连长邓世军、射手安全福、神枪手李殿水、子弟兵的母亲戎冠秀、劳动英雄胡顺义、杀敌英雄王克勤、军人榜样吕顺保等等，一个个英雄人物和事迹跃然各期画报中。

《晋察冀画刊》是一份专门面向指战员的“连队读物”，及时报道前线的战斗和战斗英雄是这份刊物的主要特征。1947 年 5 月 8 日出版的第九期画刊曾特别刊出“关于功臣的报道”的通知，明确“本刊每期尽可能辟出篇幅介绍为人民立功的指挥员、战斗员和后勤人员”的办刊方向，以及如何拍摄功臣照片、如何编写功臣报道、如何寄送稿件等等要求。神炮十三连、三排长张振江、弃暗投明的常有福、特等英雄李庆山、卫生员王玉峰、渤海部八连、热爱子弟兵的李大妈、平射掷弹筒的创造者刘维春、工兵功臣王惠文等等，各种功臣和英雄都耀眼地出现在总共四十四期的《晋察冀画刊》上。

在艰苦卓绝的革命战争年代，英雄就是一面旗帜。既是英勇杀敌、建功立业的标兵，也是人们仿效学习的榜样。革命英雄主义在战争年代发挥了极为重要的打击敌人、鼓舞人民的作用，《晋察冀画报》突出的革命英雄主义主题同样具有重要的意义。这正如第五期《画报》刊登的一首“英雄赞”歌词中唱到的那样：

英雄在敌人面前不动摇，

[1]《画报》上，第 13—25 页。

英雄在胜利面前不骄傲。
英雄大声一呼喊，
群众的拳头举起来了。

英雄举起了战斗的火把，
敌人胆战心又跳。
英雄的故事光辉了中华，
英雄的人格比太行山还高。〔1〕

战争和革命而外，《晋察冀画报》另一个突出的主题就是战争年代根据地军民的社会生活。

“兵民是胜利之本。”抗日战争是中国人民抗击日本帝国主义侵略的民族战争，晋察冀根据地是中国共产党在敌后建立的重要抗日根据地。晋察冀抗日根据地的创立和发展得到了根据地广大人民群众的支持和拥护，司令员聂荣臻深情地回忆说：“人民群众一经发动起来，就有了足以抗击日本侵略军的‘人山’和‘人海’。”〔2〕人民武装八路军只有和当地广大群众结成血肉相连的关系，才有可能在物质条件极其恶劣的穷乡僻壤立于不败之地。“晋察冀边区的人民和八路军”〔3〕是一个不可分割的整体，反映根据地军民社会生活的图像成为《晋察冀画报》的另一个主题。值得指出的是，根据地军民的生活是在战争和革命环境下的生活，也可以说是一种战争的生活、革命的生活。所以，《晋察冀画报》展示的军民生活总是围绕战争和革命而展开的生活。

根据地的社会生活首先是一种军民血肉相连的生活。犹如我

---

〔1〕《画报》上，第 290 页。

〔2〕《聂荣臻回忆录》（中），解放军出版社 1984 年，第 572 页。

〔3〕“七月献刊”，《画报》上，第 5 页。

们在许多红色电影和书籍中看到的那样，《晋察冀画报》也刊登了许许多多反映军民鱼水情深的人与事。1942 年 7 月 7 日的创刊号就有一个五幅照片配有文字说明的专栏——“血肉相连：边区人民与子弟兵”，其中类似专栏“编者按”的说明，足以代表画报的论域主题和实际生活：

> 边区人民普遍都将边区八路军称作边区子弟兵。
>
> 在战斗的日子里，子弟兵保卫人民的土地，而人民也跑到火线上送茶饭、抬伤员，鼓动他们争取战斗的胜利。
>
> 靠近火线的地方，设立了慰劳棚、慰劳站，老太太、小孩子在接待前线上下来的战士们休息。
>
> 胜利的捷报传来了，人民带着光荣花、新毛巾、新鞋袜，抬着猪、羊、烧酒，打着锣鼓迎接子弟兵的凯旋。
>
> 战斗之余，子弟兵便帮助人民做些工作，比方上课、教操、春耕、秋收，以及其他一切家事劳作，无不以最大热诚、最大努力去做。
>
> 有这样一个确定的意识，存在于边区的人民和子弟兵的心里：“八路军和老百姓是一家人。”[1]

“母亲叫儿打东洋，妻子送郎上战场”，战争年代根据地最激动人心的生活场面莫过于此。在拥政爱民、“拥军优抗”方面，晋察冀根据地出现了无数可歌可泣的动人事迹，“子弟兵的母亲”戎冠秀、李杏阁等，一个个成为人们心目中的“拥军模范”。晋察冀画报社对此给予了极大的关注。1946 年 3 月出版的第一期《晋察冀画报丛刊》就是“八路军和老百姓”，《晋察冀画报》也陆续刊登过此类报道。

---

〔1〕《画报》上，第 40 页。

根据地的社会生活也是一种民主的生活。在抗日根据地创立和发展过程中，建立自下而上的各级民主政权，动员广大人民群众积极投入到抗击日寇的民族解放洪流中去，始终是边区政府和画报社重视的问题。1943年1月20日出版的第二期《晋察冀画报》首先以“迎接胜利的一九四三年并献给边区第一届参议会”为题，对此次会议进行了较为集中的报道。《晋察冀画报丛刊》也有一期专门的“民主的晋察冀”，有五大专题：最广泛的民主制度；轰轰烈烈的大选举；民主建设的历史会议；为人民服务，为人民兴利除弊；在民主生活中发展向上。从公民、党派、信仰、性别、民族等多角度反映晋察冀边区和察哈尔、热河两省民主选举制度和民主生活，三三制政权、新民主主义纲领、减租减息、组织起来、信仰自由、贸易自由、合作社、扫除文盲、家庭民主、婚姻自由等等都在《丛刊》中得到体现。本期《丛刊》最后一页以“歌唱民主的晋察冀”为题，下面是一幅手持枪杆、身背行军包的儿童团大合唱的图片，再下来是文字说明：

> 晋察冀的孩子们齐声唱着，到处唱着：
> 生活在晋察冀多么快活，民主的太阳照耀着我；
> 生活在晋察冀多么快活，民主的风儿吹拂着我；
> 生活在晋察冀多么快活，民主的雨水滋润着我……[1]

这是一幅反映晋察冀根据地民主生活以及对美好前途无限憧憬的生动画面。

总之，《晋察冀画报》是战争年代中国土地上少有的一份革命摄影画报，尽管以《晋察冀画报》为主的各类画报总计发表摄影作品四千多幅，但战争、革命、生活始终是各类画报突出的主

〔1〕《画报》下，第918页。

题，也就是画报的主要“论域”。贴近现实的主题，生动明快的形式，使画报真正成了打击敌人、鼓舞人民的“活报”。

四　余论：兼及图像历史的一个讨论

图像与文献都属于文化遗产，但图像与文献在学术发展史上却经历了曲折的分合过程。

一般而言，图像被艺术家看重，历史学家则对文献记载更为偏爱，或者说，艺术史着重处理图像材料，而历史学者着重处理的是文字资料。虽说中国古代文人就有“左图右史”的传统，但那毕竟只是一种理想境界。在西方，以兰克为代表的实证主义史学，强调历史就是客观的存在，为了让历史学在“科学”的殿堂里占有一席之地，他们并不惜把“艺术”推出历史书写的范畴。应当说，伴随着近代以来的学科分野和细化，图像—艺术与文献—历史这样一种学术史上的分类更加明显而清晰。当然，将过去遗存的图像当作文献资料同样看待并取得一定成就的史家在中西史学史上也曾有过，但那毕竟又是凤毛麟角了。近些年来，尤其是20世纪80年代以来，自西方兴起的文化研究和后现代研究正在逐渐改变着传统史学对图像研究价值的看法，图像与文献都有同等重要的史料价值，图像、插画、写真、地图、文物、遗址，甚至地理景观，与文字资料一样都是不同的“历史记忆”。换言之，图像也是一种历史的再现，图像也可以反映历史的真实，已经得到了史家的回应。

问题是，历史学和艺术学、历史学家和艺术学家观察研究图像的角度太不一致。一般的情况是，艺术史研究讲究的是图像作为艺术品的风格与象征，重视的是作品或作者想要表达的意义。这种把图像作为艺术的研究，形成了版画史、壁画史、山水画史等等艺术史的专史论著，但它无法容纳更多更广泛的图像资料也是一个明显的缺陷。历史学家研究图像，也常常存在着“致命的盲点”，葛兆光先生在最近出版的《思想史研究课堂讲录》中指出：

> 很多研究图像的，常常有一个致命的盲点，这就是他们常常忽略图像是“图”，他们往往把图像转换成内容，又把内容转换为文字叙述，常常是看图说话，把图像资料看成文字资料的辅助说明性资料，所以，要么是拿图像当插图；要么是解释图像的内容，是把图像和文字一样处理。[1]

那么，史学家如何去研究图像？葛兆光从思想史的视角认为，“应当注意的是图像所表现出来的文字文献所没有的东西”，这些“文字文献所没有的东西”是色彩，构图，位置，变形。[2]我看，这样一种视角，同样可以运用到其他史学研究的领域。

就本文讨论的《晋察冀画报》而言，笔者以为完全可以把它看作一种能够反映历史真实的资料。这是因为：《晋察冀画报》首先是一种摄影画报，它所刊登的照片是战地记者奔向前线深入生活、用照相机拍摄的真实瞬间。而且，《画报》、《画刊》、《丛刊》属于一个整体，四千多幅摄影作品形成了一个在时间上持续不断、主题上相对集中的整体，可以较为完整地反映那个战火纷飞的年代根据地的历史面貌。如果说，我们可以在汗牛充栋的档案、文献、资料集，甚至包括韩丁《翻身：中国一个村庄的革命纪实》、柯鲁克《十里店：中国一个村庄的群众运动》、贝尔登《中国震撼世界》这样的纪实作品中看到一个以文字为载体的根

---

〔1〕 葛兆光：《思想史研究课堂讲录》，生活·读书·新知三联书店 2005 年，第 138 页。

〔2〕 同上书，第 139—141 页。

据地史的话，那么，我们在《晋察冀画报》中也可以看到一个以图像为载体的根据地史。更进一步说，图像以真实明快的特点刺激读者视觉感官，往往能给人留下更为深刻的印象。读者可以看到：在白雪皑皑的山地，绵延无际的身着八路军军装的一支大军正在挺进太行山的急行军途中，走在队伍最前列的那个战士正远视前方，身后骡马和大车轮子清晰可见；在战争前线的坑道里，八路军副总司令彭德怀身着戎装，双手端着望远镜正在眺望前方战场，他左腿挺立，右腿顺势蹬在对面巨大的岩石上，布鞋、绑带、全神贯注的神情一一跃然图面。这样的图像不能不使读者留下深刻的印象，比文字资料印象更深。

至于色彩、构图、位置、变形之类，从《晋察冀画报》的照片，包括木刻、版画等艺术作品中也可以发现突出的特征。一般而言，正面的人物和事迹主要突出人物形象并占据画报的重要或显要位置；反面的人物和事迹则主要采用木刻、版画作品，往往利用夸张的手法给人一种幽默和联想的效果。

重要的是，《晋察冀画报》的“论域”和主题是我们万万不能忽视的。正如一件优秀的作品来源于现实一样，40年代出现在解放区的《晋察冀画报》，是战争和革命年代具有强烈时代气息的“活报”，鲜明的时代和敌后生活特色使它在中国摄影史，乃至于中国文艺史上的突出地位更加显现。千家驹在1937年看过《沙飞影展专刊》后，以沙飞作品比照抗战前的摄影，看出一个时代的变化：

“艺术”在中国本是“文人雅士”专利的东西，所谓“艺术神圣”，或什么“为艺术而艺术”，还不是有闲阶级的玩意儿。近年以来，“大众艺术”这一口号固然已有许多人在提倡，然而真能站在大众立场，以艺术为武器来描画大众生活与表现之矛盾的究竟有几个人呢？摄影近年在中国总算

> 长足进展了，但我们只要随便拿起一本《良友》或《美术生活》来一看，上焉者不过摄几幅名胜风景，下焉者则登几幅名人照片或甚至什么名媛的时装表演，小姐的掷瓶剪彩，这真是大人先生们茶余酒后典型的清闲品。可是沙飞先生的作品，却与他们形成一个明显的对照，他分明是属于另一个时代与另一类型的。这是为中国“高雅”的艺术家所不屑取材的——虽然这却正是中国大众生活之真实的一面。[1]

笔者最后想要着重强调的是：就图像研究而言，只有艺术学跳出艺术品“风格”的框框，历史学者走出“看图说话”的误区，两者才有可能实现真正的对话与交流。就历史学对图像的研究而言，对色彩、构图、位置、变形等形式的分析研究固然重要，但对内容和主题的研究也值得重视。这是因为，外在形式是内容和主题的反映，脱离开一定内容和主题的一切图像、插花、写真等艺术作品，都很难有吸引人眼球、给人以强烈震撼的艺术形式。我们很难想象，《晋察冀画报》如果没有鲜明的战争、革命和社会生活的主题，将是一种什么形式的画报。正是战争和革命，才使《晋察冀画报》成为一份贴近现实贴近生活的“活报”；正是《晋察冀画报》，我们今天才有可能读出图像中的抗日战争及晋察冀根据地史。

〔1〕 千家驹：《沙飞先生影展门外谈》，原载1937年6月（桂林）《沙飞影展专刊》。转引自《沙飞纪念集》，海天出版社、山西人民出版社1996年，第114页。

新发现的刘大鹏遗作三种

传统士子求取功名，一路科考，终极目标也许就是所谓的“立德、立功、立言”，其中舞文弄墨著书立说大概最可传世。然而，历经岁月磨洗，能够存世的大多只是“大文化人”的文字。一般“小知识分子”的文字既不为官方重视，又难于流传于世，只能是“流于乡野”的命运。正因为如此，怀才不遇关注民生甚至牢骚满腹的小文人的言论才显得更为真实和珍贵。一生屡考屡败、躬耕南亩又笔耕不辍的刘大鹏就是这样一位传统社会的小文人。[1]

刘大鹏一生著述甚多，据现存太原晋祠圣母殿南廊《刘友凤先生墓铭》载，刘氏一生著述包括《晋祠志》、《迷信丛话》等总计28种264卷及《退想斋日记》200册！估计总字数在数千万字。[2]遗憾的是，在如此众多的刘氏著述中，如今刊行的只有《晋祠志》(同时收录《明仙峪志》4卷、《柳子峪志》8卷、《重修晋祠杂记》2卷)[3]，及经过摘选仅48万字的《退想斋日记》。我的两位已故老师——山西大学历史系教授乔志强、图书馆古籍

---

〔1〕 有关刘大鹏的生平与思想参见本书中《怀才不遇：内地乡绅刘大鹏的生活轨迹》一文。

〔2〕《晋水志》书前刘氏著述目录载共35种，与墓铭勘校增《擲揄录》2卷、《赤桥杂俎》、《弹琴余话》4卷、《晋北军事实录》4卷、《共匪扰晋记略》14卷、《太原现状一瞥》2卷六种。又，《太原考》、《汾河河渠志》两种未撰成书，故刘氏著述总数应为33种。

〔3〕 刘大鹏遗著，慕湘、吕文幸点校：《晋祠志》，山西人民出版社1986年。

部主任薛愈，生前对刘氏著述颇多留心，业师乔志强先生还摘选整理出版了《退想斋日记》[1]。但刘氏更多的著作长期湮没，或散失多多。最近，笔者重访乔师母及薛愈先生后裔，喜得刘大鹏著述又三种，现依著述先后简略介绍如下。

《晋水志》十三卷，现存四卷。

《退想斋日记》光绪三十三年十月初一日（1907 年 11 月 6 日）记曰："《晋水》一志，重行编辑，业经十月，方才告成。"[2]查刘著《晋祠志》皇皇百万言，已于上年完成，书内既编河例十卷，为何又再编《晋水志》？据刘大鹏所言，此书乃奉其父刘善圃之命编写而成。《晋水志》刘大鹏自序道，其父曾言《晋祠志》"虽云详备，而未尝以晋水标名，则不足报晋水之德，大有负于晋水矣，尔曷不专志晋水，独编一书乎？鹏谨受命，遵将河例略为变易，分门一十有一，为卷一十有三，体例虽异，事实则同。凡所登载，有增无减，据实直书，不托空言。稿既成，命介、宣、向、进等儿敬谨誊录，进呈堂上，仰恳家严悉心鉴定，始克成编，命名曰《晋水志》，庶足补邑乘之所未及者"。刘大鹏一生以孝为先，祖孙三代或命、或撰、或誊，合成《晋水志》，亦算刘氏著述生涯中的佳话。

事实上，刘氏之所以在《晋祠志》外再编《晋水志》，一个非常重要的原因就是有感于因争水而起的讼事不断，尤其是渠甲胡作非为之弊，因之特编此书，以为后世之鉴。大鹏挚友郝济卿在书首序言讲道："年伯善圃公谓，晋水泉源泽润虽广，而狡黠之徒往往因渔利起见，乘隙滋事，争讼不休。有此大弊不可不特

〔1〕 刘大鹏遗著，乔志强标注：《退想斋日记》，山西人民出版社 1990 年。以下引自该书仅以书名出之。

〔2〕 刘大鹏遗著，乔志强标注：《退想斋日记》，第 163 页。

录其事，以为后世考证之资。友凤（按刘大鹏字）由是仰承父命，遂摘《晋祠志》中河例一门，重行考订，另为一编。”这一点在刘大鹏自编《晋水志·凡例》中也有明显反映。凡例共二十条，其中两条特别指出：

> 讼起于争，两争不释则讼遂兴，其端皆肇于渠甲，渠甲多利徒，恒于无事中寻事。盖讼不兴则无渔利之处，讼断一启，渠甲得以按亩起费藉此渔利矣。故一讼不已至于再三，经年累月而讼不息，案结而又翻，岂其情之实不甘欤，抑亦渔利心重有以致之耳。斯编所志他事皆有恕词，独于渠甲著笔最严，望后世之充应渠甲者不敢藉断滋事也。
>
> 是书所载讼事不厌其详，欲知太原县事者洞悉渠甲之伎俩易于绳纠，毋令其滋蔓难图也，良有司当必与编是书者心心相印焉。

至于《晋祠志》河例与《晋水志》的不同，刘大鹏在《晋水志·凡例》中讲道：“是书登载即《晋祠志》之河例十卷也。体例虽殊，而事实则同。有略为加点者，有未更一字者，有前详后略详后略前者，有详年月日有未详年月日者，有《晋祠志》未载而始补登之者，总之不出《晋祠志》之范围也。”将现存四卷《晋水志》与《晋祠志·河例》比较，可以看出《晋水志》一个明显的特点，就是除首卷《晋水源流图》外，各河篇首再冠以分图，“俾阅者易于参看，不至茫无所指也”。这样的处理确实便于读者阅文参图，心中有数。从每卷分目来看，前后也多有调整，总的看来更为细致，分类更加明晰。河案和碑记又专列两卷，更突出了“以见讼断之启咎在渠甲”，“惟恐后人或有慭忘”[1]的用心。

[1]《晋水志·凡例》。

《游绵山记》二卷。

此游记成于光绪三十四年五月初八（1908年6月6日）。

《游绵山记》为刘大鹏与同年郝济卿、太谷南席村武氏私塾同事部祚丰同游介休绵山的日记，自光绪三十四年四月初四（1908年5月3日）至二十四日（5月23日）整整二十天，三万余字。刘大鹏在此游记凡例中讲道："以遨以游，原不同等。有佚游、有喜游、有野游、有浪游、有冶游、有盲游、有云游、有宦游、有方外游、有侠斜游"，而此游"三人偕行，同声相应，同气相求"，故自谓胜游，或为雅游。其实，刘氏此游也是一次苦游。光绪三十三年（1907）十月刘父善圃先生去世，以孝为先的刘大鹏大为哀恸，自觉"无地自容，夙夜泣血，莫或遑处"。三个月之后，刘大鹏处理完丧事回到太谷南席村武氏私塾，"终日晤对，不外蒙童，忧心殷殷，终莫能解，乃思游绵山以解之"，遂有三人绵山之游。另一方面，"时旱魃为虐，风伯肆威，往返垂二旬，御风茹尘，苦不堪言"，[1]也为刘氏此游平添一份苦味。"驾言出游，以写我忧"正是刘氏此游之心结。

《游绵山记》虽短短三万余字，但内容却十分驳杂。所到之处，刘大鹏不仅尽量摘录寺宇楹联，标注某寺某祠，而且引证古籍，作为小注，《山西通志》及所到各县县志均尽量引用，"以佐证其实见"。凡绵山之兔桥、鹿桥、天桥、石级梯、铁索岭、白云洞、蜂房泉、抱腹岩、棋盘洞、回头看、柏龙等胜景无所不至，龙头寺、云中寺、云峰寺、世姑庙、介子推庙、回銮寺等庙宇也是无处不游。另外很有意思的是，三人毕竟属文人墨客，又意气相投，所到之处遂赋诗题咏，刘大鹏几乎"全行登录，靡有孑遗"。总计整个游记三人诗文多达63首。此类诗句大多触景生情，随意拈来，但也有一些反映当地民情风俗者。如初八日三人

〔1〕《游绵山记》刘大鹏自序。

登绵山记“善人”曰：

> 凡登绵山者，俱称为“善人”。鹏与卿子、玉甫至圪堆头，有人称之曰善人们上来了。初不知所云，既而细询，乃知上山人民均系拜佛求福，原非游览胜景，而庙祝年年藉此空王佛之名，诳骗香赀。又设为福善祸淫之说，迷惑愚夫愚妇，亦风俗之蠹也。济卿因吟诗曰：“节届清和浴佛尘，群持香烛礼明神。原来此地间游览，赚得人人称善人。”鹏题于石曰：“斯处编氓迷信真，联群结伴拜求神。凡来游览绵山者，庙祝俱称为善人。”

绵山位于山西介休县境内，世传介子推曾隐此山，晋文公封绵上山为介子推田。其地距太原二百余里，刘大鹏一行三人自太谷启行，一路经祁县、平遥、介休、灵石、孝义、汾阳、文水、交城、清源、太原十县，经二十日最后回到太谷。《游绵山记》除绵山游记外，所经之处，刘大鹏均不厌其烦地记载所见所闻，诸凡一日三餐在何处，此地与彼地间的路向和距离，商铺名号与老总，名胜古迹与城镇，山川河流与民情风土等等都有涉及，其中不乏有关社会生活的重要信息。如十三日记介休“一日二餐”：“介休风俗，民家铺户，均系一日二餐。早午皆吃面饭，外加细粥，麦面极佳，他县莫及，俗尚奢华，每饭必兼数味，辣椒尤要。”十五日记汾阳城隍庙赛会及学堂会所更为有趣：

> 次游城隍庙，适值赛会末期（自三月初即起赛会），鬻货之棚，庙内填满，并无隙地，庙外更多。任君（按，随行导引者，郜祚丰友）言：“系州府大会，所可异者，少妇闺女，结伴联群，公然上会，置买物件，竟与商贾扳话援手，毫无避忌。且坐鬻货棚内，啜茗吃饭，大模大样，旁若

无人。风俗之蠹，莫甚于斯。”任君曰：“今日末会，妇女甚少，若在去日，十倍于此。”庙内楹联众多，俱被棚遮。

城隍庙东，有初等女学堂，在堂肄业之女学生三四十人，堂之规模不甚宏壮，其门联云：许多别径旁门休轻着走，不到升堂入室莫漫回头。初等小学堂设文庙之侧，中等学堂在府署之东，黄公祠内设西河书院（在黄公祠对面）改为高等学堂。……实业有限公司设立东大街，面目宏丽，维新气象咄咄逼人。府城风气之开，较之县城为早。

令人惊讶的是，刘大鹏身为举人，任私塾先生于大商人之家二十年，但五十年间足迹竟然限于太谷、祁县、清源及太原（除参加会试到京城外），也就是私塾和家乡间来回往复。上述十县中平遥、介休、灵石、孝义、汾阳、文水、交城等地居然“均系初至”，以此推想，那个时代的文人都在恪守“父母在，不远游”的古训，抑或受交通条件所限，或许还有什么别的原因。

刘大鹏等三人此次出游，正值黄土高原之春季，刘氏说此游“始于微风，终于无风”。《游绵山记》均以“小风霾”、“石尤风”（俗称“打头风”）、“大风”、“旋风”、“风势甚威”、“狂风大作”、“狂风夜吼、闻之震惧”、“西北风凶猛”、“大风半日”、“是日无风”等一一记载，也是气候现象的一种参考。

《弹琴余话》四卷。

此书成于1923年。

此书为刘大鹏担任太原县立女子高等小学校长时札记。《退想斋日记》1921年3月19日记曰：“欧阳知事聘予为县立女子高等学校校长，辞之不获，乃不得已应之”。即如后来许多女校校长和教员多由男性担当一样，民初刘大鹏任女校校长也不足为怪。问题是，此时刘氏已年逾花甲，聊称“自了汉”，其意为“忘了安富尊荣，忘了世之治乱，忘了家之盛衰。不为俗气所迷，不为尘缘所囿，不为众人所诱，不为一己所私”。[1]无奈劝学员“聘请情殷”，县长委任状敦促急切：

> 为令委事，查女子教育关系文明，女子高等小学校尤为造就女子之基础，非得品学兼优，德望并重之人，不足以资管教。兹有本邑举人刘大鹏术德并尊，合函委任为女子高等小学校校长，兼担国文教授。仰即迅速到校，认真整理，积极进行。勿负委任，切切此令。

就是在这样的情形下，刘大鹏“不得已”充任女校校长，且以为“此亦命之所定者也”[2]。

卷一凡22则。记有刘氏被聘女子小学校长、开学典礼、女校地址、学生程度、女教员、男女学生旅行、学生罢课、女生逃学、校长辞职等女子学校事，又有两则记设在省城太原的“同善社”招人及有关事宜。刘氏认为，民国以来，注重教育，学校星罗棋布，“男女少长，咸受教育，不容有一不识字之人，强国富民莫要于此”，[3]但学校的条件、教员和学生的程度实在有限。该校与女子国民小学校租用民宅，“共处同居”，学生皆由女子国民小学校中择其年长者充之，“认识之字无多，所有算术加减乘除仍未了然，则与聘书所言之程度迥不相符。教授一事，极其艰苦。加之各学生一曝十寒，则其程度何以望其循序渐进乎”！[4]

又，相传同善社民初倡于四川，总社设在北京。1919年山

---

〔1〕 卷首，《自了汉传》。

〔2〕 卷一，《应欧阳知事之聘》。

〔3〕 卷一，《省视学员查校》。

〔4〕 卷一，《学生程度》。

西省城太原设立分社，“官绅军警商学各界皆有之”，之后，势力渐大，入社者众多，各县乃至各村庄“皆设分社”。刘氏认为，同善社“品流太杂，臭味难同。名虽正大，实则纷歧，结党成群，咸与维新，殆亦乱世之卓卓者欤”。虽朋友多次劝其入社，刘氏均“一笑置之”。[1]

卷二凡22则。除几则摘自《益世报》、《顺天时报》、《上海时报》有关国债、外债及河南、山东时事外，主要是对当时山西时事的记载和评论。《晋阎锡山驻节古唐村记》记述1922年5月11日至18日山西督军兼省长阎锡山在古唐村视察村制村范事，举凡行政会议、官民合体大会、营火会、音乐会、武术会、老农会、同乐会、分组调查、清源县视察、返回省城各项活动及讲话，无不按之后所编“村话”悉数抄录。《晋督阎锡山出巡已返省记》、《晋省整理村范会议办法记》两则摘自《益世报》，也属整理村范之类。

《窑伙跋扈记》记述刘氏与杨九锡合办明仙峪煤矿事，起初“同心协力”，最终不欢而散。《祀窑神文》为笔者第一次所见，虽简单数十字，可窥其虔诚之心。

卷二又收《消风丸方》、《治吐血方》、《治疯狗咬伤方》等药方9则。

卷三凡9则。《更易名字》记刘氏自己一生十余次更变名号，“以应时变”；《关门皇帝过新年》录自《关东日报》；《公府春宴堂会记》、《癸亥元宵节北京提灯会》、《津门之上元佳景》录自《上海时报》；《太原军警烟火募赈会之盛况》录自《顺天时报》。

《民国时局之慨叹》从风俗奢华、直省捣乱、军阀放恣、官吏贪婪、党派繁多、百姓负担、四海困穷、贼匪猖獗、学生嚣张、警察肆扰、纸币繁多、米粟昂贵、是非颠倒、道德沦丧等

[1] 卷一，《同善社招人》。

32个方面对民国社会百相进行述评。刘氏自谓，此32条“无一不实，无一粉饰之言”，“心有所感，援笔撰之”。[1]

《山西政治》计66条，历数阎锡山治晋十余年来政治、经济、军事、文化、社会方方面面，包括种种模范、事事改良、年年栽树、岁岁种桑、政必考核、推广捐输、振兴水利、教育普及、人厌老成、才重青年、钱买议员、银钱缺乏、纸币纷繁、整理村范、厉禁赌博、严禁烟丹、村民议会、村长恣横、工商并困、农士咸穷等等。

卷四凡17则。本卷所收最杂。《北京宫殿火灾》摘录《新申报》、《奉天醒时报》及天津《河北日报》有关1923年5月清宫失火事；《临案趣闻》录自《新早报》，记1923年4月23日津浦铁路临城段被“土匪”抢劫之各种“趣闻”；涉及山西本土事有《旱魃现形》、《晋省勒索缓征》、《藉祀晋源神祠敛费》、《老西儿》等。又有药方5则。

〔1〕 卷三，《民国时局之慨叹》。

竹枝词里的三晋社会

“巴人夜唱竹枝后，肠断晓猿声渐稀。”[1]竹枝词本是巴渝一带渔樵农父所吟唱的民歌，因其在演唱时手持竹枝，载歌载舞故而得名（从任半塘《唐声诗》之说）。自唐贞元中刘禹锡“以俚歌鄙陋，乃依骚人九歌作竹枝新词”，[2]将其移植至文人笔下后，竹枝词便以其通俗浅易的语言、清新活泼的格调受到历代文人墨客的青睐，以至传唱千年而不衰。诚如顾炳权先生所言：“竹枝胎胚六朝，形成于唐，流衍两宋，再起于元明，入清而大盛。既波及全国，几乎有井水处无不歌之。”[3]

竹枝词作为中国诗苑的一朵奇葩，其文学审美价值向来为人所称道。而“知变风之自焉”的创作旨归，也使其兼具极高的史料价值。唐圭璋先生即言：“（竹枝词）内容则以咏风土为主，无论通都大邑或穷乡僻壤，举凡山川胜迹、人物风流、百业民情、岁时风俗，皆可抒写。非仅诗境得以开拓，且保存丰富之社会史料。”[4]

---

〔1〕顾况：《竹枝曲》，《全唐诗》卷二八，中华书局 1979 年，第 395 页。

〔2〕《全唐诗》卷二八，中华书局 1979 年，第 395 页。

〔3〕顾炳权：《上海洋场竹枝词》，上海书店出版社 1996 年，第 6 页。

〔4〕唐圭璋：《竹枝词纪事诗序》，丘良任：《竹枝词纪事诗》，暨南大学出版社 1994 年，第 2 页。

本文即以《三晋竹枝词》[1]作为研究文本，参证以相关的史书、方志、笔记等文献资料，以诗证史，以诗论事，举凡经济、政治、文教、民俗诸方面，力求窥测其中所折射出的三晋社会风貌。

一 “商贾农工毕岁忙”——民生的关注

古往今来，无数默默无闻的劳动者日复一日忙碌劳作，维持着生计的同时也在构筑着历史。然而，汗牛充栋的史籍对于他们的记录却总是惜墨如金，以至我们对历史上普通民众的日常生活竟无从知晓。就此而言，记录了“商贾农工毕岁忙”（彭湘《晋风》之一）的竹枝词，对于我们研究普通民众的生产生活无疑具有宝贵的史料价值。

作为“唐尧播谷稷神山”的故土，传统的粮食耕作在三晋大地始终居于主导地位：“自幼生为田舍郎，终年日日事农桑”（白如骢《竹枝词》之五），“助获辛勤赴野畴，今年米谷幸丰收”；“瑞麦如云遍地黄，丁男子妇共登场”（徐清澜《郊游杂咏》）……竹枝词中此类吟咏稼穑之作比比皆是。

但是，所谓的“田家之乐无与俦”（行建业《四时田家乐词》之六），不过是诗人笔下浪漫的田园牧歌。事实上，由于土地贫瘠、气候恶劣，单纯依靠粮食作物很难维持生活。正如彭湘《晋风》所概括：“地少平原每辍耕，立秋霜早谷难成。终年那解膏粱味，黍粟齑盐过一生。”（之二十七）因此，农民不得不增种其他经济作物以贴补收入，正所谓“农家别有谋生计”。（张赤帜《仿唐风百首》之六五）《剑桥中国晚清史》指

〔1〕《三晋竹枝词》由山西大学图书馆张梅秀同志与作者多年来辑得，尚未正式出版。

出“在华北……种植作物类型有了变化，这部分是人与地之比日趋不利所致，部分是对国外市场新出现的机会的反映”。[1]其中最为普及的当数棉麻种植：“棉花开际更张皇，采撷拼教十指忙。衣履合家全仗此，闺中心事费思量”（黄元善《农家妇女忙》之三）。当然，此时的棉花生产已不仅仅是自给自足，更多的则用于商品贸易：“瘠田千顷种棉匀，盼到收花易饼银。家国正供相倚赖，非惟冬襖出君身”（彭湘《晋风》之六十三，其下注云：平陆田硗瘠，广植棉，以花易银为正供所出）；“村农收得棉花好，多售金钱亦富翁”（张赤帜《仿唐风百首》之五七）。史料记载：“彼时民智闭塞，交通不便，收获不多，只供日常生活所需，并无余额外销……此时适当欧战，棉花需要特巨，市价极昂，农民植棉颇可获利，棉田面积复增至五十余万亩。”[2]同时，适应各地不同的自然环境，还形成了各种专门作物生产区域，如榆次的西瓜：“三郝村边晓日黄，瓜名三白摘盈筐”（彭湘《晋风》之五）；“榆次庄农更可夸，年年进贡郝村瓜”（张赤帜《仿唐风百首》之十五）。而家庭养殖业也成为家庭收入的又一重要来源：“绿豆高粱输出境，赚钱还是卖牛羊”；“汾城近办养鸡园，茅屋篷庐生息蕃”；“神池土脉长莜荞，多蓄牛羊亦富饶”（张赤帜《仿唐风百首》之十二、四一、七一）。

以上诗作或许可以佐证：晚清以降，农作物类型有所改变，农产品商品化程度大为提高，“男耕女织土风淳”（彭湘《晋风》之三十九）的自然经济在一定程度上开始瓦解。

另一方面，手工业收入也占了家庭收入的相当比重。最明显的当数家庭纺织业：“机声扎扎出闺中，棉布驰名仗女工”（范

---

〔1〕〔美〕费正清主编：《剑桥中国晚清史》下卷，中国社会科学出版社 1985 年，第 10 页。
〔2〕 实业部国际贸易局编：《中国实业志·山西省》（1937 年）41 编，第 7 章。

迎吉《万泉竹枝词五首》之四）；“东乡专擅女红名，横水机头布匹成。添织闻巾充杂佩，双纱黑白间分明”（彭湘《晋风》之六十七）；“村男村女都纺织，乘闲说笑到邻家”（张赤帜《仿唐风百首》之五十二）。而华北地区随处可见的柳条麦秸则为编织业提供了便利：“更有手工编草帽，又精又细作营生”（张赤帜《仿唐风百首》之三十六）；“清水一渠团柏里，不多生计柳条筐”（彭湘《晋风》之四二）；“苇簟精工蒜辫匀，灯前共作约乡邻”（杨深秀《闻邑竹枝词》之十）。土法造纸也颇普遍：“东西相向土墙深，釀草人来晋水浔。一样造成千幅纸，飘茵堕溷有深沉”；“沤麻造纸饶生计，趵突泠泠万斛泉”（彭湘《晋风》之三、之一一〇）；“制成蒲纸销天下，画出农家无逸图”（张赤帜《仿唐风百首》之六七）。此外，蚕桑、酿造、制陶、制皮等工艺在竹枝词中也屡被提及。

当然，这些家庭手工业多为粗加工，如纺织：“不知世上罗纨贵，耐久人称大布衣”（彭湘《晋风》之五十四），生产规模亦有限，市场大部分不出本县、本省或本地区。因而面对资本主义的经济侵略不堪一击：“外布输入渐广，向所谓贩之四方，旁给西方诸州县之榆次大布，遂以绝迹。”（民国《榆次县志·生计考》）

山西矿藏丰富，素称“煤铁之乡”。采掘矿产也成为乡民谋生的手段：“平定山高水亦清，大宗煤铁厚民生”；“牛力挖煤辛苦甚，开窑美利助农田”（张赤帜《仿唐风百首》之二十二、四十九）。彭湘《晋风》之五十更详尽地介绍了运煤的过程：“煤产深山路远何，人家且喜近汾河。冰床推转冬三月，比似骡车省力多。”其下注曰：“灵石地多煤窑，冬月临汾河一带，用冰床载煤颇便。”

尽管“终岁耕忙不敢嬉”，百姓的生活状况却每况愈下：“户有重粮多露处，家无隔宿忍朝饥”（杜如锠《寰州即事·贫瘠》）。

山西“山多地少，本非五谷蕃衍之所”〔1〕，迨至封建末期，由于人口急剧膨胀，土地兼并加剧，官吏腐化堕落，人地之间的矛盾空前尖锐。面对“民贫地瘠城垣小”（彭湘《晋风》之四十三）的困窘，原本“贩贵居奇生性拙”（《晋风》之九十二）的乡民，不得不“为觅蝇头欲到天，直探星宿尽祁连”（王锡畴《远服贾》之一），远赴异乡另谋出路。光绪《五台新志·生计卷》载：“晋省以商贾为重，非弃本而逐末，土狭人满，田不足耕也。”王锡畴《远服贾》即是这种艰险商旅的生动写照，其序言写道：“乡人有贸易于新疆者，往路必须半载，归期辄待十年。自阳关一出，即是黄沙白雪之天，况阴碛频经，更莫非鬼难风灾之地。有时而历险逾艰，知穷边之路僻，无处不惊心怵目，因绝域以人稀。”

外出谋生的商贾“适北移南岁月多”，留给家人的则是无尽的思念与挂牵。杨深秀《闻邑竹枝词》之十五：“千花绣服蝶衣香，百叶裁裙鸳带长。赢得周身穿着好，一生魂梦系瞿唐”。其下注曰：“邑多服贾蜀中者，以道远故，五年始一归省。夫妇一生不数觏也。”民国《闻喜县志》烈女卷记载着这样的实例：“薛宗善妻张氏，年及笄，宗善会岁歉就食于外，十余年不返，氏守贞待之，其父求宗善归，始合卺，氏已二十有七矣。”清朝学者纪晓岚曾言：“山西人多商于外……俟蓄积有资，始归纳妇。纳妇后，仍出营利，率二三年一归省，其常例也。或命途蹇剥，或事故萦牵，一二十载不得归，甚或金尽裘敝，耻还乡里，萍飘蓬转，不通音问者，亦往往有之。”〔2〕一曲缠绵悱恻的《走西口》唱出了空守深闺中商妇的几多辛酸与无奈。

虽然我们很难从这些竹枝词中尽览当时民众的生活全貌，但

〔1〕 曾国荃：《曾忠襄公书札卷十四·致各府厅州公函》，续修四库全书本1555，上海古籍出版社据清光绪二十九年《曾忠襄公文集》影印，第188页。

〔2〕 纪昀：《阅微草堂笔记》卷二十三，《滦阳续录》五，巴蜀书社1995年，第503页。

它却为我们全面了解当时山西民众的生产生活提供了大量线索与参考。透过竹枝词的字里行间回望历史，先人们在这片黄土地上日出而作、日落而息的身影渐渐清晰。他们的姓名与生平或许已无从稽考，但他们田畴间的辛勤耕耘、商路中的奔波劳累，为我们展示了一幅生动的社会生活画面。

二 “百首新词纪土风”——民俗的描绘

“百首新词纪土风，风光写尽一年中”（袁枚《随园题词》），三晋竹枝词以生动翔实的笔触对近代山西各地的民俗风情作了全景式的描绘，以下仅撷取其中几个片段以为举隅：

岁时节令

春种秋收，夏耕冬藏。传统农业社会里，人们恪守四时更替、寒暑推移的岁时惯制安排自己的生产生活，并在此基础上形成了种种岁时风俗仪式。其中最隆重的自然当数年节。

传统过年，持续时间很长，民间有“过了腊八就是年”的说法。腊八节源于上古时代的蜡祭。《礼记·郊特牲》记载：“蜡也者，索也，岁十二月，合祭万物而索乡之也。”这一天，人们要用小米、玉米、绿豆、红枣、核桃等八种主料八种辅料熬制成腊八粥，宫林钟《竹枝词》之十一：“纷纷枣米豆成汤，此粥调和异味香。留得佳名传腊八，残膏给与众花尝。”在晋北、晋东南熬粥的水多由下河取冰溶化而成：“腊八敲冰岁又阑，堆阶片片冻痕攒。朝来煮就长生粥，共食团圞大团圆。”（刘如兰《竹枝词》之十三，注云：腊八日取冰列阶除，煮长生粥共食。）

腊月二十三，各地流行祭灶，祈求灶王爷“上天言好事，回宫降吉祥”。而过了这天，老百姓认为诸神上天，百无禁忌。婚嫁迎娶不用择日子，称为赶乱婚。因此直至年底，举行婚礼的特别多。刘如兰《竹枝词》即云："岁晏乡村嫁娶忙，宜春帖子逗春光。灯前姊妹私相语，守岁今年是洞房。"其下注："过二十三嫁娶谓之闯乱年，取其少避忌也。"魏守经《南亭竹枝词》亦写道："赶乱成婚趁岁除，新年景色萃青芦。阴阳无忌百无忌，底用拘拘时宪书。"

"才尝除夕庆家宴，比户抽穿压岁钱。爆竹一声齐带笑，定知来日是新年"（宫林钟《竹枝词》之十二）。除夕之夜普天同庆，和全国其他地方一样，山西各地家家户户欢聚一堂、通宵守岁，包饺子、放鞭炮、祭祖先、给晚辈压岁钱……同时，也有很多独具地方特色的风俗：山西民间认为除夕夜天地诸神要降临人间，与民同乐。于是在院内摆设香案，供奉"供献"，四周悬以彩幡，以迎接"天地爷"下凡；而在灶王爷神位前，则要虔诚地供上用面粉镶嵌红枣蒸成的"枣山馍"。唐廷诏《中阳竹枝词》中对此有着细致的描绘："彩幡户户写尧天，今岁春光胜去年。供上枣糕山几座，衣裳整肃拜神前。"

正月初一，吕梁地区人们外出郊游，称为迎喜节，亦称游喜神。刘如兰《竹枝词》："黏户红笺墨色新，衣冠揖让蔼然亲。香灯提出明如海，都向村前接喜神。"晋北地区则将接喜神的日子选择在春节后的戊日或癸日。《石楼县志》记载："遇首吉，出门携酒肴、香、炮，罗拜坐次，谓之'迎喜神'。"

正月初五，旧称送穷节，即民间所说的"破五"。关于送穷的来历，据《天中记》卷四引《岁时记》："高阳氏子瘦约，好衣弊食糜，正月晦日巷死。世作糜，弃破衣，是日祀于巷，曰送穷鬼。"唐代诗人韩愈《送穷文》开篇即云"三揖穷鬼而告之"，可见人们对贫困的厌恶由来已久。这一天，山西大部分地区的人家要打扫庭除，有的地方还要剪五个纸人，送到门外，焚香、放炮而还。称之为"扫五鬼"。竹枝词即言："才过新年五日中，纸裁人样剪刀工。扫除舍塌无多土，直向街前去送穷。”（宫林钟《竹枝词》之五）寿阳等地讲究这天清早从外面担水，彭湘《晋风》之二六注云：“寿阳新正五日黎明担水入甕谓填穷。”晋南一些地方则在初六将门神双眼剜掉，以免其作祟。彭湘《晋风》之三九写道：“豕孽鸡妖备不虞，偏教剋眼累神荼。世间多少司阍辈，屑把金针遍剔无。”

旧俗初一为鸡日，初二为狗日，初三为猪日，排到初七恰为人日。这一天和顺等地人们要上坟扫墓，祭拜祖先。所谓“展墓向传人七日，逃符影里拜松楸”（彭湘《晋风》之一〇五）。初八则为谷日，民间要祭祀谷神，保佑来年五谷丰登。初十忌动石器，称为石头节，又称十指节。民间又流传这天是老鼠娶亲的日子。

“正月天天都是节”，经过上文所述各个节日，到了正月十五这天，“人语丛杂沸雨风，光华绚烂彻遥空”（贾华平《元夕曲》之六），节日气氛达到高潮。民间遂有“正月十五闹红火”之说，一个“闹”字，生动概括出人们的欢快与喜庆。

正月十五被称为灯节，山西各地自然家家户户张灯结彩：解县“山桥看罢灯如海，争向神前乞白莲”（彭湘《晋风》之五七）；太原“半夜游人争过市，春联一片化红灯”（阎若璩《踏灯歌》之五）；蔚州“灯月掩映光如昼，联袂相携问锦绣”（贾华平《元夕曲》之五）；平阳“后土祠前百尺楼，灯轮旋转照神州。明明一道银河水，衝动星辰向地流”（孔尚任《平阳竹枝词》之二十五）……晋南气候转暖，河流解冻，人们则将各色彩灯置于河中：“山影俯城城俯溪，人家多住水云西。春灯一夜排岩试，全放星河入户低。”（杨笃《山灯词》之一）而最具风情则是“九曲黄河灯”。魏守经《南亭竹枝词》记载：“以灯三百六十盏，分行布列如游卦形，而界为九曲方，其中者曰黄河。”诗中描绘：“上元芦席结神棚，烟火连宵气色增。游遍黄河三百六，沿途五色纸糊灯。”彭湘《晋风》之二十五也记载：“归时扶醉街头过，一曲黄河一曲灯。”并注：“定襄币月元夕搭灯市，象黄河九曲。”

与流光溢彩的灯饰交相辉映的是烈焰熊熊的旺火：“节值元宵贺太平，当街爆竹听声声。几层火塔烟痕外，白纸灯悬柏一棚。”（唐廷诏《中阳竹枝词》之二）据考证，旺火起源于远古“燔柴”的宗教祭祀仪式。山西煤炭丰富，于是人们就地取材，将其应用于春节的庆典。《大同府志》载：“元旦，垒炽炭于门，如浮屠状，名曰旺火。……元夕前日起城市张灯结彩，垒旺火，郡城四大街尤盛。”曾尚增《平定杂诗》亦载：“州俗上元各于门前围石炭焚之，名曰塔火。”其诗咏：“上元塔火俗相仍，天雨青荧得未曾。”

载歌载舞的秧歌同样是一道亮丽的风景：“秧歌队队演村农，花鼓班衣一路逢。东社穿来西社去，入门先唱喜重重”（刘如兰《竹枝词》之三，其下注：“新春田家多扮秧歌，互相为乐”）；“满城锣鼓响喧阗，队队秧歌声彻天。共说某村装扮好，老渔撑出美人船”（唐廷诏《中阳竹枝词》之三）。其中最负盛名的当数以祁县、太谷为代表的晋中秧歌，清初《祁县志》即载：“十五日为上元节祭天地，设鳌山，悬花灯，放烟火，聚欢弦歌，有太平景象。”阎若璩《踏灯歌》也描绘了表演的盛况：“秧歌来往动欢声，花面班衣踏地轻。不怕金吾还禁夜，五坊飞骑也随行。”（之三）

背棍、铁棍则将“地秧歌”移到了空中：“天半飞来唱一声，万人围着似街平。凌凌小步无尘土，踏上双肩任意行”；“一双红袖舞纷纷，软似花枝乱似云。自是擎身无妙手，肩头掌上有何分”（孔尚任《平阳竹枝词》之三十、三一）。这种“斜阳天畔凌云舞”（王锡纶《三晋竹枝词》之十一）的表演是由壮汉背负铁棍步伐起伏，其顶端绑缚着的小姑娘随之翩翩起舞。所谓“红粉娇娃不胜情，却凭村汉顶来行”（崔缉熙《二峰山天圣宫竹枝词》之八)。晋南的“抬阁”与此类似，杨深秀《闻邑竹枝词》之十二：“选好女子缚铁杆上，扮小说杂剧诸故事。四人舁以游街，名曰台阁。有时扮吕洞宾、牡丹精。”其诗曰：“往岁郎看台阁否，儿身扮作牡丹仙。”

民谚有云“受了一年，就盼过年”，“终岁耕忙不敢嬉”(白星炜《汾俗竹枝词》之九)的人们借着年节的欢乐放松身心、祈愿福瑞，为新一轮的生活积蓄力量。民俗的重要价值就在于此：“它们告诉人们在什么情况下怎样正确地做事，赋予生活以规律。如果没有民俗提供的程式解放了人们的大脑，人是不能承受的。”〔1〕

婚丧嫁娶

民俗的另一重要价值，还在于沟通与协调个人与社会的关系。人是社会的人，一个人一生要以不同的身份、角色被社会所接纳，就必须经由出生礼、成人礼、婚嫁礼、寿诞礼、丧葬礼等一系列人生礼仪。正如梁漱溟先生《人心与人生》书中所言：“礼的要义，礼的真意，就是在社会人生各种节目上要沉着郑重、认真其事，而莫轻浮随便苟且出之。”〔2〕下面，就让我们透过一场传统婚礼来体味这种“礼的要义”。

中国古代的嫁娶程序，形成于《周礼》，包括纳彩、问名、纳吉、纳征、请期、亲迎六礼。它对男女婚姻之事起着规范的作用，所谓“六礼备，谓之聘；六礼不备，谓之奔”(《礼记·昏义》)。六礼之制，历代数有变迁，明、清时期加以简化，遵循《朱子家礼》即以纳彩、纳吉(纳币)、亲迎三礼为主。山西各地婚礼，基本以此为蓝本，却又略有差异。

〔1〕 高丙中：《民俗文化与民俗生活》，中国社会科学出版社1994年，第155页。
〔2〕 梁漱溟：《人心与人生》，《梁漱溟文选》上册，中国文联出版公司1996年，第521页。

议婚。议婚是婚事酝酿阶段，相当于古礼的“纳彩”。传统婚姻恪守父母之命，媒妁之言：“但凭片语订朱陈，两不相逢便结亲。别样繁文都不用，一条长揖重媒人。”（魏守经《南亭竹枝词》之九，并注：“结姻者媒人至门，一揖即为成礼。俗以婚名作揖。”）不过也有开通的，彭湘《晋风》之九十三注：“（汾阳）议姻男女有先期相见之礼。”诗曰：“朱陈新喜订绸缪，风俗先期仿相攸。郎面羞赧同妾面，一时相见也低头。”

订婚。允婚后男女两家互送庚帖合婚，择吉下聘，正式缔结婚姻关系，即“纳币”。男方给女方一定的财物，如首饰、绸缎、衣物等，一般要凑足十件，象征“十全十美”。女方也回赠些简单的礼物，如食盐、面人、谷麸等，寓意喜结良缘、多子多福。彭湘《晋风》：“纳币筐承帛与缣，近增浮费岂相嫌。盈门百两须臾事，家计先烦料米盐。”（之七十二，下注：“纳币时富者兼送油面豆谷食盐。”）

亲迎。是婚姻过程中最为隆重也最为繁缛琐细的仪节，并因地域、风俗的不同而形成五花八门的程序。杨深秀《亲迎杂诗》对这一仪式进行了全程记录：结婚当天，新郎带着花轿、乐队，在亲朋好友的陪同下一路吹吹打打前往岳家迎娶新娘。而女家送亲的队伍同样浩浩荡荡，杨深秀《闻邑竹枝词》之十三写道：“翠绕珠围助结缡，靓妆同醉婿家卮。旁人只道家门盛，哪晓虚姑与假姨。”其下解释：“俗送亲者往往数十百人，且女子居十之六七，故里俗厌之云是虚姑姑假姨姨也。”迎娶过程往往颇费周折，女方亲友竭尽所能难为迎亲者。榆次等地更为有趣，衣冠楚楚的新郎居然还得偷偷摸摸在岳家“行窃”：“烧兰擘锦喜筵开，满院笙歌沸若雷。为有门楣求富贵，拼教羽化盗银杯。”（彭湘《晋风》之六，注曰：“婿亲迎至妇家，于席间私窃薄饼及盃箸，谓之得富贵。”）一番喧闹下来，已是傍晚时分，暗合古代“婚礼必用昏，以其阳往而阴来也”（段成式

《酉阳杂俎》）的规矩。而新娘上轿时，照例要号啕大哭，所谓“哭嫁”，民谚有“媳妇哭，娘家富”之说。这些似乎都可视为初民时期抢婚制的遗风。

迎娶队伍回到男家，婚礼正式开始。新娘凤冠霞帔、红盖遮头，由两位“全福人”搀扶下轿。新郎长袍马褂，披红插花，用红绸牵引着新娘。此时。有人用红毡铺地，前后传递，让新娘在上面走过，谓之“铺名障”，俗名“铺践子”。诗曰：“夹路桃花何预汝，红摊步障迟香轮”（杨深秀《亲迎杂诗》之一）。同时，亲友们口诵祝词，不时将五谷杂粮抛撒在新娘身上：“散花手重恐难胜，吉语同祈五谷登。疑是今朝天雨粟，谁知红豆撒三升。”（杨深秀《亲迎杂诗》之二）伴娘则执瓷瓶、草把等吉物相随而行，寓意平平安安、早生贵子：“官窑瓷式两相同，腹插花枝耳挂红。侍者双双齐抱入，日躔应值宝瓶宫”；“两束黄禾簇簇新，侍儿提掇总随身。聊将刈楚迎之子，敢道纯茅况玉人。”（杨深秀《亲迎杂诗》之三、之四）

“帖子题词小阁春，斜铺拜毯待新人”（杨深秀《亲迎杂诗》之五），甫至吉时举行大典，男前女后在神位前行三跪九叩大礼，俗称“拜天地”。接着新郎新娘手绾红绳步入洞房：“岂是双行赋锦缠，赤绳系足彩披肩。刚从帐里徐徐曳，齐唱姻缘一线牵”（杨深秀《亲迎杂诗》之六）。而后，“交斟绿醑溢陶陶，斜背银灯解粉包”（杨深秀《亲迎杂诗》之七），二人饮交杯酒，行“合卺礼”。晋南一些地方还流行“踩四角”的习俗，以祈祷送子娘娘早赐恩典：夫妻二人手拉手绕炕转一周，旁人齐声诵赞：“踩，踩，踩四角，四角娘娘保护着。儿多着，女少着，婆夫两个常好着……”随即，新郎暂退，新娘上炕面对墙角盘坐，称为“坐帐”。花烛之夜，热闹非凡。俗语说“新婚三日无大小”，宾客、亲朋汇聚新房百般戏闹新郎、新娘，主家不以为忤。民间认为，闹新房不仅增添新婚的喜庆气氛，更能驱邪避恶，保佑夫妻兴旺发达。所谓“不闹不发，越闹越发”。

婚后翌日，新娘要拜谒公婆、族亲，俗称“见大小”，以确认其在夫家的身份。古县、安泽一带，亲友至男家贺喜，还要竞相索取新娘所做的果饼。彭湘《晋风》之四十二载：“对镜晨妆画阁新，舅姑未拜意逡巡。纤纤妙试羹汤手，先散干粮到六亲。”其下注：“娶妇之次日，贺者索新妇果饼，曰讨干粮。”

“回门”，即新婚夫妇回妻家省亲的习俗，也流行于山西各地，只是时间略有差异。有在婚后第二、三天的，也有在婚后第六、七、九、十以至十二天的。彭湘《晋风》之八十八下注即云：“（长治）新婚后婿及女住外家凡九日，曰对九。”回门已毕，一场繁复冗长的人生大礼才算最终落下帷幕。

此外，竹枝词对于衣食住行、娱乐游艺、宗教结社、信仰禁忌等风俗内容，也都有详尽的描摹。囿于篇幅，兹不赘述。但归根结底，这些风俗大都能追溯到古代的礼制、礼律。对此，柳诒徵、费孝通二位先生早在半个多世纪前就分别从历史学和社会学的调查中得出近似结论，认为中国社会“礼俗之界，至难划分”。然而，若从另一角度而言，礼与俗毕竟有着不同的文化属性：“礼”乃颁布于庙堂的典章制度，具备固定性和导向性；“俗”却是植根于生活的民众行为，带有适应性与灵活性。当民众的实际欲求与“礼制”的条条框框发生冲突时，僭礼逾制之举自然在所难免。如清代《礼律·仪制》严禁居丧演戏饮博，但在竹枝词中却记载：“丧服三年白到头，貌虽衔恤实忘忧。梨园歌管初听罢，不脱齐衰上酒楼”（李毓芸《竹枝词》之三）。这些背离了正统礼制的民俗，正如郑振铎先生所言：“表现着另一个社会，另一种人生，另一方面的中国……只有在这里，才能看出真正的中国人民的发展、生活和情绪。”[1]

---

〔1〕 郑振铎：《中国俗文学史》，商务印书馆 2005 年，第 14 页。

三 “陋俗于斯更惨伤”——民风的喟叹

民俗作为历史的遗留物，受着时代、社会等的局限，其中不免积淀某些愚昧、落后的陈渣。对于此类愚昧落后的弊习陋俗，竹枝词亦多有指摘：

烟毒蔓延

“鸦片烟毒，祸晋久矣！”嘉庆末年，吸食之风已遍及全省。道光元年（1821）上谕即指出：“山西太谷、介休等处竟有富商大贾贩此牟利者，着成格饬属严查，将贩卖之人拿获，按律惩治，勿令渐染成风，有害民俗。”咸丰朝鸦片弛禁，有人更提出：“山西田土瘠薄，如种米麦杂粮，则国课之外，无以自给。罂粟利饶，必种此，民方有余资，藉得温饱。”[1]受此谬论蛊惑，罂粟开始在山西大面积栽种。光绪《广陵县补志·政令卷》记载：“自洋药弛禁以来，小民无知，因见栽种罂粟之利，较五谷稍厚，遂视为利薮，始而山坡水湄偶尔栽种，近则沃土肥田种植日广……”早期祁太秧歌中也唱道：“咸丰登基十一年，口里口外种洋烟。”迨至光绪初年，全省各州县平均种植面积达到总耕地面积的百分之三十，有的地方几乎与粮田面积对等。[2]无怪彭湘在《大同竹枝词》中感慨：“香成瀚海艳如霞，足抵中人产十家。地气也随风气改，不宜种谷种烟花。”（其下注曰：“俗嗜吸鸦片，田间多种罂粟，呼为烟花。”）

晋土植毒又大大刺激了民众的鸦片消费需求。光绪五年（1879），曾国荃《申明栽种罂粟旧禁疏》即指出：“先，吸烟者不过游手无赖及殷实有力之家。……今则业已种之，因而吸之，

〔1〕 许珏：《复庵先生集》卷3，台北：文海出版社1966年，第16页。

〔2〕 数据参见光绪二十四年（1898）九月《农学报》卷48，《晋省鸦片》。

家家效尤。”而随着烟毒的横行无忌，引发的社会问题也逐步凸显出来。张之洞《请禁罂粟片》就忧心忡忡地陈奏：“晋省吸烟之癖，官吏士民，弁兵胥役，以及妇人女子，虽皆沾染，大率乡僻居其十之六，城市居其十之八，人人尪羸，家家晏起，怠惰颓靡，毫无朝气，在官者不修其职，食力者不勤其业，循此不已，贫者益贫，弱者益弱。”许珏《复庵先生集》则更为详实地记述了其老婢一家如何由种烟而致吸烟，继而家破人亡的惨变。[1]恰如当地民谣所哀唱的：“昔日个金银满箱，今是个家业全飘荡。”（温洗马《劝戒鸦片谣》）

烟毒导致的民生凋敝迫使清政府不得不有所行动。山西几任巡抚阿勒清阿、鲍源深、曾国荃等都曾数次上奏朝廷，请求禁烟。张之洞更是力陈：“（烟毒）耗民元气，各省患之，晋为尤甚，欲振中国之贫弱，必以此为大端。今欲革历年锢习，非痛加拔除不可。”基于这种认识，他于抚晋期间，雷厉风行禁烟戒毒，开设戒烟局；“延医购药，以冀广起沉疴”；严令禁种罂粟，“毋徒遏之于播种之先，毁之于扬华以后”。此外，考虑到种烟之民的生计，他还晓谕各属，视其地宜，“教之种桑、种棉、种麻、种兰、种蒜、种菜子、种花生，以敌其利”。（以上所引俱见《陈明禁种莺粟情形折》。）张赤帜《仿唐风百首》之十也写道：“拔去烟苗多种麦，偷闲还喜老羊皮。”遗憾的是，此次大张旗鼓的禁烟运动并未如张之洞所预想的那样“大吏有司同心协力，持之不变，三年之后种植和吸食之害就可永除”，[2]而是在其调任两广后人去政息，鸦片烟毒死灰复燃，愈演愈烈。深陷其中的三晋黎庶就这样在吞云吐雾中，一步步被罂粟这朵“香成瀚海艳如霞”的“恶之花”所侵蚀。

---

〔1〕 许珏：《复庵先生集》卷3，台北：文海出版社1966年，第15页。

〔2〕 张之洞：《张文襄公书札卷二·与张幼樵书》，续修四库全书本1561，上海古籍出版社据民国十七年刻《张文襄公全集》影印，第445页。

赌风猖獗

“天下之恶，莫过于赌”（尤侗《戒赌文》）。赌博对于个人、家庭、社会造成了极其严重的危害。许多人沉溺其中，无法自拔，以至“荒弃本业，荡费家资，品行日即于卑污，心术日趋于贪诈……”（《清世宗实录》卷八十二）。有的赌徒甚至因此倾家荡产，典妻卖子：“男不耕耘皆废土，女无纺绩少腰裙。刚才卖得儿钱去，持向街头赌几文。”（杜如锠《寰州即事》之三）

正是深感赌博之弊，许多士绅富家都在家训门规中严令子孙不得嗜赌。[1]甚至妇女在祈子时也要提防：“但到香山休乞子，此山儿子博徒多。”（杨深秀《闻邑竹枝词》之四）

既然民众对此深恶痛绝，山西赌风为何仍炽盛不已？窃以为原因有三：首先，晚清社会大环境的左右。清末之季“上自公卿大吏，下至编氓徒隶，以及绣房闺阁之人，莫不好赌”（钱泳《履园丛话》），甚至连咸丰皇帝的孝钦皇后也乐此不疲：“每发牌，孝钦辄有中发白诸对……输若干，亦必叩头求孝钦赏收。”（徐珂《清稗类钞》）这股嗜赌之风，有如肆虐的瘟疫，甫一滋生，便会贻害四方。素来以民风淳朴著称的山西也难免受其毒害。

其次，崇商重利思想的影响。伴随着近代山西商业的兴盛，以往“重义轻利”的传统思想逐渐被“重商崇利”的观念所取代。刘大鹏在《退想斋日记》中就抱怨：“吾乡近来风气大坏，视读书甚轻，视为商甚重。”[2]商业的目的，乃是追求利益的最大化。而赌博自然由此被某些人视为不劳而获、攫取暴利的生财之道。

第三，社会闲散人员的参与。山西山多地少，土地贫瘠，许多人沦为无业游民，于是以赌博来消磨时光，谋求生计。“闲人

〔1〕 参见穆雯瑛：《晋商史料研究》，山西人民出版社 2001 年。

〔2〕 刘大鹏遗著，乔志强点校：《退想斋日记》，山西人民出版社 1990 年，第 17 页。

三五乐朝朝，辛蒜烧刀任赌嫖”（佚名《永俗俭陋诗十首》之九），正是这种颓废生活的真实写照。

溺女流弊

“弱息呱呱堤下坠”（李毓芸《竹枝词》之四），溺女亦是旧时山西相当泛滥的恶俗。“往往初生一女，犹货冀其存留，连产两胎，不肯容其长大，甫离母腹，即坐冤盆，未试啼声，已登鬼箓。”[1]《禁民溺女歌》中亦哀唱：“太原民风大不良，家家溺女弃路旁。一索一索心已厌，三索得女必杀伤。堕地才闻呱呱泣，置之盆内灌以汤。”如此一来，被溺女婴数量令人瞠目：“杀婴在贫困的中国家庭是非常普遍的，……几乎无法找到一个没有杀过孩子的家庭，有的甚至杀死了四五个自己的孩子。”[2]面对如此灭绝人性的陋习，今天善良的读者不免会发出与当年西洋传教士相同的质问：“究竟是什么原因，使得这些乡民如同魔鬼般对自己的亲生骨肉施以毒手？”

男尊女卑的性别歧视无疑是溺女风行的根本原因。刘大鹏《退想斋日记》毫不讳言：“……多女尤多虑也。男则不事他人，令其读书求道，大焕家尚，女则出嫁于人……反累父母。”[3]所谓“嫁出去的闺女泼出去的水”，女儿不仅无法奢求“读书求道”的平等待遇，就连在日常劳作中也要深受厌弃：“休令女子偷看见，教女何殊教外人”（杨深秀《闻邑竹枝词》之十，下注云：织席编蒜之技，教儿教妇不教女，恐女嫁他处夺其利也）。更有甚者，居然相信溺头胎女婴可利生男！[4]“喜得头生儿子好，与君同谢

〔1〕光绪《晋政辑要》卷十八，《户制·恤政三》。

〔2〕〔英〕吉尔伯·特威尔士、亨利·诺曼：《龙旗下的臣民——近代中国礼俗与社会》，光明日报出版社2000年，第325页。

〔3〕刘大鹏遗著，乔志强点校：《退想斋日记》，山西人民出版社1990年，第126页。

〔4〕参见袁啸波编：《民间劝善书》，上海古籍出版社1995年，第347页。

石娘娘”（杨深秀《闻邑竹枝词》之三），“头生儿子”固然要酬神还愿，以庆弄璋之喜；而那些贱如瓦釜的可怜女婴，则在呱呱坠地之时便被惨无人道地扼杀于襁褓之中。

家庭贫困，无力抚养也是女婴被溺的主要原因。政府的苛捐杂税，官吏的压榨盘剥，再加上连年的灾荒兵燹，使得原本就饥寒交迫的劳苦大众愈加生计维艰。面对“子妇嗷嗷奈若何”（赵时可《拟岳民谣八章》之七）的困窘，他们也只能迫不得已地采取溺婴的方式来减少人口。而女性由于其在农业生产中的弱势，往往首先成为牺牲品。

婚嫁奢财则是引发溺女陋俗又一诱因。李毓芸《竹枝词》之四直言：“也知生女勿悲伤，争奈他年作嫁妆。”近世山西，婚嫁奢财，妆奁昂贵，可谓“户户养女先论价，家家提壶不计贫”（王省山《晋祠杂诗》之五）。刘大鹏《退想斋日记》记述：“妇家于去日已将妆奁送来，约值千余金。论者犹以为薄，谓妇家曹姓富甲于晋阳一川，而送此区区之奁，乌足以厌人心……”缙绅之家，尚且为此捉襟见肘，贫寒小户就更不堪重负。与其破财遣嫁，不如索性将其提前溺毙。于是，正如《皇朝经世文续编·户政卷》所刊载：“乡俗嫁赀日倍厚，恒自罄产，不厚则为夫家厌薄，且有因之而弃妇者，妇人之见，以为异日使其女不见重于夫家，不若即死堕地之初为尤得也，坐是相习成风……”

溺女恶俗所导致的直接后果便是男女比例严重失衡。据统计，宣统年间山西人口男女性别比例高达135.5∶100。而这进一步加剧了婚嫁奢财的恶性循环：“近习婚姻但重财，同宗分申结为媒”（佚名《永俗俭陋诗》之六）；“可怜耗尽贫儿力，赢得金钗压鬓斜”（王省山《晋祠杂诗》之八）。因婚嫁倾家荡产或因无力婚嫁而失时，在各地方志中屡有载列。如民国《新绛县志》：“近年以来，习俗浇漓，女子适人，其父母惟视钱财多寡为断，聘金有大洋五六百元者，贫家甚至破家倾产不足供娶一妻之用。”

原本“待雀成桥喜满腔”（彭湘《晋风》之一二五）的美满之事，居然蜕变为“罄产营婚不厌奢，明珠几斛买娇娃”（王省山《晋祠杂诗》之七）的交易。

同时，早婚早育之风亦由此盛行：“男子十一女十周，团团结发赋河洲。”（《永俗俭陋诗》之七）民国《虞乡县志》载：“今俗迫不及待，尽有十三四岁即行嫁娶者。”这种早婚行为，大大降低了婚嫁成本：男方抱养童养媳不用彩礼，等到正式结婚，花费要比大娶便宜得多；而女家也无需陪嫁，少了破家嫁女之忧。某种程度而言，可以视为两家所采取的一种经济互助行为。但这对于当事男女双方的身心却带来了极大的痛苦。自身还是孩子，如何能承担起养儿育女的责任？于是，便出现了如此荒唐的场面：“帘栊晓日上东隅，十五盈盈已有夫。见说织缣犹未惯，养儿预备锦绷无？”（彭湘《晋风》之一二〇）

尽管对于这些弊习陋俗，时人多有“最是寰州俗可嗔”（杜如錩《寰州即事八律》之三）；“陋俗于斯最惨伤”（佚名《永俗俭陋诗十首》之十）之类的诘责。但毋庸讳言，直至今日，其中有些陋俗仍是我们社会的痼疾。诚如诗人所言：“俭陋之俗三晋皆然……采风者不敢诮，亦不敢谅，诮则失真，讳则愈陋。”（佚名《永俗俭陋诗十首》序言）唯有以客观的态度正确对待、因势利导，才能将陋俗流弊彻底根除，从而营造出“民心就日见淳风”（彭湘《晋风》之五三）的和谐社会。

四　“循吏亲民自古难”——民望的祈愿

“循吏亲民自古难，课耕课织免饥寒。谁知麻麦芃芃处，一带从前是碱滩。”（彭湘《晋风》之一一三）这是颂扬乾隆中期天镇知县黎中辅的一首竹枝词。所谓循吏，按照《史记·太史公自序》的说法，指的是“奉法循理之吏”，即俗称的“清官”。此诗注云：“天镇邑多碱滩，知县黎中辅疏沟引水，变其土性，地尽可耕。又训妇女纺绩。”看来，这位黎知县颇为治下子民办了些好事，以致百余年后仍备受称赞。

对于这样的“循吏”、“清官”，民众从来不吝溢美之词：“嗷嗷鸿雁叫斜阳，哀此矜人为解囊。多少飞章达民瘼，应余谏草在南床”（曾尚增《平定杂诗·乔都御史祠》〔1〕）；“尚书廉正动边城，黄发承恩冠两京。淮上至今歌孺子，水清何似使君清”（《平定杂诗·耿九畴》〔2〕）。真可谓：“循良异代仰高风，惠泽沾濡讴思中”（《平定杂诗·李英公祠》）。

然而，值得我们反思的是，为何“循良”只能“异代仰高风”？那些同代的、身边的“循吏”、“清官”为何总是寥若晨星？有作家评论：“吏治败坏的时候，清官出现。清官的所作所为实在出人意料，中国人的清官情绪，乃是对意外的憧憬。”对于清官的期盼愈是强烈，愈是体现出统治的黑暗与吏治的腐朽。就在百姓念念不忘黎知县清名的光绪年间，山西吏治却日益腐败，巡抚张之洞在写给好友的信中也深感：“山西官场乱极，见闻陋极，文武两等人才乏极，吏事、民事、兵事应急之事多极，竟非清净无为之地。”〔3〕山西前藩司葆亨侵挪国家库款，盘剥人民，在任上“一日之中放银六十余万”；继任王定安代理藩司不过十天，也“一日中放银三十余万”；候补知府、知州及其他“在事之司道、首府”等，也纷纷“合谋弊混”……而此时，灾情惨重的“丁戊奇荒”才刚刚结束，“晋民喘未苏，中外汲汲边备，而

〔1〕乔应甲，临猗人，明天启都察院右都御史。屡上疏建议惩治贪官、重整纲纪。

〔2〕耿九畴，平定人，明永乐末进士，历任陕西巡抚，南京刑部尚书。为政清廉，孺子歌有“水清不如使君清”之语。

〔3〕张之洞：《张文襄公书札卷二·与张幼樵书》，续修四库全书本1561，上海古籍出版社据民国十七年刻《张文襄公全集》影印，第442页。

晋省各衙门张灯演剧、豪宴无度，弥月不休；供帐苞苴较前益盛”（以上所引俱见张之洞《特参贻误善后各员片》）。灾后余生的百姓面对雪上加霜的苛政只能长歌当哭，借竹枝词来抒泄心头的悲愁：“白发龙钟无脱卸，黄童鹄立恁支持。可怜户绝余孱弱，犹似从前按籍推”（杜如锠《寰州即事·丁粮》）；“岂无薄田漳水滨，夫耕妇馌儿锄耘。官租输罢无余粟，辛苦年年自食贫”（王省山《采豆叶》之三）；“五月郊原尚未耕，乡村依旧欲开征。可怜卖得儿和女，半为完粮半救生”（曹润堂《太谷竹枝词》）。

上梁不正下梁歪，地方大员贪墨如此，属下胥吏自然纷起效尤，光绪八年（1882）六月，张之洞上奏：“晋省历年以来，公私困穷……上官政出多门，属吏愍不畏法……军纪日即荡弛，吏胥敢于为奸。”山西当时官场积弊、吏治颓坏，可谓自上而下已腐化到无以复加的地步。南阳晴岚氏《孝义竹枝词》写道：“班列东西站两隅，该通该引礼含糊。一人包揽全终始，多事还亏有老吴（廪生吴宗伯）”（之三）；“学稼教书总不知，终年百两最为奇。问他端的称饶裕，画虎人人羡讼师”（之八）；“状侩称师最是难，相逢问我却欢欣。门徒嗣后须加倍，品级虽卑管辖宽”（之十）。对此，清末谴责小说家李伯元在《活地狱》中做了更为真切详实的记述：大同府阳高县，知县贪赃枉法，鱼肉百姓；讼棍为虎作伥，挑拨离间；衙役刑讯逼供，敲诈勒索；仵作伪造证据，诬陷无辜……凡此种种，令人发指。[1]黔首草民们所容身的，实在不啻一座鬼蜮作祟，魑魅横行的人间地狱！

有鉴于此，统治阶级愈发推崇“循吏”、“清官”，试图通过彰显清官的公正廉洁“画出太平真景象”（彭湘《晋风》之四十），以便维护其统治。而无奈的百姓，也只能将渺茫的希望寄托于“幸蒙大宪抚人民”（李钟英《悯荒吟》之十）。正如马克

---

〔1〕 详见李伯元：《活地狱》第一回至第十回，上海古籍出版社 1997 年。

思所指出的："他们不能以自己的名义来保护自己的利益，他们不能自己代表自己，一定要别人代表他们。他们的代表一定要同时是他们的主宰，是高高地站在他们之上的权威，是不受任何限制的政府权力。"[1]彭湘《晋风》之三十二注中便记载："保德腊月取鲜鲤，蘸水结冰粗如椽，渔户承应州署，分馈各大宪。"诗中，渔民们在哀怨"河流阔处下寒罾，渔课年年腊月征"的同时，仍天真地期冀："但愿此鱼经馈后，上官清节并如冰。"然而颇具讽刺意味的是，饱餐"鱼肉"后的上官们"鱼肉百姓"的手段却总是变本加厉，摆在他们面前的，依旧是"国课愁看无计补，东邻赔尽又西邻"（赵时可《拟岳民谣八章之无》）的窘况。而他们唯一能做的，便是在"腊前冠盖一番新，过市招摇例报春"的迎神闹剧中，自欺欺人地安慰自己："赖是假官能避得，不教鱼肉到斯民。"（彭湘《晋风》之四十，其下注云：翼城立春前一日，乐户扮春官一、春吏一，入绅户家报春。市贩悉走避，否则攫物无给值者。）

值得一提的是，那些两袖清风的"循吏"、"清官"未必就能令百姓"沾濡惠泽"。道光年间吉州知州吴聘九在其《竹枝词》序中津津乐道于这样一事："署内东院前任竖一高杆，夜间悬灯。余闻城耆云：'向来吉地命案甚希，近来竟有数起者，实自立此杆始也。'余即命除之。有谓命案虽多，而前任马公现升监掣府，似不可除。余笑曰：'利于官而不利于民，焉用此杆？'遂除之。果自道光十三至十四年未有命案。"为此，这位吴知州还自以为是地吟道："一灯孤干最高高，杀气冲霄厉似刀。我为苍生除大害，焉知休咎系吾曹。"身为一州之长，不思忖如何捕盗捉贼、翦除命案，反倒笃信堪舆之说，洋洋自得地将荒唐可笑的蠢行自诩成为民请命的义举。这是何等地愚妄与昏聩。对此，刘鹗在《老残游记》

〔1〕《马克思恩格斯全集》第八卷，人民出版社1974年，第217页。

中一针见血地指出“赃官可恨，人人知之，清官尤可恨，人多不知。盖赃官自知有病，不敢公然为非；清官则自以为我不要钱，何所不可。刚愎自用，小则杀人，大则误国。吾人亲目所睹，不知凡几矣。”而其书中“清官”玉贤的原型毓贤在山西巡抚任上，因仇视教民，“呼七十余人者至，令自承悔教。教民不肯承，乃悉率出斩之，妇孺就死，呼号声不忍闻”。[1]——掩盖在“清廉”光环之下的戕害与荼毒，丝毫不逊于那些贪官的压榨与欺凌。

归根结底，清官情结作为积淀深厚的民族文化心理特征，是建立在“有治人，无治法”的封建专制基础之上的。清官的伴生物，永远是皇权，是愚民，是千倍万倍的贪官，是无法摆脱的盘剥与凌辱。所谓的“青天”，不过是暗无天日的封建官场中一丝微弱荧光。那一曲曲呼唤“清官”、“循吏”的竹枝吟唱，最终也只能化作封建社会腐败官僚体制的声声挽歌。

五 “满眼田园尽是芜”——民瘼的疾呼

清光绪三、四年（1877、1878），一场“古所未见”的“大祲奇灾”裹挟着死神的淫威肆虐于华北大地。这场被称为“丁戊奇荒”的大灾祸（光绪三、四年旧历属丁丑、戊寅），实际上历时长达三年之久，灾情席卷晋、豫、陕、甘、鲁等九省，其中尤以山西、河南受灾最为严重，故又称“晋豫大饥”。

对于这场灾荒，时任山西巡抚的曾国荃在光绪三年九月间的奏议中上报：“半年灾区既广，为日又长。全省灾区粮缺，不特无树皮草根可挖，抑且无粮可购。哀鸿遍野，待哺嗷嗷，道馑

〔1〕《清史稿》卷四百六十五，中华书局1977年，第12757页。

相望，惨不可言。”[1]而身临其境，亲历亲闻的下层文士，付诸笔端的文字则更为触目惊心。据清人王锡纶《怡青堂文集》记录：“光绪丁丑，山西无处不旱……被灾极重者八十余区，饥口入册者不下四五百万，……而饿死者十五六，有尽村无遗者。小孩弃于道，或父母亲提而掷之沟中者。死者窃而食之，或肢割以取肉，或大脔如宰猪羊者；或悬饿死之人于富室之门，或竞争竟割其首掷之内以索诈者；层见叠出，骇人听闻。”[2]

“劳者歌其事，饥者歌其食”，许多文人亦通过竹枝词翔实地描绘了这幕“哀鸿遍野，惨不可言”的饥馑惨剧。文水人李钟英《悯荒吟》中自述：“丁丑戊寅之荒，为二百余年所未有。诚有目击心伤不得已于悲歌者。兹于二十首中选刊十五首，以备采风之选。语语纪实，不失竹枝遗意。”其四写道：“农民屡次苦无年，罗掘难将岁月延。戚友乡邻无可告，家家同病不相怜。”其六：“道上生人似饿鸱，手中夺食急奔驰。可怜依旧填沟壑，纵饱饥肠到几时。”朱连珍《吟荒年绝句八则》之七：“谁云画饼可充饥，连值荒年力不支。一路横斜伤死魄，几村零落惨生离。”时任马邑知县杜如锠《寰州即事·志荒》亦有实情的描述，诗云：“向道奇荒荒不如，可怜赤地草无茹。米珠那见盘中粒，薪桂徒劳爨下余。”

事实上，这场灾荒并非毫无征兆的“飞来横祸”。此前的光绪元年（1875），华北地区旱象已初露端倪：临汾、汾西、虞乡、夏县、襄陵、榆社等地或有“大旱”，或有“夏秋薄收者”。但这并未引起当政者的足够重视，十月初三（10月31日）的上谕只是轻描淡写地提及：“山西太原及右玉等处粮价昂贵”（《清德宗实录》卷19）。地方官员非但没有增加任何粮食储备，反而为了多征二十倍的田赋，允许农户弃耕种植鸦片：“地气也随风气改，

---

〔1〕 光绪《山西通志》卷八十二，《荒政记》，中华书局1990年，第5626页。
〔2〕 李文治：《中国近代农业史资料》第1辑，上海三联书店1957年，第742页。

不宜种谷种烟花”（彭湘《大同竹枝词》）。这种“夺民食之需，空仓廪之藏”（郭嵩焘语）的短视之举无疑为其后的灾荒埋下了隐患。另一方面，广大民众亦缺乏必要的灾患意识。李钟英《悯荒吟》自述中坦言：“晋民素鲜盖藏，不知积粟。”杜如锠《寰州即事·风俗》亦云：“丰时岂但惟膏食，俭岁犹然只酒醺。”无怪山西巡抚曾国荃灾后反思：“此次晋省荒歉，虽曰天灾，实由人事。自境内广种罂粟以来，民间蓄积渐耗，几无半岁之种，猝遇凶荒，遂至可无措乎。”[1]

光绪二年（1876），灾情进一步加剧：晋南、晋中、晋东南等地二十余州县普遍出现严重旱情。严重者如祁县“寸草不收”，临汾甚至出现“人食树皮者”。但是，许多地方官却“以歉为丰”，隐匿瞒报，以图照旧催科，中饱私囊。杜如锠《寰州即事·丁粮》记载：“最苦丁粮民力疲，丁粮说起泪堪垂。家无以次多重役，户不盈千倍数追。”御史张观准亦奏称：“山西太原等府，本年夏间亢旱，秋禾收成歉薄，而汾州府属之介休县、平遥县为尤甚。……该地方官并不详报，贫民糊口维艰。”为此，清政府特令山西巡抚曾国荃“查明具奏”（《清德宗实录》卷44）。是年十二月二十六日（1877年2月8日），清廷发布谕旨：“蠲缓山西阳曲、永和、介休、蒲、太原、隰、临汾、萨拉齐等八厅州县被灾歉收地方额赋钱粮米豆有差。”（《清德宗实录》卷45）然而为时已晚，一场“大祲奇灾”终于不可遏止地在三晋大地爆发。

“向道奇荒荒不如，可怜赤地草无茹”（杜如锠《寰州即事·志荒》），这场灾祸对于山西社会经济生活造成了几乎毁灭性的打击：

1. 人口亡失极其惨重。“冻馁迫时人待毙”（李钟英《悯荒

[1] 李文治：《中国近代农业史资料》第1辑，上海三联书店1957年，第462—463页。

吟》之十二)，长达三年的灾荒，使得山西人口锐减。光绪《山西通志·户口卷》载："晋省户口，素称蕃盛，逮乎丁戊大祲，顿至耗减。"李钟英诗中的景象则更惨不忍睹："年终剩得几家存，免贺新春各闭门。柏叶桃符无瑞彩，满街尘土一荒村"；"四郊瑾瘗花含泪，千里人稀月自明。独伴孤灯村寂寂，通宵鸡犬不闻声"(《悯荒吟》之十四、十五)。据考证，山西省区在此次大灾中人口平均亡失率在50%—60%，亡失人口高达800万—1000万。[1]一连串血淋淋的数字，无疑为以上诗作做了最为触目惊心的注解。

2. 经济秩序极度混乱。"满眼田园尽是芜，薪如丹桂米如珠"(朱连珍《吟荒年绝句》之八)，灾荒发生后，山西粮价激增。史料记载："粮价奇昂……省城每银一两，仅易钱一千三四百文，而斗米须二千四五百文。省南地方，纹银一两易钱一千一百多文，元丝银则止易钱九百余文，斗米须银二两有零。"[2]广大灾民为了充饥活命，不惜一切代价变卖家资。李钟英《悯荒吟》中慨叹："此番饥馑莫言贫，高屋肥田亦等伦。典卖无人承手去，死时还是绮罗身"(之二)；"竟日慵工数十钱，哪堪斗米值三千。惰勤一样无生路，只有前途是黄泉"(之九)。朱连珍《吟荒年绝句》亦云："典尽衣裳不避寒，算来仅足一朝餐。晚炊又是燃眉急，剜肉医创也费难。"夏县水头镇方牛庄村《丁丑大荒记》碑文镌记："房屋器用，凡属木器每件买钱一文，余物虽至贱无售；每地一亩，换面几两、馍几个，家产尽费，即悬磬之室亦无，尚莫能保其残生。"

3. 生产力大幅度倒退。"连值荒年力不支"(朱连珍《吟荒

[1] 数据参见郝平：《山西"丁戊奇荒"的人口亡失情况》，《山西大学学报》2001年第6期。

[2] 光绪《山西通志》卷八十二，《荒政记》，中华书局1990年，第5625—5626页。

年绝句》之六），数年灾荒迫使劳动者与土地分离，大量人口的死亡和外逃，造成了灾区耕地大面积的荒芜。光绪四年曾国荃奏报中称：山西各地“率皆黄沙白草，一望弥漫，考察地利，断难招复承种”。[1]正所谓“满眼田园尽是芜”（朱连珍《吟荒年绝句》之八）。而被视为农民半份家当的牛马也被宰食殆尽：“宰得犬羊聊果腹，可怜六畜亦遭灾”（朱连珍《吟荒年绝句》之五），以至于“牛种耕具，百无一存”。这些都严重制约了山西农业生产的恢复和发展，灾后继任山西巡抚的张煦在追述此次大灾时也惊呼：“旷田畴及十年而未尽辟。”[2]

4. 文化伦理严重瓦解。“鹄面鸠形似倒悬，困人境遇志难坚”（朱连珍《吟荒年绝句》之二），灾祸同时还引发了山西社会动荡、文化破坏等一系列“马太效应”。面对生存的危机，任何伦理纲常与礼义廉耻都不堪一击：“亲生儿女甘抛弃，只为多分一口餐”（李钟英《悯荒吟》之五）；“空留老稚凭谁顾，夜半泣声不忍闻”（朱连珍《吟荒年绝句》之六）。《丁丑大荒记》碑文同样记载：“人死或食其肉，又有货之者；甚至有父子相食、母女相食，较之易子而食、析骸以量为尤酷。”苦苦挣扎于死亡线上的饥民为了生存，不得不沦为乞丐、娼妓：“只因枵腹无生计，也学乞余顾眼前”（朱连珍《吟荒年绝句》之二）；“饿死从来说事小，更多玉骨委轻尘”（李钟英《悯荒吟》之十）。有的甚至铤而走险：“劫衣夺食全无忌，几个安贫守故丘”（朱连珍《吟荒年绝句》之八）。清廷派往山西稽查赈务的前工部侍郎阎敬铭也哀叹：“古称易子而食，析骸而焚，今日晋省灾荒，或父子而相食，或骨肉以析骸，所在皆有。岂

[1] 李文治：《中国近代农业史资料》第1辑，上海三联书店1957年，第937页。
[2] 光绪《山西通志》卷八十二，《荒政记》，第5641页。

非人伦之大变哉。”[1]在这种状况下，文教事业更是无从谈起。李钟英《悯荒吟》：“图书名迹尽前贤，祖父搜罗费万钱。尽被拾荒收拾去，换得一饱也欣然”（之三）；“到得饔时不继食，学生个个尽流离。寒毡独坐萧斋里，满腹文章饿不支”（之七）。历经此次大灾，山西的文化事业也同经济发展一样严重受挫，一蹶不振。

灾情发生后，清政府为维护自身统治，减轻灾害造成的严重后果，多方筹措，采取了赈粮赈款、蠲免赋税、严惩赈灾不力官员等一系列措施。而在政府救灾同时，各界人士也积极配合，采取多种形式赈灾。例如在灾情初期，山西巡抚鲍源深就要求地方官“捐廉抚恤”，马邑县令杜如锠《寰州即事·志荒》注中记载：“各宪捐俸分行赈济，民赖以食。”其诗云：“犹幸巡行来召信，可知发粟有长孺。余因设法留仓粟，暂济贫民数月需。”据统计“晋省各官捐赈共计银5169两，钱1950千文，米400石，谷2100石”。[2]这些举措，在一定程度上起到了缓解灾情、安抚民心的作用。李钟英《悯荒吟》便感激涕零地称颂：“眼看赤地真千里，蠲赈频施感圣明”（之一）；“幸蒙大宪抚人民，乞粜分金遍省邻”（之十）。然而事实上，由于财政拮据，交通不便等原因，赈济效果极其有限。只能达到“饥民可望延活，不致即于死亡”的程度而已。[3]况且吏治腐败政令难以通行，地方官僚欺上瞒下中饱私囊，严重阻碍了赈济作用的充分发挥：“拯救不过十之二三。”[4]诗人所企盼的“疏奏九重颁圣典，万民千里庆回春”

---

〔1〕 光绪《山西通志》卷八十二，《荒政记》，第5633页。

〔2〕 沈云龙：《近代中国史料丛刊》第44辑，台北：文海出版社1966年，第1121—1122页。

〔3〕 光绪《山西通志》卷八十二，《荒政记》，中华书局1990年，第5629页。

〔4〕 薛福成：《庸庵文编卷三·代李伯相重锲筹济编序》，续修四库全书本1562，上海古籍出版社据清光绪刻《庸庵全集》影印，第5629页。

（李钟英《悯荒吟》之十），只不过是一厢情愿的幻梦，笼罩着广大灾民的，依然是“四郊瑾瘗花含泪，千里人稀月自明”（李钟英《悯荒吟》之九）的漫漫寒夜。

六 “鄙人敢学巴渝唱，为少崔诗在上头”——兼作结语

“人民，只有人民，才是创造历史的动力”，然而对于这历史的创造者，历代标榜“穷探治乱之迹，上助圣明之鉴”[1]的御用史官们却总是不屑一顾。浩如烟海的史书典籍中长篇累牍记录着的，无不是帝王的政绩训令、文治武功；将相的纵横捭阖、仕宦沉浮。以至百多年前，梁启超即愤然指斥：“二十四史非史也，二十四姓之家谱而已！[2]”

固然，史书为帝王家谱的论断只是激愤之说，但不可否认，中国传统史学的视角往往聚焦于上层，它只注重对重大事件与精英人物的记述，而忽略了更为广泛的普通大众与民间生活。“劝君莫唱长恨歌，人间亦自有银河。石壕村里夫妻别，泪比长生殿上多。”（袁枚《马嵬驿》）真正的历史不应只是精英们“你方唱罢我登场”的舞台，引车卖浆者的世俗生活与下里巴人们的悲欢离合理所当然也应拥有自己的一席之地。

新时期以来蓬勃发展的社会史研究，正是将研究的视角投向了这方天地，“将眼光从上层精英移到下层民众，从单个的政治事件到中长段、长时段历史的剖析。这是对传统历史的背离，却

〔1〕司马光：《传家集卷十七·谢赐通鉴序表》，四库全书本1094，上海古籍出版社1987年，第177页。

〔2〕梁启超：《新史学》，《饮冰室合集·文集之九》，中华书局1942年，第3页。

是对真实历史的回归”。[1]

然而，这条回归之路却并非如砥坦途，欧洲社会史学家R.塞缪尔指出，社会史的研究对象应是“真正生活的历史，而不是抽象的概念；着眼于普通老百姓，而不是权贵名流；侧重于日常事物，而不是耸人听闻的重大事件”。但遗憾的是，中国传统治史的狭隘与偏颇不免使得此类史料相当匮乏。从正史中寥寥无几的片言只语中我们很难窥测其时普通民众的生存状态：那些贩夫走卒、佣工小吏如何生息劳作？那些黔首百姓、市井小民有着怎样的喜怒哀乐？

留存至今的大量竹枝词或许在一定程度上弥补了这种缺憾。以诗证史，素为学界传统，陈寅恪先生即言：“唐代诗歌保留了大量历史记录，唐史的复杂性与接触面广这些特点，都在唐诗中有反映，成为最原始的实录。文章合为时而作，所以唐诗中也反映了当时社会的现象。”[2]情同此理，通过竹枝词来考察当时社会的种种景象，也应该是一条切实可行的研究途径。正如康熙朝安泽知县赵时可《拟岳民谣·自序》所云：“用拟岳民谣代绘郑图，冀采风君子或一听闻，未必于刍荛无补益云。”尤其近代以降，新事物、新思潮强烈冲击着传统的社会生活，造成几千年未有之历史巨变。将这些富有新鲜感的风情事物写入诗中，旧体格律诗显然已力不从心，最适宜运用的体裁无疑只有“其事既易知，其言亦易入”（明邝庭瑞语）的竹枝词。例如佚名所作之《太原掌故竹枝词》，上自督府衙门、军政机关，下逮瓦舍坊市、寺观教堂，以及节令风俗之繁复，传闻掌故之流传，仕女伎乐之嬉游，方技卜筮之诞幻……凡此种种，无不详备，实为研究近代太原社会风俗的重要参考。

---

〔1〕 行龙、毕苑：《秧歌里的世界——兼论民俗与社会史研究》，《民俗研究》2001年第3期。
〔2〕 参见陆健东：《陈寅恪的最后二十年》，生活·读书·新知三联书店1995年，第186页。

诚然，诗歌不能完全等同于历史实录，但诗人在抒情言志的同时，往往不能脱离现实加诸个人情志的影响。何况是以“补益穷蓄”为旨归的竹枝词。三晋竹枝词的作者多为生长于斯的乡贤及游宦来晋之文士，诗作内容均是诗人“习见习闻”或“得之故老传闻”，比较真实客观地映现了史实，对于我们考察近代山西社会，确实具有极为重要的参考价值。

对于竹枝词的这种宝贵史料价值，不少学者均予以了相当程度的学术审视。但较之卷帙浩繁的竹枝巨制，关注者不免仍显寂寥。故而笔者不揣浅陋，试图透过《三晋竹枝词》对近代山西社会加以考索，庶几有补于区域社会史之研究。正所谓；“鄙人敢学巴渝唱，为少崔诗在上头。”[1]

---

〔1〕 魏守经：《南亭竹枝词》之一。

一个普通商号的账册分析

——文水县“昌玉公”商号账册资料介绍

山西大学中国社会史研究中心现保存有一套账册，共42本，记载的时间范围是从光绪十九年（1893）至民国二十四年（1935）。这套账册是我于2004年末在太原市南宫旧书市场收集的，下面我们就来介绍有关账册的一些基本情况。

一　商号名称和经营地点

对于商号的名称，账册上无明确记载，开始时我们感到很困惑，不知怎样确定商号的名称。通过资料整理和田野调查中找到的一些线索，我们逐渐确定了商号名称。在对账册资料进行分类和整理后，我们发现除了民国八年本村老账的封皮上出现了“昌玉公”的名称外，宣统三年以后的账册封皮上大都记载了“公记”的字样。另外，还发现在光绪年间和民国年间的银钱流水账上，印着许多“昌玉公记”的红色印章和一些小财神印章，财神手中持有的条幅上也印着“昌玉公”，那么“昌玉公”是否就是商号的名称呢？我们在对交城县地方史研究会会长田瑞先生的采访中得到了证实。”[1]田瑞先生提到，清末民初的大部分商号都有

〔1〕 采访对象：田瑞，山西省交城县地方史研究会会长。采访时间：2005年10月7日。

自己的印章，上面刻着商号的名称，这个印章就如同商号的商标，代表商号的形象。他还指出，当时记录商号名称还有一种简化形式，就是商号名称最后一个字加上一个“记”字，在宣统三年以后账册中大量出现的“公记”就体现了这种含义。由此，我们基本可以确定商号的名称为“昌玉公”。

商号的经营地点，对于研究整套账册有非常重要的意义。而账册上同样没有经营地点的记载，只记载了与它相交易的店铺所在地，因此，对于商号经营地点的推断经历了一个较长的过程。首先，我们看到民国八年账册封面上贴着山西省文水县收税的印花税票，据此，可以基本断定此商号位于文水县。此外，我们还发现大部分的本村老账最后都记载着“独家都”这一名称，根据光绪九年（1883）《文水县志》载：文水县的行政区划，明、清时实行坊都制，城设坊，关设厢，乡村设都。独家都，在县东北五十三里，包括北胡家堡、榆林村、孟家庄。〔1〕顺着这条线索，我们对文水县北胡家堡村进行了田野调查，据当地八十多岁的王国栋老人回忆，〔2〕清末民初，当地野外有一座寺庙无碍寺，也称“独家都”，它是胡家堡、榆林村、孟家庄、西南社、谢家寨等约十个邻近村子共有的庙宇，大致位于孟家庄，北胡村和西南社之间，由此商号所在地的范围进一步缩小至文水县北胡村一带。同时由于本村老账能够直接反映商号所属村庄的情况，我们进一步关注了账本资料中本村老账的内容，总结出了本村老账中村民的姓氏分布特点，发现在各年本村老账中所涉及的与之交易的村民中，郭姓约占70%左右，程姓和冀姓各占12%左右，其余的姓氏约占5%。而在对北胡村的田野调查中我们得知，本村的王姓人口约占全村人口的90%以上，与本村老账中村民的姓氏特点

〔1〕《文水县志》，山西人民出版社1994年，第11页。

〔2〕采访对象：王国栋，山西省文水县北胡村村民。采访时间：2005年4月24日。

有很大出入，此时，我们基本排除了北胡村为商号所在地的可能。接着，我们进一步查阅了《文水县志》中所记载的有关文水县姓氏分布的资料，县志上讲到，文水县郭姓是大姓，程姓和冀姓部属于小姓，郭姓主要分布在谢家寨和西南社，冀姓主要分布在西南社，程姓主要分布在西南社和榆林，本村老账中出现的三种姓氏在西南社都有分布，由此我们把目光集中到了文水县的西南社村，西南社为商号所在地的可能性大大增强。西南社位于文水县东北部的边缘地区，与本县的北胡村、谢家寨、北白庄相邻，东面与清徐县接壤，属于县与县交界的一个村社，在对西南社的田野调查中进一步证实了这个推断。我们对西南社的郭万明等五六位老人进行了口述访问，老人们对账册中所提到的人名进行了回忆，其中几乎 80% 的人名都可以回忆起来。[1] 如账册提到的人名中，郭吉元是村中道光年间的进士；郭维桂的儿子郭嘉德 1952 年去世，孙子郭银（小名五元）现在村中，已有 81 岁；郭有威的孙子是郭春善，也是本村村民。更可贵的是老人们证实在清末民初本村确实存在过“昌玉公”这个商号，而且是本村仅有的几家商号中规模较大的一家。

我们在对村中老人郭万明的访谈中，对账册所属商号的由来有了新的发现。[2] 据老人回忆，“昌玉公”的前身实际上是“天懿和”，是村中老人郭光明的爷爷在清朝光绪年间创办的，主要是以加工和销售粮油为主的小商号。到了宣统年间，郭光明的爷爷把商号分给儿子郭懿章和他的侄子郭懿德分别经营，郭懿章继续沿用“天懿和”的商号名称，而郭懿德则另起了“昌玉公”作为商号名称。老人还向我们提供了他所保存的“天懿和”商号的一枚

〔1〕 采访对象：文水县西南社村村委会对村中老人进行口述访谈。采访时间：2005 年 10 月 30 日。

〔2〕 采访对象：文水县西南社郭万明。采访时间；2006 年 3 月 11 日。

章，章上所记为“文邑西南社天懿和记”。郭万明老人同时指出，郭光明就是郭懿章的儿子。我们采访了郭光明老人，他也证实了这种说法。通过对资料的整理，我们发现到了宣统三年间账册封皮上才大量出现“公记”这样的记载，而在光绪年间是没有的。据此，我们可以推断光绪年间的账册应是属于“昌玉公”的前身“天懿和”商号的，而宣统三年以后的账册所记载的是商号“昌玉公”的经营状况。“天懿和”实际上是“昌玉公”的前身，我们可以把这套账册看作是对“昌玉公”商号的相对连续和完整的记载。

二　账册的基本类型

这套账册资料的类型比较全面，囊括了八种不同的类型。包括四路老账、本村老账。四路本村老账、四路人名老账、人工支使账、银钱流水账以及暂记总账、信借钱账等。从外观上看，除了银钱流水账与其他账册有明显的不同外，各类型账册的外形基本相同。表现为长约 25 厘米，宽约 21 厘米；封皮通常为蓝色，封面上的字迹用毛笔书写，中央记载时间（竖向书写），如账册中 ×× 年新正立，意思是从这一年的正月里开始记账，如有具体月份则表明是 × 年 × 月的账目记录；封皮左上角一般记录本商号的名称（横向书写），在名称下面标明账册类型（竖向书写），如“四路老账”、“本村老账”、“银钱草流水”等；封皮上的字迹通常以红色的长方形为底衬托，并加以白色的边框；账册由黄色的麻纸构成，每张账页中都印有蓝色的竖格，分为上下两部分，以此来区分收支事项。账册内容用毛笔竖向书写，整本账册用线或细绳在右侧装订而成。银钱流水账，与其他账册在外观上的区别表现在，账册长约 42 厘米，宽约 25 厘米，面积正好是其他类型账册的二倍。另一点就是账册封皮也是麻纸做成的，质地与其他类型账册不同。

1. 银钱流水账

银钱流水账，包括光绪十九年新正立、光绪二十一年新正立、光绪二十七年七月、光绪二十九年新正立，光绪三十年新正立、光绪三十三年新正立、光绪三十四年新正立、宣统四年新正立、民国十年以及民国十一年共十本账册资料。它是按照每日发生的与银钱有关的收付事项逐笔进行登记，属于流水账类型，相当于现在的现金日记账。账册时间记载都是用农历来表示的，第一页首先记载开始记账的时间，如“新正月初一开账大吉”，紧接着记载旧账移来存钱 ×× 文，表明上年的结存额。下面就按每天发生的银钱收支业务逐笔进行记录，账页上部为收取的项目，下部为支付的项目，上下的界线十分清晰。具体到每天发生的业务，商号要按照不同的交易对象记载发生的银钱往来，在本账册中表现为按不同的人名或不同的商号名分别记录。在每月月末，商号都要进行本月银钱的结算，记为“原存钱 ×× 文，共入钱 ×× 文，共出钱 ×× 文，净存钱 ×× 文”，其中原存钱 + 共入钱 − 共出钱 = 净存钱，这样就结算出本月净存钱数额，到了年末同样要按照该式进行结算。更加值得我们关注的是，银钱流水账是一种流水的形式，它囊括了商号所有有关银钱的业务。不论是商号进行商品贸易所发生的银钱往来，还是商号人员日常生活所发生的银钱支出，账册上都有详细的记载。尤其对于商号日常支出缘由的记载十分详尽，这为我们研究商号经营管理人员的生活状况提供了有价值的参考史料。例如，账册上记载了商号购买各类食物所花费的银钱，包括购买猪肉、羊肉、牛肉，葱、蒜、生姜以及各类蔬菜、蒸食、炒米、豆腐、月饼、鸡蛋、花生、麻糖、甜瓜、果子、杏儿、葡萄等，所记载的食物品种繁多；记载了日常购买布匹、药物、纸张、服装、烟杆等日用物品的花费，以及剃头钱、看病钱、出门盘费、赶集赶会钱、摊派钱，看戏钱、布施钱等日用开支；还记载了商号支付的工钱、脚钱、修理物品钱、犒劳钱等各类工钱以及拜年钱、压岁钱、聘礼钱等各类礼钱。这些有关日常生活支出的记载具体详细，对于我们了解当时商号的生活状况有很大的帮助。此外，账册中在每笔业务旁边常出现一个“对”字，它表示银钱流水账上的内容已经过入到其他分类账中了。

2. 四路老账

四路老账，包括光绪二十一年、光绪二十三年，光绪二十四年、光绪二十八年、光绪三十四年、宣统三年、民国二年、民国八年共八本账册。四路老账主要是对其他商号与本商号以及外村人与本商号的交易往来状况进行分类归集的一种账册类型，商号之所以起四路老账这样一个名称，有四路进财、财源广进的含义。四路老账的记账格式也是上收下付，对不同的商号和人名在一年中与本商号的贸易往来状况进行分类的记载，是对流水账进行的归集，属于分类账册。账页右上角记载与之交易的商号所属地名称以及商号名称（或人名）两项内容，在它的下方同样记下旧账移来的银钱或商品数额，以保持会计账册的连续性。账册的具体内容首先记载交易日期，× 月 × 日，下面为“收”，“取”（付）字样，然后是交易的具体内容，包括商品的种类和数量，最后用记账专用的数字符号记录交易发生的金额数和计量单位。交易的金额一般以制钱为单位，通常为“× × 文”，也有以银两为单位记载的，此时下面通常要记载交易发生时当地的银两和制钱兑换比价，以便于把银两换算成制钱，因为本商号的账册是采用制钱为记账本位币的。由此，四路老账分别把本村以外的交易对象在一年中的交易状况呈现给我们，这不仅使我们对于本商号与外部地区发生商品交易的种类、数量、价格有了一定的了解，而且使我们对于交易所涉及的范围和对象有了更好的把握。

3. 本村老账

本村老账，包括光绪三十三年、宣统二年、宣统三年，宣统四年、民国二年、民国四年、民国八年共七本账册。本村老账记载的是本村人与本商号之间的交易往来状况，是对流水账按照人名进行分类归集的一类账册。本村老账的记账格式与四路老账基本相同，也是按照上收下付的格式，对一笔交易业务发生的时间、交易品种、交易数量以及交易的金额等情况进行详细的记载。账页上半部分记载的是本商号收到的来自村民的银钱和一些物品情况，下半部分记载本商号发出商品以及支付银钱的情况。与四路老账不同的是每页账册的右上角记载的是村民的名字，同时也包括少量村中公共组织的名称，如学堂、书房、光明堂、裕后堂、如意堂、山林堂、广林堂、福寿堂、六合堂、郭宗祠老神、公议社、公水社、村公所等，也就是说本村老账归集的对象是村民个人或村中的公共组织。通过村中村民与商号之间的贸易往来状况，我们可以更加直观和深入地了解到一些当时村民日常生活的基本状貌。

4. 四路本村老账

四路本村老账，包括民国十二年、民国十三年、民国十四年、民国二十年、民国二十一年、民国二十四年六本账册。我们可以发现这类账册大都在民国时期，也就是在商号经营的后期。在后期由于经营规模的缩小和业务量的减少，需要账本记载的内容也逐渐减少，商号把四路老账和本村老账合并在一本账册中记录，就称为四路本村老账。那么，这类型账册中就记载了与本村以外地区以及与本村内部的商贸往来两部分的内容，并分别按照商号名、人名和组织名称等进行分类记录。我们可以把这类账册所记载的内容与前述光绪、宣统年间的四路老账和本村老账所记载内容进行纵向的比较，找出民国年间的商品经营和货币使用与前期的不同特点，为我们进一步研究当地商贸的发展变化过程以及人们日常生活的变化提供了宝贵的史料依据。

5. 四路人名老账

四路人名老账，有光绪三十一年和光绪三十二年两本，它记载的是本商号与外村人的交易往来状况，实际上是四路老账的组成部分之一，也就是说这类型账册是从四路老账中分离出来专门记载与外村人交易情况的。这两本账册记载的内容较少，账册的厚度也较薄。四路人名老账也属于分类账，它的记账格式与前述账册也完全相同。

6. 人工支使账

这类账册共包括五本，分别是光绪二十二年、光绪二十三年、光绪三十年、光绪三十一年和光绪三十二年。这类账册主要记录了有关本商号雇工的姓名、做工时间、做工数以及领取的薪金和各类商品的数量和金额等情况，给我们展示了光绪年间本商号雇工的一些基本情况。通过对账册资料的整理，我们发现商号每年的雇工人数平均在15—18人之间，分为临时雇工和正式员工两类。正式员工通常为1—4人不等，其余的为临时雇工。临时雇工是商号在需要的时候（如临时搬运一些货物）所聘请的临时做工人员，通常本村村民居多，也涉及少数邻村的村民。正式员工是长年为商号服务的人员，包括掌柜和伙计。账册记载的格式，临时雇工和正式员工有所不同。对于临时雇工来说，包括雇工的姓名、做工时间、做工数以及领取的薪金和各类商品的数量和金额等情况。特别要提出的是商号的记工方式，商号记工是按照做工天数记录的，一个工相当于做工一天，一天又分为五早，早晨一早，上、下午各两早，一天是一工，一工是五早，所以在临时雇工做工时间不满一天时，则记为×早。采取这样的记工方式。我们要得到某雇工全年的做工数时，遇到五早变为一工，这时，计算出的全年做工数就通常表现为×工×早。临时雇工的工钱按做工天数计算，并在做工期间不定期地支取，对于每次支取的时间以及金额账册都有详细的记载。对于正式员工而言，由于他们是全年在商号中做工的，所以账册中通常没有做工数的记载。在记账格式上与临时雇工另一不同点，就是账页首先记载了商号支付给正式员工全年的工钱数额，也就是他们一年的薪金总额。此外，账册还记载了他们分期支取以及与商号之间的交易往来状况等。

7. 信借钱账

信借钱账，这类账册比较特殊，在本套账册中只有一本，时间是光绪三十四年冬月立，意思是从光绪三十四年冬开始记账。该账册详细地记载了本商号在宣统、民国年间经营银钱借贷业务的情况，具体包括银钱借贷的对象、借贷金额、借款利息以及偿付期限等内容。这种类型账册的记账格式为，首先是借款日期，其次是借款人的姓名，下面为借本钱 ××，在借款金额旁边用小字标明限至 ×× 时间还款以及按月 ×× 分行息。另外账册中对于款项偿还的情况也作了详细的记载，如 × 月 × 日收本钱 ××，收利钱 ××，收本利 ××。这本账册基本可以向我们提供商号经营借款业务的对象、借款金额的大小、借款利率的高低、借款期限、借款收回情况等方面的内容，有助于我们更深入地了解本商号经营银钱借贷业务的情况。

8. 暂计杂使账和暂记账

最后是暂计杂使账和暂记账两种类型，暂计杂使账两本，包括光绪二十二年和光绪二十三年，暂计账三本，包括光绪三十四年、宣统元年和宣统三年，这两类账册都是表明暂时记录的内容，内容较多也较杂乱，在记账格式上与前几类相比也不是很整齐，可以认为是一种辅助类型的账册。

三　商号记账习惯介绍

账册中有这样一些记账的习惯。在账册上所记载的商号的名称，有时习惯记为名称最后一个字加一“记”字，如商号名“昌玉公”，有时就简写为“公记”。账册中每笔具体业务的上方常出现一个小红圆圈或标上一个“对”字，它表明这笔业务已经与其他账册或实物核对过了，也就是已经从本账册过入到其他账册了，如从银钱流水账过入分类账中。账册中还常常出现商号的印章，这些印章一般加盖在前账移来的金额数以及定期结算的原存金额、共入金额、共出金额和除出净存金额上面，这样做的目的一是为了明确显示账册所属商号的名称，二是为了防止重要数字的涂改。此外，账册中还常出现“水牌移来 ×× 文”的字样，在田野调查中，我们得知“水牌”是一块桌子大的板子，板子上面通常涂白漆，主要用于临时记录白天发生的经济往来业务，当天晚上要将水牌上记录的业务转抄到流水账册上，然后将水牌上的记录擦掉，第二天继续使用。这种功能与现在的黑板相似，起到临时记录的作用，账册中提到的水牌移来就表明该笔业务是从水牌上转抄过来的。

总体上看，这套账册记载的时间前后连贯，跨度较大，这为我们对商号的经营状况进行纵向比较提供了有利条件。此外账册类型比较全面，银钱流水账属于流水账的一种，而上面分析的其他类型账册则属于分类账，也称为总簿。《中国会计史稿》记载，清代出现了“四脚账”，包括流水账、总簿、会计结册三个部分，这套账册中包含了其中流水账和总簿两个部分。会计结册是一定时期商号经营活动过程及其结果的集中反映和系统总结，它是账务处理的落脚点。有些遗憾的是，我们收集到的这套账册中没有发现这种类型，也就是说我们不能很直观地看出商号的结算以及盈利状况。但是通过前述的账册类型，我们已经能够基本把握商号整个的经营脉络和经营过程，并且透过账册我们又能够从侧面了解到当地村民的日常生活状况。这套账册为我们研究清末民初农村普通商号提供了宝贵的民间资料，这也是本套账册的价值和意义所在。

山西大学中国社会史研究中心“集体化时代农村基层档案”述略[1]

一　缘起

20世纪90年代以来，区域社会史的研究逐渐呈繁荣之势，学界对区域社会史研究的理论、方法都做出了积极的探索。尽管对于社会史是专史、通史，还是一种范式这样的学科定位仍争论不止，但从最终实现整体史的目标而言，可把区域社会史看成一种研究的方法和视角。近些年来，我们从具体的课题研究到宏观的理论建构都作了一些积极的尝试。随着研究工作的逐渐深入，明清以来山西人口、资源、环境与社会变迁，晋商与地方社会，山西抗日根据地社会变迁，集体化时代的山西农村社会等研究方向也愈加凸显。[2]

区域社会史的研究必须以系统、完整而丰富的史料为根本，这就需要立足山西区域，挖掘乡土资源，大量收集一手的、独具个性的原始资料。

山西大学中国社会史研究中心成立以来即注重资料的收集。从上个世纪80年代开始，我们相关的研究人员已经在史料收集

---

〔1〕 本文与马维强同志合撰。

〔2〕 行龙：《论区域社会史研究的理论与方法——山西明清社会史研究》，《史学理论研究》2004年第4期，第38—49页。

上将眼光投向基层社会。我在业师乔志强先生的安排下，抄录收集了刘大鹏《乙未公车日记》和《桥梓公车日记》，加上先前先生摘抄的刘大鹏《潜园琐记》以及之后众多学生两年间才抄录完毕的《退想斋日记》中的“有关社会史资料”，为我中心收集地方文献建立了初步的价值取向。在此之后的时间里，我们一直关心和注意社会史研究资料的收集，并拓展其内容，力争形成水利、晋商、灾荒、秧歌、贱民（长子剃头匠）等专题特色。到目前为止我们已经收集了大量来自山西地方社会的渠册、碑刻、秧歌剧本、契约文书和民事诉状、晋商商号账册及生意经、村史、家史等民间资料。我指导的研究生用这些资料结合文献完成多篇博士、硕士论文，在一些领域甚至做了开拓性的工作，如殷俊玲的博士论文《盛世繁华——晋商与晋中社会叙事》（人民出版社 2006 年），是在史书缺失和资料非常有限的情况下通过大量的田野工作而完成，其中使用的民间资料大多独一无二，第一次在晋商研究中使用。硕士论文《小的却是全面的：一个山西普通商号账册的分析（1893—1935）》，则是以我们在太原古董市场上发现的一些晚清民国商号账册为史料基础完成的，该文以山西乡村中一个普通商号的交易往来为切入点，这样一个视角在以往的晋商研究中是没有的。胡英泽利用收集到的水井碑刻资料进行乡村给水问题研究，以细腻的笔触刻画出北方乡村生活的用水情景，推进了对北方传统乡村社会的认识。[1] 另外，有关晋水流域、霍水流域的水案，根据地时代的医疗制度、历史时期的灾害等都取得了很好的研究成果。这些成果的推出更增强了我们进行田野调查、收集田野资料的信心。

近年来，“三农”问题的日趋突出使广大农村成为学界谈论

〔1〕 参见胡英泽：《水井与北方乡村社会——基于山西、陕西、河南省部分地区乡村水井的田野考察》，《近代史研究》2006 年第 1 期，第 55—78 页。

的重要“场域”，但如何找到新的突破口来化解农村症结已经远非狭义的学术研究所能承载。作为不可割裂的历史发展脉络中的一个重要序列，对集体化时代的中国农村进行深入研究似乎成为许多人期待的破解农村问题的密码，因为那个年代诸多成功的农业发展典型至今仍然撩拨着人们的心弦。感性的情结也罢，理性的思考也罢，要进行深入的研究，就必须收集整理农村基层档案资料。随着各方面条件的日渐成熟，加大集体化时代农村基层档案资料的收集力度的想法也愈益地强烈起来。〔1〕

所谓“集体化时代”，即指从抗日战争时期根据地建立互助组到农村人民公社解体之间的特殊历史时期。之所以将上限如此界定，是因为从上层的视角出发，建国以后的国家政治经济体制和各种政策措施无不来源于共产党在广大农村根据地的实践经验和理论探索；从下层来看，乡村社会的结构和“顽强的农村文化网络”又何尝不是因为劳动力组织形式和农业生产方式的改变而出现巨大变化。对下限的划定，那就是众所周知的集体经济所有制解体，农村实行包产到户的联产承包责任制。“集体化”这样一个历史时段在以往的中国历史上没有过，在以后的年代里尽管不可断然否定它的再次出现，但就某一角度而言，除了产权归属这一外壳相同外，其内核也许已经同这一时期有天壤之别。如今，对这一时段的研究主要存在两种话语：一个是侧重从政府行为立场出发，较多地采取简单肯定或否定的二元对立的方法，研究成果主要表现为对高级领导人和国家政策的讨论和诠释；另一个是控诉的话语，控诉那是一个黑暗的、万恶的年代。展现乡村社会的民众生活实态以及乡村社会复杂多样的内在逻辑的研究则相对较少。就区域而言，山西在集体化时代一直是全国的典型，

〔1〕 行龙：《二十年中国近代社会史研究之反思》，《近代史研究》2006年第1期，第1—19页。

从抗日战争时期平顺县西沟村李顺达的全国第一个互助组到“农业学大寨”，极具特色和代表性，因此称山西是集体化时代中国农村的数据库并不为过。

本世纪初，山西大学中国社会史研究中心与学界学术交流日趋频繁，通过广泛参与各种学术会议和多方面交流，学术队伍从中得到锻炼，其中与我们在档案资料方面的优势不无关系。随着中心资料收集数量的急剧增加，整理与保存亟待完善，迫切需要建立独立的数据库及配套管理。经过近20年的积累，2004年春我们终于具备了成立社会史数据库的条件。是年9月，我在山西大学作了一场《走向田野与社会——开展以历史学为本位的田野社会调查工作》的学术报告，指出进行山西区域社会史的研究有两个本质的特点需要把握，其中一个就是对广大农村社会尤其是集体化时代农村的研究，并提出要加强对此类档案资料的收集，旨在唤起学界对此方面的关注。以此为转折点，中心数据库的建设、尤其是有关集体化时代的资料收集工作进入了一个实质性的发展阶段。

在我们收集资料的过程中常常会碰到这样的情况：以提高物质生活为重点的乡民很少去关心文化的建设，对于保存档案资料的意识也十分淡薄，甚至是无心理会，但这为村庄档案资料的留存提供了相对的空间。一方面，有些村庄的档案资料早已了无踪影，无处查找。另一方面，根据我们收集档案资料的体会，灰尘满面、凌乱不堪的村大队旧址或现址往往是那些档案资料的藏身之处。由于这些档案资料长时间以来无人问津，在查找过程中需要费很大的周折，收获很小或者一无所获也是常有之事，而且接触到的乡民大都经过政治年代的洗礼，“搞政治运动”的思想烙印仍然影响着乡民，尤其是距离县城或城市较远地区的人们。对于此种情况，除了跟他们进行思想沟通外，我们还邀请村中的老会计、老村长等干部参观中心并进行座谈，以期建立良好的合作关系，并为进一步开展研究奠定基础。

收集回来之后，资料整理也是一项重要的工作。因大部分档案资料长期并无较好的保存条件，也不被人们所重视，发霉、鼠咬、卷曲折叠的所在多有，而且外形大小各异、厚薄不一、数量巨大，所以第一步工作就是在工作台上先把资料抚展铺平，以资料的外貌特点做出分类，并在同一种分类中兼顾内容上的分类。由于是初步研究，我们在整理时尽量照顾到档案资料的原有面貌，而不以自身的眼光和视角将其强行割裂。事实上，有的档案资料已经装订成册但内容上却相互交叉，将这样的档案资料拆开作专题分类是不现实的，所以目前只能根据各个单位档案资料自身的特点作简单的分类整理并做出目录索引。

二　概貌

山西作为集体化时代农业发展的典型，保留了数量可观的档案文献。山西省档案馆以及各地区、县档案馆（局）对于集体化时代的档案文献都有大量的收存，其中不乏关于村庄的档案以及民事卷宗。其中，山西省档案馆藏建国之前的根据地革命历史档案、资料相当丰富，各地区、县档案馆（局）保存的建国后地方档案文献所占比例相对较大。但是，关于乡村民众日常生活的“底层”档案资料却大部分流散在各村庄、乡镇以及各机关单位，虽然经济发展的缓慢使得这些档案资料还有为数不少的留存，但它们的保存状况令人担忧。尤其随着现代化进程的加快，大量散落在广大农村社会的第一手文献在快速的消失和流散中，若不加紧收集，迟早会流入废品收购站或造纸厂。而且，由于市场的炒作，倒卖古董的商贩同时也将这一时段的基层档案作为倒买倒卖的对象，盈利的目的使他们对于资料的完整性毫不顾及，反将系统完整的村庄档案分割，惋惜之余只有无奈。这种紧迫性使抢救和保护性的收集整理显得尤为必要。两年来，本中心全体师生多次奔波于山西各地，五一、十一、寒暑假都是走访和田野工作的集中时间段。迄今为止，我们进行田野资料采集的分布点已经从南到北遍布了整个山西省，收集并整理的档案资料达 90 个档案柜，5000 余卷，总计在上千万件。未加整理的档案及会计记账凭证近 40 余柜。

就地域而言所涉及资料采集单位近 70 处。从北到南有晋北大同阳高县吴家河、西双寨，东双寨、赵石庄、赵家村、上吾其（公社）、下神峪、田屯、狮子屯（公社）；忻州繁峙县南峪口，宁武县百货公司；太原市剪子湾、大东关、花塔、赤桥、刘家堡、张花、晋源（区）和小店（区）；清徐县东于、高白、红城、孟封；晋中平遥县西游驾，大虎岭、梁关、田家堡、新庄、祁县里村；吕梁交城县后火山、广兴，临县阳泉（公社）；晋南临汾市龙子祠（灌区）；洪洞县冯张；侯马市上平望、张王；闻喜县郭家庄、崔家庄、西宋；晋东南长治市张庄；泽州县西岭头、坪头、中街、贺坡、贾泉；陵川县焦会、白笺掌、四义庄。从各地留存文献的情况看，或以个人档案突出，或以村庄基层活动突出，或以成册上级档案突出，或以较为完整的账册突出，或以极为详细的各种经济活动的分类统计数字呈现。同一个县内的不同村庄，档案资料也会由于发展的不平衡性和各种因素而呈现出不同的特点，但这些特点仍然呈现出一定的地域差异性。

从依托对象和反映内容上来看，基本以村庄为主，也有少量的公社单位，其他的还有灌区、供销合作社、百货公司、工厂等单位的文本资料和实物。村庄一级档案资料的内容以村庄基层行政组织或者村民生产生活以及社会交往活动为主，甚至有涉及乡民个人的档案资料，不乏细腻生动的内容，对于我们近距离接触政治斗争与日常生活交叉背景下村民的生活和思想世界是不可多得的史料。公社一级档案资料的内容包含了本公社各个村的基本情况，各类表格和统计数字，更有宏观性和概括性，反映的信息和内容也更全面。而以灌区、供销合作社等为依托单位的档案资料的内容则具有“专业”的特点，如灌区档案资料多反映水利工程的兴修和使用，以及水利管理组织等，（小店）供销合作社档案资料涉及合作社进货、销货及合作社加工各样成品、与各农业社往来账目等的情况，宁武百货公司档案资料主要是关于本公司的进销货以及货源和销路等的运营情况。

从档案资料的外形来看，成册档案占相当比例，如西游驾大队近200份个人档案，上平望大队36册上级档，花塔大队90册成册档案，上吾其公社113册成册档案，赵石庄大队1973—1983年共221本账册，焦会大队1967—1977年共11册财务档案，白笺掌大队1964—1979年共16册关于经济活动档案资料，阳泉公社1961—1984年共24册财务档案，小店供销合作社1955—1957年共15本账册等，均以完整的外形呈现，相比零散的档案资料，能更清晰地反映出一个或同一类事件的来龙去脉，研究者也容易把握其脉络，因而具有更大的研究价值。

从年代来看，最早起于1945年，如有关太行根据地李顺达互助组和医疗卫生、灭蝗运动的档案资料（省、县档案馆影印本），张王大队1945—1949年关于战争进行对村庄的影响和村庄战时负担等档案（成册）。建国以前的档案资料各地或由于县、省级档案馆出于对档案资料的统一管理已经收回，或由于其他原因，已经少有留存。当然，个别地方明清以来的契约、文书也有少量收藏，但本中心大量保存的是1949年建国后到1982年人民公社解体这一时段的档案资料，其中又以六七十年代的档案资料为多。

以上可大致呈现出山西大学中国社会史研究中心所藏集体化时代基层档案资料的概貌。关于档案资料的具体内容，各个地区和村庄的档案资料都有自身的体系和特点，但也有着共同的特征，即大多数村庄都保留有阶级成分登记表、完整的账册资料，以及上级文件，这可能是村民对档案资料选择性留存的结果，也是他们眼中最为重要的部分。具体介绍如下：

阶级成分登记表

乡民的阶级成分在集体化时代是关系到其社会地位的重要因素。阶级成分的划定使每一个乡民像待售的商品一样被贴上了象征个人政治背景和身份的标签，并且在那个时代无时无刻不对他们日常的政治经济生活产生巨大的影响。这种强行介入农村的政治象征意义在更大程度上成为乡民生存的一种可利用资源或者枷锁，贫下中农被认为是“根正苗红”；被划定地主、富农或者其他专政对象的人员则成为被孤立的对象，这给原本政治经济地位相似的乡民带来了扭转乾坤的各不相同的历史命运，从而使乡村内在运行机制发生根本性变化。所以“阶级划分”是集体化时代的一个重要标志。山西大学中国社会史研究中心收集到的各个村庄和公社的档案资料几乎都留存有阶级成分登记表。除此而外，许多信访材料和申述材料中此类内容颇多，现举两例，阳高上吾其档案的信访材料中的有关内容。一件是匿名信，写给阳高县革命委员会联合接待室（1968.9）：某，杨塔人，在文化大革命期间由于个人成分不好，全家被压缩回杨塔村，村里不给他全家自留地，他个人认为不给自己可以，但家里的女人孩子应当给自留地，当时生活在农业社不给自留地就等于不让他生活。另一件是写给革命委员会信访处（中共阳高县监委会，1967.1.18）：薛明，侯官屯人，本人申述土改时家庭成分为中农，60 年代划为地主，其事实有出入。因为土地实有 77 亩，材料上记作 160.8 亩；定地主时，经过斗争分了骡子一头，土地 80.5 亩，实际既没有斗争，也没有分过家中财产等东西；人口也有出入，当时家中有人 8 口，材料上少了两口。此类材料在各地档案中均有涉及，而且有较多的信息内容。

各地60年代中期的阶级成分登记表，都包含有土地改革前、高级社时，现在家庭人口（劳力）、财产（土地，房屋、牲畜和农具）的占有状况、谋生方式（自耕、雇工、从事商业等）以及家庭历史的演变情况。我们从中不仅可以了解静态的乡民婚姻圈和社交圈，而且可以动态地了解不同阶级成分家庭占有土地和生存状况及变化，各个家庭人口和财富的变动情况，农民的谋生方式及其变化等等，并可揭示出家庭人口与经济状况的关系。

账册资料

会计是除了支部书记、村长之外最为繁忙、与村民接触最多的村级干部，他们掌握和参与村里各方面的经济活动，并负责记录账册。2005年夏季，我们到陵川县白笺掌村进行调查，村里的其他资料全都遗失，唯独保留下了1964年到1979年的有关经济账册资料，这种情况在其他地方也有存在。同时，由于账册最容易涉及比较敏感的经济问题，许多账册在当时遭遇了多舛的命运，部分地造成了现在的不完整状态。要寻找极尽完整系统的账册资料是比较困难的，而且我们在收集资料的过程中也碰到账册被“封杀”的情况。

从研究的角度看，集体化时代有着一套较为完善的记账方式，区别于现有的记账系统，它的财务运行基础是劳动工分制。这套系统包括总账、分类账，分户账、日记账、工分账、社员往来账、实物收付账、现金收付账、实物明细账、各项收支账、粮食账、固定财产登记账、一般财产登记簿，无价证券登记簿、公积金等账册，涉及村民生活的方方面面。总账和分类账记录一年所有的收入和支出，分为公积金、公益金、存款、贷款、暂付款、固定财产基金、其他基金、固定财产、库存粮食、库存现金、实物收入、农业收入、牧业收入、副业收入以及农、牧、副生产费用等项；分户账与日记账分别是以户和日为单位建立各种相关经济活动的账务；工分账对每户的劳动工分进行登记，它与社员往来账相互关联，社员的劳动工分收入只能在年终进行兑现，因此村民生活所需的粮食、资金都需要到大队进行预支，到年终工分账结账后还清欠款；现金收付账和现金出纳账是大队日常现金收支的分类统计；粮食、实物账是对玉米、谷子、小麦等农作物的统计；财产登记账簿是大队、小队的公有财产折价后的统计。

可以看出，尽管账册资料相对于它较大体积的外形所包含的信息内容较少，而且“两本账”的情况会使研究者对它的真实性深感怀疑，但看似简单枯燥的一堆资料实际却包含着丰富的内容。这些账册资料作为集体化时代农村社会乡民日常经济生活的反映，仍然是本村或本地档案资料系统中不可缺少的重要部分。

上级来文

“民族—国家建构”是现代化过程中的一个重要内容，表现之一就是国家权力向传统社会的渗透。新政权对广大农村的强渗透力是目前学界的普遍共识，那么国家通过何种手段来实现呢？上级政府（包括中央、省、地区、县、公社）发文是上级传达和执行各项政策的工具，也是执政者采取的治理乡村基层社会的重要手段。单从每个村庄都有上至中央下至公社的上级档这一明显区别于以往的事实，就可以看出新政权对于乡村基层民众实行政治上和思想上的强渗透和影响力的愿望与痕迹。这些资料多是带有指导和指示性的计划、决定、意见及通知，涉及乡村治理、乡村教育和卫生工作等多个方面，反映出国家对基层社会治理的努力和事实。侯马市〔1〕上平望村共存上级档 36 册，较为完整系统，

〔1〕 1958 年由曲沃、新绛、汾城三县合并置市，1963 年撤市复县，1971 年又自曲沃县析出复置市。

这里以此为例作简要介绍。

中共中央档案 1 册。具体内容有 1971 年 1 月中共中央关于农村人民公社分配问题的指示，1971 年 9 月关于部队农副生产纳税问题的通知等。

省级和地委档案 5 册。具体内容有 1960 年 9 月关于给小学教员、手工业者留自留地的通知。1961 年 1 月山西省农村人民公社会计制度。1961 年 12 月山西省农村人民公社生产大队会计处理实例。1966 年 5 月省委翻印中华人民共和国贫农下中农协会组织条例（草案）。1971 年 7 月全省农业学大寨经验交流会议专辑。1971 年 11 月省革委批转省计划生育领导小组办公厅《关于重申提倡晚婚计划生育的几个政策问题的意见》等。地委文件有，1962 年 1 月重视农业工具的改革；1973 年 7 月关于全区一至七月份以来农村触电伤亡事故的通报等。

曲沃县委文件 10 册。内容有：1953 年通知行政村报领第二季度村经费村干补助费；转发省府禁止擅自挖掘墓葬的指示；为清理 1952 年积压草契及督催典买户税契通知。1956 年县人民委员会关于今年冬学前集中力量做好扫盲工作几项准备工作的通知；县人民委员会关于民校一律于 6 月 1 日放假一个月的通知；关于大办农忙托儿所的通知。1957 年农民业余文化教育计划。1963 年充分发挥水利在农业增产上的保证作用；加强对妇女的思想教育，正确处理婚姻家庭问题；做好群众性的卫生工作、保护劳力、支持农业生产。1964 年第三个农业生产十年规划的报告；关于搞好农业长期规划工作品质的几点意见；粮、棉、油、烟征购工作方案；关于万亩以上灌区整顿试点的工作报告。1965 年关于普及我县半农半医方案的通知（草案）；关于做好集体插队青年巩固工作的意见，农村政治工作条例（草案）等。

侯马市委档案 16 册。内容有：1961 年关于确定农村基本核算单位工作中几个问题的意见；侯马市农村人民公社财务管理办法（草案）；市委关于分配1961年农业税任务的通知；关于中小学和师范学校进行教学革命的意见。1962年人民公社劳动管理工作总结（初稿）。1963年畜牧工作的基本总结与安排意见；关于保护、管理种畜母畜的几条基本制度。1973年关于批转中共侯马公社党委农村财务人员的报告；市委批转南上官大队干部参加集体劳动调查报告；市革委关于加强领导办好农村有线广播网的通知。1974年认真落实毛主席"广积粮"的伟大指示；侯马运输社广大职工积极投入三夏大会战。1975年市委书记李景岗同志在市上山下乡知识青年代表大会上的讲话；认真学习无产阶级专政理论，做好知识青年上山下乡工作；曹中南同志在山西省知识青年上山下乡工作会议上的讲话等。

高村公社文件4册，内容有：1959年关于开展除害灭病卫生突击运动和做好夏季卫生，为党的生日献礼的通知；第一季度卫生工作安排；关于扫盲学员举行毕业考试测验及再次评比的通知；第三次农民业余教育工作检查评比方案；关于社员评定工资的等级方案。1961年高村人民公社信用合作社章程。1963年关于支持穷队投资的分配、使用和管理的暂行办法；关于开展社会主义宣传教育安排意见。1963—1965年公社批转张庄生产大队劳动定额管理的通知等。

三　三个具体采集单位

山西南部与北部的地理、资源以及文化差异较大。就文化而言，北部雁北地区处于农耕文明与游牧文明的过渡地区，属于典型的雁北文化圈；而晋中、晋南、晋东南属于典型的中原文化圈。集体化时代的山西农村同样有着较大的差异性，因此作为农村社会变迁反映载体的档案资料也就有着各自的特性。现以晋北阳高县上吾其公社、晋中平遥县西游驾村、晋南临汾龙子祠灌区三个典型来进行介绍。

选择这三个地方有以下几个原因：一是其档案资料保存相对完整，二是它们分别位于山西的北部、中部和南部，三是档案资料之依托分别为公社、村庄、水利机构。以下对此三个地方档案资料的介绍分类也不尽相同，在突出各地档案资料特点的同时也尽量避免雷同和重复。

阳高县上吾其公社

阳高县位于晋北大同，北交内蒙古，东南接河北，历史上向以“山西之肩背，神京之屏障”之突出的地理位置而成为兵家必争之地。虽然战争频仍的时代已经随着历史远去，但村庄并没有因为战事的平息而获得发展的契机，相反由于其战略地位不再凸显，加上交通的闭塞和资源的贫瘠，多数村庄经济落后，发展缓慢。上吾其公社位于阳高县中北部，即吾其河发源地，鳌石至城关的公路在本公社境内由南向北贯穿而过。公社距县城四十多华里，是一个起伏不平、沟壑众多的黄土丘陵地区，泥土流失较为严重，土地贫瘠，气候干燥。1964 年全社总户数为 999 户，4000 多口人，耕地 26700 亩，但土地瘠薄，产量不高，没有多种经济收入，经济情况极不稳定。稍有自然灾害，生产生活就得依靠国家救济。经过多年的农田水利建设，到 1978 年时水浇地达 3366 亩，粮食亩产 66 公斤，1982 年时达到 140 公斤。后根据土质条件扩大山药种植，1990 年时人均纯收入达到 264 元。

上吾其公社档案资料主体为成册档案，共计 113 册，白色硬纸封皮，题头为“阳高县革命委员会”，侧脊标有年代、全宗号、文书处理号、案卷号、单位及保管期限等内容。所涉年限上起 1952 年，下至 1977 年，尽管各卷册分类比较杂乱，但内容仍相对完整连贯。以下分经济活动、政治生活等六个专题进行介绍。

（1）有关经济生产生活方面的档案

本部分档案资料除部分年代缺失外，1952—1977 年各个年份均有涉及，共 20 余册。内容上包含了本公社所辖各个生产大队的人口、耕地数量和类型、作物产量、生产收益估算以及土地利用、农田水利、水土保持等的农业生产情况，各种牲畜数量、种类定期统计，饲料、肥料平衡表，各种手工业产品产量和从事人数统计，植树造林情况的定期报告，各种农副产品和工业品的商业购销情况，各业生产计划、收支规划和统计年报，国家税收及需要国家投资情况等。关于生产合作社的基本情况也有相当数量的资料统计，涉及建社时间、建社基础，入社户数成分、社务干部情况、财物情况、人口劳力、政治面貌（党团员）、耕地情况、特殊地亩数量、家畜数量、主要农具以及生产合作社内缺粮社粮食供应分月明细表、口粮分配类型统计表、余缺分类统计表、饲料扣除和籽种报留明细表等各类详细统计表格。另有关于公社固定财产库存物资清点、借贷平衡、财务收支决算和移交、公社食堂汇总、“四清”运动中物资清理表等。也有对各个家户农业生产的详细统计，如 1952—1953 年上吾其公社所属各村每家农户的农业税土地产量分户清册和 1956 年分户规划和劳力调整表等。这些资料从农业、副业、林业到手工业、商业和信贷，从制定计划到具体实施再到最终落实，从农村经济生活的各个环节反映出集体经济组织形式、规模、绩效等，据此可以探讨人口与经济发展水准之间的关联，也可透视集体化时代村庄以及乡民个体层面上农村“平均主义”的程度和状况。

（2）有关国家在乡村的行政实践和乡村政治生活方面的档案

集体化时代，新政权对农村实行前所未有的深度控制，最重要的体现就是作为治理的重要工具——党团组织和基层行政组织在农村的广泛建立。这部分档案反映了农村基层党组织和行政组织的情况。其中有关党组织情况共 7 册，主要是关于新政权在农村基层的党组织建设情况，有党员花名统计表、入党、入团志愿书、党团组织介绍信和证明信、变动增减情况以及审批新党员通知，上级决议和审批意见等，从中可以了解农村党员的年龄和性别构成、地域分布，党员的政治思想、职业，文化素质、家庭经济情况，政治背景、社会关系、个人表现，以及党对组织成员的要求标准和鉴定。有关基层组织的建立和运转情况共 6 册，有公社所属妇联、团委、治保、监察等各委员会花名统计表和组成情况，各大队红卫兵和革委会成员花名登记表，大队干部统计及干部变动情况表，干部经济及其他问题分析统计表，非党员干部花名表，阶级成分统计和变化情况表，对错误干部组织处理情况摸底表，公社，生产大队、生产队三级干部鸣放意见统计表，社教运动开始以来社员生活摸底情况，贫协组织情况统计表，运动中批判牛鬼蛇神情况统计表，群众揭发干部问题和申述自身问题记录，七类分子和反动道会门摸底情况统计表，各大队破旧立新没收物资情况统计表。另有数量较多的公社电话会议记录和农村干部选举材料若干册，后者反映了农村行政组织的建立过程，也可看出国家是如何在农村逐步确立了贫下中农的政治优势。

（3）有关民兵组织及国家征兵情况的档案

集体化时代民兵承担着当地的治安防卫任务，并成为军队补充力量的重要来源。本公社的民兵、入伍以及拥军资料记录所涉年代为 1956—1958 年及 1963、1964 年，散落在各档案册中，主要有关于本公社民兵建制和普通民兵登记册，应征公民情况登记统计表，预备役军士和民兵登记情况统计表及政治思想情况调查表，反映了国家对应征青年和预备役军士的年龄、性别、身体条件、个人素质、政治思想的要求，阶级成分也是国家在征兵时的一个重要参考。此外还有公社所属各大队适龄青年政审表，武装部民兵点名册数册，预备役军士和民兵的日常外出登记表等内容。国家将政治思想作为对民兵和军人考察的重要内容，分为国防观念和在民兵治安方面的表现、在生产中的表现和对农业合作化的态度、对粮食政策的态度、干群关系与遵守政策法令方面、大鸣大放中的态度、落后分子等多个方面。另有对本公社烈士家属，失踪、病故、残废等各类军人家属享受优待劳动日、享受定期补贴等情况统计表。

（4）关于灾害和社会救济、教育方面的档案

阳高县土地及其他资源贫乏，气候条件较差，自然灾害发生频繁。上吾其公社社会救济档案记录了灾害情况及灾害发生时政府对农村的救助，具体内容有1962—1963年公社社教运动以来发放救济款和物资使用登记底簿，登记册中将家庭成分作为社会救济的条件，救济数量以家中人口、劳动力为根本依据。1962—1963年救济总账。1964年公社社会救济收入支出核对表和救济款物及口粮贷款分配表，对本公社所属各村接受救济的款项、棉布、棉花、口粮贷款进行了较为详细的记录。1964年各队社会照顾布及救济布花名表，对本公社向社员发放救济布匹进行统计，救济对象主要为贫下中农，中农及其以上成分占有较小比例。1964—1965年上吾其所属各村有关救济款发放的干部会议记录，指出了各村发放救济款过程中出现的不民主现象。1964—1965年全社开展抗旱保苗活动，反映了当时社会各界应对旱灾的情况。1974—1976年公社发放布票登记表和各村领布证花名表等。

乡村教育档案资料反映了农村教育经费分配、教师情况、教育计划等方面的情况，资料较少，但对了解集体化时代该地的农村教育弥足珍贵。具体内容有1958—1963年县教育局下拨上吾其公社教育经费使用情况，主要支出为小学教育经费，其他经费包括公费医疗、保健费、小学烤火费、设备费、民教补助等费用。1966年公社教师政事登记表，除了登记本人简况、文化程度等基本情况外，还记录了本人的家庭人口，解放前后经济状况、本人历史问题、奖励和处分情况、本人详细经历及社会关

系。教师家庭出身包括地主、中农、下中农，贫农、小商、手工业资本家等，贫下中农比重较小。阳高县 1977 年教育事业计划（草案），对 1976 年全县学生的招生、毕业、在校人数进行统计的基础上提出了 1977 年高中生、初中生、小学生招生计划。另外有 1964—1965 年公社训练医务人员登记表。

（5）有关人口、家庭、婚姻的档案

这部分档案保存较好，内容丰富，生动地反映了集体化时代农村人口的年龄构成、性别比例、人口流动、家庭规模及婚姻地域圈等。具体内容有 1958 年各村户口登记册，记录较为简单，以家庭为统计单位，对本公社人口总量作出统计。1957—1958 年社员收入对比表，将 1957、1958 年两年社内各家庭人口、收入分类进行了对比，显示出当时社员的经济生活水准。1964 年人口变动情况统计表记录了本公社 1964 年全年人口出生、死亡、迁出、迁入等情况。1964 年上吾其公社基本情况统计，包括家庭户数、人口总数、正劳力和半劳力等内容，可与较早的户口册进行对比，从而把握人口数量和人地关系的变化。1965—1976 年本公社办理结婚申请书登记，保存了十多年本公社结婚介绍信及申请书。结婚年龄普遍在 20 岁上下，男方的年龄比女方大，新娘主要是阳高本县。部分介绍信中要求写明本人家庭出身，但在结婚申请书中没有此项要求。1964 年至 1968 年办理迁移证存根。1965 年至 1969 年迁移证登记，包含了迁入本公社的迁移证存留，此时期流入本公社人口来源主体为阳高县及内蒙古自治区。1973 年至 1976 年迁移存根完整地保存了个人由于结婚、就业等原因迁出本公社的大队证明，可以看出因就业、工作关系调动等因素引起的人口流出明显增加，流向主要为周围的农村、阳高县城、大同市等地。

（6）有关“四清”运动的档案

作为集体化时代重要的政治运动之一，有关“四清”运动的档案留存较多，在此单独列出。主要有1965—1972年上吾其公社“四清”案件及政事表，包含有本公社多个村庄的“四清”案件材料，具体是关于干部的经济政治问题、群众对干部错误事实的检举揭发，干部的自我检查以及“四清”经济退赔和战果统计表，“四清”运动中清工、清欠款、清库统计等。被调查人员多为村大队书记、村长或生产队长等农村干部，调查问题主要为干部的经济问题和政治路线不清等问题。兹举例介绍如下：

经济问题主要表现在干部盗窃、贪污现金和粮食、白吃白拿、多吃多占等方面。上吾其大队薛恒贵个人案卷中的“四清”材料包括1965年“四清”定案材料、“四清”案件定案审批表、处分决定、定案结论、三定材料、本人检查、证明材料、退赃退赔结论，70年代后的处理决定，内容极为丰富：薛恒贵，男，47岁，家庭出身贫农，1950年3月入党，曾任上吾其村公安员，农业社副主任，现任上吾其大队党支部书记。本人主要错误在于利用职权，采用各种手段，先后九十一次贪污盗窃、受贿勒索集体和个人财物总值七百八十三元二角九分，此外还存在政治陷害、阶级路线不清及乱搞男女关系等问题。有关何义亮的“四清”定案材料（160页）与上述内容基本相同：何义亮，男，大队长，1915年生，成分贫农，主要问题是自发的资本主义思想十分严重，1961年借上级允许社员开垦适量小块荒地之机，开小块土地五亩之多，超过自留地三亩；盗窃国家资产，多吃多占；阶级观点马虎，乱搞男女关系，从1966年起与地主何存祖的女人搞男女关系达两年之久。经大队“四清”委员会调查，决定给予何义亮党内严重警告处分。

政治问题主要表现在村干部在历史时期参加国民党政权、日伪政权及一贯道、九宫道等组织。有关王福亮案件材料即为一例：王在1945年第一次阳高解放时任后营村村长，1947年入党。其主要问题在于1947年9月国民党再次占领后营，王本人胆小懦弱，投降国民党，并组织本村批斗大户和其他人员向国民党输送粮食。有关董天斌案件材料多达200多页：董天斌，男，1965年38岁，家庭出身富裕中农，董屯生产队长，曾是一贯道、九宫道道徒，1949年3月入党。本人被调查的主要问题有投敌变节，出卖贫农代表，打击报复贫下中农，敲诈勒索民财，贪污盗窃等。最终大队“四清”委员会和党支部对董天斌的处理意见为开除党籍处分。但在1974年董天斌的落实案卷材料中最终纠正原处分，恢复党籍，留党察看一年，到期党龄连续计算，成分改为中农。

平遥县西游驾生产大队

平遥县位于太原盆地西南，太岳山之北，太行山、吕梁山两襟中央。东接祁县、西邻汾阳县，南靠沁源县，北连文水县，西南与介休市接壤，东南与武乡县、沁县毗邻。本县东南部群山环绕，中部丘陵起伏，西北部为广袤的平川，历来为农业大县。西游驾位于该县西北王家庄乡，紧靠汾河，属汾河二坝灌区，是典型的粮棉生产基地。1963年本村共有516户，1753人，土地6015亩，粮食集体总产达950412斤，平均亩产205斤。1996年时该村人口达3150人，耕地面积5974亩，年人均收入1806元，在本乡居第一位。本村以农业为主，耕地大多为水浇地，副业以养殖业为主导产业，1996年被誉为“养鸡第一村”，蛋鸡饲养量达31.5万只。

本村档案资料中个人档案近200份，共涉及200个人的信息，每个人的档案都独立成袋。另有成册档案22册，有上级档，也包含有村庄信息。其他如地亩册、负担册以及其他能反映整个事件和组织情况的较为完整的档案资料也为数不少。另有少量散件材料。以下作详细介绍：

（1）个人档案中，各个年代均有涉及，分为三部分，村党员干部的个人档案，村一般人员（有赌博和投机倒把行为）的个人档案，村摘戴帽专政对象个人档案。

党员干部个人档案共有30份，基本为16开纸大小，数量各不相同，少则有一页，多则上百页，其中不乏对某个人或某一件事的详细反映。主要内容是“四清”运动中对农村党员干部四不清行为的审查鉴定，干部对自身经济问题的自我检讨和政治立场的个人鉴定，他人对于干部个人的检举揭发如记工分问题、利用职务之便牟取私利问题等的检举揭发和证明材料，其中主要涉及干部对于粮食和金钱的贪污，也有投机倒把行为。“亲缘”是维系连接乡村社会的重要介质，档案里包含党员干部的履历表中有个人简历、家庭和主要的社会关系的内容。

一般人员的个人档案，共有120余份，内容相对更为丰富，主要涉及对个人投机倒把、偷粮食和赌博行为以及个人参加过日伪或国民党、阎锡山领导的反动党团组织进行反动活动的个人检查和证明材料，另有对他人的检举揭发材料。值得注意的是在农业耕作者以外的媒婆、理发师、小学教员、手工业者等人员的个人检查和证明材料当中，我们还可以看到集体化时期国家的政治权威在乡村中对于这一人群的“关照”以及对其历史命运所产生的深刻影响。集体化时期，经济所有权尤其是粮食所有权属于集体，党员干部可以利用职务权力之便贪污多占、白吃白拿集体的粮食，但是一般人员却没有这样的资源可以利用，在土地投入和产出极为有限进而难以维持生存的情况之下，倒买倒卖成为他们谋生和维持家庭的重要手段，但这一行为被打上“投机倒把”、破坏社会主义秩序的政治烙印。姑且不论由此造成偷漏税所带来的国家损失，公有制和集体所有制的单一显而易见极大地制约了乡村村民个人的经济自主活动，因而这一时期乡村的赌博问题十分突出。同时，“国家和集体是至高无上的，牺牲个人利益是理所应当的”，这样的思想教化对于个人的自主行为也有巨大的阻碍，不仅个人的小商小贩活动被严厉禁止，忙于自留地和家庭孩子的行为也会受到严厉的批评并需做出检查，“家长送我到学校，实指望我成长好，如不好好来学习，回家吃饭脸发烧”这样的标语也因有为家长学习的意图而会被认为是存在小资产阶级思想。

摘戴帽专政对象个人档案，共有 40 份，主要为专政对象登记表，被专政个人的历史罪恶、现实表现、个人历史、家庭情况和社会关系以及个人检查，五类分子评审呈批表，西游大队、县军事管制小组对于专政对象摘戴帽的申请和通知等。这一部分档案相对于前两部分而言，证明材料较少，需要通过认真的鉴别取舍或结合口述访谈才能利用。这一部分的个人档案是阶级斗争在乡村中的具体体现，其中阶级成分尤其是地主和富农成分的划定及处理的整个来龙去脉都有比较详细的记录。对于地、富、反、坏、右五类分子的划定依据是其所谓的“历史罪恶”，诸如雇佣短工，出租房子剥削农民，拉拢腐蚀干部，进行反攻倒算，恶毒攻击党和人民等，对其采取的管理措施就是依法管制，如没收地主财产，要求专政对象参加四（五）类分子会议，打扫街道，外出必须请假等，总之必须使其“规规矩矩”，不能“乱说乱动”，这是对于专政对象的管制方式，也是对其现实表现的评价标准。

从个人档案当中我们还能看到上层权威对乡村思想文化的影响，这在乡村基层组织中体现得尤为明显。干部在对政治错误的认识中，清除一切资产阶级思想，和资本主义一刀两断，坚决走社会主义道路，团结广大干部和群众为广大人民服务，站稳无产阶级立场等一系列的词汇是他们在做出自我检讨时惯用的一套词汇。对于一般民众尤其是贫下中农而言，新政权不仅使他们获得了最基本的生产资料——土地，而且使他们的后代拥有了受教育的权利，由此对于党和毛主席是无限感激的，是需要付出无限忠诚的。相比之下，专政对象在思想和舆论上受到的限制就大得多。村干部李军文在自我检查中认为李平既是富农又是右派，还经常和干部闹架，但他已经七十多岁了，又是烈属，与自己还是同一个大门进出，因此在某些时候还照顾他。李军文认为这是“自己和平麻痹思想在作怪，一旦他要搞破坏（放毒、放火），对集体对人民带来的后果是不可想象的，这对于一个政治工作员来说是完全的失职，这样会使敌人有机可乘大肆破毁”（属 1—017 号）。凡是与四类分子专政对象相互往来都被认为是阶级路线不清的表现。戴帽地主李昌衡贴出对联“且走且看，种甚收甚”，“青天白日满地红，遍地红花各争春”，被认为是存在变天思想，而到供销社买一根筷子被引意为“共产党的独木桥难过”（属 4—010 号），本人究竟是否借贴对联和买筷子来表达自己对于现行政权的不满还不得而知，但在当时的环境之下，尤其自身是被专政的对象，出言就更得谨慎了。这清晰地反映出国家阶级斗争思想意识在乡村中的影响。另一方面，国家意识形态介入乡村更深刻地表现在它对乡民日常生活中思想言论和行为的影响。“破四旧、立四新”是国家为改变农村落后思想提高乡民素质和文化并加强控制所提出的一项政策，因此唱秧歌、说古书、唱旧戏、印发鬼票、房架上画八卦、迁移坟冢等在当时都被认为是复古思想，是搞封建迷信，在个人检查和检举揭发材料中是需要交代的。乡民的日常言行需要十分小心，像“天上有个紫薇星，地上有个毛泽东”，就可能被认为紫薇星是说朝廷，这样就把毛泽东比成了朝廷的反动言论。本村高中生刘磊因为无意识在本队房墙上涂写“第十二劳改队”，被认为是“对伟大社会主义的疯狂攻击和对社会主义制度的恶毒污蔑，经群众讨论，大队各队和清队整党小组决定，要求刘做出触及灵魂深处的检查，由王家庄中学批判，视其认识程度而决定是否开除学籍”（属 2—028 号）。由于国家在乡村中强化思想意识，民众日常的随意言行都被抬到了政治的高度，是否具有反动性质是当时乡民衡量自身及他人言论的标准，犹如一颗炸弹，一不小心就会引爆，言论的定性刺激着乡民的敏感神经，也引发了乡村人际关系的异动和分裂。

（2）有关村大队及各小队政治、经济及其他活动，分为大队成册档案、大队其他档案和各小队档案。

因大队其他档案及各小队档案主要为各种关于经济活动的统计表格，与前所述上吾其公社关于此类档案资料多有相同之处，兹不赘述，只简单介绍大队成册档案情况。这一部分档案共22册，以其外形相同而归为一类，实际其内容不仅涉及村党支部、革委、“四清”办公室、妇联会的各项活动，而且也包含有中央、省、地区、县级发布的各项法令政策。村一级的档案内容相对多样，除有关各种农业生产计划、分配、年报等共2册外，另有贫下中农代表会议记录、揭批资本主义会议记录、群众汇报记录等3册；对坏分子、反革命、右派分子、刑事犯、敌伪人员以及各种反动组织的调查登记表1册；对专政对象摘帽的请示报告和五类分子的评审意见1册；妇联会、计生领导组关于妇女干部座谈会、妇女基本情况和发动情况统计及节制生育花名表、妇女补课会等1册；上级文件11册。

（3）对于典型人物和典型事件的关注，也许更能反映出集体化带给乡村的影响和乡村社会变化的特征。

这一时期乡村的婚姻观念和婚外行为被抹上了浓厚的政治色彩，干部的暴力行为也比较突出，举几例加以说明。孙景润因为有着九年的服兵役背景而当选为本村兵协主任，并与本村小生产队妇女队长任玉芬产生了暧昧关系，任的丈夫邓奎虽然对此极为不满，但因为“自己是一个文盲，也不是有知识的人，我也不能怎样。你（指孙）是什么战场也上过，什么事情也见过，又是党员又是军人，什么事情也许你做”，柔弱无知的邓面对既是党员又是军人的农村“显赫”人物只得忍气吞声，还要遭到孙不时的拳打脚踢（属1—009号）。孙由于暴力行为被县法院判决在教育所接受一个月教育，但即使如此从教育所出来之后孙依然如旧。很显然，拥有党员或军人的政治背景不仅仅是代表国家的一种权力象征，在普通乡民的心里更大程度上是一种能够谋取一己之私的权力资源。虽然孙一直矢口否认与任的关系，但面对上级工作组的质问还是做出了交代，“不承认此事是因为自己存在小资产阶级意识，怕丢人，自己这样的做法会引起群众的不满，破坏党的形象，脱离了群众和群众分了手走上了资本主义道路”。赵连英是本村戴帽坏分子，戴帽的原因是因为“本人与五个县二十五个大队近四十名男子有婚外行为，而且参加暗娼活动，搞重婚，藉以骗财取利，经常不参加集体劳动”（属 3—017 号），对于触犯婚姻法和违背道德观念的行为与其他如偷盗行为在乡村一并论处。有伤风化的婚外行为甚至能决定阶级成分的划分。一次群众大会上，本不应划为四类分子的邓相勇没有到会场，因与伪村长的女儿谈恋爱而被气愤的群众定为地主成分（属 4—002 号）。担任本村保卫股长的张少顷是文盲，有着军人背景，并在部队任排长职务，转业回村后历任村长、治保主任。平时工作中“骄傲自满，劳动不积极，打人骂人成性”，而且在文盲村支书的错误指示下“私设公堂，捆打邓鲁亮，逼供认偷”（属 1—021 号），本村另一村民李一同因小偷小摸行为遭到其毒打，甚至最后送命。可见，即使上层的政治和思想权威对于乡村社会之影响无处不在，但在法制和基层组织的规章制度并不完善的情况下，个人暴力超越上层权威的现象仍屡屡发生，农村干部工作态度粗暴，使用武力来压制和解决村中偷盗行为已属普遍现象，这严重威胁着乡民的生存和乡村社会的安定。

宗教信仰。有本村天主教徒和基督教徒情况登记表，主要关于教徒本人简历、土改前后家庭政治经济状况、个人参加反动组织情况及主要社会关系、个人检查与今后认识、对教徒政治思想排队和会长执事以上人员排队等，内容较为详细丰富（属 9—001 号）。此部分档案对于基督教、天主教在本村的发展情况从入教人数、时间和入教人的职业、宗教活动、入教的原因、信仰程度等多方面都有反映。

以上档案所处时间主要为20世纪六七十年代，较为连续而多样。除此而外，西游驾档案中还有一些建国以前的档案如1919年村中树册、1948年大车队底账；50年代的档案除前述外，还有1951年农业秋征通知书存根1册，1952年浇地花名派费账，1954年南工水账，1954年南北方土人工账，1955年收公债账，1955年夏征大麦公粮册，1958—1959年平遥县人民委员会土地转移过拨证1册，大队50年代的地亩清册、统购负担册、秋征负担册。

临汾市龙子祠灌区

龙子祠灌区是以临汾龙子泉〔1〕（又称平水泉）为主要水源（包含十二道官河）的灌溉区域，直属临汾汾西水利管理局，该渠系使临汾和襄陵诸多耕地受益。

龙子祠灌区水利资料十分丰富，包括大量的碑刻、渠册、分水水簿、诉讼呈词、使水执照合同，涉及时间最早可以追溯到金代。〔2〕但保存下来数量最大的是集体化时代的档案资料，所涉年代主要为1952—1966年，各个年代的资料数量大体相当，尽管比较零散，但整体数量较大，仍有相当的研究价值。与前述以村庄、公社等这样的行政单位为依托不同，龙子祠灌区的档案资料是以水利机构为依托，因此多数内容以灌区内的水利为中心，如

〔1〕 龙子泉位于临汾市西南13公里的西山前，1955—1984年多年的平均流量为5.63m^2/s。

〔2〕 郝平、张俊峰：《龙祠水利与地方社会变迁》，《华南资料中心研究通讯》2006年第43期，第1—19页。许赤瑜：《山西临汾龙子泉水利资料》，《华南研究资料中心通讯》2006年第42期，第30—52页。两文已分别就龙祠碑刻及文献、档案资料作了初步介绍，并对历史时期的龙祠水利史进行了初步分析，可供参考。应该说，该灌区保存的大量解放以后的档案文献资料为我们进行一个更全面系统的水利社会史研究提供了可能和条件。

水利工程的建设，水利的管理和水费的征收，水利工程的岁修改善情况，水利设施的使用和农业耕作情况等，可以从另一个层面体现以“水”为特质的乡村社会变迁。以下分五个方面介绍。[1]

（1）灌区基本情况

这一部分档案资料主要是关于本灌区或下辖各乡水利设施的修建、使用、清淤岁修情况。农业是民生之所在，水利设施的建立使用主要是为农业生产服务的，反映本灌区内农业使水、农作物生长等农业生产情况的档案资料也包含在这一部分的介绍中。

关于水利工作的计划、总结和水利工程的建立、修缮，所跨年代为1954—1965年（未注明者为年代不详，以下同）。其中关于水利工作的计划、总结和灌区基本资料主要有1954—1961年水利工作笔记、计划及总结，1962年灌区基本资料，龙子祠水灌情况及开发意见，龙祠源泉地形图。渠系改建整修、水利基本工程如田面工程的建设等可以扩大流域内水利的受益面积。集体化时代，国家集中资源的能力和优势在建设公共性水利设施中得以发挥，经常性的检查和修缮行为保证了水利设施的效能发挥。有关资料有1957年第三干渠田面工程规划情况；1958年整修管道统计表，水利基本建设投资建报表，田园化规划方案；工具改革试验情况和工具改革图样；1962—1963年各工程报表及任务情况；1963年1月各干渠清淤岁修完成情况表；1964年各干渠建筑物损坏情况统计表；1965年西灌区群众性工程修建工程计划表，整修龙子祠泉的初步方案等。

另外，有关跃进渠的档案资料数量较多，其中有关国家投资计划、工程基本建设计划明细表、建筑物工程计划安排、施工计划、工程备料、工程进度、土方工程列表、工程管理养护、工程

---

〔1〕本部分介绍只是选取有代表性的资料条目，由于数量庞大，内容类似的均作合并处理，不再赘述。

总结和竣工报告、改建工程补充技术书、财务明细、劳力情况和投工统计、考勤，劳动管理等跃进渠工程建设材料若干。除此而外，另有1958年跃进渠路线计划示意图，本渠边墙表，建筑设计图，断面图解，本渠图片说明等关于跃进渠概貌描述的资料。跃进渠占用各乡社土地、房屋、窑洞、坟墓调查统计表和使用拆除民房窑统计表，侯马市本渠龙子祠上水情况及存在问题报告，连村岭下游连续发生滑坡阻碍放水的情况报告，1961年关于因最近降雨使连村岭管道形成倒塌淤积的报告，襄汾跃进渠工程部关于七一水库裂缝情况与处理报告等材料则反映出水利工程的建设所引发的占地问题和工程问题。

水利事业与农业生产的发展息息相关，水源流量和使水农田面积的大小在一定程度上决定了耕地的粗放经营或者精耕细作，也影响到各种农事活动的进行。同时农业生产也受到农业技术、作物品种、当地气候等因素的影响。相关资料有：1952年龙祠水委会全渠灌溉村水田精确统计表；1955年下官河、上官河、庙后小渠、北磨河农作物灌溉统计表，本年流量记载情况、土壤物理性测定主要农作物发育阶段调查和干渠灌水计划登记表，10月试验麦田地各种农事活动；1956年龙祠水委会管理区小麦试验总结；1957年流域灌溉区降雨量、蒸发量日程表，8月龙子祠灌区小麦增产总结报告，金殿乡1957年春季规划及挑水工作简介，灌溉增产示范工作计划；1959年龙祠流量计算表；1960年临汾七一渠灌溉区灌溉面积登记表、水井灌溉及提水工具基本情况统计表等。

（2）水利组织的管理和运行

水利管理组织的建立、使水计划和水程的分配、水费的征收等直接关系到水利设施的效能发挥。作为地方社会民众日常生活的重要部分，围绕“使水”建立稳定的社会秩序对于国家和地方都具有重要意义，因此水利组织的建立和使水管理受到各级重视。相关的档案资料有：1953年灌溉管理计划；1954年灌溉管理总结；1955年各乡当选水利代表登记表；1956年各社水程分配表，1956年初级用水计划，龙祠水委会关于结算拖欠水费及解决有关水费负担中的几项规定；1957年11月重点灌区浇灌情况年度报告表，12月龙子祠第九次代表大会总结报告；1958年4月借调职工协议书，5月借调职员花名册，龙祠水委会灌溉管理暂行办法，水费收支计算表，北小渠、上官干渠、下官干渠、北磨干渠、母子干渠、横渠干渠用水计划时间分配，灌溉管理费预览表，灌溉情况报告，各渠用水计划时间分配，龙子祠灌区奖惩制度，灌溉管理工作总结与下段水利工作安排；1959年灌汛班花名登记表，工程借调人员来往函件；1960年用水管理奖惩制度；1962年灌溉任务分配表，水费派征情况表；1965年18支渠以水计征情况表。另有各社水利组织调查表、水委会干部鉴定表，包浇组织登记表，灌区经营管理40条意见，用水管理浇地组织典型材料调查报告，水费难以征收影响工程维修的费用开支的报告，龙祠公社窑院大队积极交纳水费的材料，健全灌区各级民主管理组织方案和灌区管理制度的修订意见，各种会议、讨论及水利技术员训练学习记录数册。

1956年各乡水利工程计划中有本灌区30多个合作社水利工程计划，其中大多都有关于水利组织的建立和运行，如金店乡光芒高级社的水利工作总结中谈到灌溉工作的执行情况：全社大队长一人，由水利股长兼任，各村副队长一人，由生产大队长兼任，下设十四个包浇组，每组固定三个人，按地点及河渠划定专人负责浇灌，改变以往乱浇乱灌的混乱现象，执行二十四小时浇灌制度，根据高低堰和好浇、难浇的实际情形及施水的时间决定评工给分。临汾县泊庄乡的水利组织则稍有不同，全乡设水利委员会共七人，水主任一人，委员六人。各社设水利股长一人，共计三人（三个高级社），水利员十四人（组成田面工程队及勘查、设计验收、宣传）。包浇大队正副队长6人，各社2人，各耕作小队共计 56 人，固定包浇组组长、固定包浇员 29 人。有关水利工程计划依照灌溉管理、灌溉规划、按农作物需要改进用水制度、按农作物生长季节及土壤水分、作物面积、流量大小来计算灌溉时间，适当调整水程矛盾，确立出配水计划并贯彻执行等多项。

国家对地方的水权管理在建国前后经历了一个变化过程，即由地方一定程度上的“自治”向以国家为主导地位转变，了解水权和水利管理组织的变化是把握龙祠区域地方社会变迁脉络的重要环节。

（3）水利与社会

这一部分档案资料主要是关于水利设施所引发的一些伤亡事故以及使水过程中所发生的一些冲突、纠纷。有刘家公社泊家灌区关于洪水冲坏良田的专题报告；1955 年苏村乡朔村洪水冲坏地亩花名册；金殿乡城居村民郭富娃损公利私破坏水利控诉书。1958 年 4 月本区转发执行《关于经济建设工程民工伤亡抚恤问题的规定》；6 月关于民工崔全保等十二人发生伤亡事故的专题报告；7 月关于红家沟大窑损坏赔偿情况报告；关于跃进大渠发生民工伤亡事故的通报；赵康公社管理区砍伐树木统计表；关于上官河事故查对情况及处理意见。1963 年 7 月关于严肃处理偷水、霸水等违反水规情况。1965 年小榆公社党委关于小榆大队不遵守使水制度屡犯水规的通报；请求严肃处理阻挠水渠管理的王春喜的报告。年代不详的有：关于开挖跃进渠北杜房屋淹没情况调查；汾灌局关于北陈大队二小队社员王振华等行凶打管水人员的通报；关于小桥公社录井大队五小队副队长孟怀仁破坏渠堤偷水浇地处理情况；汾西管理局关于连续发生违反水规破坏水利工程的报告；一分局关于南石明大队刘里蛋滑入七一渠淹死的通知；本局关于晋庆同志不负责任造成管道决口事故的通知等。

（4）其他

省、专区、其他灌区关于水利工作、农业生产等方面的通知、计划、方案、办法，具体涉及灌溉情况、灌溉管理办法、水利建设计划、用水计划、水利会议总结、水费征收等诸多方面。有 1954 年省河渠灌溉管理暂行办法。1955 年晋南专区主要农作物生产计划、水利建设计划、林业发展计划分县控制数字。1956 年全省水利会议总结及 1956 年水利计划报告（草稿）。1957 年晋南汾西灌区情况介绍；省农业建设厅水利基本建设工程队劳动管理制度（草案）。1960 年万亩以上灌区灌溉情况年度统计表；2 月省水利厅关于防止发生工程品质事故的紧急通知；各受益单位 1963、1964 年水费征收情况表。年代不详的有：晋南水利水保局动员农村劳动力参加水利建设民工粮食补助问题的联合通知；省农业机械管理局转发劳动厅“关于再次发给劳动部制定伤亡事故报表的通知”；土地占用说明表；省水库、灌区工程管理和灌溉管理工作条例；国家管理灌区水费征收、使用、管理的几项补充规定；管道护养人员几项工作条例等。

有关汾西灌溉管理局（以下简称汾灌局）的档案资料与上述内容基本相同，简列如下：1960 年晋南区汾灌局受益农田登记表。1961 年对南辛店水利建设情况调查演示文稿；财务经营管理工作总结；安装电话的请示报告。1962 年本局第一分局水费超收进度情况统计数字排队表；本局派征 1963 年水费的通知和水费征收工作的演示文稿。1964 年晋南专署汾灌局七一渠以水计征配水管理方案；冲毁工程完成情况；群众性修建工程完成计划表。年代不详的有：关于清淤岁修情况的报告；历年灌溉面积变化表；分县、分渠落实统计表；灌区统一后李村电站管理问题的报告；七一渠断水的通知；七一渠马坝土坝裂缝处理的报告；选择灌区水利代表的通知；冬季水利工作交叉检查报告；本局分局第一届一、二次水利代表会议决议；一分局召开护养工流动现场会报告等。

各种小报、通讯。1958 年《龙祠通讯》，1958 年《大战跃进渠小报》，1958 年《汾河工地小报》，《抗旱春浇演示文稿》、《灌区工作演示文稿》、《水利演示文稿》、《汛期清淤工作演示文稿》、《防汛工作演示文稿》、《水利演示文稿》、《汾水战报》、《水利演示文稿》、《七一渠战讯》、《农田水利工作演示文稿》等。

另外，龙子祠档案中有一部分内容是关于整地保墒、种子处理、播种定苗、锄地除草、灭虫、追肥、灌溉、选种等涉及农业生产方面的资料。也有部分关于河道修改、新添闸口、桥、洞，开排水渠、规划小渠及轻浇、浅浇、沟浇、畦浇等资料，不再详细说明。

四　结　语

集体化时代是研究传统乡村社会和改革开放之后农村基层社会的重要连接点，探讨这一时段乡村治理和国家权力在乡村的实践、劳动力组织模式、乡村社会的分化等各个层面的状况和变化具有溯前启后的学术价值。山西大学中国社会史研究中心所搜集的大量集体化时代基层档案，多数是直接来自村庄和乡民的话语表达，是关于当时发生在社会基层事件的第一手材料。这些材料让我们看到了集体化时代国家政策影响下的民众行为，看到了民众在复杂的社会环境中如何小心谨慎地约束自己的言行，如何争取表达和维护自身利益的空间。它不仅可以弥补以往研究中只能利用口述史料来研究集体化时代乡村社会的缺憾，从而更深刻、更细致地刻画乡村社会的变迁，同时也可以更好地研究探讨“上层”与“下层”的真实互动。当然，拥有了这些档案资料并不意味着完全具备了展开研究的条件，但它作为集体化时代基层社会研究基础的价值是确定无疑的。

对于这批档案资料的利用，至少可以采用专题研究与区域个案研究两种方法。专题研究容易打破资料原有的系统与完整性，忽视研究地域的特性。区域个案研究虽然能够保持研究的系统性，但把握不好却容易出现一叶蔽目，不见泰山的后果，容易忽视区域之间的差异性和共同性。如何将专题研究与区域个案研究有机结合起来，如何将档案资料的解读与田野口述调查结合起来，这些都是我们需要注意的问题。

经过最近几年的时间，山西大学中国社会史研究中心已经收集到了大量集体化时代的基层档案资料。来自美国、法国、英国、日本，以及香港、台湾、北京、上海等海内外各地的学者频频来中心参观访问，对这些档案资料表现出浓厚的兴趣，并且提出了许多宝贵建议。“立足乡土资源，放眼世界学术”，“希望继续坚持田野调查，收集第一手资料，成为研究华北文化、社会、历史的国内外重镇”，“用第一手资料，做一流学问”。这些都是学界对我们学术研究和资料收集的一种肯定，同时也是一种勉励期望。2006 年 5 月在我中心联合 *Modern China* 编辑部、《中国乡村研究》编辑部举办的“中国乡村问题研究”学术讨论会上，我们把这些资料介绍给学界同仁，与会学者一致认为 20 世纪 50 年代以后的中国乡村社会研究必将在学术界异军突起、独领风骚，并指出对这些档案资料的收集、整理无疑能对学术界关于农村问题的研究起到重要的推动作用。黄宗智先生更是强调，只有掌握第一手的基层档案资料，才能对整个集体化时代做出客观评价，才能更准确地把握近百年来农村社会的历史变迁。这些肯定增强了我们的信心，促使我们从更广的范围去收集资料，同时不断加强研究。